Neutralität und Leistungsfähigkeit

Mannheimer Beiträge zum Öffentlichen Recht und Steuerrecht

Herausgegeben von Hans-Wolfgang Arndt

Band 28

PETER LANG

Frankfurt am Main · Berlin · Bern · Bruxelles · New York · Oxford · Wien

Jürgen Vogt

Neutralität und Leistungsfähigkeit

Eine verfassungs- und europarechtliche Untersuchung der Unternehmensbesteuerung nach dem StSenkG

PETER LANG
Europäischer Verlag der Wissenschaften

Bibliografische Information Der Deutschen Bibliothek
Die Deutsche Bibliothek verzeichnet diese Publikation in der Deutschen Nationalbibliografie; detaillierte bibliografische Daten sind im Internet über <http://dnb.ddb.de> abrufbar.

D 180
ISSN 0944-7659
ISBN 3-631-39523-X

www.peterlang.de

Vorwort

Die vorliegende Arbeit wurde im Wintersemester 2001/2002 von der Fakultät für Rechtswissenschaft der Universität Mannheim als Dissertation angenommen. Zu diesem Zeitpunkt befand sich das Unternehmenssteuerfortentwicklungsgesetz noch im Gesetzgebungsverfahren. In der Druckfassung wurde das Inkrafttreten dieses Gesetzes sowie erste Literatur hierzu jedoch berücksichtigt.

Mein ganz besonderer Dank gilt meinem verehrten akademischen Lehrer und Doktorvater *Prof. Dr. Hans-Wolfgang Arndt,* der diese Arbeit während meiner Tätigkeit an seinem Lehrstuhl für Öffentliches Recht und Steuerrecht thematisch angeregt, kritisch betreut, und ihren multidisziplinären Ansatz stets nachhaltig unterstützt hat. Gerade die ideale Mischung aus wissenschaftlicher Präzision und tiefem Verständnis für die wirtschaftlichen Belange und Probleme der Praxis, die die Arbeitsbedingungen an seinem Lehrstuhl prägen, haben in besonderem Maße zum Gelingen dieser Arbeit beigetragen. Herrn *Prof. Dr. Thomas Puhl* danke ich für die rasche Anfertigung des Zweitgutachtens.

Die Arbeit wurde dankenswerterweise durch ein Stipendium der Landesgraduiertenförderung Baden-Württemberg finanziell unterstützt und mit einem Preis der Ernst & Young Stiftung der Universität Mannheim ausgezeichnet.

Meinen Kolleginnen und Kollegen in der Bibliothek für Deutsches und Internationales Steuerrecht sowie für Betriebliche Steuerlehre, Herrn *Felix Avella*, Frau *Claudia Bourfeindt*, Frau *Dr. Monika Reimer*, Frau *Dr. Heike Krapf*, Herrn *Stephan Scholz*, Frau *Sandra Schwarz* und Frau *Anke Wünsche* sowie den Kollegen vom Lehrstuhl, Herrn *Dr. Thomas Fetzer*, Herrn *PD Dr. Kristian Fischer*, Herrn *Thomas Groß* und Herrn *Dr. Andreas Schirra* danke ich für die hervorragende Zusammenarbeit und den fruchtbaren Austausch von Gedanken und Argumenten. Herrn *Randolf Straky* sowie Herrn *Dr. Pinkas Fußbroich* gilt mein besonderer Dank für ihre kritischen, gleichwohl stets konstruktiven Anregungen und Anmerkungen in zahlreichen wissenschaftlichen Diskussionen. Frau *Gertrud Bruck* gilt mein herzlicher Dank für die wertvollen Hinweise bei der unermüdlichen Durchsicht des Manuskripts.

Mein größter Dank gilt schließlich meinen Eltern *Margita* und *Hans Vogt*, die mir meine gesamte Ausbildung und meine Promotion erst ermöglicht haben, sowie meiner Verlobten *Kerstin Krausen*, die nicht nur das Manuskript durchgesehen, sondern mich auch in jeder Weise mit viel Liebe und Geduld in meinem Promotionsvorhaben unterstützt hat. Ihnen widme ich diese Arbeit.

Mannheim, im September 2002 Jürgen Vogt

Inhaltsübersicht

Inhaltsverzeichnis

Tabellenverzeichnis

Abkürzungsverzeichnis

a.A.	anderer Ansicht
a.a.O.	Am angegebenen Ort
a.F.	alte Fassung
ABl. EG	Amtsblatt der EG
Abs.	Absatz
AG	Aktiengesellschaft
AktG	Aktiengesetz
Anm.	Anmerkung
AO	Abgabenordnung
AöR	Archiv des öffentlichen Rechts
Art.	Artikel
AStG	Außensteuergesetz
AStG-E	Entwurf des Außensteuergesetzes
Aufl.	Auflage
AuslInvestmG	Gesetz über den Betrieb ausländischer Investmentanteile und über die Besteuerung der Erträge aus ausländischen Investmentanteilen
BA	Betriebsausgaben
BB	Der Betriebs-Berater
BBK	Buchführung, Bilanz, Kostenrechnung, Zeitschrift für das gesamte Rechnungswesen
BDI	Bundesverband der deutschen Industrie
BEF	Bundesamt für Ernährung und Forstwirtschaft
BFH	Bundesfinanzhof
BFHE	Amtliche Sammlung der Entscheidungen des Bundesfinanzhofs
BGB	Bürgerliches Gesetzbuch
BGBl.	Bundesgesetzblatt
BGH	Bundesgerichtshof
BGHZ	Entscheidungen des Bundesgerichtshofs in Zivilsachen
BMF	Bundesministerium der Finanzen
BMWF	Bundesministerium für Wirtschaft und Forschung
BR	Bundesrat
BR-Drucksache	Drucksachen des Bundesrates
BStBl.	Bundessteuerblatt
BT-Drucksache	Drucksachen des Deutschen Bundestages
BVerfG	Bundesverfassungsgericht

BVerfGE	Amtliche Sammlung der Entscheidungen des Bundesverfassungsgerichts
BVerwG	Bundesverwaltungsgericht
BVerwGE	Entscheidungen des Bundesverwaltungsgerichts
bzw.	Beziehungsweise
d.h.	das heißt
DAI	Deutsches Anwaltsinstitut e. V.
DB	Der Betrieb
DBA	Doppelbesteuerungsabkommen
DBW	Die Betriebswirtschaftslehre
DÖV	Die Öffentliche Verwaltung
DStJG	Deutsche Steuerjuristische Gesellschaft e.V.
DStR	Deutsches Steuerrecht
DStRE	Deutsches Steuerrecht Entscheidungsdienst
DStZ	Deutsche Steuerzeitung
DSWR	Datenverarbeitung in Steuer, Wirtschaft und Recht
e. V.	eingetragener Verein
EFG	Entscheidungen der Finanzgerichte
EG	Europäische Gemeinschaften
EGV	Vertrag zur Gründung der Europäischen Gemeinschaft
Einf.	Einführung
Einl.	Einleitung
ErbStG	Erbschaftsteuer- und Schenkungsteuergesetz
ESt	Einkommensteuer
EStG	Einkommensteuergesetz
EU	Europäische Union
EuGH	Gerichtshof der Europäischen Gemeinschaft
EuZW	Europäische Zeitschrift für Wirtschaftsrecht
EWG	Europäische Wirtschaftsgemeinschaft
EWIV	Europäische wirtschaftliche Interessenvereinigung
EWS	Europäisches Wirtschafts- und Steuerrecht
FA	Finanzarchiv
FAZ	Frankfurter Allgemeine Zeitung
f.	folgende
ff.	fortfolgende
FG	Finanzgericht
Fn.	Fußnote

FR	Finanzrundschau
FS	Festschrift
GbR	Gesellschaft bürgerlichen Rechts
GesR	Gesellschaftsrecht
GmSOGB	Gemeinsamer Senat der obersten Gerichtshöfe des Bundes
GewSt	Gewerbesteuer
GewStG	Gewerbesteuergesetz
GG	Grundgesetz
GmbH	Gesellschaft mit beschränkter Haftung
GmbHG	Gesetz betreffend die Gesellschaften mit beschränkter Haftung
GmbHR	GmbH-Rundschau
GrEStG	Grunderwerbsteuergesetz
HGB	Handelsgesetzbuch
Hrsg.	Herausgeber
HS.	Halbsatz
i.d.F.	in der Fassung
IFSt	Institut für Finanzen und Steuern
i.H.v.	in Höhe von
i.S.d.	im Sinne des
i.S.v.	im Sinne von
INF	Die Information über Steuern und Wirtschaft
InvZulG	Investitionszulagengesetz
IStR	Internationales Steuerrecht
i.V.m.	in Verbindung mit
JbFSt	Jahrbuch der Fachanwälte für Steuerrecht
JZ	Juristen-Zeitung
KAG	Kapitalanlagegesellschaft
KAGG	Gesetz über Kapitalanlagegesellschaften
Kap.	Kapitel
KapCoRiLiG	Kapitalgesellschaften- und Co-Richtlinie-Gesetz
KapG	Kapitalgesellschaft
KapMarktFördG	Gesetz zur Förderung des Kapitalmarktes
KG	Kommanditgesellschaft

KGaA	Kommanditgesellschaft auf Aktien
KiSt	Kirchensteuer
Km	Kilometer
KonjPol	Konjunkturpolitik
KSt	Körperschaftsteuer
KStG	Körperschaftsteuergesetz
KStG-E	Entwurf eines Körperschaftsteuergesetzes
lit.	Littera
m.w.N.	mit weiteren Nachweisen
n.F.	neue Fassung
NJW	Neue Juristische Wochenschrift
Nr.	Nummer
NVwZ	Neue Zeitschrift für Verwaltungsrecht
NWB	Neue Wirtschafts-Briefe
o.ä.	oder ähnliches
OECD-MA	Muster eines Abkommens auf dem Gebiete der Steuern vom Einkommen und Vermögen
OHG	Offene Handelsgesellschaft
p.a.	pro Jahr
PartG	Gesetz über die politischen Parteien
PersG	Personengesellschaft
RFH	Reichsfinanzhof
RFHE	Sammlung der Entscheidungen und Gutachten des Reichsfinanzhofs
RIW	Recht der Internationalen Wirtschaft
Rn.	Randnummer
S.	Seite
S.A.	Société Anonyme
SICAV	Société d´investissement à capital variable
Slg.	Sammlung
sog.	Sogenannter/sogenannte/sogenanntes
SolZ	Solidaritätszuschlag
SolZG	Solidaritätszuschlagsgesetz

Sp.	Spalte
StÄndG	Steueränderungsgesetz
StB	Der Steuerberater
StBereinG	Steuerbereinigungsgesetz
Stbg	Die Steuerberatung
StbJb	Steuerberater-Jahrbuch
StEntlG 1999/2000/2002	Steuerentlastungsgesetz 1999/2000/2002
SteuerR	Steuerrecht
SteuerStud	Steuer und Studium
StKongreßRep.	Steuerberaterkongreß-Report
StSenkErgG	Steuersenkungsergänzungsgesetz
StSenkG	Steuersenkungsgesetz
StuB	Steuern und Bilanzen
StuW	Steuern und Wirtschaft
StVj	Steuerliche Vierteljahresschrift
u.a.	unter anderem
UmwG	Umwandlungsgesetz
UmwStG	Umwandlungssteuergesetz
UntStFG	Unternehmenssteuerfortentwicklungsgesetz
UStG	Umsatzsteuergesetz
vgl.	Vergleiche
VjSchStFR	Vierteljahresschrift für Steuer- und Finanzrecht
VZ	Veranlagungszeitraum
WPg	Die Wirtschaftsprüfung
WRV	Weimarer Reichsverfassung
z.B.	zum Beispiel
ZfbF	Schmalenbachs Zeitschrift für betriebswirtschaftliche Forschung
ZGR	Zeitschrift für Unternehmens- und Gesellschaftsrecht
ZRP	Zeitschrift für Rechtspolitik

A. Die Unternehmenssteuerreform auf dem Prüfstand

Es liegt in der Natur der Sache, daß Zahlungsverpflichtungen ohne unmittelbare Gegenleistung beim Verpflichteten nicht auf Gegenliebe stoßen. In der Natur des Menschen liegt es wohl, das zu kritisieren, was ihm nicht genehm ist. Insofern mag der Vorwurf, das deutsche Steuerrecht entbehre jeglicher Systematik, nicht immer gerechtfertigt sein. Unbestreitbar ist hingegen, daß das Steuerrecht ein Rechtsgebiet mit hoher Dynamik ist. So ist es nicht völlig abwegig, daß Steueränderungen, die einen bestimmten Veranlagungszeitraum in der Zukunft betreffen, bereits vor Ablauf dieses Veranlagungszeitraums nicht mehr gültig sind. Deshalb erscheint jedenfalls der Vorwurf gerechtfertigt, das Steuerrecht biete nicht eben die verläßlichste Grundlage für wirtschaftliche Dispositionen.

Aus ökonomischer Sicht stellt das Steuerrecht einen der Faktoren dar, die den Rahmen für unternehmerische Entscheidungen bilden. So kann beispielsweise der Teil des Gewinns, der als Steuer an den Fiskus abfließt, nicht mehr an die Unternehmenseigner ausgeschüttet werden. Das Steuerrecht beeinflußt also nicht zwingend unternehmerische Entscheidungen, es begrenzt sie jedoch. Ändert sich dieser Rahmen ständig und in solchem Maße, daß die Auswirkungen von den Entscheidungsträgern nicht einmal mehr abgeschätzt werden können, verliert das Steuerrecht die Funktion einer Konstanten. Vielmehr würde es in einer fiktiven mathematischen Entscheidungsfunktion – überspitzt formuliert – die Stellung einer Zufallsvariablen einnehmen. Von ökonomischer Seite wird deshalb gefordert, das Steuersystem müsse zumindest Planungssicherheit gewähren[1]. Andernfalls könnte das Steuerrecht zu Fehlsteuerungen[2] führen, die nicht nur für das einzelne Unternehmen, sondern für die gesamte Volkswirtschaft schädlich sein können.

Dies darf aber nicht zu der Annahme führen, das Steuerrecht sei der einzige unstete Faktor in einer ansonsten statischen Umwelt. Vielmehr haben die technischen, ökonomischen und sozialen Realitäten mit Beginn des neuen Jahrtausends eine Geschwindigkeit entwickelt, die vor zwanzig Jahren noch undenkbar gewesen ist. Die Schlagwörter „Globalisierung“, „New Economy“ und „internationale Mobilität“ bringen diese Entwicklung auf den Punkt: Das unternehmerische Spielfeld hat sich vergrößert, gleichzeitig hat das Spiel an Schnelligkeit und Komplexität zugenommen. Damit ist eine Anpassung der Spielregeln notwendig geworden. Eine solche Regelanpassung führt jedoch zu Interessenkonflikten,

---

1 Vgl. *Rose, G.*, Steuergerechtigkeit, in: StuW 1985, S. 335 f.

2 In Anlehnung an *Arndt, H.-W.*, „Fehlsteuern durch Steuern“, Festrede zum Universitätstag der Universität Mannheim am 16.11.2001 (nicht veröffentlicht).

wenn der Anpassende nicht nur ein objektiver Dritter, sondern ein selbst am Spiel Beteiligter ist.

Mit einer solchen Situation sehen sich zahlreiche Steuergesetzgeber heute konfrontiert: Die internationale Mobilität der Produktionsfaktoren bewirkt, daß Unternehmen ihren Standort mit sinkenden Transaktionskosten wechseln und damit ihre Steuerpflicht beenden können. Erweist sich ein Steuersystem als unattraktiv, wandern Unternehmen ab. Das Steueraufkommen geht verloren. Auf diese internationale Ausrichtung global agierender Unternehmen müssen sich die gesetzlichen Rahmenbedingungen einstellen. Gleichzeitig muß das Steuersystem attraktiv gemacht werden, um Staatseinnahmen in ausreichendem Maße zu gewährleisten.

Betrachtet man den steuerlichen Zugriff auf das Einkommen oder den Gewinn als eine Art Entgelt für einen Produktionsfaktor, der sich in der Infrastruktur, dem Bildungswesen, dem Banken- und Währungssystem einer Volkswirtschaft ausdrückt[3], kann in bezug auf das Steuersystem sogar von Angebot und Nachfrage gesprochen werden. Gerade im Unternehmensbereich scheint diese Anlehnung des Steuerbegriffs an eine heute eher bedeutungslos gewordene Äquivalenztheorie[4] sogar berechtigt. Denn ein gewinnmaximierendes, national ungebundenes Unternehmen wird zwischen verschiedenen Standorten denjenigen auswählen, der eine gleichwertige Infrastruktur bei niedrigerer Steuerbelastung oder aber eine bessere Infrastruktur bei gleicher Steuerbelastung aufweist. Die Standortwahl eines Unternehmens ist damit vergleichbar mit einer Kaufentscheidung: Ein Konsument wird ein Produkt nicht mehr kaufen, wenn es ihm zu teuer erscheint. Er weicht auf ein anderes Produkt aus. In der Regel wird der Anbieter dann die Preise senken müssen. Überträgt man diesen simplen Preisbildungsmechanismus auf die Unternehmensbesteuerung, verlängert sich der Wettbewerb auf die nationalen Steuersysteme. Unternehmen konkurrieren um Konsumenten, Steuersysteme konkurrieren um Unternehmen. Wettbewerbsfähige Unternehmen schaffen und erhalten wiederum Arbeitsplätze, welche Wohlstand und Wählerstimmen garantieren.

I. Problemstellung und Zielsetzung

Die ökonomischen Ausgangsdaten der späten 90er Jahre zeichneten ein düsteres Bild: Die wirtschaftliche Gesamtlage der Bundesrepublik war geprägt durch

---

3 So etwa *Kirchhof, P.*, Steuergesetzgebung, in: JbFSt 1999/2000, S. 47.

4 Vgl. *Arndt, H.-W.*, Steuerrecht, 2000, S. 6.

mangelnde Investitionstätigkeit, verbunden mit einem schwachen Wachstum und einer immer weiter steigenden Zahl von Arbeitslosen. Gleichzeitig erreichte das Defizit in den Haushalten von Bund, Ländern und Gemeinden einen historischen Höchststand. Über die Ursache bestand in Politik und Wirtschaft Einigkeit: Die Steuerbelastung in Deutschland wies im Vergleich zu anderen Staaten zu hohe Werte auf[5]. Der Wirtschaftsstandort Deutschland war nicht mehr konkurrenzfähig. Um diese wirtschaftlichen Probleme anzupacken, wurden mit dem Regierungswechsel im Jahre 1998 zahlreiche Gesetzesänderungen und Neuregelungen in zahlreichen Steuergesetzen erlassen. Zur Verbesserung des Wirtschaftsstandorts Deutschland sollte insbesondere eine grundlegende Umgestaltung des Unternehmenssteuerrechts erfolgen.

Die Reform der Unternehmensbesteuerung wurde in Erwartung auf sinkende Steuerbelastungen von der Wirtschaft begrüßt, ja sogar gefordert[6]. Die Wissenschaft wurde in den Reformprozeß eingebunden. Nebenbei sollte auch ein anderes Problem gelöst werden, das Steuergesetzgebung, Steuerwissenschaft und Steuerberaterschaft seit längerer Zeit beschäftigte: Die mutmaßliche Europarechtswidrigkeit des deutschen Anrechnungsverfahrens[7]. Diese Auffassung wurde jedenfalls von der EU-Kommission in einem Schreiben aus dem Jahre 1995 vertreten[8]. Eine Entscheidung des *EuGH* steht aber noch aus.

Mit der Vorstellung der Eckpunkte wurden jedoch zahlreiche Stimmen laut, die sich gegen diese Umgestaltung richteten. Die Kritik wurde gleichermaßen von juristischer[9] und von ökonomischer[10] Seite vorgetragen. Beanstandet wurde insbesondere die Verletzung betriebswirtschaftlicher Neutralitätspostulate, insbesondere die fehlende Rechtsform- und Gewinnverwendungsneutralität des neuen Körperschaftsteuersystems[11]. Verfassungsrechtliche Bedenken wurden im Hinblick auf den allgemeinen Gleichheitssatz erhoben[12]. Der Gesetzgeber reagierte zum Teil auf diese Bedenken und änderte den Entwurf im Gesetzgebungsverfahren mehrfach ab. Dies wiederum löste Kritik an anderer Stelle und von anderer Seite aus.

---

5 Vgl. *Reformkommission*, Brühler Empfehlungen, 1999, S. 14.

6 Vgl. *Pasch, H.*, Einführung, in: *Ernst & Young/BDI*, Unternehmenssteuerreform, 2000, S. 59.

7 Vgl. *Reformkommission*, Brühler Empfehlungen, 1999, S. 47.

8 Vgl. *Raber, H. G.*, Aspekte, in: DB 1999, S. 2596 f. m.w.N.

9 So beispielsweise *Haas, F. J.*, Anmerkungen, in: JbFSt 1999/2000, S. 68 f.

10 So beispielsweise *Reiß, W.*, Anmerkungen, in: DStR 1999, S. 2012 ff.

11 Vgl. *Jacobs, O. H./Spengel, C./Vituschek, M.*, Rechtsformwahl, in: RIW 2000, S. 664.

12 Eine detaillierte Übersicht findet sich bei *Pasch, H.*, Einführung, in: *Ernst & Young/BDI*, Unternehmenssteuerreform, 2000, S. 89.

Bei näherer Betrachtung der geäußerten Kritik zeigt sich, daß von steuerjuristischer und steuerökonomischer Seite gleiche Tatbestände mit unterschiedlichen Begründungen angriffen wurden. Dies provoziert die Frage, ob zwischen den Teildisziplinen der Steuerwissenschaft Verbindungslinien bestehen, die fruchtbar gemacht werden können. Das Ziel der Arbeit liegt daher in der Analyse der Wertungen, die von den Teildisziplinen der Steuerwissenschaft vorgenommen werden, und deren Untersuchung auf gleichartige Strukturen. Daraus soll sodann ein einheitliches Wertungssystem abgeleitet werden, das für eine Überprüfung der Unternehmenssteuerreform aus ökonomischer und juristischer Sicht herangezogen werden kann.

II. Gang der Untersuchung

Die Hoffnung, daß solch eine Verbindungslinie zwischen den Einzeldisziplinen der Steuerwissenschaft besteht, basiert auf der Feststellung, daß der Untersuchungsgegenstand jeder Disziplin der selbe ist: Das Steuerrecht, das ökonomisches Verhalten juristisch regelt[13].

Neben der Gestaltung von Steuernormen de lege ferenda befassen sich beide Disziplinen mit der Beurteilung von Steuertatbeständen de lege lata. Zwar unterscheidet sich die Vorgehensweise beider Disziplinen: Während der Ökonom die Steuerwirkungen eher quantitativ analysiert, neigt der Jurist dazu, normative Aussagen aus Verfassungsgrundsätzen abzuleiten. Die ökonomische Fragestellung zielt daher in erster Linie auf Zweckmäßigkeit ab, die juristische auf Gerechtigkeit[14]. Beide Disziplinen beurteilen jedoch staatliche Eingriffe[15]. Dabei knüpft die ökonomische Beurteilung daran an, ob diese Eingriffe sinnvoll sind. Die juristische Beurteilung entscheidet dagegen über deren Zulässigkeit, indem sie einfachgesetzliche Normen an den Vorgaben der Verfassung mißt. Beiden Disziplinen ist damit aber gemeinsam, daß sie Wirkungen an einem allgemeinen Maßstab messen. Für den Steuerjuristen ergibt sich dieser Maßstab in erster Linie aus dem allgemeinen Gleichheitssatz. Für den wirtschaftswissenschaftlichen Steuerwissenschaftler ist das ideale Steuersystem dagegen entscheidungsneutral[16]. Wörtlich verstanden bedeutet Neutralität Unparteilichkeit. Unparteilichkeit bedeutet aber letztlich nichts anderes, als zwei Parteien gleich zu behandeln. Dies legt eine enge Verwandtschaft beider Begriffe nahe.

---

13 Vgl. *Siegel, T. u.a.*, Kooperation, in: StuW 2000, S. 258.
14 Vgl. *Birk, D.*, Steuerrecht, 2000, S. 3 Rn. 9.
15 Vgl. *Homburg, S.*, Steuerlehre, 2000, S. VII.
16 Vgl. *Homburg, S.*, Steuerlehre, 2000, S. 327.

Der erste Teil der Arbeit widmet sich daher der Analyse des Neutralitätspostulats aus ökonomischer Sicht sowie gleichheitsrechtlichen Vorgaben des Verfassungs- und Europarechts. Dies wird zunächst aus nationaler Sicht anhand des allgemeinen Gleichheitssatzes untersucht (Kap. B). Dabei wird der Neutralitätsbegriff zerlegt in die einzelnen Forderungen nach Wettbewerbs-, Rechtsform-, Gewinnverwendungs- und Finanzierungsneutralität sowie das Gebot der intertemporalen Neutralität. Der verfassungsrechtliche Schwerpunkt liegt auf dem Leistungsfähigkeitsprinzip als steuerrechtlicher Ausprägung des allgemeinen Gleichheitssatzes. Hieran schließt sich eine Gegenüberstellung der jeweiligen Ergebnisse und die Herausarbeitung von Gemeinsamkeiten an. Dabei wird der Frage nachgegangen, ob eine Neutralitätsverletzung einen Verstoß gegen das Gleichbehandlungsgebot indiziert. Daran schließt sich eine Untersuchung auf europäischer Ebene an (Kap. C). Hier nehmen die Grundfreiheiten die Funktion spezieller Gleichheitssätze ein[17]. Sie werden dem ökonomischen Postulat der Standortneutralität gegenübergestellt.

Der zweite Teil der Arbeit überträgt die Vorgaben und gefundenen Ergebnisse des ersten Teils zunächst auf die Unternehmensbesteuerung de lege lata. Dabei werden die Änderungen des EStG, KStG, AStG, KAGG sowie des AuslInvestmG durch das StSenkG auf konkrete Neutralitätsverletzungen und Verfassungsverstöße untersucht (Kap. D). Hier liegt der Schwerpunkt auf der Überprüfung der Rechtsformneutralität, deren Verletzung der heftigsten Kritik ausgesetzt war[18]. Sodann schließt sich eine kurze Darstellung alternativer Besteuerungskonzepte an. Schließlich soll ein Vorschlag zur Verwirklichung von Rechtsformneutralität de lege ferenda unterbreitet werden, der auf den zuvor dargestellten Grundkonzeptionen aufbaut (Kap. E).

---

17 Vgl. *Gubelt, M.*, in: *von Münch/Kunig*, GG-Kommentar, 1999, Art. 3 Rn. 4a.

18 So z. B. *Krüger, D.*, Rechtsformwahl, in: *Arthur Andersen*, Unternehmenssteuerreform, 2000, S. 276.

B. Neutralität und verfassungsrechtliche Besteuerungsprinzipien

Sowohl von Vertretern der Betriebswirtschaftslehre[1] als auch der Finanzwissenschaft[2] wird seit Jahren ein neutrales Steuersystem gefordert. Die Betriebswirtschaftslehre interpretiert das Neutralitätspostulat im einzelwirtschaftlichen Sinne als Entscheidungsneutralität. Das Steuersystem soll keinen Einfluß auf das Verhalten von Wirtschaftssubjekten ausüben[3]. Die Finanzwissenschaft spricht gesamtwirtschaftlich von Allokationseffizienz. Die Besteuerung soll die effiziente Nutzung der Ressourcen[4] nicht be- oder verhindern.

Die Steuerrechtswissenschaft hat diese Begriffe bisher eher zaghaft übernommen. Vielmehr dienen sie als Ergänzungskriterien für verfassungsrechtliche Prinzipien und rechtssystematische Postulate. So wird die Rechtsprechung des *BVerfG* zum Steuerrecht seit Jahren vom Prinzip der Besteuerung nach der wirtschaftlichen Leistungsfähigkeit geprägt. Als Ausprägung des allgemeinen Gleichheitssatzes des Art. 3 Abs. 1 GG wird dem Gebot der Besteuerungsgleichheit vom *BVerfG* auch das Prinzip der Wettbewerbsneutralität entnommen[5].

Während das Prinzip der Wettbewerbsneutralität schon begrifflich mit den betriebswirtschaftlichen und finanzwissenschaftlichen Neutralitätspostulaten korrespondiert, liegen Verknüpfungen im Hinblick auf das Leistungsfähigkeitsprinzip nicht so offen auf der Hand. Gleichwohl werden Zusammenhänge zwischen Entscheidungsneutralität, Allokationseffizienz und dem Leistungsfähigkeitsprinzip von keiner Einzeldisziplin der Steuerwissenschaft bestritten[6]. Ob es sich hierbei um drei spezifische Bezeichnungen des gleichen Phänomens handelt, wird im folgenden zu untersuchen sein.

---

1 Vgl. zur Rechtsformneutralität: *Jacobs, O. H./Scheffler, W.*, Rechtsform, 1995, S. 299.

2 Vgl. *Neumark, F.*, Steuerpolitik, 1970, S. 265 f.; *Sinn, H.-W.*, Kapitaleinkommensbesteuerung, 1985, S. 278 ff. Einen guten Überblick bietet *Blankart, C. B.*, Finanzen, 1998, S. 271 ff.

3 Vgl. *Seidl, C.*, Neutralität, in: StuW 1989, S. 350.

4 Die Volkswirtschaftslehre bezeichnet einen Zustand als effizient, wenn kein Wirtschaftssubjekt besser gestellt werden kann, ohne daß ein anderes schlechter gestellt würde; vgl. *Musgrave, R. A./Musgrave P. B./Kullmer, L.*, Finanzen, Band 2, 1993, S. 101.

5 Vgl. *Hey, J.*, in: *Herrmann/Heuer/Raupach*, Kommentar, 1996, Einf. KSt Anm. 37.

6 Vgl. *Heigl, A.*, Reformkonzept, in: StuW 1972, S. 315; *Elschen, R.*, Entscheidungsneutralität, in: StuW 1991, S. 102; *Wagner, F. W.*, Neutralität, in: StuW 1992, S. 5; *Schreiber, U.*, in: *Jacobs, O. H./Spengel, C.*, Aspekte, 1996, S. 105; *Hey, J.*, in: *Herrmann/Heuer/Raupach*, Kommentar, 1996, Einf. KSt Anm. 37.

I. Das ökonomische Postulat der entscheidungsneutralen Besteuerung

In der Betriebswirtschaftslehre wird ein Steuersystem als entscheidungsneutral bezeichnet, wenn das System bei vernünftig handelnden Steuerpflichtigen keine Ausweichhandlungen hervorruft[7]. Investitionsentscheidungen sollen ausschließlich aufgrund von Wirtschaftlichkeitserwägungen getroffen werden. Steuerliche Ausweichüberlegungen entfallen[8]. Für „steuervermeidende" Gestaltungsüberlegungen bleibt kein Raum. Vielmehr sollte bereits das Steuersystem so gestaltet sein, daß aus Sicht eines einzelnen Unternehmens die Verschwendung von Ressourcen verhindert und aus gesamtwirtschaftlicher Sicht eine effiziente volkswirtschaftliche Ressourcenallokation gewährleistet wird[9].

1. Entscheidungsneutralität im betriebswirtschaftlichen Modell

Unabhängig davon, ob ein Steuersystem als gerecht empfunden wird, werden Steuerpflichtige stets bemüht sein, das Nettoergebnis nach Steuern zu maximieren. Nur so können möglichst große Verfügungsbeträge zur privaten Verwendung erzielt werden[10].

Stehen dem Entscheidungsträger Gestaltungsmöglichkeiten[11] zur Verfügung, mit denen er Steuerbelastungen umgehen bzw. reduzieren kann, wird er sie ergreifen. Dies setzt allerdings die Kenntnis über alle Handlungsalternativen voraus. Mit anderen Worten muß alles steuerrechtliche Wissen bekannt und allgemein zugänglich sein. Dies ist eine der Grundannahmen des Modells[12].

Daß diese Annahme nicht der steuerlichen Realität entspricht, liegt auf der Hand. Gleichzeitig zeigt diese Annahme aber auch das Bedürfnis nach Vereinfachung des Steuersystems, was auch unter verfassungsrechtlichen Gesichtspunkten seit langem gefordert wird[13].

---

7 Vgl. *Schneider, D.*, Investition, 1992, S. 193.

8 Vgl. *Hey, J.*, in: *Herrmann/Heuer/Raupach*, Kommentar, 1996, Einf. KSt Anm. 37.

9 Vgl. *Elschen, R.*, Entscheidungsneutralität, in: StuW 1991, S. 101.

10 Vgl. *Wagner, F. W.*, Neutralität, in: StuW 1992, S. 3.

11 Mit *D. Schneider* soll im folgenden nur von rechtlich zulässigen Steuerausweichgestaltungen ausgegangen werden; vgl. *Schneider, D.*, Investition, 1992, S. 193.

12 Vgl. *Elschen, R.*, Entscheidungsneutralität, in: StuW 1991, S. 103.

13 *F. Neumark* spricht vom Grundsatz der Steuertransparenz; vgl. *Neumark, F.*, Steuerpolitik, 1970, S. 342 ff.; vgl. zudem: *Herzog, R.*, Rechtssicherheit, in: Stbg 1989, S. 6 f.;

(Fortsetzung nächste Seite)

Sind dem Entscheidungsträger alle Handlungsmöglichkeiten bekannt, ist Entscheidungsneutralität gegeben, wenn in einer spezifischen Entscheidungssituation mehreren Entscheidungsalternativen sowohl ohne als auch mit Berücksichtigung von steuerlichen Folgen die gleiche Rangfolge zukommt[14]. Die Entscheidung „nach Steuern" unterscheidet sich nicht gegenüber der „vor Steuern"[15]. Die beste Handlungsalternative wird im ersten Rang belassen[16].

Beispiel[17]:

Stehen einem Investor drei Anlagealternativen zur Verfügung, bei denen jeweils vor Steuern Anlage A eine Rendite von 10% p.a., Anlage B eine Rendite von 8% p.a. und Anlage C eine Rendite von 6% p.a. erzielt, ist eine Investition in Anlage A vorteilhafter als in Anlage B. Anlage B ist gegenüber Anlage C vorteilhafter. Ein vernünftiger Investor würde sich also für Anlage A entscheiden.

Bezieht man die Belastungswirkung von Steuern mit ein, könnte sich folgendes Bild ergeben:

Alternative 1: Anlage A erzielt eine Rendite nach Steuern von 7% p.a., Anlage B von 6% p.a. und Anlage C von 5% p.a. Damit ist Anlage A vorteilhafter als Anlage B. Anlage B ist ihrerseits vorteilhafter als Anlage C. Auch unter Berücksichtigung von Steuerbelastungen würde die Investitionsentscheidung zugunsten von Anlage A ausfallen.

Damit hat die Einbeziehung von Steuerbelastungswirkungen keinen Einfluß auf die Entscheidung des Investors. Dies gilt nicht nur für die beste Alternative, sondern bezieht sich auf die gesamte Rangfolge der Handlungsmöglichkeiten. Die Besteuerung wirkt damit vollständig entscheidungsneutral.

Alternative 2: Anlage A erzielt eine Rendite nach Steuern von 4% p.a., Anlage B von 5% p.a. und Anlage C von 4,5% p.a. Damit ist Anlage B vorteilhafter gegenüber Anlage C. Anlage C ist vorteilhafter gegenüber Anlage A. Der Investor würde sich für Anlage B entscheiden.

Die Besteuerung bewirkt eine Änderung in der Attraktivität der Anlagealternativen. Während vor Steuern Alternative A die höchste Rendite erzielt, ist dies nach Steuern Anlage B. Nach Steuern schneidet sogar die schlechteste Anlage vor Steuern, Anlage C,

---

Lang, J., Unternehmensbesteuerung, in: StuW 1990, S. 112; *Kirchhof, P.*, FAZ vom 24.07.2000, S. 17.

14 Vgl. *Wagner, F. W.*, Neutralität, in: StuW 1992, S. 3; *Feldhoff, P.*, Kapitalallokation, 1995, S. 88.

15 Vgl. *Rose, G.*, Steuergerechtigkeit, in: StuW 1985, S. 339.

16 Vgl. *Elschen, R.*, Entscheidungsneutralität, in: StuW 1991, S. 104.

17 In Anlehnung an *Schneider, D.*, Investition, 1992, S. 206.

besser ab als Anlage A. Die Besteuerung beeinflußt die Wahl der Kapitalanlage. Sie wirkt nicht entscheidungsneutral.

Hierbei darf nicht verkannt werden, daß zwar jede Steuer einen Einfluß auf die Zielgröße Gewinn oder Überschuß besitzt, indem sie diese Größen mindert und daher zu einem Einkommensentzug führt[18]. Jedoch wird dadurch nicht ausgeschlossen, daß innerhalb eines gegebenen Modellrahmens die Belastungswirkung der Besteuerung dennoch vollständig entscheidungsneutral sein kann. Denn die Unveränderlichkeit der Meßergebnisse – hier der Gewinn oder der Überschuß – ist keine notwendige Bedingung für die Entscheidungsneutralität der Besteuerung[19]. So ändern sich im obigen Beispiel zwar die jeweiligen Maßgrößen – hier die Renditen der einzelnen Anlagealternativen. Die Vorteilhaftigkeit der einzelnen Anlage gegenüber den Alternativanlagen bleibt bei Alternative 1 jedoch gleich. Im Rahmen dieser Investitionsentscheidung übt das Steuersystem demnach keinen Einfluß auf die Wahl der Kapitalanlage aus.

Auf den gesamtwirtschaftlichen Rahmen bezogen bedeutet Neutralität in einer absoluten Form aber, daß sich die Besteuerung auf rein fiskalische Zwecke beschränken solle. Der Staat habe sich sozial-, wirtschafts- und umweltpolitischer Ziele im Bereich des Steuerrechts zu enthalten. Zwar sei die Verfolgung solcher Ziele legitim oder gar geboten. Dafür biete sich jedoch das nichtsteuerliche Instrumentarium an[20]. Allerdings wird diese, auf ein liberalistisches Wettbewerbsverständnis zurückzuführende Interpretation des Neutralitätspostulates heute im allgemeinen nicht mehr als erstrebenswert erachtet[21].

2. Verteilungsneutralität und absolute Neutralität durch Kopfsteuern

Gleichwohl kam diesem so verstandenen Prinzip der verteilungspolitischen Besteuerungsneutralität eine herausragende Bedeutung im Rahmen der Wirtschaftsdoktrin des klassischen Liberalismus zu, die in der sog. Edinburgher Regel des „leave-them-as-you-find-them-rule of taxation" plastisch zum Ausdruck kam. Der Staat solle nicht in die vorgefundenen Einkommens- und Vermögensverhältnisse eingreifen[22]. Vielmehr dürfe sich die relative ökonomisch-

---

18 Vgl. *Homburg, S.*, Steuerlehre, 2000, S. 104.

19 Vgl. *Elschen, R./Hüchtebrock, M.*, Steuerneutralität, 1993, S. 265.

20 Vgl. *Haase, K. D.*, Neutralitätspostulate, in: FS Rose, 1991, S. 242; *Elschen, R./Hüchtebrock, M.*, Steuerneutralität, 1983, S. 254.

21 Vgl. *Neumark, F.*, Steuerpolitik, 1970, S. 261.

22 Vgl. *Mann, F. K.*, Ideale, 1937, S. 246 f.

finanzielle Lage der Steuerpflichtigen durch die Besteuerung nicht ändern. Wer beispielsweise vor Steuern doppelt so reich ist wie sein Nachbar, solle dies auch nach Steuern bleiben.

Dieses Verständnis setzt jedoch voraus, daß die bestehende Einkommens- und Vermögensverteilung vor Steuern ökonomisch rational und sozial-ethisch als gerecht empfunden wird[23]. Das Postulat der Besteuerungsneutralität stellt sich in dieser Interpretation als Forderung nach Verteilungsneutralität dar[24].

Somit bliebe für eine Umverteilung durch Besteuerung kein Raum. Eine solche Umverteilung ist aber verfassungsrechtlich nicht nur zulässig, sondern entsprechend dem Grundsatz der Belastungsgleichheit nach der wirtschaftlichen Leistungsfähigkeit sogar geboten[25].

Durch diese verfassungsrechtliche Vorgabe entfällt bereits die Erhebung der einzig annähernd[26] entscheidungsneutral wirkenden Steuer[27]. Hierbei handelt es sich um eine Kopfsteuer, die jeden Bürger mit einem einheitlichen Betrag, einer sog. „lump sum", belastet[28]. Eine solche Steuer bewirkt, daß die Höhe der Besteuerung nicht von der gewählten Handlungsalternative oder Gestaltungsmöglichkeit – im obigen Beispiel die gewählte Kapitalanlage – abhängt[29]. Damit erhält die Steuer den Charakter fixer Kosten, die für jede Handlungsalternative in

---

23 Vgl. *Mann, F. K.*, Ideale, 1937, S. 158.

24 Vgl. *Neumark, F.*, Steuerpolitik, 1970, S. 33.

25 Vgl. *Jachmann, M.*, Umverteilung, in: StuW 1998, S. 294. Nach *M. Jachmann* kann von Umverteilung im juristischen Sinne nicht gesprochen werden, wenn die Besteuerung dem Grundsatz der Belastungsgleichheit folgt. Die Steuerprogression sei grundsätzlich Ausdruck erhöhter sozialer Verantwortung, die höhere Steuerbelastung gerade Ausdruck der Belastungsgleichheit. Somit liege Umverteilung allein im ökonomischen Sinne vor; vgl. *Jachmann, M.*, Umverteilung, in: StuW 1998, S. 296; in diese Richtung tendiert auch *F. Neumark*, wenn er davon ausgeht, daß mit wachsendem Einkommen die Fähigkeit zur Finanzierung des kollektiven oder öffentlichen Bedarfs überproportional zunimmt; vgl. *Neumark, F.*, Steuerpolitik, 1970, S. 177.

26 Nach *Brümmerhoff, D.*, Finanzwissenschaft, 2001, S. 443, wirkt selbst eine Kopfsteuer nicht absolut entscheidungsneutral. Schließlich könne sie zur Wohnsitz- oder Standortverlagerung bzw. zum Auswandern veranlassen. Ebenso: *Blankart, C. B.*, Finanzen, 1998, S. 210 (Fn. 10).

27 Vgl. *Neumark, F.*, Steuerpolitik, 1970, S. 262; *Musgrave, R. A./Musgrave P. B./Kullmer, L.*, Finanzen, Band 2, 1993, S. 92 f.; *Stang, H.*, in: *Wacker, H. W.* (Hrsg.), Besteuerung, 1994, S. 428.

28 Vgl. *Wagner, F. W./Dirrigl, H.*, Steuerplanung, 1980, S. 16; *Stang, H.*, in: *Wacker, H. W.* (Hrsg.), Besteuerung, 1994, S. 428.

29 Vgl. *Homburg, S.*, Steuerlehre, 2000, S. 102.

gleicher Höhe anfallen. Diese Kosten sind aufgrund ihres Fixcharakters nicht entscheidungsrelevant[30].

Diese Steuer berücksichtigt weder die objektive wirtschaftliche Leistungsfähigkeit noch die subjektiven Verhältnisse des Steuerpflichtigen[31]. Solch eine Besteuerung, die in Großbritannien zwischen 1989 und 1994 eine kurze und unglückliche Renaissance als „community charge" oder „poll tax"[32] – eine Gemeindekopfsteuer – erlebt und zu erheblichen Unruhen geführt hatte[33], wäre zwar betragsmäßig für jeden Steuerpflichtigen gleich. Gerade eine solche, betragsmäßig gleiche Steuerbelastung führt aber dazu, daß nicht an gleiche wirtschaftliche Sachverhalte angeknüpft wird[34]. Denn wenn – wie *K. Tipke* es plastisch ausdrückt – der Millionär ebensoviel bezahlt wie der Bettler[35], ist dies mit dem Prinzip der Besteuerung nach der wirtschaftlichen Leistungsfähigkeit nicht zu vereinbaren[36].

Kopfsteuern werden daher in den meisten Industrieländern nicht mehr erhoben[37]. Im finanzwissenschaftlichen Schrifttum sind sie nahezu bedeutungslos geworden[38]. Dies mag nicht zuletzt daran liegen, daß die verteilungspolitischen Ergebnisse des Marktmechanismus allein ohne staatliche Intervention seit Ende des 19. Jahrhunderts im allgemeinen nicht mehr als gerecht empfunden werden[39]. Hierzu hat die Finanzwissenschaft den Begriff des „Marktversagens" geprägt[40]. So sind Situationen zu beobachten, in denen entweder kein Markt existiert oder dieser nur unzureichend funktioniert. Damit besteht eine potentielle

---

30 Vgl. *Elschen, R.*, Entscheidungsneutralität, in: StuW 1991, S. 104.

31 Vgl. *Böckmann, G.*, Neutralität, 1969, S. 33.

32 Vgl. *Ward, M./Zebedee, J.*, Community Charge, 1990, S. 7; einen guten Überblick über die Entwicklung der Kommunalbesteuerung in Großbritannien gibt *Weisflog, W. E.*, Kommunalbesteuerung, in: StuW 1995, S. 173 ff.

33 Vgl. *Stang, H.*, in: *Wacker, H. W.* (Hrsg.), Besteuerung, 1994, S. 428; *Tipke, K.*, Steuerrechtsordnung I, 2000, S. 473 f.; *Homburg, S.*, Steuerlehre, 2000, S. 53.

34 Vgl. *Hey, J.*, Harmonisierung, 1997, S. 125; *Neumark, F.*, Steuerpolitik, 1970, S. 71.

35 Vgl. *Tipke, K.*, Steuerrechtsordnung I, 2000, S. 473.

36 Vgl. *Weisflog, W. E.*, Kommunalbesteuerung, in: StuW 1995, S. 175.

37 Vgl. *Tipke, K.*, Steuerrechtsordnung I, 2000, S. 473.

38 Vgl. *Brümmerhoff, D.*, Finanzwissenschaft, 2001, S. 443. Dagegen bildet das Konzept einer Pauschalsteuer den analytischen Nullpunkt der Steuerwirkungslehre in der Finanzwissenschaft. Die tatsächliche Erhebung einer solchen Steuer wird dagegen als unrealistisch angesehen; vgl. *Homburg, S.*, Steuerlehre, 2000, S. 102.

39 Vgl. *Neumark, F.*, Steuerpolitik, 1970, S. 14.

40 Zum Begriff des Marktversagens allgemein vgl. *Berg, H./Cassel, D./Hartwig, K.-H.*, in: *Bender, D. u.a.*, Wirtschaftspolitik, 1999, S. 193 ff.

Aufgabe für staatliche Aktivität[41]. Denn im Falle von Marktversagen sollte der Staat lenkend eingreifen, da er bessere Ergebnisse als der Marktmechanismus erzielen kann[42].

Daraus folgt, daß Neutralität in einem absoluten oder allgemeinen Sinne weder betriebs- oder finanzwissenschaftlich erreichbar, noch – in bezug auf eine als entscheidungsneutral zu bewertende Kopfsteuer – verfassungskonform umsetzbar ist.

Das steuerliche Neutralitätspostulat muß daher als Forderung nach relativer Neutralität verstanden werden[43]. Relative Neutralität bedeutet, daß Steuerwirkungen einen funktionierenden Wettbewerbsmechanismus nicht beeinflussen sollten, wenn die Ergebnisse dieses Wettbewerbs wirtschafts- oder gesellschaftspolitisch als richtig oder gerecht angesehen werden. Funktioniert dieser Mechanismus nicht oder sind seine Ergebnisse oder Konsequenzen unerwünscht, bietet die Besteuerung als Interventions- und Lenkungsinstrument aber eine Möglichkeit, die Unvollkommenheit des Wettbewerbs zu beseitigen oder zu mindern bzw. wünschenswerte Ergebnisse zu erzielen[44].

3. Neutralität und Fiskal- bzw. Sozialzwecknormen

Steuerliche Normen können nach dem jeweiligen Besteuerungszweck in zwei Gruppen eingeteilt werden. Man unterscheidet Steuern mit fiskalischer und solche mit außerfiskalischer Zielsetzung[45].

Soll das Steueraufkommen im klassischen Sinne zur Finanzierung der Staatsausgaben beitragen, dient die Steuer hauptsächlich fiskalischen Zwecken[46]. Dies schließt nicht aus, daß diese Steuer vom Gesetzgeber gewollt oder ungewollt lenkend in Dispositionen der Wirtschaftssubjekte eingreift. Jedoch sollte die Er-

---

41 Vgl. *Brümmerhoff, D.*, Finanzwissenschaft, 2001, S. 65.

42 Vgl. *Blankart, C. B.*, Finanzen, 1998, S. 65.

43 Vgl. *Reinhardt, F.*, in: *Wacker, H. W.* (Hrsg.), Besteuerung, 1994, S. 505; *Seidl, C.*, Neutralität, in: StuW 1989, S. 350; *Hey, J.*, Harmonisierung, 1997, S. 125.

44 Vgl. *Neumark, F.*, Steuerpolitik, 1970, S. 262 ff.; *Homburg, S.*, Steuerlehre, 2000, S. 197; *H. Haller* geht dagegen davon aus, daß die Besteuerung grundsätzlich nicht geeignet ist, Wettbewerbspolitik zu betreiben; vgl. *Haller, H.*, Steuern, 1981, S. 264.

45 Vgl. *Wöhe, G.*, Wirtschaftspolitik, in: StKongreßRep. 1975, S. 169.

46 *K. Tipke* spricht in diesem Zusammenhang von Fiskalzwecknormen; vgl. *Tipke, K.*, Steuerrechtsordnung I, 2000, S. 77.

zielung von Einnahmen der Hauptzweck sein. Die wirtschaftlichen und sozialen Auswirkungen sollten Folge, nicht Zweck dieser Normen sein[47].

Steht die Einnahmenerzielung dagegen nicht im Vordergrund, dient die Steuer eher Lenkungs- oder Umverteilungszwecken[48]. Sollen mögliche Ungleichgewichte auf den Faktormärkten bereinigt, gemildert oder unerwünschte Ergebnisse des Marktmechanismus verhindert werden, ist eine nicht neutral wirkende, also entscheidungswirksame Steuer als Mittel staatlicher Intervention durchaus in Betracht zu ziehen. Die Steuer soll lenkend[49] in Dispositionen der Steuerpflichtigen eingreifen und erwünschte Substitutionseffekte erzielen[50]. Durch gezielte Steuerbe- und -entlastung soll ein bestimmtes Verhalten stimuliert werden[51].

Typische Beispiele hierfür sind Abgaben[52] zum Schutze der Umwelt[53]. So könnten im Rahmen einer Steuer auf den Verbrauch von Energie verschiedene Steuersätze für verschiedene Energieträger wie Benzin, Diesel, Erdgas usw. zur Anwendung kommen[54]. Diese Energiesteuer erhöht die Kosten des jeweiligen Energieträgers. Ein ökonomisch vernünftiger Energieverbraucher würde zukünftig denjenigen Energieträger wählen, der ihm die benötigte Energiemenge zu den geringsten Kosten liefert. Bei entsprechender Ausgestaltung der Steuersätze und der Bemessungsgrundlage ist dies der umweltverträglichste Energieträger. Wurden zuvor andere Energieträger eingesetzt, kommt es zu Substitutionsprozessen[55]. Damit lenkt die Energiesteuer das ökonomische, gewinnmaximierende Verbraucherverhalten in die ökologisch sinnvollste, umweltschonendste Richtung.

---

47 Vgl. *Lang, J.*, in: *Tipke, K./Lang, J.*, Steuerrecht, 1998, § 4 Rn. 20, S. 71.

48 *J. Lang* trifft eine Unterscheidung in Fiskalzweck-, Sozialzweck- und Vereinfachungszwecknormen. Nach dieser Terminologie dienen Sozialzwecknormen der Verfolgung von Lenkungs- oder Umverteilungszielen; vgl. *Lang, J.*, in: *Tipke, K./Lang, J.*, Steuerrecht, 1998, § 4 Rn. 21, S. 71.

49 *R. Elschen* spricht von sog. Lenkungszwecknormen; vgl. *Elschen, R.*, Entscheidungsneutralität, in: StuW 1991, S. 111.

50 Vgl. *Andel, N.*, Finanzwissenschaft, 1998, S. 113.

51 Vgl. *Lang, J.*, in: *Tipke, K./Lang, J.*, Steuerrecht, 1998, § 4 Rn. 21, S. 71.

52 Einen kurzen Überblick aus ökonomischer Sicht über verschiedene Arten von Umweltabgaben gibt *Hartwig, K.-H.*, in: *Bender, D. u.a.*, Wirtschaftspolitik, 1999, S. 150; speziell zu Umweltsteuern aus ökonomischer Sicht gibt *Homburg, S.*, Steuerlehre, 2000, S. 196 ff., einen guten Überblick.

53 Vgl. *Lang, J.*, in: *Tipke, K./Lang, J.*, Steuerrecht, 1998, § 3 Rn. 11, S. 49.

54 Vgl. *Jenzen, H.*, Energiesteuern, 1998, S. 253.

55 Vgl. *Arndt, H.-W.*, Stromsteuergesetz, 1999, S. 5.

Diese Unterscheidung ist ökonomisch und juristisch bedeutsam. Soll eine Norm Lenkungsfunktionen erfüllen – handelt es sich also nach der Terminologie von *J. Lang* um eine Sozialzwecknorm –, gelten für ihre Auslegung andere Prinzipien als für Fiskalzwecknormen[56]. Ob damit nach *K. Tipke* das Leistungsfähigkeitsprinzip generell nicht zur Anwendung kommt[57], wird im folgenden noch zu klären sein.

Auch die Finanzwissenschaft nimmt diese Unterscheidung in Steuern mit Fiskalzweck und Lenkungs- bzw. Umverteilungszweck vor[58]. Insbesondere in Situationen des Marktversagens können lenkende Eingriffe des Staates zu einem vorzugswürdigen Gesamtergebnis führen. Zwar ist das Neutralitätspostulat durch solche Interventionen nicht gewahrt. Gleichwohl wird es dadurch allein noch nicht verletzt. Entscheidend ist, ob Lenkungseffekte gezielt auftreten[59]. Erst wenn Ungleichbehandlungen nicht wirtschaftspolitisch motiviert sind, also unbeabsichtigt auftreten, liegt ein Verstoß gegen das Neutralitätsgebot vor[60]. Nach *S. Homburg* kommt es „nicht darauf an, verzerrungsfrei zu besteuern, sondern darauf, optimal zu verzerren"[61]. Mit anderen Worten soll das steuerliche Instrumentarium so genutzt werden, daß ein gegebener Finanzbedarf des Staates mit einem möglichst geringen Verlust an privaten Gütern verbunden ist. Dies entspricht volkswirtschaftlich der Theorie einer optimalen Steuer[62].

4. Neutralität in Teilbereichen

Damit herrscht in den Einzeldisziplinen der Steuerwissenschaft die Meinung vor, daß sich absolute Neutralität in der Realität nicht verwirklichen läßt[63]. Dies schließt jedoch nicht die Zielerreichung oder Annäherung in Teilbereichen aus. Denn das Neutralitätspostulat entfaltet sich nicht nur auf übergeordneter Ebene, sondern läßt sich in die Forderung nach Wettbewerbs- und Rechtsformneutrali-

---

56 Vgl. *Lang, J.*, in: *Tipke, K./Lang, J.*, Steuerrecht, 1998, § 4 Rn. 25, S. 73.

57 Vgl. *Tipke, K.*, Steuerrechtsordnung I, 2000, S. 495; deutlich abgeschwächt dagegen *Lang, J.*, in: *Tipke, K./Lang, J.*, Steuerrecht, 1998, § 4 Rn. 85, S. 83.

58 Vgl. *Homburg, S.*, Steuerlehre, 2000, S. 7.

59 Vgl. *Hey, J.*, in: *Herrmann/Heuer/Raupach*, Kommentar, 1996, Einf. KSt Anm. 37.

60 Vgl. *Elschen, R.*, Entscheidungsneutralität, in: StuW 1991, S. 115.

61 Vgl. *Homburg, S.*, Steuerlehre, 2000, S. 329.

62 Vgl. *Rose, M./Wiegard, W.*, in: *Pohmer, D.* (Hrsg.), Besteuerung, 1983, S. 13.

63 Vgl. *Schneider, D.*, Reform, in: StuW 1989, S. 330; *Lang, J.*, Unternehmensbesteuerung, in: StuW 1990, S. 115; *Wagner, F. W.*, Neutralität, in: StuW 1992, S. 13.

tät, Finanzierungs- oder Investitionsneutralität, Verwendungsneutralität sowie nach intertemporaler Neutralität der Besteuerung zerlegen[64].

a) Wettbewerbs- und Rechtsformneutralität

Das Prinzip der Wettbewerbsneutralität und dessen Konkretisierung, das Gebot der Rechtsformneutralität[65], besagen, daß der Staat durch das Steuerrecht nicht in eine bestehende Wettbewerbssituation eingreifen darf.

aa) Der Grundsatz der Wettbewerbsneutralität

In einer Marktwirtschaft erfolgt die Allokation der Ressourcen über den Wettbewerb[66], dessen Funktion gewährleistet sein muß[67]. Die gegenwärtige Wirtschaftsordnung geht dabei von der zentralen Annahme aus, daß durch den freien Wettbewerb eine effizientere Verteilung der knappen Ressourcen besser gewährleistet ist als durch staatliche Lenkung[68]. Zur Korrektur von Marktversagen stellt die Besteuerung zwar ein zulässiges Mittel staatlicher Intervention dar[69]. Bei funktionierenden Märkten sollten staatliche Lenkungsmaßnahmen jedoch unterbleiben. Ob funktionierender Wettbewerb vorliegt, ist indessen nicht einfach zu beantworten. Dies setzt zunächst eine Vorstellung darüber voraus, welche und wie viele Unternehmen miteinander konkurrieren oder dies zumindest sollten.

Die Aussage, alle am selben Markt teilnehmenden Wettbewerber sollten der gleichen Besteuerung unterliegen[70], bedarf daher näherer Konkretisierung, um nicht zur Leerformel zu werden. Dies wirft die Frage auf, was der Markt ist und welche Unternehmen am Wettbewerb auf diesem Markt teilnehmen. Damit stellt sich das Problem, daß Wettbewerbswirksamkeit oder Neutralität nur dort wahr-

---

64 Vgl. *Hey, J.*, in: *Herrmann/Heuer/Raupach*, Kommentar, 1996, Einf. KSt Anm. 37.

65 Vgl. *Hey, J.*, in: *Herrmann/Heuer/Raupach*, Kommentar, 1996, Einf. KSt Anm. 38.

66 Vgl. *Elschen, R./Hüchtebrock, M.*, Steuerneutralität, 1983, S. 257.

67 Vgl. *Neumark, F.*, Steuerpolitik, 1970, S. 262 f.

68 *D. Schneider* beschreibt Effizienz sehr plastisch damit, daß zunächst „der Kuchen der Volkswirtschaft möglichst groß gemacht werden muß“; vgl. *Schneider, D.*, Reform, in: StuW 1989, S. 329.

69 Vgl. *Schmidt, F.*, Allowance, 1998, S. 29.

70 Vgl. *Wagner, F. W.*, Neutralität, in: StuW 1992, S. 7.

zunehmen ist, wo aufgrund gleicher Strukturen und Funktionen ähnliche Betrachtungsobjekte vorliegen[71]; andernfalls fehlt die Vergleichsgrundlage.

So bestehen zwischen Großbetrieben und kleinen Handwerksbetrieben derart große Unterschiede, daß auf den ersten Blick von einem Konkurrenzverhältnis nicht gesprochen werden kann[72]. Nicht ausgeschlossen ist aber, daß diese Unternehmen in einzelnen Marktsegmenten oder räumlich begrenzt miteinander konkurrieren. So können die Produkte eines kleinen Handwerksbetriebs am Ort seiner Niederlassung im Wettbewerb mit Produkten von sog. „Global Players" stehen, die üblicherweise auf dem Weltmarkt miteinander konkurrieren. Als Unterscheidungskriterium ist daher auf das Produkt oder die angebotene Leistung abzustellen.

Unternehmen stehen vielmehr dann in unmittelbarem Wettbewerb, wenn ihre Produkte oder die von ihnen erbrachten Leistungen substituierbar sind[73]. Obgleich die Größe des Unternehmens kein relevantes Unterscheidungsmerkmal sein kann, besteht ein Wettbewerbsverhältnis dennoch häufig zwischen Unternehmen mittlerer Größe. Grundsätzlich konkurriert der Großkonzern also nicht mit dem Gemüseladen um die Ecke. In Marktsegmenten, die von starkem Wettbewerb geprägt sind, sind dagegen häufig Unternehmen anzutreffen, die sowohl in den Rechtsformen der Einzelfirma und der Personengesellschaft als auch der Kapitalgesellschaft betrieben werden. Diese Mitbewerber unterscheiden sich dagegen gerade nicht zwingend in der Größe, der Unternehmensorganisation oder der Zahl der Mitarbeiter[74].

Belastet das Steuersystem nun eine Gruppe von Unternehmen stärker als deren Wettbewerber, kommt es zu Preisanpassungen der benachteiligten Anbieter und zu Substitutionshandlungen der Nachfrager hin zu den günstigeren Produkten. Möglicherweise werden die benachteiligten Unternehmen in eine so ungünstige Wettbewerbslage gebracht[75], daß sie letztlich gezwungen sein könnten, aus dem Markt auszuscheiden. Kennzeichen der Wettbewerbswirksamkeit oder Neutrali-

---

71 Vgl. *Heigl, A.*, Reformkonzept, in: StuW 1972, S. 318.

72 Allerdings deutet *D. Pohmer* ein Konkurrenzverhältnis zwischen Kleingewerbebetrieben und Freiberuflern an; vgl. *Pohmer, D.*, Steuersystem, in: FA 15 (1954/55), S. 384.

73 Vgl. *BVerfG* vom 26.10.1976 – 1 BvR 191/74, BVerfGE 43, S. 58 (68).

74 Vgl. *Pohmer, D.*, Steuersystem, in: FA 15 (1954/55), S. 384.

75 Vgl. *Kirchhof, P.*, in: *Isensee/Kirchhof*, Staatsrecht IV, 1999, § 88 Rn. 123.

tät eines Steuersystems ist damit das Ausmaß der Substitutionshandlungen, zu denen sich Steuerpflichtige veranlaßt sehen[76].

bb) Das Gebot der Rechtsformneutralität

Abgesehen von der Substituierbarkeit der angebotenen Produkte oder der erbrachten Leistungen läßt sich der Begriff der Wettbewerbsneutralität weder juristisch noch ökonomisch befriedigend konkretisieren oder operationalisieren. Die Diskussion über die Wettbewerbsneutralität wird daher seit Jahren mit eher vagen Argumenten geführt[77]. Die Forderung nach einer wettbewerbsneutralen Besteuerung wird somit insbesondere durch das Gebot der Rechtsformneutralität der Besteuerung konkretisiert[78].

Die Rechtsform als das äußere Gewand, in dem eine Unternehmung betrieben wird, soll nicht zu wettbewerbsverzerrender ungleicher Besteuerung führen. Das bedeutet, daß die Steuerbelastung des Unternehmens und seiner Anteilseigner nicht von der Rechtsform abhängen darf[79]. Eine rechtsformabhängige Besteuerung bedürfte zumindest sachlicher Rechtfertigung[80]. Denn eine Verletzung des Gebots der rechtsformneutralen Besteuerung würde zu einzel- und gesamtwirtschaftlichen Ineffizienzen führen[81].

Dennoch knüpft das deutsche Steuerrecht traditionell an die zivilrechtlichen Organisationsformen an und ist daher vom Dualismus von Kapitalgesellschaften und Personengesellschaften geprägt[82]. Die Besteuerung der unternehmerischen Betätigung führt daher gerade nicht zu rechtsformneutralen Belastungswirkungen, sondern hängt vom zivilrechtlichen „Kleid“ des Unternehmens ab[83]. Der Gesetzgeber bevorzugt dabei teilweise bestimmte Rechtsformen aus wirtschafts- oder gesellschaftspolitischen Erwägungen, während er andere Gesellschaftsformen diskriminiert[84].

---

76 Vgl. *Schmidt, F.*, Allowance, 1998, S. 29.
77 Vgl. *Schipporeit, G.*, Unternehmungsteuer, 1979, S. 46.
78 Vgl. *Heigl, A.*, Unternehmungsbesteuerung, 1994, S. 28.
79 Vgl. *Homburg, S.*, Steuerlehre, 2000, S. 346.
80 Vgl. *Jacobs, O. H.*, in: *Heigl, A./Uecker, P.* (Hrsg.), Betriebswirtschaftslehre, 1979, S. 381.
81 Vgl. *Homburg, S.*, Steuerlehre, 2000, S. 346.
82 Vgl. *Priester, H.-J.*, Unternehmenssteuerreform, in: WPg 2000, S. 72.
83 Vgl. *Seer, R.*, Unternehmensbesteuerung, in: StuW 1993, S. 114.
84 Vgl. *Flämig, C.*, Besteuerung, in: ZRP 1980, S. 242.

Sofern diese Erwägungen den verfassungsrechtlichen Anforderungen an eine sachliche Rechtfertigung – insbesondere unter den bereits angedeuteten und noch näher auszuführenden Aspekten der Lenkungs- oder Sozialzwecknormen – dieser Ungleichbehandlung genügen, ist dies weder juristisch[85] noch ökonomisch zu beanstanden.

Gegen eine grundsätzlich rechtsformneutrale Besteuerung kann auch der Aspekt der Einheitlichkeit der Rechtsordnung angeführt werden[86]. So solle das Steuerrecht sich nicht über zivilrechtliche Wertungen hinwegsetzen, indem beispielsweise nicht oder nur teilweise rechtsfähigen Personengesellschaften die Steuerrechtsfähigkeit zuerkannt wird[87]. In der Forderung nach Rechtsformneutralität darf auch kein ökonomischer Selbstzweck gesehen werden, solange davon ausgegangen wird, daß hinter unterschiedlichen Rechtsformen auch unterschiedliche wirtschaftliche Sachverhalte stehen[88].

Gleiche ökonomisch-juristische Sachverhalte müssen dagegen gleiche Besteuerungsfolgen auslösen. Gesellschaftsrechtliche Unterschiede der einzelnen Rechtsformen[89] können aber durch kautelarjuristische Gestaltungen[90] derart modifiziert werden, daß diese Unterschiede abgeschwächt oder sogar vollständig beseitigt werden. Die Rechtsform eignet sich daher generell nicht als Maßgröße für unterschiedliche Leistungsfähigkeit bzw. zur Unterscheidung wirtschaftlicher Sachverhalte[91].

Schließlich kann auch der Grundsatz der Einheitlichkeit der Rechtsordnung keine Rechtfertigung für eine rechtsformabhängige Besteuerung von Unternehmen liefern. Dieser Grundsatz ist ebenso schillernd wie wenig greifbar. Vielmehr

---

85 Vgl. *BVerfG* vom 22.05.1963 – 1 BvR 78/56, BVerfGE 16, S. 147 (161); *BVerfG* vom 24.03.1965 – 1 BvR 228/65, BVerfGE 19, S. 119 (125).

86 Vgl. *Eckhardt, W.*, Einheit, in: StbJb 1961/62, S. 137.

87 Diese Argumentation scheint besonders überdenkenswert, seit der *BGH* auch der Gesellschaft bürgerlichen Rechts ausdrücklich die Teilrechtsfähigkeit zuerkannt hat; vgl. *BGH* vom 29.01.2001 – II ZR 331/00, DStR 2001, S. 310 ff.; zur Rechtsfähigkeit der Personenhandelsgesellschaften vgl. § 124 HGB.

88 Vgl. *Hey, J.*, Harmonisierung, 1997, S. 127.

89 Hier ist insbesondere an Regelungen zur Geschäftsführung und Vertretung, Haftung, Gewinn- und Verlustbeteiligung, Entnahme usw. zu denken.

90 Mit *H.-J. Priester* sei hier nur an die berühmten Ausweichgestaltungen der GmbH & Co., der Publikumsgesellschaft und der Betriebsaufspaltung erinnert; vgl. *Priester, H.-J.*, Unternehmenssteuerreform, in: WPg 2000, S. 72; vgl. zudem *Seer, R.*, Unternehmensbesteuerung, in: StuW 1993, S. 133 ff.

91 Vgl. *Jacobs, O. H./Scheffler, W.*, Rechtsform, 1996, S. 296 f.

suggeriert er den vollständigen Gleichklang aller Rechtsgebiete, wie er so weder wahrzunehmen noch verwirklicht ist[92]. Beispielsweise ist es mit der Einheitlichkeit der Rechtsordnung nicht zu vereinbaren, daß der Gesellschafter einer Personengesellschaft aufgrund § 124 Abs. 1 HGB mit dieser wie ein fremder Dritter wirksame Austauschverträge abschließen kann, die Einnahmen hieraus steuerlich aber als Sondervergütungen zu den Einkünften aus Gewerbebetrieb – mit den entsprechenden gewerbesteuerlichen Folgen[93] – nach § 15 Abs. 1 Nr. 2 EStG gehören[94]. Einen Widerspruch zum Grundsatz der Einheitlichkeit der Rechtsordnung stellt auch die abweichende Rechtsprechung von *BGH*[95] und *BFH*[96] zur phasengleichen Vereinnahmung von Dividenden dar[97].

Sicherlich lassen sich diese Abweichungen zwischen Handels- und Steuerrecht überzeugend begründen[98]. Zumindest jedoch folgt das Verhältnis von Handels- bzw. Gesellschaftsrecht und Steuerrecht nicht dem Grundsatz der Einheitlichkeit der Rechtsordnung. Die unterschiedliche Besteuerung unterschiedlicher Rechtsformen kann daher nicht mit steuersystematischen oder wirtschaftlichen Erwägungen begründet werden, allenfalls mit politischen[99].

Sowohl unter juristischen als auch ökonomischen Gesichtspunkten lassen sich dagegen zahlreiche negative Auswirkungen der rechtsformabhängigen Besteuerung aufzeigen: So werden Gesellschaftskonstruktionen entwickelt und genutzt, die steuerlich optimiert sind, auf privatrechtlicher Ebene – beispielsweise zwischen den Gesellschaftern - teilweise aber erhebliches Konfliktpotential in sich tragen[100]. Möglicherweise führen diese hybriden Gestaltungen[101] zum vollstän-

---

92 Vgl. *Walz, W. R.*, Besteuerung, 1980, S. 49; *Hey, J.*, Harmonisierung, 1997, S. 127.

93 So sind beispielsweise die Zinseinnahmen aus einem Gesellschafterdarlehen an eine Personengesellschaft als Sondervergütungen voll gewerbesteuerpflichtig. Gewährt dagegen der Gesellschafter einer Kapitalgesellschaft dieser ein Darlehen, sind diese nach § 8 Nr. 1 GewStG nur hälftig gewerbesteuerpflichtig.

94 Vgl. *Knobbe-Keuk, B.*, Unternehmenssteuerrecht, 1993, S. 455 ff.; *Jacobs, O. H.*, Unternehmensbesteuerung, 1998, S. 185 ff.

95 Vgl. *BGH* vom 12.01.1998 – II ZR 82/93, BGHZ 137, S. 378 ff.

96 Vgl. *BFH* GrS vom 07.08.2000 – GrS 2/99, BStBl II 2000, S. 632 ff.

97 Einen guten Überblick geben *U. Blaum/H. Kessler*; vgl. *Blaum, U./Kessler, H.*, Beteilungserträge, in: StuB 2000, S. 1233 ff.

98 Der *Große Senat* des *BFH* bejaht die Abweichung von der Rechtsprechung des BGH, verneint die Vorlagepflicht an den GmSOGB aber damit, daß Handels- und Steuerbilanz unterschiedlichen Sachgesetzlichkeiten folgen; vgl. *BFH* GrS vom 07.08.2000 – GrS 2/99, BStBl II 2000, S. 632 (638).

99 Vgl. *Wöhe, G.*, Unternehmensform, in: ZfbF 1980, S. 520.

100 Vgl. *Hey, J.*, Harmonisierung, 1997, S. 127 f.

101 Vgl. *Tipke, K.*, Steuerrechtsordnung II, 1993, S. 1027.

digen Verschwinden anderer Gesellschaftsformen, die privatrechtlich sinnvoll, steuerlich aber nicht überlebensfähig sind[102].

Ökonomisch wenig sinnvoll dürfte es zudem sein, liquide Mittel aus ersparten Steuern für zivilrechtliche Schadensersatz-, Auflösungs-, Anfechtungs- oder Nichtigkeitsklagen aufzuwenden, was aber zwangsläufig eine Folge davon ist, daß das Steuerrecht ein Störfaktor[103], „eine unerwünschte Rechtsquelle des Gesellschaftsrechts geworden“[104] ist.

Betriebswirtschaftlich interpretiert gewährleistet das Gebot der Rechtsformneutralität die freie unternehmerische Entscheidung und ist damit eine Voraussetzung für einen funktionierenden Wettbewerb. Dies gilt sowohl auf nationaler als auch auf europäischer und internationaler Ebene[105]. Die weitgehende Rechtsformneutralität der deutschen Unternehmensbesteuerung ist damit zugleich eine Grundvoraussetzung dafür, daß deutsche Unternehmen[106] langfristig international wettbewerbsfähig bleiben.

b) Finanzierungs- und Investitionsneutralität

Während der Grundsatz der Rechtsformneutralität die freie Wahl der Gesellschaftsform und damit der äußeren Gestalt des Unternehmens postuliert, fordern die Gebote der Finanzierungs- und der Investitionsneutralität Entscheidungsfreiheit bei der Mittelverwendung und Mittelbeschaffung. Sie betreffen damit die innere Struktur des Unternehmens.

Investitionen beziehen sich auf die Verwendung von Kapital und berühren damit die Aktivseite der Bilanz. Finanzierung bezieht sich auf die Beschaffung von Kapital und wird daher auf der Passivseite der Bilanz abgebildet[107].

---

[102] *B. Knobbe-Kneuk* sprach in diesem Zusammenhang von der „Denaturierung privatrechtlicher Institutionen“; vgl. *Knobbe-Keuk, B.*, Gesellschaftsrecht, 1986, S. 1.

[103] Vgl. *Schmidt, K.*, Gesellschaftsrecht, 1997, § 1 II 6 d), S. 23.

[104] Vgl. *Knobbe-Keuk, B.*, Gesellschaftsrecht, 1986, S. 1.

[105] Vgl. *Hey, J.*, Harmonisierung, 1997, S. 128.

[106] *F. Schmidt* kommt zu dem Ergebnis, daß kleine Unternehmen des Hochtechnologiebereichs durch das deutsche Steuersystem auf europäischer und internationaler Ebene signifikante Nachteile erleiden; vgl. *Schmidt, F.*, Allowance, 1998, S. 197.

[107] Vgl. *Schneider, D.*, Investition, 1992, S. 7; *Homburg, S.*, Steuerlehre, 2000, S. 341.

aa) Der Grundsatz der Investitionsneutralität

Das betriebswirtschaftliche Gebot der Investitionsneutralität entspricht im wesentlichen dem bereits ausgeführten Gebot der Entscheidungsneutralität – bezogen auf verschiedene Investitionen[108]. Entscheidungen zwischen Investitionsprojekten sollen steuerlich nicht verzerrt werden[109]. Investitionsneutralität verlangt, daß Steuerzahlungen die Rangordnung der Rentabilität alternativer Investitionsvorhaben nicht verändert. Die Rentabilität der einzelnen Investition kann und wird in der Regel durch die Steuerzahlung sinken. Die Rangordnung darf sich bei Investitionsneutralität aber nicht ändern. Ebensowenig darf die Besteuerung die Nutzungsdauer und den Veräußerungszeitpunkt der Anlage verändern[110].

bb) Der Grundsatz der Finanzierungsneutralität

Finanzierungsneutralität bedeutet, daß das Steuerrecht die unternehmerische Entscheidung zwischen Eigen- und Fremdfinanzierung nicht beeinflussen soll[111]. Finanzierungsneutralität ist erreicht, wenn Selbstfinanzierung, Beteiligungsfinanzierung und Fremdfinanzierung der gleichen steuerlichen Belastung unterliegen. Das bedeutet, daß zurückbehaltene Gewinne, Gewinnausschüttungen und Zinszahlungen steuerlich gleich belastet werden[112]. Diese Betrachtung erstreckt sich sowohl auf die Ebene des Unternehmens als auch auf die Empfänger der Zinsen oder Dividenden[113].

Finanzierungsneutralität ist daher nur die Kehrseite der Investitionsneutralität. Aus Sicht des Schuldners ist eine Finanzierung eine Investition mit negativem Vorzeichen. Nur wenn beide Marktteilnehmer, Gläubiger und Schuldner, gleich besteuert werden, kommt es nicht zu Verzerrungen. Dies setzt voraus, daß jede Einkommensminderung auf Seiten des Schuldners beim Gläubiger in gleicher Höhe berücksichtigt wird (Korrespondenzprinzip) und daß alle Finanzierungsformen dem gleichen Steuersatz unterliegen (Syntheseprinzip)[114].

Das Korrespondenzprinzip wird beispielsweise durch die Bildung von Pensionsrückstellungen im Zusammenhang mit der betrieblichen Altersvorsorge verletzt.

---

108 Siehe dazu die Ausführungen unter B. 1. auf S. 7.
109 Vgl. *Homburg, S.*, Steuerlehre, 2000, S. 330.
110 Vgl. *Schneider, D.*, Investition, 1992, S. 205.
111 Vgl. *Hey, J.*, Harmonisierung, 1997, S. 128.
112 Vgl. *Schneider, D.*, Investition, 1992, S. 204.
113 Vgl. *Hey, J.*, in: *Herrmann/Heuer/Raupach*, Kommentar, 1996, Einf. KSt Anm. 39.
114 Vgl. *Homburg, S.*, Steuerlehre, 2000, S. 341.

Während Pensionsrückstellungen sofort gewinn- und damit steuermindernd bilanziert werden, versteuert der Arbeitnehmer die Betriebsrente erst bei Zufluß im Rentenalter. Erst dadurch, daß der Arbeitnehmer die Betriebsrente erst mit Eintritt in den Ruhestand und Beginn der Auszahlung versteuern muß, die Pensionsrückstellungen den Gewinn ohne Liquiditätsabfluß jedoch sofort mindern, ist diese Art der betrieblichen Altersvorsorge so attraktiv[115]. Würde der Arbeitgeber die betriebliche Altersvorsorge durch den Abschluß eines Versicherungsvertrags bei einem externen Unternehmen gewährleisten, würden die Prämienzahlungen beim Arbeitgeber sowohl Aufwand als auch Liquiditätsabfluß. Beim Arbeitnehmer wären sie dagegen ein geldwerter Vorteil, der ebenfalls sofort versteuert werden müßte.

Das Syntheseprinzip wird z.B. verletzt, wenn bestimmte Kapitalanlagen vom Gesetzgeber aus Gründen volkswirtschaftlicher Förderungswürdigkeit steuerfrei gestellt werden[116]. Ein Beispiel dafür war die Steuerfreiheit von Zinsen aus Pfandbriefen und Kommunalobligationen, die der Finanzierung des sozialen Wohnungsbaus dienten (ehemals § 3a Abs. 1 EStG), sowie Zinsen aus festverzinslichen Schuldverschreibungen des Bundes und der Länder (§ 3a Abs. 2 EStG). Diese Vorschrift wurde durch das 1. KapMarktFördG[117] vom 15.12.1952 in das EStG eingefügt und sollte den Markt der festverzinslichen Wertpapiere aktivieren[118]. Durch das StÄndG 1992 vom 25.02.1992 wurden diese Steuerbefreiungen mit Wirkung ab Veranlagungszeitraum 1992 aufgehoben.

Der Grundsatz der Finanzierungsneutralität ist jedoch nicht unumstritten[119]: Für mittelständische Unternehmen in der Rechtsform der Personengesellschaft und der GmbH existiert kein vollkommener Kapitalmarkt. Diese Unternehmen seien auf Rücklagenbildung angewiesen[120]. Gesellschaften, die überwiegend fremdfinanziert sind, seien demnach deutlich krisenempfindlicher als Gesellschaften mit höheren Eigenkapitalquoten. Zur Bestandssicherung solle die Eigenfinanzierung, insbesondere durch geringere Steuerbelastung einbehaltener Gewinne[121], gegenüber der Fremdfinanzierung begünstigt werden[122]. Andererseits bestünde

[115] Vgl. *Homburg, S.*, Steuerlehre, 2000, S. 344.
[116] Vgl. *Homburg, S.*, Steuerlehre, 2000, S. 344.
[117] BGBl. I 1952, S. 793.
[118] Vgl. *Kanzler, H.-J.*, in: *Herrmann/Heuer/Raupach*, Kommentar, 1996, § 3a Anm. 3 (Stand: Juli 1992).
[119] Vgl. *Hey, J.*, in: *Herrmann/Heuer/Raupach*, Kommentar, 1996, Einf. KSt Anm. 39 m.w.N.
[120] Vgl. *Knobbe-Keuk, B.*, Unternehmenssteuerreform, in: DB 1989, S. 1305.
[121] Vgl. *Kaiser, M.*, Reform, 1992, S. 398.
[122] Vgl. *Schmölders, G.*, Diskriminierung, in: StuW 1949, Sp. 782.

weder ein volkswirtschaftliches noch ein einzelwirtschaftliches Interesse an der Erhaltung bestimmter Unternehmen[123]. Gerade die steuerliche Begünstigung der Selbstfinanzierung gefährde den Ausleseprozeß des Wettbewerbs[124] und verhindere damit die effiziente Allokation volkswirtschaftlicher Ressourcen[125]. Die Fremdfinanzierung über den Kapitalmarkt biete ein höheres Maß an Sicherheit vor Fehlleitungen[126].

Betrachtet man Finanzierungsneutralität aber als einen Aspekt der Wettbewerbsneutralität, sollte die unternehmerische Finanzierungsentscheidung steuerlich weitgehend unbeeinflußt bleiben, solange Marktversagen nicht gegeben ist[127]. So kann weder eine einseitige Fremdkapitalausstattung mit der Gefahr der Unterkapitalisierung – sog. „thin capitalization“ – noch die vollständige Einsperrung erwirtschafteter Gewinne[128] im Sinne einer ökonomisch gesunden und gesamtwirtschaftlich effizienten Finanzierungsstruktur liegen.

Soweit dies nicht durch Marktversagen auf den Kapitalmärkten gerechtfertigt ist, sollte die Besteuerung von Selbst-, Eigen- und Fremdfinanzierung daher weitgehend[129] finanzierungsneutral ausgestaltet sein.

c) Verwendungs- oder Allokationsneutralität

In engem Zusammenhang mit dem Gebot der Finanzierungsneutralität steht die Forderung nach Verwendungs- oder Allokationsneutralität. Diese Forderung besagt, daß die Entscheidung, Gewinne einzubehalten oder auszuschütten, steuerlich nicht verzerrt werden darf[130]. Insbesondere solle das Steuersystem die Thesaurierung von Gewinnen nicht gegenüber der Ausschüttung privilegieren[131].

---

123 Vgl. *Elschen, R.*, Besteuerung, 1994, S. 289.

124 Vgl. *Wamsler, C.*, Anrechnung, 1997, S. 48.

125 Vgl. *Elschen, R.*, Besteuerung, 1994, S. 292.

126 Vgl. *Betriebsteuer-Ausschuß*, Betriebsteuer, in: StuW 1949, Sp. 939. Fremdfinanzierung ist in diesem Kontext als Außenfinanzierung zu verstehen, da sowohl die Aufnahme von Eigen- als auch Fremdkapital über den Kapitalmarkt angesprochen wird; vgl. *Betriebsteuer-Ausschuß*, Betriebsteuer, in: StuW 1949, a.a.O.

127 Vgl. *Hey, J.*, in: *Herrmann/Heuer/Raupach*, Kommentar, 1996, Einf. KSt Anm. 39.

128 Vgl. *Hey, J.*, Harmonisierung, 1997, S. 129.

129 Nach *S. Homburg* sind kleinere Verletzungen der Finanzierungsneutralität unvermeidbar, letztlich aber auch unschädlich; vgl. *Homburg, S.*, Steuerlehre, 2000, S. 342.

130 Vgl. *Homburg, S.*, Steuerlehre, 2000, S. 348.

131 Vgl. *Hey, J.*, Harmonisierung, 1997, S. 129.

Hintergrund dieses Neutralitätsgebots ist die Befürchtung, daß niedrige Steuersätze für thesaurierte Gewinne den sog. Großaktionärseffekt auslösen könnten. Dieser Effekt besagt, daß eine von wenigen Großaktionären dominierte Unternehmung ihren Kleinaktionären, die möglicherweise auf eine Gewinnausschüttung angewiesen sind, eine Thesaurierungspolitik aufzwingen wird[132]. Daneben besteht die Gefahr, daß durch steuerbegünstigte Thesaurierung vermehrt Selbstfinanzierung betrieben und damit ein ökonomisch unerwünschter Einsperreffekt oder „Lock-in-Effekt“ erzeugt wird. Die Problematik liegt darin begründet, daß die Optimierung von Investitionsentscheidungen behindert wird[133]. Durch die Begünstigung der einbehaltenen Gewinne wird Kapital nicht dort investiert, wo die höchsten Erträge zu erwarten, also effizientere Einsatzmöglichkeiten gegeben sind[134]. Ökonomisch werden diese Effekte dann ausgelöst, wenn der Körperschaftsteuersatz unter dem Einkommensteuersatz liegt[135]. Daher sollten der Unternehmenssteuersatz und der Spitzensteuersatz der Einkommensteuer nicht entkoppelt werden[136].

Eine gewisse Abkehr vom Gebot der Verwendungs- oder Allokationsneutralität hat die Steuerwissenschaft durch juristische und ökonomische Modelle einer konsumorientierten Unternehmensbesteuerung erfahren. Diese Konzepte stehen indessen nicht im Widerspruch zu dem hier dargelegten Gebot der Verwendungsneutralität. Vielmehr gehen sie davon aus, daß alle Unternehmensformen einheitlich besteuert werden. Zugleich soll gespartes und investiertes Einkommen steuerlich begünstigt, für Konsumzwecke eingesetztes Einkommen dagegen höher besteuert werden. Dabei soll der „Lock-in-Effekt“ verhindert werden, indem Steuersatzunterschiede beim bloßen Wechsel der Anlageform nicht zum Tragen kommen. Verbleibt das Kapital volkswirtschaftlich im Investitions- oder Sparbereich, bleibt es bei den günstigen steuerlichen Folgen. Erst die Entnahme zu Konsumzwecken löst die höhere Steuerbelastung aus[137].

Ökonomisch betrachtet bedeutet Verwendungsneutralität demnach, daß die Besteuerung eine effizientere Kapitalverwendung in anderen Investitions- oder Sparzweigen nicht beeinflussen soll. Insofern darf die Thesaurierung von Gewinnen nicht gegenüber der Ausschüttung zum Zwecke anderweitiger Investition begünstigt werden. Gleichzeitig ist es aber zulässig, Entnahmen für Konsumzwecke einer höheren Steuerbelastung zu unterwerfen.

---

132 Vgl. *Seidl, C.*, Betriebsteuer und Neutralität, in: StuW 1989, S. 355.
133 Vgl. *Lang, J.*, Unternehmensbesteuerung, in: StuW 1990, S. 116.
134 Vgl. *Hey, J.*, in: *Herrmann/Heuer/Raupach*, Kommentar, 1996, Einf. KSt Anm. 40.
135 Vgl. *Homburg, S.*, Steuerlehre, 2000, S. 348 f.
136 Vgl. *Hey, J.*, in: *Herrmann/Heuer/Raupach*, Kommentar, 1996, Einf. KSt Anm. 40.
137 Vgl. *Hey, J.*, Harmonisierung, 1997, S. 132 f.

d) Intertemporale Neutralität

Das Postulat intertemporaler Neutralität fordert schließlich, daß es für die Besteuerung grundsätzlich keinen Unterschied machen darf, in welcher Periode Einkommen erwirtschaftet wird. Idealerweise wird dies durch eine Lebenseinkommensteuer gewährleistet. Dadurch, daß das Einkommen aber periodisch erfaßt wird[138], sollte intertemporale Neutralität entweder durch eine proportionale Ausgestaltung des Unternehmenssteuertarifs[139] oder aber durch einen unbegrenzten Verlustausgleich gewährleistet sein[140].

Daneben wird die Forderung nach intertemporaler Neutralität dahingehend interpretiert, daß durch die Besteuerung die Konsum- und Sparentscheidung nicht beeinflußt werden darf[141]. Werden Zinsen und Dividenden als Prämie für Konsumverzicht interpretiert, geht deren Besteuerung aber zu Lasten der Sparentscheidung. Zinsen seien daher von der Besteuerung auszunehmen. Damit wäre das Steuersystem zugleich weitgehend immun gegenüber Inflation[142].

5. Zusammenfassung

In der Betriebswirtschaftlichen Steuerlehre und der Finanzwissenschaft hat sich das Gebot der entscheidungsneutralen Besteuerung weitgehend durchgesetzt. Einigkeit besteht allerdings darüber, daß sich absolute Neutralität in der Realität nicht verwirklichen läßt. Beide Einzeldisziplinen der Steuerwissenschaft haben daher Konkretisierungen des Neutralitätsgebots herausgearbeitet.

Ziel dieser einzelnen Postulate ist dabei sowohl einzel- als auch gesamtwirtschaftlich die effiziente Nutzung der Ressourcen. Steuerbedingte Verschwendungen und Fehlleitungen knapper Güter sollen vermindert werden. Nach *D. Schneider* muß zuerst „der Kuchen des Volkseinkommens möglichst groß gemacht werden“[143], ehe Verteilungskonflikte gemildert oder gelöst werden können.

---

138 Vgl. *Lang, J.*, in: *Tipke, K./Lang, J.*, Steuerrecht, 1998, § 9 Rn. 44, S. 233.
139 Vgl. *Sigloch, J.*, Steuerreform, in: StuW 1990, S. 235.
140 Vgl. *Hey, J.*, in: *Herrmann/Heuer/Raupach*, Kommentar, 1996, Einf. KSt Anm. 41.
141 Vgl. *Jacobs, O.H.*, Unternehmensbesteuerung, 1998, S. 111.
142 Vgl. *Schreiber, U.*, in: *Jacobs, O. H./Spengel, C.*, Aspekte, 1996, S. 102; siehe hierzu auch *Lang, J.*, in: *Tipke, K./Lang, J.*, Steuerrecht, 1998, § 9 Rn. 118 ff., S. 99 f.
143 Vgl. *Schneider, D.*, Unternehmensbesteuerung, in: StuW 1989, S. 329.

Gleichzeitig wird die ökonomische Zulässigkeit staatlicher Eingriffe dort nicht bestritten, wo der Marktmechanismus nicht zu einer effizienten Allokation führt. Insofern führt gerade die staatliche Intervention zur „Vergrößerung des Kuchens". Grundsätzlich solle die freie unternehmerische Entscheidung aber so wenig wie möglich beeinflußt werden.

Vor allem unbeabsichtigte Lenkungseffekte stören dagegen den freien Wettbewerb, der Voraussetzung für eine effiziente Allokation der Ressourcen ist. Diese führen zu Wettbewerbsverzerrungen, die gerade im Hinblick auf das Leistungsfähigkeitsprinzip auch juristisch bedenklich sind.

II. Das Leistungsfähigkeitsprinzip

Während insbesondere die Betriebswirtschaftliche Steuerlehre an quantifizierbare Maßgrößen anknüpft und daher die einzelnen Ausprägungen des Neutralitätspostulats als Idealzustand und Vergleichsmaßstab ansieht, orientiert sich die Steuerrechtswissenschaft eher an qualitativen Größen und zeichnet sich durch eine wertende Sichtweise aus[144].

Der Wertemaßstab, der hierbei anzulegen ist, muß sich aus der Verfassung und deren Auslegung durch das *BVerfG* ergeben. Bei der Erschließung von Steuerquellen steht dem Steuergesetzgeber nach Auffassung des *BVerfG* zwar ein weitreichender Spielraum zu[145]. Schon aus Art. 20 Abs. 3 GG ergibt sich jedoch die Bindung der Gesetzgebung an die verfassungsmäßige Ordnung. Daher ist der Steuergesetzgeber insbesondere an die Grundrechte gebunden, die das Rechtsstaatsprinzip näher konkretisieren[146]. Damit übernehmen die Grundrechte in der Rechtsprechung des *BVerfG* und der Finanzgerichtsbarkeit die Funktion eines allgemein anerkannten Maßstabs zur Überprüfung des staatlichen Steuerzugriffs anstelle des oft schwer greifbaren Rechtsstaatsprinzips[147]. Im Sinne einer gleichmäßigen Verteilung der Steuerlasten[148] kommt dem Gleichheitssatz herausragende Bedeutung zu[149].

Indessen führt auch diese Konkretisierung nicht zu besser greifbaren Ergebnissen. In älteren Entscheidungen hat das *BVerfG* daher aus dem allgemeinen

---

144 Vgl. *Jachmann, M.*, Umverteilung, in: StuW 1998, S. 293.
145 Vgl. *BVerfG* vom 29.11.1989 – 1 BvR 1402, 1528/87, BVerfGE 81, S. 117 m.w.N.
146 Vgl. *Jarass, H. D.*, in: *Jarass/Pieroth*, GG-Kommentar, 1997, Art. 20 Rn. 20.
147 Vgl. *Arndt, H.-W./Schumacher, A.*, Einkommensbesteuerung, in: AöR 1993, S. 515.
148 Vgl. *Meßmer, K.*, Steuergerechtigkeit, in: BB 1981, S. 4.
149 Vgl. *Tipke, K.*, Steuergerechtigkeit, in: StuW 1980, S. 284.

Gleichheitssatz des Art. 3 Abs. 1 GG das Gebot der Steuergerechtigkeit hergeleitet[150]. Aus dem Gebot der Steuergerechtigkeit wurde sodann das Prinzip der Besteuerung nach der wirtschaftlichen Leistungsfähigkeit abgeleitet[151]. Durch die weitere Konkretisierung des Leistungsfähigkeitsprinzips hat sich die Bedeutung, die dieses Prinzip in der Rechtsprechung des *BVerfG* einnimmt, seither noch verstärkt.

1. Entwicklung des Leistungsfähigkeitsprinzips

Der Maßstab der Steuergerechtigkeit erweist sich indessen als ebenso schwer greifbar und quantifizierbar wie der allgemeine Gleichheitssatz oder das Rechtsstaatsprinzip. Besteuerung ist aber letztlich kein ethisches Phänomen, sondern erfaßt und bewertet wirtschaftliche Vorgänge[152]. Ein Vorwurf lautet daher, der Begriff der Steuergerechtigkeit sei nur eine allenfalls formale Bezeichnung der Gleichbehandlung Gleicher, die auf subjektiven Intuitionen und historisch wandelbaren Konventionen beruhe. Damit verbleibe lediglich die leerformelartige Verwendung eines beliebig dehnbaren, „frommen Postulates"[153].

Nicht verwunderlich ist es daher, wenn *K. Tipke* den umgekehrten Weg beschreiten will. So sei die Gleichheit aus der Gerechtigkeit abzuleiten und nicht die Steuergerechtigkeit aus Art. 3 Abs. 1 GG, mithin die Gerechtigkeit ein übergeordnetes Wertgebilde, die Gleichheit nur ein einzelner Baustein darin. Denn eine ungerechte Behandlung aller führe zwar zur Gleichbehandlung, schaffe aber keine Gerechtigkeit[154]. Die Gleichheit sei also eine notwendige, aber keine hinreichende Bedingung für Gerechtigkeit.

Unabhängig davon, ob man eher der Herleitung des *BVerfG* oder der von *K. Tipke* folgen möchte, wird deutlich, daß „Gleichheit" und „Gerechtigkeit" als Auslegungs- oder Beurteilungsmaßstab nur schwer verwendbare Begriffe sind. Trennschärfe besitzen beide nicht. Der Streit, welche Wertvorstellung über- und

---

150 Vgl. *BVerfG* vom 17.01.1957 – 1 BvL 4/54, BVerfGE 6, S. 55 (70); *BVerfG* vom 30.10.1961 – 1 BvR 833/59, BVerfGE 13, S. 181 (202); *BVerfG* vom 24.01.1962 – 1 BvR 845/58, BVerfGE 13, S. 331 (338); *BVerfG* vom 09.07.1969 – 2 BvL 20/65, BVerfGE 26, S. 302 (310); *BVerfG* vom 23.11.1976 – 1 BvR 150/75, BVerfGE 43, S. 108 (118).

151 Vgl. *Herzog, R.*, Verfassungsrecht, in: FS RFH/BFH, 1993, S. 107.

152 Vgl. *Meßmer, K.*, Steuergerechtigkeit, in: BB 1981, S. 5.

153 Vgl. *Elschen, R.*, Gerechtigkeit, in: StuW 1988, S. 6.

154 Vgl. *Tipke, K.*, Steuerreform, in: FS Zeidler, 1987, S. 731.

welche untergeordnet ist, erscheint daher müßig. Für die Beurteilung einer konkreten, einfachgesetzlichen Norm ist dadurch jedenfalls nichts gewonnen.

Wenn *G. Rose* die Betriebswirtschaftslehre für nicht kompetent hält, Aussagen zur Steuergerechtigkeit zu machen[155], verdeutlicht dies die fehlende Trennschärfe der Steuergerechtigkeit um so mehr. Bedeutet Besteuerung die Erfassung und Bewertung wirtschaftlicher Sachverhalte, werden betriebswirtschaftliche Erkenntnisse zumindest bei der Ermittlung oder Bewertung dieses wirtschaftlichen Sachverhalts unverzichtbar sein. Wie aber können diese Bewertungen systemgerecht vorgenommen werden, wenn dem Bewertenden das System nicht verständlich ist oder gar von ihm – vielleicht aus diesem Unverständnis heraus – nicht akzeptiert wird?

Die Antwort auf diese Frage hat das *BVerfG* in seinen jüngeren Judikaten jedenfalls insofern gegeben, als dort nicht mehr allein auf die Grundsätze der Gleichheit oder Gerechtigkeit abgestellt wird, sondern auf das Prinzip der Besteuerung nach der wirtschaftlichen Leistungsfähigkeit, das sich aus Art. 3 Abs. 1 GG ergibt. Dieses Prinzip wiederum ist auch der Finanzwissenschaft und der Betriebswirtschaftslehre bekannt und der Interpretation durch diese Disziplinen zugänglich.

a) Das Leistungsfähigkeitsprinzip in der Finanzwissenschaft

In der Finanzwissenschaft gehört das Leistungsfähigkeitsprinzip seit Ende des 18. Jahrhunderts zu den grundlegenden Besteuerungsgrundsätzen. Bereits *A. Smith* forderte in der ersten seiner vier Steuermaximen eine Gleichmäßigkeit der Besteuerung („equality of taxation")[156]: Die Bürger eines Staates sollten zur Finanzierung der staatlichen Aufgaben „soweit als möglich im Verhältnis zu ihren Fähigkeiten" beitragen[157]. Maßstab dieser Fähigkeit solle das Einkommen sein, das unter dem Schutz des Staates erzielt wird[158]. Im anglo-amerikanischen Rechtsraum wird dieser Grundsatz daher auch als „ability to pay-principle" bezeichnet[159]. Im deutschsprachigen Raum taucht der Begriff der Leistungsfähig-

---

155 Vgl. *Rose, G.*, Steuergerechtigkeit, in: StuW 1985, S. 330.

156 Vgl. *Lang, J.*, in: *Tipke, K./Lang, J.*, Steuerrecht, 1998, § 4 Rn. 82.

157 Der Text der englischen Originalausgabe lautet: „[...] in proportion to their respective abilities", vgl. *Pohmer, D./Jurke, G.*, Leistungsfähigkeitsprinzip, in: FA 42 (1984), S. 449.

158 Vgl. *Smith, A.*, Wohlstand, 1974, S. 703.

159 Vgl. *Tipke, K.*, Steuerrechtsordnung I, 2000, S. 486.

keit zum ersten Mal mit *C. W. Ashers* Übersetzung[160] von *A. Smiths* „Wealth of Nations“ auf[161].

Dennoch wird die finanzwissenschaftliche Theorie der Besteuerung nach der Leistungsfähigkeit im allgemeinen *J. S. Mill* zugeschrieben. Der Grund dafür mag darin zu sehen sein, daß *A. Smith* die Besteuerung auf das Einkommen bezieht, das der Bürger unter dem Schutz des Staates erzielt hat. Offenbar lehnte *A. Smith* sich dabei an die Auffassung an, daß die Steuer im Grunde ein marktähnliches Entgelt für staatliches Handeln ist. Letztlich wird damit nur die Äquivalenztheorie (benefit principle) als eine der klassischen Denkfiguren des frühen Finanzliberalismus betont[162]. Diese muß als Gegenstück zum Leistungsfähigkeitsprinzip gesehen werden. Zwar wird nicht ausschließlich, sondern auch auf die Äquivalenztheorie Bezug genommen. Dadurch wird aber deutlich, daß die erste Steuermaxime von *A. Smith* gerade erst den Beginn eines Übergangs vom Äquivalenz- zum Leistungsfähigkeitsprinzip begründet[163].

Dagegen charakterisierte *J. S. Mill* Mitte des 19. Jahrhunderts Gleichmäßigkeit der Besteuerung dadurch, daß von jedem das gleiche Opfer abverlangt werden müsse[164]. Die *Mill´*sche Opfertheorie stellt sich somit insbesondere als eine Forderung nach vertikaler Steuergerechtigkeit dar. Steuerpflichtige mit verschiedener Leistungsfähigkeit sollen insofern gleich besteuert werden, als das Opfer, das durch die Steuerzahlung zu erbringen ist, ebenso hoch ist wie die Opfer anderer Steuerpflichtiger[165]. Das Postulat, daß jedes Individuum das gleiche Opfer erbringen müsse, ist jedoch nicht in Form eines gleichen absoluten Opfers zu verstehen. Denn der Gedanke, daß ein zu bezahlender Betrag bei gleicher nomineller Höhe nicht für jeden gleich schwer wiegt, findet sich bereits im Neuen Testament[166]. Vielmehr bedeutet das Konzept des gleichen Opfers die gleiche Minderung der Bedürfnisbefriedigungsmöglichkeit[167]. Die durch die Besteue-

---

160 Vgl. *Smith, A.*, Volkswohlstand, 1861, S. 346.

161 Vgl. *Pohmer, D./Jurke, G.*, Leistungsfähigkeitsprinzip, FA 42 (1984), S. 449; so auch in der Übersetzung von *M. Streissler*, vgl. *Smith, A.*, Untersuchung, 1999, S. 787.

162 Vgl. *Birk, D.*, Leistungsfähigkeitsprinzip, 1983, S. 24; *Homburg, S.*, Steuerlehre, 2000, S. 44.

163 Vgl. *Lang, J.*, in: *Tipke, K./Lang, J.*, Steuerrecht, 1998, § 4 Rn. 87.

164 Vgl. *Mill, J. S.*, Grundsätze, 1921, S. 471.

165 Vgl. *Homburg, S.*, Steuerlehre, 2000, S. 228.

166 Vgl. Markus 12, 41 ff.; Lukas 21, 1 ff.

167 Vgl. *Brümmerhoff, D.*, Finanzwissenschaft, 2001, S. 393 f.

rung bewirkten individuellen Einbußen an ökonomisch-finanzieller Dispositionskraft sollen damit als relativ gleich schwer anzusehen sein[168].

Ausgangspunkt ist aber stets, daß die Besteuerung nicht davon abhängt, ob oder wieviel staatliche Leistungen in Anspruch genommen werden. Die Vertreter dieser Sichtweise gehen damit von einer organischen Staatsauffassung aus, nach der der Staat ein übergeordnetes Subjekt ist, ohne das der einzelne Bürger nicht existieren kann. Die Aufgaben des Staates sind damit gegeben und müssen von den Bürgern unabhängig von der tatsächlichen Inanspruchnahme getragen werden[169]. Diese Interpretation steht in deutlichem Gegensatz zu der von *T. Hobbes* und *J. Locke* begründeten Vertragstheorie[170], die den Staat als Ergebnis eines Vertragsschlusses zwischen Bürger und Staat betrachtet und Steuereinnahmen entsprechend dem Äquivalenzprinzip als Zahlungen mit Entgeltcharakter im Sinne von Beiträgen interpretiert[171]. Durch das Leistungsfähigkeitsprinzip werden die Einnahmen des Staates von den Ausgaben abgekoppelt, so daß es ohne Bedeutung ist, wem die staatlichen Leistungen zufließen. Während das Äquivalenzprinzip also zu einer Verknüpfung der Einnahmen- als auch Ausgabenseite des Staatshaushalts führt[172], berührt das Leistungsfähigkeitsprinzip allein die Einnahmenseite[173]. Ist nach dem Äquivalenzprinzip der Maßstab für die Verteilung der Steuerlast die Inanspruchnahme von staatlichen Diensten, so bemißt das Leistungsfähigkeitsprinzip den Beitrag des einzelnen am Steueraufkommen ausschließlich an seiner Leistungsfähigkeit.

Die Finanzwissenschaft versteht das Leistungsfähigkeitsprinzip dabei nicht als Umverteilungsprinzip, das eine ungerechte Verteilung von Gütern ausgleichen oder mindern will. Andernfalls hätte sich das Leistungsfähigkeitsprinzip nicht des Vorwurfs erwehren können, eine sozialistische oder kommunistische Idee innerhalb der Steuerverteilung zu sein[174] und wäre im Zuge des europäischen Liberalismus des 19. Jahrhunderts vermutlich entweder verdammt worden oder schnell in Vergessenheit geraten. Ein Verdienst der Aufarbeitung des Leistungsfähigkeitsprinzips durch die Opfertheorie ist damit die Entkoppelung von

---

168 Vgl. *Neumark, F.*, Steuerpolitik, 1970, S. 135.

169 Vgl. *Wellisch, D.*, Finanzwissenschaft II, 2000, S. 41.

170 Vgl. *Hobbes, T.*, Vom Bürger, 1994, S. 128; *Locke, J.*, Treatises, 1988, S. 324; zum Begriff der „Vertragstheorie" allgemein siehe *Ottmann, H.*, Vertragstheorien, in: *Görres-Gesellschaft*, Staatslexikon V, 1989, Sp. 729.

171 Vgl. *Blankart, C. B.*, Finanzen, 1998, S. 181; *Brümmerhoff, D.*, Finanzwissenschaft, 2001, S. 386.

172 Vgl. *Andel, N.*, Finanzwissenschaft, 1998, S. 291.

173 Vgl. *Brümmerhoff, D.*, Finanzwissenschaft, 2001, S. 388.

174 Vgl. *Birk, D.*, Leistungsfähigkeitsprinzip, 1983, S. 17.

Gleichheit der Steueropfer und steuerpolitischer Umverteilung. Erst dadurch vermochte die Idee des Leistungsfähigkeitsprinzips das Äquivalenzprinzip als Gedanke des frühen Finanzliberalismus von *A. Smith* zu verdrängen. Abgesehen von der umstrittenen Frage der Progression gab es damit in Deutschland gegen Ende des 19. Jahrhunderts einen überraschenden Gleichklang zwischen Liberalen und Sozialisten[175].

Keine Aussage ist damit allerdings darüber getroffen, wie individuelle Leistungsfähigkeit konkret zu bemessen ist. Im allgemeinen wird diese mit der wirtschaftlichen Lage des einzelnen verknüpft sein. Dennoch besteht kein Zweifel darüber, daß es sich bei der Wahl eines Maßstabes zur Bemessung und Zumessung stets um eine Wertungsfrage handeln wird. Um eine gleichmäßige Besteuerung zu gewährleisten, muß zumindest eine zufällige oder willkürliche Belastung vermieden werden[176].

In der Finanzwissenschaft haben sich im wesentlichen zwei Fragen herauskristallisiert, die das Leistungsfähigkeitsprinzip konkretisieren sollen: Zum einen ist zu klären, was unter steuerlicher Leistungsfähigkeit zu verstehen ist, was also Indikatoren steuerlicher Leistungsfähigkeit sind. Letztlich handelt es sich hier um die Suche nach der richtigen Bemessungsgrundlage. Zum anderen muß ein Maßstab gefunden werden, wie die Steuerlast entsprechend der Leistungsfähigkeit verteilt wird, also wie die Steuer nach der Leistungsfähigkeit zu bemessen ist[177]. Damit stellt sich die Frage nach dem richtigen Tarif.

Durch die Fortentwicklung der *Mill'*schen Opfertheorie versuchte die Finanzwissenschaft eine Maßgröße für die quantifizierbare Einbuße an gleichem materiellem Bedürfnisbefriedigungspotential zu entwickeln. Es gilt die Frage zu beantworten, welcher Nutzen aus einem bestimmten Einkommen erwächst und durch die Besteuerung verloren geht bzw. geopfert wird. Dabei dient der Nutzen als volkswirtschaftlicher Terminus häufig als Definition einer ökonomischen Position. Diesem Begriff haftet jedoch gleichfalls das Problem der mangelnden Quantifizierbarkeit an. Zudem würde dies voraussetzen, daß die Bedürfnisse der Individuen und deren Befriedigungsmöglichkeit, die durch den Nutzen ausgedrückt werden, gleich oder zumindest vergleichbar sind. Dies ist eine Annahme, die in der Volkswirtschaftslehre sehr umstritten ist. Die Leistungsfähigkeit durch den Nutzen zu konkretisieren, würde bedeuten, eine Leerformel durch eine an-

---

175 Vgl. *Arndt, H.-W.*, Praktikabilität, 1983, S. 17; *Homburg, S.*, Steuerlehre, 2000, S. 47. Zur geschichtlichen Entwicklung in Deutschland im 19. Jahrhundert vgl. *Pohmer, D./Jurke, G.*, Leistungsfähigkeit, in: FA 42 (1984), S. 449 ff.

176 Vgl. *Brümmerhoff, D.*, Finanzwissenschaft, 2001, S. 389.

177 Vgl. *Birk, D.*, Leistungsfähigkeitsprinzip, 1983, S. 32.

dere zu ersetzen. Als Indikator für Leistungsfähigkeit eignet sich der Nutzen demnach nicht. Vielmehr muß auf Größen wie Einkommen, Vermögen oder Konsum zurückgegriffen werden[178].

Dabei wird zumeist das Einkommen als objektive Größe des realisierten Mittelerwerbs herangezogen und zunächst nicht nach Umständen differenziert, die in der Person des Einkommensbeziehers liegen. Indessen kann diese rein objektive Sichtweise unterschiedlicher persönlicher Verhältnisse zu einer Ungleichbehandlung führen. Denn aufgrund des nominal gleichen Einkommens kommt es zu einer nominal gleich hohen Steuerbelastung. Für den Haushalt mit den ungünstigeren persönlichen Verhältnissen kann dies aber mit einer höheren Einbuße an Bedürfnisbefriedigungspotential verbunden sein. Das Einkommen als objektive Größe kann also nur dann die gleiche wirtschaftliche Lage signalisieren, wenn die sonstigen Umstände wie Anstrengung, Risiko und Haushaltsverhältnisse gleich sind. Dagegen soll das Vermögen als Indikator für die Leistungsfähigkeit allenfalls als ergänzende Größe in Betracht kommen. Denn zur Gewährung steuerlicher Gleichbehandlung müßte eine Differenzierung nach der Herkunft des Vermögens vorgenommen werden, um eine Mehrfachbelastung derselben Bemessungsgrundlage zu vermeiden. Dies könnte bei der Besteuerung von Vermögen, das aus bereits besteuertem Einkommen stammt, der Fall sein[179]. Zudem wäre die Vermögensbesteuerung stets mit dem Problem behaftet, künftige Erwerbsmöglichkeiten zu beschneiden, was allgemein als unbefriedigend empfunden wird[180].

Dagegen ist der Konsum eine denkbare Größe zur Messung steuerlicher Leistungsfähigkeit[181]. Der Konsum ist jedoch kein Maß für die Möglichkeit zur Bedürfnisbefriedigung, sondern mißt vielmehr die Verwirklichung des Mittelerwerbs[182]. Mit dieser gerade im neueren finanzwissenschaftlichen Schrifttum verbreiteten Sichtweise wird eine sog. Ausgabensteuer aufgebaut, mit der die Besteuerung von Einkommen oder Vermögen konzeptionell nicht zu vereinbaren ist[183]. Problematisch an diesem Ansatz ist jedoch, daß persönliche Verhältnisse des Steuerpflichtigen nur unzureichend berücksichtigt werden können[184]. Schließlich stellt der Konsum auch keine bessere Maßgröße für die Leistungsfähigkeit dar, handelt es sich dabei doch eher um eine Verwendung von Leistungs-

---

178 Vgl. *Blankart, C. B.*, Finanzen, 1998, S. 178.
179 Vgl. *Andel, N.*, Finanzwissenschaft, 1998, S. 293.
180 Vgl. *Brümmerhoff, D.*, Finanzwissenschaft, 2001, S. 390.
181 Vgl. *Blankart, C. B.*, Finanzen, 1998, S. 178.
182 Vgl. *Birk, D.*, Leistungsfähigkeitsprinzip, 1983, S. 35.
183 Vgl. *Schneider, D.*, Leistungsfähigkeit, in: FA 37 (1979), S. 30.
184 Vgl. *Birk, D.*, Leistungsfähigkeitsprinzip, 1983, S. 36.

fähigkeit. Zweifellos stellt der Konsum jedoch einen mit geringeren Bewertungsproblemen behafteten und praktikableren Indikator für objektive Leistungsfähigkeit dar[185].

Damit zieht die Finanzwissenschaft als Indikator für finanzielle Leistungsfähigkeit überwiegend das Einkommen heran, das gegebenenfalls individuell zu bereinigen und um das Existenzminimum zu kürzen ist. Neuere Untersuchungen befassen sich dagegen zunehmend mit dem Konsum als alleinigem oder ergänzendem Indikator für steuerliche Leistungsfähigkeit. Dieses verstärkte Interesse an einer eher konsumorientierten Besteuerung, die teilweise auch von der Steuerrechtswissenschaft geteilt wird, darf jedoch nicht mit der Belastung des Konsums durch indirekte Steuern verwechselt werden. Vielmehr wird dadurch nur der Zeitpunkt verschoben, zu dem Einkommen mit direkten Steuern belastet wird, nämlich erst bei Verwendung des Einkommens zu Konsumzwecken[186]. Letztlich geht es um die Frage, ob das konsumierbare oder aber das konsumierte Einkommen als Bemessungsgrundlage herangezogen werden sollte[187].

Neben der Ausgestaltung der Bemessungsgrundlage bleibt die Frage nach einem Verteilungsmaßstab entsprechend der ermittelten Leistungsfähigkeit, also die Frage nach der zutreffenden Ausgestaltung des Steuertarifs. Der Streit zwischen einem proportionalen und einem progressiven Tarif ist dabei ebenso alt wie die Frage nach der zutreffenden Bemessungsgrundlage. Während eine Orientierung der Bemessungsgrundlage am steigenden Einkommen gegen Ende des 19. Jahrhunderts zunehmend akzeptiert wurde, stieß ein progressiver Tarif auf erhebliche Bedenken im Hinblick auf die Verwirklichung sozialistischen oder kommunistischen Gedankenguts[188]. In Anlehnung an die *Mill'*sche Opfertheorie sieht die Finanzwissenschaft die vertikale Steuergerechtigkeit aber gerade durch einen progressiven Tarif verwirklicht[189]. Neuere Stimmen berufen sich jedoch darauf, daß das Leistungsfähigkeitsprinzip letztlich sowohl mit einem progressiven, einem regressiven oder einem proportionalen Tarif vereinbar und bezüglich der Tarifentscheidung nichts anderes als eine Wertentscheidung sei[190].

---

185 Vgl. *Andel, N.*, Finanzwissenschaft, 1998, S. 295.

186 Vgl. *Lang, J.*, in: *Tipke, K./Lang, J.*, Steuerrecht, 1998, § 4 Rn. 97.

187 Vgl. *Tipke, K.*, Steuerrechtsordnung II, 1993, S. 570.

188 Vgl. *Homburg, S.*, Steuerlehre, 2000, S. 47; *Birk, D.*, Leistungsfähigkeitsprinzip, 1983, S. 17.

189 Vgl. *Wellisch, D.*, Finanzwissenschaft II, 2000, S. 45.

190 Vgl. *Blankart, C. B.*, Finanzen, 1998, S. 180.

b) Das Leistungsfähigkeitsprinzip in der Steuerrechtswissenschaft

Im Gegensatz zur Finanzwissenschaft, die auf eine lange Tradition zurückblicken kann, entstand die Steuerrechtswissenschaft erst zu Beginn des 20. Jahrhunderts. Ein Grund dafür mag darin liegen, daß eine vollständige und in sich geschlossene Kodifizierung der öffentlichen Abgaben erst seit relativ kurzer Zeit besteht. So enthielten noch die Steuergesetze des 19. Jahrhunderts keine rechtssystematisch fundierten Besteuerungstatbestände. Die Steuerrechtswissenschaft hat deshalb zahlreiche materielle Wertaussagen der Finanzwissenschaft vollständig übernommen und Systematisierungs- und Konkretisierungsversuche im wesentlichen auf diesen Grundlagen aufgebaut[191]. Diese Vorsicht der jungen Disziplin der Steuerrechtswissenschaft[192] hat im Hinblick auf das Leistungsfähigkeitsprinzip dazu geführt, daß sich im rechtswissenschaftlichen Schrifttum in der ersten Hälfte des 20. Jahrhunderts nur vage Formulierungen finden. Weitgehend bestand zwar Einigkeit darüber, daß das Leistungsfähigkeitsprinzip einen mäßigen Progressionsverlauf gebiete. Die rechtswissenschaftliche Begründung erschöpfte sich allerdings in der finanzwissenschaftlichen Argumentation zur Opfertheorie[193].

Eine gewisse Emanzipation der Steuerrechtswissenschaft vollzog sich erst mit der Aufnahme des Leistungsfähigkeitsprinzips in Art. 134 der Weimarer Reichsverfassung (WRV), der lautete: „Alle Staatsbürger ohne Unterschied tragen im Verhältnis ihrer Mittel zu allen öffentlichen Lasten nach Maßgabe der Gesetze bei“. Damit wurde dieser Besteuerungsgrundsatz Gegenstand der Verfassungsauslegung und als spezialgesetzliche Regelung neben dem allgemeinen Gleichheitssatz in Art. 109 Abs. 1 WRV kodifiziert. Gleichwohl warf diese Formulierung in der Steuerrechtswissenschaft die Frage auf, ob die Verletzung dieses Grundsatzes zur Unanwendbarkeit der Steuernorm führen solle, oder aber ob Art. 134 WRV nur eine unüberprüfbare Richtlinie darstelle[194].

Das rechtswissenschaftliche Schrifttum war sich bei der Beantwortung dieser Frage weitgehend einig, daß eine Überprüfung des in Art. 134 WRV niedergelegten Rechtssatzes durch die Gerichte tatsächlich nur schwer möglich sei. Denn das Leistungsfähigkeitsprinzip führe – wie *O. Bühler* es ausdrückte – gerade zur

---

[191] Vgl. *Birk, D.*, Leistungsfähigkeitsprinzip, 1983, S. 43.

[192] Eine deutliche Abgrenzung von der Finanzwissenschaft findet sich erst 1940 bei *E. Becker* im Hinblick auf den Einkommensbegriff des EStG; vgl. *Becker, E.*, Einkommensteuer, 1940, S. 1.

[193] Vgl. *Fuisting, B.*, Steuerlehre, 1902, S. 203; *Bühler, O.*, Steuerrecht, 1927, S. 79.

[194] Vgl. *Hensel, A.*, Steuerrecht, 1927, S. 33.

Durchführung eines „Prinzips der Ungleichheit“[195]. Die Konkretisierung dieses Prinzips sei schließlich bedenklich, da sie nicht ohne subjektive Werturteile auf dem Boden sich wandelnder wissenschaftlicher und politischer Anschauungen erfolgen könne[196]. Das Schrifttum beschränkte sich bei der Auslegung dieser verfassungsrechtlichen Norm deshalb im wesentlichen auf die Aussage, daß althergebrachte Steuerprivilegien einzelner Stände oder örtlicher Gemeinschaften nicht mit Art. 134 WRV vereinbar und daher verfassungswidrig seien. Weitergehende Schlußfolgerungen könnten aufgrund der Unbestimmtheit des Leistungsfähigkeitsprinzips aber wohl nicht hergeleitet werden[197]. Darin zeigt sich letztlich eine gewisse Unsicherheit des damaligen Schrifttums, mit dem Begriff der „relativen“ Gleichheit umzugehen[198].

Der *RFH* legte die Vorschrift schließlich dahingehend aus, daß Art. 134 WRV lediglich eine Richtlinie für den Steuergesetzgeber enthalte. Ein offensichtlicher Verstoß könne aber zu einer Nichtigkeit der Steuerrechtsnorm führen[199]. Grundsätze, wann ein solcher offensichtlicher Verstoß anzunehmen sei, hat der *RFH* jedoch nicht entwickelt[200]. Bis zum Ende der Weimarer Republik war es damit nicht zu einer Nachprüfung von Steuergesetzen unter Anlegung der Maßstäbe des Art. 134 WRV gekommen[201]. Aus der Tatsache heraus, daß der *RFH* in seinen Judikaten keinen Bezug auf Art. 134 WRV genommen hat, wurde sogar geschlossen, daß im Einzelfall aus dieser Norm letztlich keine positive Folgerung abgeleitet werden könne[202].

Dies legt den Schluß nahe, daß die Probleme, denen die Rechtsprechung und das Schrifttum bei der Anwendbarkeit und Greifbarkeit des Leistungsfähigkeitsprinzips begegneten, de facto zur Unüberprüfbarkeit dieses verfassungsrechtlichen

---

195 Vgl. *Bühler, O.*, Steuerrecht, 1927, S. 28.

196 Vgl. *Markull, W.*, Reichsrecht, in: VjSchStFR 1931, S. 510.

197 Vgl. *Bühler, O.*, in: *Nipperdey*, Grundrechte, 1930, Art. 134 Anm. 1 (S. 316).

198 Diese Bedenken versucht *A. Hensel* zwar zu widerlegen. Seine Ausführungen zeigen aber deutlich, daß das damalige Schrifttum von der weitgehenden Unbestimmtheit des Begriffs der „relativen“ Gleichheit ausgegangen ist und deshalb die konkrete Anwendbarkeit von Art. 134 WRV als Maßstab und Schranke für Steuergesetze bezweifelte; vgl. *Hensel, A.*, Leistungsfähigkeit, in: VjSchStFR 1930, S. 491.

199 Vgl. *RFH* vom 15.01.1931 – VI A 2253/30, RFHE 27, S. 321 (322).

200 In einer späteren Entscheidung hat der *RFH* diese Auslegung sogar wieder relativiert und Art. 134 WRV als „bloße Gesetzgebungsdirektive“ bezeichnet, eine unmittelbare Geltung ausdrücklich offengelassen; vgl. *RFH* vom 15.07.1931 – IV A 101/31, RFHE 29, S. 110 (111).

201 Vgl. *Anschütz, G.*, Verfassung, 1933, Art. 134 Anm. 4 (S. 617); siehe aus rechtshistorischer Sicht *Oechsle, K.*, Verfassungsgeschichte, 1993, S. 173.

202 Vgl. *Bühler, O.*, in: *Nipperdey*, Grundrechte, 1930, Art. 134 Anm. 2 (S. 317).

Gebots führten. Denn die Steuerrechtswissenschaft war sich bereits damals weitgehend darüber einig, daß Art. 134 WRV nur eine Bestätigung des allgemeinen Gleichheitssatzes war[203]. Eine Aufwertung des Leistungsfähigkeitsprinzips in den Verfassungsrang hätte also zumindest über Art. 109 Abs. 1 WRV erfolgen müssen. Der *RFH* ist diesen Weg jedoch nicht gegangen. Damit ist die Herleitung eines allgemeinen Maßstabs, an dem Steuergesetze hätten überprüft werden können, unter Geltung der WRV nur ein „frommer Wunsch" geblieben[204].

Vielleicht mag dies den Ausschlag dafür gegeben haben, das Leistungsfähigkeitsprinzip nicht ausdrücklich in das Grundgesetz aufzunehmen. Dementsprechend finden sich in frühen Judikaten des *BVerfG* zu steuerlichen Verfassungsfragen keine Hinweise auf das Prinzip der Besteuerung nach der Leistungsfähigkeit. Vielmehr bezieht sich das Gericht ausschließlich auf den Grundsatz der Steuergerechtigkeit und betonte noch 1957, daß das Grundgesetz im Gegensatz zur Weimarer Reichsverfassung keine ausdrückliche Bestimmung über die Verteilung der Steuerlasten enthalte[205]. Auslöser dafür könnte neben der fehlenden Kodifizierung des Leistungsfähigkeitsprinzips aber auch die damalige Auffassung von Rechtsprechung und Rechtswissenschaft gewesen sein, daß von der Finanzwissenschaft, auf deren Erkenntnisse sich die Steuerrechtswissenschaft immer noch in hohem Maße zu stützen versuchte, keine eindeutige Konkretisierung des Leistungsfähigkeitsprinzips zu erwarten sei[206].

Jedenfalls hat das *BVerfG* hieraus aber nicht den Schluß gezogen, das Leistungsfähigkeitsprinzip sei nicht geeignet, um daraus individuelle Ansprüche herzuleiten[207]. Vielmehr sah das Gericht in diesem Prinzip einen der maßgebenden Gesichtspunkte für die Bemessung der Einkommensteuer[208]. Nach diesem Verständnis war damit aber nur eines von mehreren denkbaren Differenzierungskriterien für die Bemessung der individuellen Steuerlast gefunden. Dem Gesetzgeber war damit keine bindende verfassungsrechtliche Vorgabe bei der Wahl des Differenzierungskriteriums gemacht[209]. Ein völlig anderer Maßstab wäre ebenso zulässig gewesen, solange sich hierfür nur sachliche Gründe hätten finden las-

---

203 Vgl. *Bühler, O.*, Steuerrecht, 1927, S. 28.

204 Dieser Wunsch kommt bei *A. Hensel* deutlich zum Ausdruck, der eine konsequente Weiterentwicklung der Rechtsprechung des RFH fordert, um zu einer Überprüfungsmöglichkeit von Steuergesetzen zu kommen; vgl. *Hensel, A.*, Steuerrecht, 1933, S. 47.

205 Vgl. *BVerfG* vom 17.01.1957 – 1 BvL 4/54, BVerfGE 6, S. 55 (70).

206 Vgl. *Birk, D.*, Leistungsfähigkeitsprinzip, 1983, S. 50.

207 So aber *Bühler, O./Strickrodt, G.*, Steuerrecht, 1960, S. 207.

208 Vgl. *BVerfG* vom 17.01.1957 – 1 BvL 4/54, BVerfGE 6, S. 55 (59).

209 Vgl. *Arndt, H.-W.*, Leistungsfähigkeit, in: FS Mühl, 1981, S. 29.

sen[210]. Dem Leistungsfähigkeitsprinzip sollte nach der damaligen Interpretation durch das *BVerfG* also kein verfassungsrechtlicher Geltungsanspruch zukommen. Vielmehr sollte es sich nur um einen einfachgesetzlichen Grundsatz im Rahmen der einkommensteuerlichen Gesetzessystematik handeln.

Diese Auffassung hat das *BVerfG* jedoch mit einer Entscheidung aus dem Jahre 1982 aufgegeben, indem es den Grundsatz der Besteuerung nach der wirtschaftlichen Leistungsfähigkeit mit dem verfassungsrechtlichen Gebot der Steuergerechtigkeit verknüpfte[211]. Wenn das Gericht 1984 schließlich judiziert, daß es „ein grundsätzliches Gebot der Steuergerechtigkeit" sei, „daß die Besteuerung nach der wirtschaftlichen Leistungsfähigkeit ausgerichtet wird"[212], hat es spätestens damit die Erhebung des Leistungsfähigkeitsprinzips in den Verfassungsrang vollzogen. Während fünfundzwanzig Jahre zuvor das Leistungsfähigkeitsprinzip noch eines von vielen möglichen Differenzierungskriterien darstellte, zieht es nun die Grenzen, innerhalb derer der Gesetzgeber seinen allerdings beachtlichen Gestaltungsspielraum entfalten kann und muß[213]. Dabei zieht das Gericht nun den Rechtsschluß, den das Schrifttum bereits zur Zeit der Weimarer Republik im Hinblick auf das Verhältnis von Art. 109 Abs. 1 und Art. 134 WRV gezogen hat: Einer verfassungsrechtlichen Kodifizierung des Leistungsfähigkeitsprinzips bedarf es nicht. Dieses ergibt sich bereits aus dem allgemeinen Gleichheitssatz des Art. 3 Abs. 1 GG[214].

2. Leistungsfähigkeitsprinzip und allgemeiner Gleichheitssatz

Aus dem allgemeinen Gleichheitssatz folgt zunächst die beinahe triviale Aussage, daß alle Steuerpflichtigen sowohl rechtlich als auch tatsächlich gleich behandelt werden müssen[215]. Wendet man hierauf die früher gängige Formel des *BVerfG* an, daß bereits sachlich einleuchtende Gründe eine differenzierte Behandlung rechtfertigen können[216], ist für die Konkretisierung verfassungsrechtli-

---

210 Vgl. *Wiesbrock, M. R.*, Verlustrückstellung, 1999, S. 102.

211 Vgl. *BVerfG* vom 03.11.1982 – 1 BvR 620/78, 1335/78, 1104/79, 363/80, BVerfGE 61, S. 319 (333).

212 Vgl. *BVerfG* vom 22.02.1984 – 1 BvL 10/80, BVerfGE 66, S. 214 (223).

213 Vgl. *Wiesbrock, M. R.*, Verlustrückstellung, 1999, S. 103.

214 Vgl. *BVerfG* vom 22.02.1984 – 1 BvL 10/80, BVerfGE 66, S. 214 (223); siehe auch *Herzog, R.*, Verfassungsrecht, in: FS RFH/BFH, S. 107. Nach *K. Oechsle* wurde erst damit das als Schwächung empfundene Fehlen einer Art. 134 WRV vergleichbaren Regelung im Grundgesetz überwunden; vgl. *Oechsle, K.*, Verfassungsgeschichte, 1993, S. 199.

215 Vgl. *BVerfG* vom 27.06.1991 – 2 BvR 1493/89, BVerfGE 84, S. 239 (268).

216 Vgl. *BVerfG* vom 26.03.1980 – 1 BvR 121, 122/76, BVerfGE 54, S. 11 (26).

cher Maßstäbe für das Steuerrecht allerdings wenig gewonnen. Denn nach dieser Auslegung kommt Art. 3 Abs. 1 GG allenfalls die Funktion eines bloßen Willkürverbotes zu[217]. Eine effektive Begrenzung der gesetzgeberischen Freiheit kann hierin jedenfalls nicht gesehen werden.

Dieser Erkenntnis hat sich das *BVerfG* nicht verschlossen. Folgerichtig stützt es seine neuere Rechtsprechung zum allgemeinen Gleichheitssatz darauf, daß das vom Gesetzgeber gewählte Differenzierungsmerkmal in einem angemessenen Verhältnis zum Ziel der Differenzierung stehen muß[218]. Die „neue Formel“[219], die der erste Senat des *BVerfG* entwickelt hat, lautet folgerichtig: Der Gleichheitssatz ist insbesondere verletzt, wenn von zwei Gruppen eine anders behandelt wird, obwohl zwischen beiden Gruppen keine die Ungleichbehandlung rechtfertigenden Unterschiede vorliegen[220].

Um Gleichbehandlung zu gewährleisten, muß also zunächst ein Vergleich zweier Lebenssachverhalte stattfinden. Dabei ist zu analysieren und zu konkretisieren, was diesen beiden Sachverhalten gemeinsam ist und was sie unterscheidet. Denn Gleichheit wird es bei Lebensverhältnissen nie in allen, sondern stets nur in einzelnen Elementen geben[221]. Um zu beurteilen, ob sich zwei Lebenssachverhalte im wesentlichen gleichen, bedarf es zuvor eines Maßstabes, welche einzelnen Elemente eines komplexen Gesamtsachverhaltes für diese Beurteilung heranzuziehen sind. Die Wahl dieses konkreten Beurteilungsmaßstabs bleibt dem Gesetzgeber überlassen[222]. Wird dadurch aber in den Schutzbereich anderer Grundrechte eingegriffen oder werden andere Verfassungsvorschriften berührt, verengt dies den Spielraum des Gesetzgebers[223]. Damit kommt auch den Frei-

---

217 Vgl. *Wendt, R.*, Ungleichbehandlungen, in: DÖV 1988, S. 713.

218 Vgl. *BVerfG* vom 23.01.1990 – 1 BvR 306/86, BVerfGE 81, S. 208 (224); *BVerfG* vom 11.02.1992 – 1 BvL 29/87, BVerfGE 85, S. 238 (245).

219 Zum Begriff vgl. *Rüfner, W.*, in: Bonner Kommentar, 1999, Art. 3 Abs. 1 Rn. 25 (Stand: Oktober 1992).

220 Vgl. statt vieler *BVerfG* vom 11.02.1992 – 1 BvL 29/87, BVerfGE 85, S. 238 (244); *Tipke, K.*, Steuerrechtsordnung I, 2000, S. 296 m.w.N.

221 Vgl. *Wiesbrock, M. R.*, Verlustrückstellung, 1999, S. 103.

222 Vgl. *BVerfG* vom 09.07.1969 – 2 BvL 20/65, BVerfGE 26, S. 302 (310); *BVerfG* vom 10.02.1987 – 1 BvL 18/81, 20/82, BVerfGE 74, S. 182 (200); *BVerfG* vom 29.11.1989 – 1 BvR 1402, 1528/87, BVerfGE 81, S. 108 (117); *BVerfG* vom 08.10.1991 – 1 BvL 50/86, BVerfGE 84, S. 348 (359).

223 Vgl. *Jarass, H. D.*, in: *Jarass/Pieroth*, Grundgesetz-Kommentar, 1997, Art. 3 Rn. 16, 17.

heitsrechten eine besondere Bedeutung bei der verfassungsgerichtlichen Kontrolle zu[224].

a) Gleichheit und Systemgerechtigkeit

Hat der Gesetzgeber den grundsätzlichen Beurteilungsmaßstab einmal festgelegt, bindet ihn diese Entscheidung auch für die Zukunft. Sein Gestaltungsspielraum wird dadurch nochmals enger[225]. Eine Abweichung von diesen selbst gesetzten Grundentscheidungen stellt eine Systemwidrigkeit dar, die grundsätzlich einen Verstoß gegen den Gleichheitssatz indiziert[226]. Denn nach der neueren Rechtsprechung des *BVerfG* ist der Gesetzgeber zur folgerichtigen und sachgerechten Durchführung seiner gesetzlichen Grundaussagen verpflichtet[227]. Die einmal getroffene Grundentscheidung für ein Besteuerungssystem darf ohne Rechtfertigung nicht wieder verlassen werden und begründet eine enge Selbstbindung. Andernfalls wäre eine verfassungsrechtliche Überprüfung anhand des Gleichheitssatzes nur schwer möglich und würde eine Rückkehr zur alten „Willkür-Formel" und damit einen weitgehenden Verzicht auf gerichtliche Kontrolle bedeuten. Denn die Frage, ob der Gleichheitssatz beachtet wurde, kann nur aufgrund der einschlägigen Grundsätze und Prinzipien, die das System konstituieren, beantwortet werden. Prinzipienlosigkeit und Systemwidrigkeit würden die Steuergesetzgebung der effektiven Kontrolle durch die Gerichte entziehen. Sie müssen deshalb als Mißbrauch gesetzgeberischer Gestaltungsmacht oder Willkür betrachtet werden und verstoßen damit gegen den allgemeinen Gleichheitssatz[228].

Das Gebot der Folgerichtigkeit verpflichtet den Gesetzgeber auch, sich innerhalb des von ihm gewählten Systems zu bewegen und einmal getroffene Entscheidungen konsequent durchzuhalten[229]. Systemgerechtigkeit innerhalb des Steuerrechts bedeutet dabei nicht nur Stimmigkeit der Einzelsteuern, sondern zugleich des gesamten Steuersystems. Den Anforderungen des Gleichheitssatzes wird nur dann Rechnung getragen, wenn Differenzierungen auf die Gesamtbelastung durch sämtliche einschlägigen Steuern und nicht nur auf einzelne, die

---

[224] Näher dazu unter B. II. 2. d) auf S. 46.

[225] Vgl. *Arndt, H.-W./Schumacher, A.*, Einkommensbesteuerung, in: AöR 1993, S. 517.

[226] Vgl. *BVerfG* vom 07.11.1972 – 1 BvR 338/68, BVerfGE 34, S. 103 (115).

[227] Vgl. *BVerfG* vom 27.06.1991 – BvR 1493/89, BVerfGE 84, S. 239 (271); *BVerfG* vom 22.06.1995 – 2 BvL 37/91, BVerfGE 93, S. 121 (136); *BVerfG* vom 11.11.1998 – 2 BvL 10/95, BVerfGE 99, S. 280 (290).

[228] Vgl. *Tipke, K.*, Steuerrechtsordnung I, 2000, S. 318.

[229] Vgl. *Lang, J.*, in: *Tipke, K./Lang, J.*, Steuerrecht, 1998, § 4 Rn. 77.

Gesamtbelastung möglicherweise kaschierende Steuern abstellen[230]. Ansonsten würde die unkoordinierte Erhebung verschiedener Steuern zu willkürlichen Gesamtbelastungen führen, die nicht mehr am Leistungsfähigkeitsprinzip orientiert sind[231]. Dies machte das *BVerfG* in seinen Einheitswertbeschlüssen aus dem Jahre 1995 deutlich[232]. Diese Entscheidungen wurden in diesem Punkt von der Literatur im wesentlichen auch geteilt[233].

Auf Ebene der Einzelsteuern verpflichtet das Gesamtsystem den Gesetzgeber dazu, seine Grundentscheidung konsequent bei der Ausgestaltung der Bemessungsgrundlage umzusetzen[234]. Eine Entscheidung für eine Einkommensbesteuerung bedeutet nach dem Gebot der Folgerichtigkeit zunächst eine Hinwendung zum Leistungsfähigkeitsindikator Einkommen. Damit ergibt sich die Schwierigkeit, zu definieren, was Einkommen als verfassungskonformer Indikator für wirtschaftliche Leistungsfähigkeit im Sinne des Einkommen- und Körperschaftsteuergesetzes ist. Dies muß zunächst aus diesen Gesetzen selbst entnommen werden[235].

b) Das Nettoprinzip

Nach der Systematik des EStG bildet die Summe der in § 2 Abs. 1 EStG aufgezählten Einkommensarten die Ausgangsgröße der Steuerbemessung. Dabei werden zunächst die Einkünfte aus den einzelnen Einkommensarten ermittelt und sodann in der Summe der Einkünfte zusammengefaßt. Nach § 2 Abs. 2 EStG sind Einkünfte entweder der Gewinn oder der Überschuß der Einnahmen über die Ausgaben, also die Rein- oder Nettoeinkünfte. Die Abzugsfähigkeit der beruflich bedingten Ausgaben ist die Voraussetzung dafür, daß nur der individuelle Zuwachs an finanzieller Leistungsfähigkeit erfaßt und besteuert wird.

Ebenso können private Ausgaben die wirtschaftliche Leistungsfähigkeit mindern. Zwar betreffen private Ausgaben nach § 12 Nr. 1 EStG grundsätzlich den

---

230 Vgl. *Kirchhof, P.*, Leistungsfähigkeit, in: StuW 1985, S. 321.

231 Vgl. *Kirchhof, P.*, in: *Isensee/Kirchhof*, Staatsrecht IV, 1999, § 88 Rn. 112.

232 Vgl. *BVerfG* vom 22.06.1995 – 2 BvL 37/91, BVerfGE 93, S. 121 (137); *BVerfG* vom 22.06.1995 – 2 BvR 552/91, BVerfGE 93, S. 165 (175).

233 Vgl. nur *Tipke, K.*, Steuerrechtsordnung I, 2000, S. 450. Dieser Standpunkt ist allerdings scharf zu trennen vom Halbteilungsgrundsatz, den der 2. Senat des *BVerfG* in dem Vermögensteuerbeschluß entwickelt hat. Dieser bleibt in Rechtsprechung und Literatur sehr umstritten; vgl. *Tipke, K.*, a.a.O., S. 440.

234 Vgl. *Kirchhof, P.*, in: *Isensee/Kirchhof*, Staatsrecht IV, 1999, § 88 Rn. 113.

235 Vgl. *Becker, E.*, Einkommensteuer, 1940, S. 1.

steuerlich irrelevanten Bereich der Einkommensverwendung[236]: Denn das EStG belastet das hinzuerworbene Einkommen, sichert der nachfolgenden Einkommensverwendung aber ihre Privatheit[237]. Jedoch dürfen bestimmte Ausgaben, die der Existenzsicherung dienen, steuermindernd geltend gemacht werden. Im wesentlichen handelt es sich um Sonderausgaben nach § 10 ff. EStG, außergewöhnliche Belastungen nach §§ 33 ff. EStG, den Grundfreibetrag nach § 32a EStG und den Kinderfreibetrag nach § 32 Abs. 6 EStG[238].

Diese Vorschriften konkretisieren das Leistungsfähigkeitsprinzip[239]. Denn Leistungsfähigkeit wird nur durch den Teil des Einkommens vermittelt, der dem einzelnen tatsächlich zur privaten Verwendung zufließt. Tätigt der Steuerpflichtige erwerbsbezogene Ausgaben im beruflichen Bereich oder existenzsichernde Ausgaben und indisponible Unterhaltsleistungen im privaten Bereich, wird sein disponibles Einkommen und damit seine wirtschaftliche Leistungsfähigkeit gemindert[240]. Einkommen vermag nur als Nettogröße, als Reinvermögenszugang, also als disponibles Einkommen, wirtschaftliche Leistungsfähigkeit zu vermitteln[241]. Diese Erkenntnis spiegelt sich im sog. Nettoprinzip wider, das als objektives oder erwerbssicherndes und als subjektives oder existenzsicherndes Nettoprinzip ausgeprägt ist. Maßgröße steuerlicher Leistungsfähigkeit soll danach nur das disponible Markteinkommen sein, das weder den notwendigen Erwerbsaufwand noch den notwendigen Lebensbedarf des Steuerpflichtigen und seiner Familie umfaßt[242].

aa) Objektives Nettoprinzip

Was der Steuerpflichtige berufsbedingt aufwendet, steht ihm weder für die Lebensführung noch für die Steuerzahlung zur Verfügung und mindert somit seine Leistungsfähigkeit[243]. Daher ordnet § 2 Abs. 1 EStG an, daß nur Einkünfte die steuerliche Ausgangsgröße bilden. Berufsbezogene Ausgaben können im Rahmen der Gewinn- oder Überschußermittlung abgezogen werden, so daß grund-

---

236 Vgl. *Arndt, H.-W.*, in: *Kirchhof/Söhn*, Einkommensteuergesetz, 2001, § 12 Anm. A 1 (Stand: Juni 1998).

237 Vgl. *Jakob, W.*, Einkommensteuer, 1996, § 1 Rn. 10 (S. 6).

238 Vgl. *Arndt, H.-W./Schumacher, A.*, Einkommensbesteuerung, in: AöR 1993, S. 525.

239 Vgl. *Walz, W. R.*, Steuergerechtigkeit, 1980, S. 112.

240 Vgl. *Offerhaus, K.*, Steuerreform, in: WPg 1998, S. 1038.

241 Vgl. *Lang, J.*, Bemessungsgrundlage, 1988, S. 185.

242 Vgl. *Jachmann, M.*, Umverteilung, in: StuW 1998, S. 293.

243 Vgl. *Tipke, K.*, Steuergerechtigkeit, 1981, S. 95 f.

sätzlich nur Nettoeinkünfte der Besteuerung unterliegen[244]. Dieses Verständnis des Vermögenserwerbs als Nettogröße gibt dem Prinzip zugleich seinen Namen[245]: Das objektive Nettoprinzip stellt nach Auffassung des *BFH* eines der grundlegenden Ordnungsprinzipien der Einkommensbesteuerung dar[246], das auch international überwiegend umgesetzt wurde[247]. Dieses Fundamentalprinzip ist Voraussetzung dafür, daß nur der individuelle Zuwachs an finanzieller Leistungsfähigkeit erfaßt und besteuert wird und konkretisiert damit die wirtschaftliche Leistungsfähigkeit[248]. Was betrieblich oder beruflich veranlaßt ausgegeben wurde, ist für die Steuerzahlung nicht disponibel[249]. Allein dadurch wird die Beachtung des Leistungsfähigkeitsprinzips gewährleistet[250]. Dementsprechend hat insbesondere der Große Senat des *BFH* die herausragende Bedeutung des objektiven Nettoprinzips in seinen Beschlüssen mehrfach betont[251].

Dagegen stellte das *BVerfG* in einigen älteren Entscheidungen fest, daß das EStG keinen strikten Grundsatz enthalte, wonach allein Nettoeinkünfte die Bemessungsgrundlage bilden dürfen[252]. Das *BVerfG* sprach damit dem objektiven Nettoprinzip jedoch nicht die Geltung an sich ab, sondern hob lediglich hervor, daß dieses Prinzip nicht unumstößlich sei, vielmehr vom Gesetzgeber eingeschränkt werden könne[253]. Deutlich vorsichtiger formulierte das *BVerfG* bereits 1990 und ließ ausdrücklich offen, ob das objektive Nettoprinzip verfassungsrechtlich vorgeschrieben sei[254]. Indessen scheint das *BVerfG* bei dieser geringfügigen Aufwertung des objektiven Nettoprinzips nicht stehen geblieben zu sein. In einer Entscheidung aus dem Jahre 1991 zur Begrenzung des Verlustvortrags nach § 10d Abs. 4 EStG 1976 auf 5 Jahre löste das Gericht den Konflikt zwischen dem Grundsatz der Abschnittsbesteuerung und dem abschnittsübergreifenden Nettoprinzip zugunsten der Klarheit und Übersichtlichkeit der alljährli-

---

244 Vgl. *Arndt, H.-W.*, Steuerrecht, 2001, S. 70.

245 Vgl. *Arndt, H.-W./Piltz, D. J.*, Besonderes Steuerrecht, 1996, S. 145.

246 Vgl. *BFH* vom 21.10.1986 – VIII R 1/85, FR 1987, S. 168.

247 So schon: *Tipke, K.*, Nettoprinzip, in: StuW 1974, S. 84; *Tipke, K.*, Steuerrechtsordnung II, 1993, S. 591.

248 Vgl. *Klein, F.*, Nettoprinzip, in: DStZ 1995, S. 630.

249 Vgl. *Niedersächsisches FG* vom 27.11.1996 – II 166/96, EFG 1997, S. 684 (687).

250 Vgl. *Tipke, K.*, Steuerrechtsordnung II, 1993, S. 591; ebenso *Bilsdorfer, P.*, Verfassungsmäßigkeit, in: SteuerStud 2000, S. 324.

251 Vgl. *BFH* vom 21.11.1983 – GrS 2/82, BFHE 140, S. 50 (59); *BFH* vom 30.01.1995 – GrS 4/92, BFHE 176, S. 267 (273); *BFH* vom 23.08.1999 – GrS 2/97, BFHE 189, S. 160 (167); *BFH* vom 23.08.1999 – GrS 5/97, BFHE 189, S. 174 (177).

252 Vgl. *BVerfG* vom 07.11.1972 – 1 BvR 338/68, BVerfGE 34, S. 103 (115); a.A. *Tipke, K.*, Nettoprinzip, in: StuW 1974, S. 84.

253 Vgl. *BFH* vom 21.11.1983 – GrS 2/82, BFHE 140, S. 50 (59).

254 Vgl. *BVerfG* vom 23.01.1990 – 1 BvR 306/86, BVerfGE 81, S. 208 (237).

chen Besteuerung. Bemerkenswert an diesen Ausführungen ist jedoch, daß das Gericht ein Spannungsverhältnis zwischen zwei wesentlichen Bestandteilen des Rechtsstaatsprinzips sah, nämlich dem Grundsatz der Rechtssicherheit und dem der materiellen Gerechtigkeit[255]. Wenn das *BVerfG* das objektive Nettoprinzip aber als Ausdruck der Einzelfallgerechtigkeit interpretiert, läßt sich die ältere Rechtsprechung, die dem objektiven Nettoprinzip allenfalls einfachgesetzliche Geltung beimaß, nicht mehr aufrechterhalten[256].

In neueren Entscheidungen finden sich weitere Hinweise auf die zunehmende Bedeutung des objektiven Nettoprinzips: So hat das *BVerfG* festgestellt, daß die Besteuerung des Nettoeinkommens – also die Erwerbseinnahmen abzüglich der Erwerbsaufwendungen – ein Grundprinzip der Einkommensbesteuerung sei[257], denn durch solche Ausgaben werde das disponible Einkommen, das die Grundlage für die Besteuerung bildet, gemindert[258]. Durch die aufgeführten Entscheidungen hat das *BVerfG* eine von der Literatur längst anerkannte[259] Hinwendung zum objektiven Nettoprinzip als Grundsatz mit Verfassungsrang vollzogen und zugleich das Nettoprinzip gegenüber anderen Besteuerungsprinzipien gestärkt[260]. Jedenfalls bringt das *BVerfG* hier deutlich zum Ausdruck, daß dem Einkommensteuerrecht die Besteuerung des Nettoeinkommens zugrunde liegt[261], die nur bei Vorliegen besonderer, sachlich gerechtfertigter Gründe durchbrochen werden darf[262].

Vor diesem Hintergrund läßt sich die Entscheidung des *BVerfG* zum häuslichen Arbeitszimmer unter Leistungsfähigkeitsgesichtspunkten rechtfertigen. Denn hierbei handelt es sich um einen Sachverhalt, der sich typischerweise durch eine nicht unerhebliche private Mitveranlassung auszeichnet[263]. Damit spricht sehr vieles dafür, daß solche Aufwendungen zumindest häufig auch die private Vermögensverwendung betreffen und somit als steuerlich irrelevant anzusehen sind. Dieses Abzugsverbot dient also gerade dazu, die Gleichmäßigkeit der Besteuerung zu sichern und mögliche Mißbräuche zu verhindern. Der Gesetzgeber

---

255 Vgl. *BVerfG* vom 22.07.1991 – 1 BvR 313/88, DStR 1991, S. 1279.

256 So auch *Wiesbrock, M. R.*, Verlustrückstellung, 1999, S. 124.

257 Vgl. *BVerfG* vom 11.11.1998 – 2 BvL 10/95, BVerfGE 99, S. 280 (290); *BVerfG* vom 07.12.1999 – 2 BvR 301/98, BVerfGE 101, S. 297 (310).

258 Vgl. *BVerfG* vom 30.09.1998 – 2 BvR 1818/91, BVerfGE 99, S. 88 (96).

259 Statt vieler: *Birk, D.*, Unternehmenssteuerreform, in: StuW 2000, S. 331.

260 Vgl. *Arndt, H.-W./Jenzen, H.*, Verlustverrechnung, in: DStR 1998, S. 1820.

261 Vgl. *BVerfG* vom 30.09.1998 – 2 BvR 1818/91, BVerfGE 99, S. 88; *BVerfG* vom 07.12.1999, 2 BvR 301/98, BVerfGE 101, S. 297 (310).

262 Vgl. *BVerfG* vom 11.11.1998 – 2 BvL 10/95, BVerfGE 99, S. 280 (290).

263 So auch der *BFH*; vgl. *BFH* vom 27.09.1996 – VI R 47/96, BStBl II 1997, S. 68 (70).

schließt dadurch auch nicht erwerbsbezogene Aufwendungen generell vom Abzug aus, sondern generalisiert und typisiert einen realitätsgerechten Betrag[264].

Letztlich wird dadurch nur bestätigt: Das objektive Nettoprinzip stellt ein Grundprinzip des Einkommensteuerrechts dar und gewährleistet die Besteuerung nach der Leistungsfähigkeit. Eine Durchbrechung oder Typisierung ist möglich, bedarf allerdings eines besonderen, sachlichen Grundes[265]. Um den verfassungsrechtlichen Anforderungen für die Durchbrechung des Nettoprinzips gerecht zu werden, muß dieser Grund seinerseits Verfassungsrang genießen[266]. In Betracht kommt zudem eine pauschalierende oder typisierende Regelung zur Gewährleistung rechtsstaatlicher Effizienz[267]. Die Typisierung muß aber einer möglichst weiten, die große Masse realitätsgerecht abbildenden Bandbreite entsprechen[268].

bb) Subjektives Nettoprinzip

Während das objektive Nettoprinzip bis zum Gesamtbetrag der Einkünfte nach § 2 Abs. 1 und 2 EStG zur Anwendung kommt, beginnt ab dem Gesamtbetrag der Einkünfte der Wirkungsbereich des subjektiven Nettoprinzips[269]. Aus dem Prinzip der Besteuerung nach der wirtschaftlichen Leistungsfähigkeit ergibt sich auf dieser Ebene, daß unvermeidbare Ausgaben im privaten Bereich einkommensteuerlich zu berücksichtigen sind[270]. Die Rechtsprechung zum subjektiven Nettoprinzip hat ihren Höhepunkt 1990 in einer Entscheidung zu den Kinderfreibeträgen[271] gefunden und wurde 1992 durch das Urteil zum Familienexistenzminimum[272] weiter verfestigt und in den Beschlüssen von 1998 ausgeweitet und konkretisiert[273]. Während das Gericht 1992 noch von sozialhilferechtlichen Größen ausging, erhöhte es 1998 diese Beträge nochmals offensichtlich in dem Bewußtsein, daß das Sozialhilferecht einer Vielzahl kindbedingter Aufwendun-

---

264 Vgl. *BVerfG* vom 07.12.1999 – 2 BvR 301/98, BVerfGE 101, S. 297 (310).

265 Vgl. *BVerfG* vom 11.11.1998 – 2 BvL 10/95, BVerfGE 99, S. 280 (290).

266 Vgl. *Wiesbrock, M. R.*, Verlustrückstellung, 1999, S. 133.

267 Vgl. *Birk, D.*, Steuerrecht, 2000, Rn. 60, S. 21.

268 Vgl. *BVerfG* vom 10.04.1997 – 2 BvL 77/92, BVerfGE 96, S. 1 (6).

269 Vgl. *Arndt, H.-W.*, Existenzminimum, in: StVj 1993, S. 3.

270 Vgl. *BVerfG* vom 23.11.1976 – 1 BvR 150/75, BVerfGE 43, S. 108 (120).

271 Vgl. *BVerfG* vom 29.05.1990 – 1 BvL 20,26, 184 und 4/86, BVerfGE 82, S. 60.

272 Vgl. *BVerfG* vom 25.09.1992 – 2 BvL 5, 8, 14/91, BVerfGE 87, S. 153.

273 Vgl. *BVerfG* vom 10.11.1998 – 2 BvR 1057, 1226, 980/91, BVerfGE 99, S. 216 (232 ff.); *BVerfG* vom 10.11.1998 – 2 BvL 42/93, BVerfGE 99, S. 246 (259).

gen nicht hinreichend gerecht wird[274]. Diese besonderen Unterhaltspflichten mindern die Leistungsfähigkeit des Steuerpflichtigen, auch wenn sie das sozialhilferechtliche Existenzminimum übersteigen. Damit stellen diese Ausgaben indisponibles Einkommen dar und müssen dem Steuerzugriff entzogen werden, indem sie von der Bemessungsgrundlage in Abzug gebracht werden[275].

Mit diesen Judikaten hat die Rechtsprechung des *BVerfG* das Familienexistenzminimum nachhaltig gestärkt. In diesem Bereich kann das subjektive Nettoprinzip für den Gesetzgeber sogar als unantastbar bezeichnet werden. Dabei muß beachtet werden, daß dessen verfassungsrechtliche Tragweite aufgrund des Zusammenwirkens des Gleichheitssatzes mit Art. 6 Abs. 1 GG deutlich größer ist und daher eine größere Durchschlagskraft besitzt als das objektive Nettoprinzip[276]. Letztendlich darf aber nicht übersehen werden, daß das *BVerfG* das Existenzminimum des Steuerpflichtigen selbst nicht derart vor dem Zugriff des Steuergesetzgebers abschirmt. Zwar darf das Steuerrecht dem Steuerpflichtigen das Existenzminimum nicht entziehen und das steuerliche Minimum niedriger definieren als das sozialrechtliche[277]. Jedoch gebietet das Verfassungsrecht einen Abzug von der Bemessungsgrundlage, also die generelle Steuerfreistellung dieses Betrages, gerade nicht. Vielmehr soll es genügen, wenn dem Steuerpflichtigen das zum Leben Notwendige nach Abzug von Steuern verbleibt[278]. Diese Argumentation scheint auf den ersten Blick kaum einleuchtend, wird vom *BVerfG*[279] aber überzeugend mit Ausführungen zur horizontalen Steuergerechtigkeit begründet[280].

c) Horizontale und vertikale Steuergerechtigkeit

Aus der Herleitung des Leistungsfähigkeitsprinzips aus dem allgemeinen Gleichheitssatz lassen sich zwei weitere Aussagen ableiten: Wenn Gleichbe-

---

274 Vgl. *Arndt, H.-W.*, Bindungen, in: Grundrechte, 1999, S. 193.

275 Vgl. *Arndt, H.-W./Schumacher, A.*, Kinder, in: NJW 1999, S. 745.

276 So bereits: *Arndt, H.-W./Schumacher, A.*, Einkommensbesteuerung, in: AöR 1993, S. 533; siehe insbesondere auch unter B. II. 2. d) auf S. 46.

277 Vgl. *Kirchhof, P.*, Auftrag, in: Stbg 1998, S. 388.

278 Vgl. *BVerfG* vom 25.09.1992 – 2 BvL 5, 8, 14/91, BVerfGE 87, S. 153 (170).

279 Vgl. *BVerfG* vom 10.11.1998 – 2 BvR 1057, 1226, 980/91, BVerfGE 99, S. 216 (234).

280 Dabei sind Steuerpflichtige mit Kindern und Steuerpflichtige ohne Kinder zu vergleichen. Hinsichtlich des eigenen Existenzminimums sind jedoch alle Steuerpflichtigen in gleicher Weise betroffen; so bereits *Arndt, H.-W./Schumacher, A.*, Unterhaltslast, in: NJW 1994, S. 964 sowie *Arndt, H.-W./Schumacher, A.*, Verfassungswidrigkeit, in: NJW 1999, S. 1690.

handlung nach der „neuen Formel" des *BVerfG* bedeutet, wesentlich Gleiches gleich und wesentlich Ungleiches ungleich zu behandeln, bewegt sich der Maßstab des Art. 3 Abs. 1 GG wie in einem kartesischen Koordinatensystem entlang der Abszisse horizontal, entlang der Ordinate vertikal:

Steuerpflichtige mit gleicher Leistungsfähigkeit sollen die gleiche nominale Belastung tragen[281]. Sie befinden sich im hypothetischen Koordinatenkreuz steuerlicher Leistungsfähigkeit auf einer (horizontalen) Ebene mit anderen Steuerpflichtigen der gleichen Leistungsfähigkeit.

Dagegen sollen Steuerpflichtige mit unterschiedlicher Leistungsfähigkeit unterschiedlich besteuert werden. Mit der Leistungsfähigkeit soll auch die Belastung ansteigen[282]. Die Steuerpflichtigen befinden sich auf unterschiedlichen Niveaus wirtschaftlicher Leistungsfähigkeit und damit auf einer vertikalen Ebene im hypothetischen Koordinatenkreuz. Ein höheres Niveau an wirtschaftlicher Leistungsfähigkeit verpflichtet aber zu einem Mehr an steuerlicher Lastentragung.

Keine Aussage trifft das Prinzip vertikaler Steuergerechtigkeit allerdings über den anzuwendenden Tarif. Diese Stoßrichtung steuerlicher Gerechtigkeit besagt nur, daß höhere wirtschaftliche Leistungsfähigkeit höher zu besteuern ist, nicht aber, ob dies proportional, progressiv oder degressiv zu erfolgen hat. Ein progressiver Steuertarif ist zwar mit dem Leistungsfähigkeitsprinzip zu vereinbaren, folgt aber nicht zwingend aus diesem, sondern ergibt sich vielmehr aus dem Sozialstaatsprinzip[283]. Damit wird zugleich deutlich, daß die Interpretation des Leistungsfähigkeitsprinzips durch andere Verfassungsinhalte beeinflußt wird.

d) Konkretisierung durch andere Grundrechte

Über die Unbestimmtheit des Leistungsfähigkeitsprinzips streitet die Finanzwissenschaft noch heute. Die Rechtswissenschaft hält dieses Prinzip mittlerweile jedoch für bestimmbar[284]. Daraus ergibt sich wiederum das Bedürfnis nach Konkretisierung durch den Gesetzgeber. Der Gehalt und die „Leistungsfähigkeit" des Leistungsfähigkeitsprinzips werden daher wesentlich durch verfas-

---

281 Vgl. *Brümmerhoff, D.*, Finanzwissenschaft, 2001, S. 389.

282 Vgl. *Birk, D.*, Steuerrecht, 2000, Rn. 155, S. 50.

283 Vgl. *Kirchhof, P.*, Leistungsfähigkeit, in: StuW 1985, S. 329; ebenso *Jachmann, M.*, Umverteilung, in: StuW 1998, S. 295.

284 Vgl. *Tipke, K.*, Steuerrechtsordnung I, 2000, S. 492 f.

sungsrechtliche Wertentscheidungen des Grundgesetzes, insbesondere die Grundrechte, mitbestimmt[285].

Während das *BVerfG* seine Steuerrechtsprechung ursprünglich zumeist auf den Gleichheitssatz des Art. 3 Abs. 1 GG gestützt hat, ist es bei dieser Entwicklung nicht stehengeblieben. So hat es zunächst die überkommene „Willkür-Formel" des allgemeinen Gleichheitssatzes abgelegt und sodann in seinen Entscheidungen zu dem Kindesunterhalt die Gewährleistung der Menschenwürde, das Sozialstaatsprinzip sowie den Schutz von Ehe und Familie herangezogen[286]. In der Entscheidung zum Familienexistenzminimum vom 25.09.1992[287] hat es sich schließlich den Freiheitsgrundrechten zugewandt. Damit sind vermehrt die Grundrechte aus Art. 2 Abs. 1, Art. 12 und Art. 14 GG in den steuerlichen Blickwinkel des *BVerfG* getreten[288], was sich insbesondere am Vermögensteuerbeschluß des Zweiten Senats von 1995 verdeutlicht hat[289]. Von Teilen der Literatur wird mittlerweile auch Art. 9 GG angeführt. Im folgenden soll jedoch nur auf solche Freiheitsrechte eingegangen werden, die von besonderer Relevanz für die Unternehmensbesteuerung sind.

aa) Konkretisierung durch Art. 14 Abs. 1 und 2 GG

Besteuerung bedeutet stets einen Zugriff auf Vermögenspositionen des Steuerschuldners. Der staatliche Eingriff wird deshalb auch durch Art. 14 Abs. 1 GG begrenzt. Bereits unter der Geltung der WRV war die überwiegende Meinung in Rechtsprechung und Schrifttum der Auffassung, Steuergesetze greifen auf das Vermögen als Ganzes zu, welches verfassungsrechtlich gerade nicht geschützt sei[290]. Dieser Auffassung hat sich das *BVerfG* angeschlossen[291]. Allerdings dürfe die Belastung keine derart erdrosselnde Wirkung entfalten, daß sie einem Zugriff auf das Eigentumsobjekt gleichkommt[292]. Aus Art. 14 Abs. 1 GG ergibt

---

285 Vgl. *Birk, D.*, Steuerrecht, 2000, Rn. 157, S. 50.
286 Vgl. *Vogel, K.*, Verfassungsrechtsprechung, 1999, S. 18.
287 Vgl. *BVerfG* vom 25.09.1992 – 2 BvL 5, 8, 14/91, BVerfGE 87, S. 153.
288 Vgl. *Arndt, H.-W.*, Existenzminimum, in: StVj 1993, S. 6.
289 Vgl. *BVerfG* vom 22.06.1995 – 2 BvL 37/91, BVerfGE 93, S. 121 (137).
290 Vgl. *Oechsle, K.*, Verfassungsgeschichte, 1993, S. 161.
291 Vgl. *BVerfG* vom 29.11.1989 – 1 BvR 1402, 1528/87, BVerfGE 81, S. 108 (122).
292 Vgl. *BVerfG* vom 08.04.1997 – 1 BvR 48/94, BVerfGE 95, S. 267 (300) m.w.N.

sich, daß dem Steuerpflichtigen zumindest ein Kernbestand des Erfolgs seiner eigenen Betätigung verbleiben muß[293].

Diesen zunächst wenig bestimmten Spielraum hat der 2. Senat des *BVerfG* unter dem Einfluß von *P. Kirchhof* in der Vermögensteuerentscheidung[294] zu einer quantifizierbaren Begrenzung des Steuerzugriffs präzisiert: Aus Art. 14 Abs. 2 GG würden sich zwei wesentliche Zustandsformen des Eigentums ergeben: Der Gebrauch nach Satz 2 und das bloße Innehaben nach Satz 1[295]. Aus der besonderen Sozialbindung des Gebrauchs nach Satz 2 folgt demnach, daß Besteuerungsgegenstand in erster Linie die Früchte des Eigentumsgebrauchs, also das Einkommen, sein müsse. Satz 1 erlaube zwar auch eine Besteuerung des Bestandes, das Stufenverhältnis bei der Sozialbindung müsse sich aber auch in der Belastung dieser Komponenten widerspiegeln[296]. Damit genießt der Vermögensstamm bzw. die Substanz weitgehend den Schutz des Art. 14 GG[297]. Gleichzeitig soll jedoch auch der Ertrag durch die Eigentumsgarantie geschützt sein. Dies ließe sich daraus schließen, daß der Gebrauch des Eigentums nach Satz 2 zugleich dem privaten Nutzen und dem Gemeinwohl diene. Deshalb dürfe die steuerliche Gesamtbelastung des Ertrags nicht weitergehen als bis zur hälftigen Teilung zwischen privater und öffentlicher Hand. Jenseits dieser Grenze wird das Prinzip der Besteuerung nach der wirtschaftlichen Leistungsfähigkeit nicht mehr beachtet[298]. Während das Existenzminimum die Untergrenze des Besteuerungszugriffs bestimmt, bildet der Halbteilungsgrundsatz die Obergrenze[299].

Der 1. Senat des *BVerfG* hat sich von dieser Rechtsprechung jedoch distanziert und sich auf die Rechtsprechung zum konfiskatorischen Steuerzugriff zurückgezogen[300]. Auch in der Literatur ist dieser sog. Halbteilungsgrundsatz sehr umstritten[301]. Insbesondere könne sich aus dem Wortlaut des Art. 14 GG keine so starre Grenze ergeben. Weitgehend Einigkeit besteht allerdings darüber, daß eine solche Grenze schon aus Gründen der Rechtssicherheit sinnvoll ist[302]. Unbestritten dürfte auch sein, daß dabei idealerweise auf die Gesamtsteuerbelas-

---

293 Vgl. *Schmidt-Bleibtreu, B.*, in: *Schmidt-Bleibtreu/Klein*, GG-Kommentar, 1999, Art. 14 Rn. 4b.
294 Vgl. *BVerfG* vom 22.06.1995 – 2 BvL 37/91, BVerfGE 93, S. 121 (137).
295 Vgl. *Kirchhof, P.*, Besteuerungsgewalt, 1973, S. 41.
296 Vgl. *Kirchhof, P.*, in: *Isensee/Kirchhof*, Staatsrecht IV, 1999, § 88 Rn. 98.
297 Vgl. *Vogel, K.*, Verfassungsrechtsprechung, 1999, S. 21.
298 Vgl. *BVerfG* vom 22.06.1995 – 2 BvL 37/91, BVerfGE 93, S. 121 (138).
299 Vgl. *Kirchhof, P.*, Verfassungsstaat, 2000, S. 57.
300 Vgl. *BVerfG* vom 12.11.1997 – 1 BvR 479/92, 307/94, BVerfGE 96, S. 375 (397).
301 Vgl. *Birk, D.*, Steuerrecht, 2000, Rn. 162, S. 52.
302 Vgl. *Tipke, K.*, Steuerrechtsordnung I, 2000, S. 449 ff.

tung mit direkten und indirekten Steuern abzustellen ist. Unklar, wenn nicht gar unlösbar bleibt jedoch die Umsetzung dieser Gesamtsteuerrechnung im Dschungel aus direkten, indirekten, Soll- und Ist-Ertragsteuern, Bundes-, Landes- und Kommunalsteuern[303].

Es bleibt festzuhalten, daß die von *P. Kirchhof* entwickelten Belastungsgrenzen dem Leistungsfähigkeitsprinzip eine sehr deutliche Klarheit und Kontur verleihen, die in dieser Deutlichkeit weder in der Finanzwissenschaft, noch in der Steuerrechtswissenschaft und der Rechtsprechung des *BVerfG* zu finden war. Soll das grundsätzliche Bekenntnis des *BVerfG* zum Leistungsfähigkeitsprinzip aber nicht nur reines Lippenbekenntnis bleiben, ist die innere Logik dieser Maßstäbe anzuerkennen. Dies gilt jedenfalls solange, bis sich möglicherweise ein besserer Maßstab findet.

bb) Konkretisierung durch Art. 12 Abs. 1 GG

Während Art. 14 Abs. 1 GG im wesentlichen das Erworbene, sprich das Ergebnis der beruflichen Tätigkeit, schützt, entfaltet Art. 12 Abs. 1 GG seinen Schutz beim Erwerbsvorgang bzw. während der Betätigung[304]. Soweit Steuergesetze nicht die Erträge von Wirtschaftsgütern, sondern den Erfolg der Arbeitsleistung belasten, führt Art. 12 Abs. 1 GG zu einer Bestandssicherung der Erwerbsquelle, die mit der Wirkung von Art. 14 Abs. 1 GG vergleichbar ist[305]. Daneben wirkt Art. 12 GG auch über Abs. 2 auf die Besteuerung ein. Verbietet das Grundgesetz grundsätzlich einen Arbeitszwang, so darf dieses Verbot nicht durch die Besteuerung eines hypothetischen Arbeitsertrags umgangen werden. Damit stellt Art. 12 Abs. 2 GG sicher, daß nur tatsächlich erworbenes Einkommen der Besteuerung unterliegt[306]. Andernfalls würde das Steuersystem nicht an die tatsächliche wirtschaftliche Leistungsfähigkeit anknüpfen, sondern bereits an eine hypothetische. Man kann darüber streiten, ob dies wirtschafts- und sozialpolitisch sinnvoll ist. Die verfassungsrechtliche Vorgabe ist allerdings eindeutig.

Im Gegensatz zu Art. 3 Abs. 1 GG und Art. 14 GG hat sich das *BVerfG* bei der Anwendung des Grundrechts der Berufsfreiheit auf Steuergesetze in Zurückhaltung geübt. Zumeist verneinte das Gericht bereits den Schutzbereich, oftmals nahm es im Hinblick auf Steuern und Abgaben allenfalls eine nicht zu beanstan-

---

303 Vgl. *Tipke, K.*, Steuerrechtsordnung I, 2000, S. 455.
304 Vgl. *Arndt, H.-W./Rudolf, W.*, Öffentliches Recht, 2000, S. 128.
305 Vgl. *Kirchhof, P.*, Verfassungsstaat, 2000, S. 24.
306 Vgl. *Kirchhof, P.*, Rechtfertigung, in: Steuern, 1996, S. 35.

dende Berufsausübungsregelung an[307]. Nimmt man den Gedanken des Halbteilungsgrundsatzes allerdings ernst, darf diese Obergrenze der Steuerbelastung nicht nur für Vermögenserträge gelten. Andernfalls wären Einkünfte aus körperlicher Arbeit weniger schützenswert als solche aus Vermögen[308]. Dies würde zu einer Ungleichbehandlung verschiedener Einkunftsarten führen und gegen das Leistungsfähigkeitsprinzip verstoßen[309]. Der Halbteilungsgrundsatz muß über Art. 12 Abs. 1 GG also auch für Arbeitseinkommen gelten.

cc) Konkretisierung durch Art. 9 Abs. 1 GG

Art. 9 Abs. 1 GG gewährleistet die Freiheit, sich mit anderen über einen längeren Zeitraum hinweg und zu einem gemeinsamen Zweck freiwillig zusammenzuschließen, und das Recht, Vereine und Gesellschaften zu gründen[310]. Dem Grundrecht immanent ist, daß es in mehr oder minder großem Umfang auf gesetzliche Regelungen – etwa zur Ausgestaltung mitgliedschaftlicher Rechte – angewiesen ist. Gleichzeitig ist der Gesetzgeber nicht gebunden, an überkommenen Rechtsformen und Normenkomplexen des Vereins- und Gesellschaftsrechts festzuhalten. Eine bestimmte Ausgestaltung genießt also keinen Verfassungsrang[311]. Andererseits muß die Rechtsordnung eine hinreichende Vielfalt von Rechtsnormen und Organisationsformen zur Verfügung stellen, um den vielfältigen Typen von Vereinigungen angemessen Rechnung zu tragen[312]. Dabei muß die Wahl der einzelnen Rechtsform zumutbar bleiben[313].

Ob Art. 9 Abs. 1 GG auch auf die Steuergesetzgebung Ausstrahlungswirkung besitzen kann, ist umstritten. Denn im Gegensatz zu Art. 2 Abs. 1, Art. 14 und Art. 12 GG hat das *BVerfG* dieses Freiheitsrecht bei der Interpretation des allgemeinen Gleichheitssatzes und der Konkretisierung des Leistungsfähigkeitsprinzips bislang weder herangezogen noch erwähnt.

---

307 Nachweise bei *Vogel, K.*, Verfassungsrechtsprechung, 1999, S. 14.

308 So bereits *Arndt, H.-W./Schumacher, A.*, Fingerzeig, in: NJW 1995, S. 2605.

309 Vgl. *Arndt, H.-W./Jenzen, H.*, Verlustverrechnung, in: DStR 1998, S. 1820.

310 Vgl. *Jarass, H. D.*, in: *Jarass/Pieroth*, GG-Kommentar, 1997, Art. 9 Rn. 3.

311 Vgl. *BVerfG* vom 01.03.1979 – 1 BvR 532, 533/77, 419/78 und 1 BvL 21/78, BVerfGE 50, S. 290 (354).

312 Vgl. *Kannengießer, C.*, in: *Schmidt-Bleibtreu/Klein*, GG-Kommentar, 1999, Art. 9 Rn. 5c.

313 Vgl. *BVerfG* vom 01.03.1979 – 1 BvR 532, 533/77, 419/78 und 1 BvL 21/78, BVerfGE 50, S. 290 (354).

Dabei dürfte es *P. Kirchhof* gewesen sein, der in der Phase des Gesetzgebungsverfahrens zum StSenkG als erster die These aufgeworfen hat, die Vereinigungsfreiheit enthalte gegenüber Art. 3 Abs. 1 GG einen speziellen Gleichheitssatz[314]. So könne die steuerliche Diskriminierung einer zivilrechtlichen Gesellschaftsform einen Eingriff in den Schutzbereich des Art. 9 Abs. 1 GG darstellen, wenn sich die Gesellschafter veranlaßt sehen, deshalb die Rechtsform ihrer Gesellschaft zu wechseln[315]. Geht man von der Steuerbelastung eines Einzelkaufmanns im Vergleich zur Ein-Mann-GmbH aus, erlangt auch die negative Vereinigungsfreiheit Bedeutung[316]. Zudem würde die steuerliche Privilegierung einer bestimmten Rechtsform die Bezieher anderer als gewerblicher Einkünfte dazu veranlassen, diese in gewerbliche zu transformieren[317] – etwa durch die Ausübung privater Vermögensverwaltung oder Vermietung und Verpachtung über eine Kapitalgesellschaft. Liegen die Belastungsunterschiede, die den Impetus in die begünstigte Organisationsform ausüben, aber allein in der Rechtsform begründet, werde dadurch der Gleichheitssatz des Art. 3 Abs. 1 GG verletzt[318]. Diese Auffassung werde mittlerweile auch vom *BVerfG* geteilt, das in der Rechtsform allein kein ausreichendes Differenzierungskriterium sieht[319].

Nach anderer Auffassung könne aus Art. 9 Abs. 1 GG gerade keine Aussage zur steuerlichen Gleichbehandlung der Rechtsformen getroffen werden. Die Vereinigungsfreiheit begründe keinen Bestandsschutz für wirtschaftliche Wettbewerbsvorteile, die mit bestimmten Rechtsformen verbunden sind[320]. Zudem werde Art. 9 Abs. 1 GG von der speziellen Norm des Art. 3 Abs. 1 GG verdrängt[321]. Zwar könne sich ein Gleichbehandlungsgebot der Rechtsformen theoretisch aus Art. 3 Abs. 1 GG ergeben. Ein solches sei systembedingt aber nicht erreichbar und daher praktisch nicht umsetzbar[322].

Dabei sollte nicht übersehen werden, daß nach dem Verständnis von *P. Kirchhof* ein Verhältnis Spezialnorm vs. Generalnorm, wie dies von der Gegenauffassung vorgebracht wird, gar nicht bestehen kann. Denn Art. 9 Abs. 1 GG dient allein

---

314 Vgl. *Kirchhof, P.*, Widerspruchsfreiheit, in: StuW 2000, S. 319.

315 Vgl. *Kirchhof, P.*, in: FAZ vom 24.07.2000, S. 17.

316 Vgl. *Kirchhof, P.*, Widerspruchsfreiheit, in: StuW 2000, S. 319.

317 Vgl. *Kirchhof, P.*, Maßstäbe, in: Stbg 2000, S. 556.

318 Vgl. *Kirchhof, P.*, Unternehmenssteuerreform, in: DStR 2001, S. VI.

319 Vgl. *BVerfG* vom 10.11.1999 – 2 BvR 2861/93, BVerfGE 101, S. 151 (156).

320 Vgl. *Pelka, J.*, Rechtsformneutralität, in: StuW 2000, S. 393.

321 Vgl. *BVerfG* vom 10.11.1999 – 2 BvR 2861/93, BVerfGE 101, S. 151 (156). Interessanterweise beziehen sich beide Auffassungen auf diese Entscheidung des *BVerfG*; vgl. *Pelka, J.*, Rechtsformneutralität, in: StuW 2000, S. 393.

322 Vgl. *Pelka, J.*, Rechtsformneutralität, in: StuW 2000, S. 396.

der Konkretisierung des allgemeinen Gleichheitssatzes und bildet – ähnlich wie Art. 6 Abs. 1 GG im Hinblick auf das Familienexistenzminimum – zusammen mit Art. 3 Abs. 1 GG eine spezielle Ausprägung des allgemeinen Gleichheitssatzes. Die Normen stehen also weniger in einem Konkurrenz- als vielmehr in einem Kooperationsverhältnis. Diese Auslegung steht auch nicht im Widerspruch zu den zitierten Entscheidungen des *BVerfG*: Zwar begründet Art. 9 Abs. 1 GG keinen Vertrauensschutz für bestehende Rechtsformen. Die Wahl einer speziellen Rechtsform bleibt aber nur dann ökonomisch sinnvoll und zumutbar, wenn sie nicht gegenüber anderen denkbaren Rechtsformen benachteiligt wird. Aus diesem Grund kann die Rechtsform per se kein zulässiges steuerliches Differenzierungskriterium sein. Denn durch sie allein wird keine andere Leistungsfähigkeit vermittelt. Damit bleibt festzustellen, daß Art. 9 Abs. 1 GG wertvolle Erkenntnisse bei der Konkretisierung des Leistungsfähigkeitsprinzips liefern kann. Ob sich diese verfassungsrechtlichen Grundaussagen tatsächlich umsetzen lassen, ist eine Frage der Pauschalierung und Typisierung oder Durchbrechung des Leistungsfähigkeitsprinzips, nicht aber der grundsätzlichen Wirkungskraft von Art. 9 Abs. 1 GG im Steuerrecht.

3. Leistungsfähigkeit von Kapitalgesellschaften

Soll das Leistungsfähigkeitsprinzip als Vergleichsmaßstab für die steuerliche Gleichbehandlung von Unternehmen dienen, muß zugleich die Frage beantwortet werden, ob Unternehmen jeder Rechtsform auch eigene Leistungsfähigkeit besitzen. Dabei muß zwischen der Besteuerung von Kapitalgesellschaften und ihrer Anteilseigner sowie der Besteuerung von Einzelunternehmern und Personengesellschaften unterschieden werden.

Bei Personengesellschaften ist von der Leistungsfähigkeit der Gesellschafter auszugehen, da die Personengesellschaft zivilrechtlich zwar selbst – jedenfalls partiell – Träger von Rechten und Pflichten sein kann, aber kein Subjekt der Einkommensbesteuerung ist. Die Leistungsfähigkeit der Gesellschafter ergibt sich dabei aus dem Gewinn, der dem einzelnen Gesellschafter aus dem Mitunternehmeranteil zugerechnet wird. Dieser besteht auf der ersten Stufe der Gewinnermittlung aus dem handelsrechtlichen Gewinn der Personengesellschaft, der dem einzelnen Gesellschafter entsprechend dem im Gesellschaftsvertrag vereinbarten Gewinnverteilungsschlüssel zugerechnet wird, zuzüglich der hinzuzurechnenden Sondervergütungen auf der zweiten Stufe[323]. Bei der Einkommensbesteuerung von Personengesellschaften ist demnach von der Einheitstheo-

---

[323] Einen guten Überblick gibt *Jacobs, O. H.*, Unternehmensbesteuerung, 1998, S. 176 f.

rie oder dem Transparenzprinzip auszugehen, das zur steuerlichen Belastung auf Gesellschafterebene unabhängig vom tatsächlichen Zufluß führt[324]. Da die Personengesellschaft steuerlich nicht selbst Steuersubjekt, sondern nur Erfolgsermittlungs- und -verteilungsstation ist, bedarf die Frage nach der Leistungsfähigkeit von Personengesellschaften im Rahmen der Einkommensteuer keiner weiteren Erörterung. Denn Steuersubjekte sind allein die Gesellschafter der Personengesellschaft. Insofern kommt es allein auf deren Leistungsfähigkeit an.

Demgegenüber besitzen Kapitalgesellschaften als juristische Personen vollumfänglich eigene Rechtspersönlichkeit und sind aus steuerlicher Sicht Subjekte der Körperschaftsteuer. Daneben unterliegen die Gesellschafter oder Anteilseigner ihrerseits der Besteuerung. Insofern ist bei der Besteuerung von Kapitalgesellschaften und ihrer Anteilseigner das Trennungsprinzip zu beachten. Dieses Prinzip allein läßt allerdings noch keine Rückschlüsse darauf zu, ob Körperschaften eine eigene Leistungsfähigkeit besitzen. Hier stehen sich ein klassisches Körperschaftsteuersystem – das die Kapitalgesellschaft zwangsläufig als eigenständiges Steuersubjekt betrachtet – und das Anrechnungsverfahren gegenüber, welches letztlich die natürlichen Personen belastet, die hinter der Kapitalgesellschaft stehen.

Dabei ist der Streit um die Leistungsfähigkeit von Kapitalgesellschaften ebenso alt wie die Besteuerung dieser Rechtsform: Während das Preußische Einkommensteuergesetz von 1891 die allgemeine Einkommensteuerpflicht auf Aktiengesellschaften, Kommanditgesellschaften auf Aktien sowie Genossenschaften – und mit der Novelle von 1906 auf Gesellschaften mit beschränkter Haftung – erstreckte, löste das Reichskörperschaftsteuergesetz von 1920 die Besteuerung juristischer Personen vom Einkommensteuergesetz ab[325].

Während das Preußische Einkommensteuergesetz natürliche und juristische Personen formal und materiell einheitlich besteuerte, vollzog der deutsche Steuergesetzgeber nach dem ersten Weltkrieg die Trennung zwischen der Einkommensbesteuerung natürlicher Personen und der von Körperschaften[326]. Dabei sollte das Einkommensteuergesetz von 1920 die Besteuerung nach der Leistungsfähigkeit durchführen, für die das Einkommen der natürlichen Person als Befriedigungspotential für die persönlichen Lebensbedürfnisse herangezogen wurde. Mangels persönlicher Bedürfnisse zur Bestreitung des Lebensunterhalts

---

324 Vgl. *Scheffler, W.*, Besteuerung I, 2001, S. 50.
325 Vgl. *Tipke, K.*, Steuerrechtsordnung II, 1993, S. 724.
326 Vgl. *Knobbe-Keuck, B.*, Unternehmenssteuerrecht, 1993, S. 558.

versage dieser Einkommensbegriff bei Körperschaften[327]. Gleichzeitig verwendete auch das Körperschaftsteuergesetz von 1920 das Einkommen als Steuergegenstand. Das Einkommen der Körperschaften und Vermögensmassen wurde jedoch definiert als Güterbezug im Verhältnis zu ihren besonderen Aufgaben[328].

Letztlich hat das Körperschaftsteuergesetz von 1920 nur der Unterschiedlichkeit der Steuersubjekte Rechnung getragen und die bis dahin geltende progressive Besteuerung der Körperschaften und Vermögensmassen aufgegeben[329]. Damit hat sich der Steuergesetzgeber dafür entschieden, den Reinvermögenszugang von Körperschaften dem Einkommen natürlicher Personen steuersystematisch prinzipiell gleichzustellen[330]. Folgerichtig knüpft das KStG in weiten Bereichen nach wie vor an das EStG an[331]. Wenn sich die Körperschaftsteuer nach § 7 Abs. 1 KStG aber nach dem zu versteuernden Einkommen bemißt, geht das Gesetz jedenfalls formell davon aus, daß Körperschaften ein eigenes Einkommen besitzen können. Die Körperschaftsteuer ist damit nichts anderes als die Einkommensteuer der Körperschaften[332]. Diese Streitfrage ist somit allenfalls akademischer Natur und wird bereits vom Gesetzgeber durch die Formulierung im KStG beantwortet.

Keine Rückschlüsse lassen sich jedoch für die Beantwortung der Frage herleiten, ob Körperschaften deshalb auch eigene Leistungsfähigkeit besitzen können[333]. Für die Kapitalgesellschaft als wichtigste Erscheinungsform der Körperschaft ergeben sich unter Einbeziehung der Besteuerungsfolgen auf Ebene der Anteilseigner zwei unterschiedliche Sichtweisen:

a) Formal-juristische Betrachtungsweise

Legt man den Schwerpunkt auf die Rechtsfähigkeit der Kapitalgesellschaft und nimmt damit einen eher formal-juristischen Standpunkt ein, liegt die Annahme nahe, diese zwei verschiedenen Steuersubjekte – die Kapitalgesellschaft und ihre Anteilseigner – jeweils nach ihrer individuellen Leistungsfähigkeit zu besteuern. Der Gewinn der Kapitalgesellschaft ist damit zugleich Indikator für ihre eigene

---

327 Vgl. *Pezzer, H.-J.*, Rechtfertigung, in: FS Tipke, 1995, S. 421.
328 Vgl. *Pezzer, H.-J.*, Rechtfertigung, in: FS Tipke, 1995, S. 422.
329 Vgl. *Knobbe-Keuck, B.*, Unternehmenssteuerrecht, 1993, S. 559.
330 Vgl. *Pezzer, H.-J.*, Rechtfertigung, in: FS Tipke, 1995, S. 422.
331 Vgl. *Birk, D.*, Steuerrecht, 2000, Rn. 1040, S. 304.
332 Vgl. *BVerfG* vom 24.06.1986 – 2 BvF 1, 5, 6/83, 1/84 und 1, 2/85, BVerfGE 72, S. 330 (407).
333 Vgl. *Hey, J.*, in: *Herrmann/Heuer/Raupach*, Kommentar, 1996, Einf. KSt Rn. 4.

wirtschaftliche Leistungsfähigkeit[334]. Diese Auffassung wird dadurch gestützt, daß nach Art. 19 Abs. 3 GG auch juristische Personen des Privatrechts sowie andere Personenvereinigungen Grundrechtsträger sein können. Damit findet insbesondere der allgemeine Gleichheitssatz im Verhältnis der Körperschaften untereinander sowie zu natürlichen Personen Anwendung. Über Art. 19 Abs. 3 GG i.V.m. Art. 3 Abs. 1 GG muß deshalb auch der Grundsatz der Besteuerung nach der wirtschaftlichen Leistungsfähigkeit gleichermaßen für Körperschaften gelten. Dies wird daran deutlich, daß nach § 8 Abs. 1 KStG i.V.m. § 2 Abs. 2 EStG jedenfalls das objektive Nettoprinzip bei der Einkommensermittlung der Körperschaft heranzuziehen ist. Der Eigenart der Körperschaftsteuer würde allein das subjektive Nettoprinzip widersprechen. Einer Körperschaft wird weder ein Existenzminimum noch eine Privatsphäre zugestanden[335]. Schon aus der eigenen Rechtsfähigkeit der Körperschaft ergibt sich jedoch ihre eigenständige, objektive Leistungsfähigkeit.

b) Wirtschaftliche Betrachtungsweise

Sieht man das Verhältnis zwischen Kapitalgesellschaft und ihrer Anteilseigner dagegen losgelöst von der eigenen Rechtspersönlichkeit der Kapitalgesellschaft, muß zunächst die Frage geklärt werden, ob die Körperschaft per se eine eigene Leistungsfähigkeit besitzt oder nur die Leistungsfähigkeit der hinter ihr stehenden Anteilseigner verkörpert. Daran schließt sich die konkrete Umsetzung des Leistungsfähigkeitsprinzips im Rahmen der Körperschaftsteuer als Vergleichsgröße für Unternehmen jeglicher Rechtsform an.

aa) Die Kapitalgesellschaft als Repräsentanz ihrer Anteilseigner

Aus der Betrachtung der Kapitalgesellschaft und ihrer Anteilseigner als wirtschaftliche Einheit ist vielfach der Schluß gezogen worden, die Gesellschaft per se verfolge keinen eigenen Zweck, sondern repräsentiere lediglich die hinter ihr stehenden Anteilseigner und deren wirtschaftliche Interessen[336]. Dieser Sichtweise wurde jedoch auch von Ökonomen[337] entgegengehalten, sie entspreche nur dem Phänomen der personenbezogenen Kapitalgesellschaft wie etwa der

---

334 Vgl. *Tipke, K.*, Steuerrechtsordnung II, 1993, S. 728.

335 Vgl. *Frotscher, G.*, Gewinnausschüttung, 1997, S. 208.

336 Vgl. *BMWF*, Steuerreformkommission, 1971, S. 30; ebenso *Schneider, D.*, Unternehmensbesteuerung, 1994, S. 174; vgl. auch die Darstellung bei *Schneider, D.*, Körperschaftsteuerreform, in: StuW 1975, S. 100f.

337 So etwa *Schredelseker, K.*, Körperschaftsteuerreform, in: FA 31 (1972/1973), S. 31.

Ein-Mann-GmbH. Große Publikumsgesellschaften zeichnen sich aber dadurch aus, daß sie selbst zu Entscheidungsträgern geworden sind, die weitgehend unabhängig von den Interessen insbesondere von Kleinanlegern agieren[338].

Zwar wurde diese gerade in Deutschland vorherrschende Abkoppelung des Unternehmensinteresses vom Kapitalgeberinteresse durch die Globalisierung der großen Aktiengesellschaften und die damit verbundene Neuordnung der deutschen Kapitalmärkte mit dem Schlagwort des „shareholder value" teilweise zurückgedrängt[339]. Ob es sich bei dieser Entwicklung in Deutschland allerdings nicht lediglich um ein Strohfeuer im Zuge des „Börsenfiebers" im Hinblick auf den Boom der „New Economy" insbesondere im Jahre 1999 gehandelt hat, bleibt abzuwarten. Ein Indiz dafür könnte die offenbar abnehmende Attraktivität von „stock options" aufgrund der aktuellen Börsenentwicklung sein, mit der gerade Firmen dieser vielbeschworenen „New Economy" zu kämpfen haben[340].

Schließlich sollte im Rahmen dieser Diskussion auch nicht übersehen werden, daß das Gegensatzpaar Kapitalgesellschaft und Anteilseigner so nicht existiert. Denn dies würde voraussetzen, daß das Interesse der Anteilseigner in sich völlig homogen ist. Diese Annahme entspricht aber allenfalls bei sehr kleinen Gesellschaften oder bei der bereits genannten Ein-Mann-GmbH der Realität. Eine vollständige Homogenität der Aktionärsinteressen ist jedoch schon bei einer größeren Familienaktiengesellschaft kaum noch vorstellbar. Wenn man neueren Untersuchungen Glauben schenken darf, befanden sich zeitweilig 30-40% der Anteile an deutschen Aktiengesellschaften wie etwa DaimlerChrysler oder der Deutschen Telekom in den Händen institutioneller Anleger – insbesondere angelsächsischer Investmentfonds[341]. Daran wird gerade die Heterogenität der Anteilseigner offenbar. Denn andererseits ist es gerade ein typisch deutsches Phänomen, daß große Aktienpakete von „befreundeten" Unternehmen gehalten werden, um die Kontrolle außenstehender Aktionäre zu reduzieren. Bekannt ist dieses System der Überkreuzverflechtung als „Deutschland AG"[342].

Daneben hat der Boom am Neuen Markt im Jahre 1999 aber auch dazu geführt, daß vermehrt Privatanleger die Aktie als Direktanlage gewählt haben. So besaßen 1999 in Deutschland etwa 8% der Bevölkerung Aktien[343]. Besteht die Aktionärsstruktur im wesentlichen aus den Segmenten institutionelle Anleger, Un-

---

338 Vgl. *Schneider, D.*, Körperschaftsteuerreform, in: StuW 1975, S. 101.
339 Vgl. *Wagner, F. W.*, Corporate Governance, in: StuW 2000, S. 112.
340 Vgl. *Leuner, R. M./Rattler, T.*, Aktienoptionen, in: StuB 2001, S. 228.
341 Vgl. *Schneider, U. H.*, Corporate Governance, in: DB 2000, S. 2414 f.
342 Vgl. *Wagner, F. W.*, Corporate Governance, in: StuW 2000, S. 111.
343 Vgl. *von Rosen, R.*, Aktienkultur, in: Kapitalmärkte, 2001, S. 494.

ternehmen und private und öffentliche Haushalte, kann jedoch nicht von einem homogenen Aktionärskreis gesprochen werden. Daran wird deutlich, daß es das Interesse der Anteilseigner so nicht geben kann. Die Gesellschaft wird sich auch im Rahmen von Corporate Governance-Richtlinien entweder nach dem Interesse von Mehrheitsaktionären oder aber nach einer Art „kleinstem gemeinsamen Nenner“ richten müssen. In beiden Fällen können aber die Interessen aller Aktionäre zumindest nicht vollständig gewahrt bleiben. Die betriebswirtschaftliche Fiktion, die Interessen der Gesellschaft repräsentieren die Interessen der Anteilseigner, kann demnach nicht vollständig umgesetzt werden. Wahrscheinlicher ist es vielmehr, daß Deckungsgleichheit gerade nicht erzielt wird. Folgerichtig kann der Kapitalgesellschaft die eigene Leistungsfähigkeit nicht bereits deshalb abgesprochen werden, weil sie lediglich die Interessen der hinter ihr stehenden Anteilseigner repräsentiert.

bb) Modifizierte Interpretation bei Kapitalgesellschaften

Schließlich wird gegen die Übertragbarkeit des Leistungsfähigkeitsprinzips auf Unternehmen im allgemeinen und auf Körperschaften im besonderen von ökonomischer Seite der Einwand erhoben, dieses Prinzip beruhe auf der Opferfähigkeit des Steuerpflichtigen, also auf seiner Einbuße an Bedürfnisbefriedigung. Mangels Bedürfnissen könne es also schon keine Opferfähigkeit der Körperschaft geben. Damit verbiete sich die Übertragung dieses Besteuerungsprinzips auf den Unternehmensbereich[344]. Indessen entspricht diese Gleichsetzung von Leistungsfähigkeit und Opferfähigkeit nicht mehr der heutigen Interpretation des Leistungsfähigkeitsprinzips. Denn diese Gleichsetzung geht nur von einem Teilaspekt dieses Prinzips – der subjektiven Leistungsfähigkeit – aus. Der Begriff der steuerlichen Leistungsfähigkeit wird heute in doppelter Weise gebraucht. Die objektive Leistungsfähigkeit erfaßt allein den Betrag des der Besteuerung unterliegenden Einkommens, während die subjektive Leistungsfähigkeit eine Würdigung der persönlichen Verhältnisse des Steuerpflichtigen einschließt[345]. Das Fehlen der persönlichen Verhältnisse bei der Körperschaft schließt damit die Anwendbarkeit des Leistungsfähigkeitsprinzips im ganzen nicht aus. Vielmehr bedarf es einer von den persönlichen Verhältnissen der Anteilseigner abstrahierten Interpretation des Leistungsfähigkeitsprinzips[346]. Dies entspricht auch

---

344 Vgl. BMWF, Steuerreformkommission, 1971, S. 30; vgl. *Elschen, R.*, Besteuerung, 1994, S. 160, der das Leistungsfähigkeitsprinzip offenbar auf die persönliche Einkommensbesteuerung beschränkt; aus juristischer Sicht ebenfalls in diese Richtung *McNulty, J. K.*, Besteuerung, in: StuW 1989, S. 131.

345 So bereits *Friauf, K. H.*, Körperschaftsteuer, in: StuW 1973, S. 107.

346 Vgl. *Tipke, K.*, Steuerrechtsordnung II, 1993, S. 735.

der Systematisierung von *F. Neumark*, der bereits 1951 zwischen sachlich-generischer und individuell-persönlicher Steuer- und Leistungsfähigkeit unterschieden[347] und daher die Körperschaftsteuer als Erfassung der sachlich-generischen Leistungsfähigkeit interpretiert hat[348].

Eine Reduktion des Leistungsfähigkeitsprinzips auf einen rein personenbezogenen Grundsatz[349] oder eine interpersonelle Verteilungsregel[350] verkennt aber, daß gerade große Kapitalgesellschaften nicht lediglich als Objekt betrachtet werden können. Soweit geschäftspolitische Entscheidungen weitgehend unabhängig vom Willen der Aktionäre getroffen werden können – und dieses Phänomen ist wie ausgeführt gerade in Deutschland immer noch anzutreffen –, hat sich diese Gesellschaft weitgehend von ihrem Objektcharakter gelöst und nicht nur juristisch, sondern vielmehr auch wirtschaftlich personalisiert. Treffend könnte man von der Subjektivierung des Objekts sprechen[351]. Folgt man dieser Subjektivierung des juristischen Konstrukts Körperschaft, ist der Gewinn der Körperschaft auch als Einkommen dieser juristischen Person zu interpretieren. Einkommen wiederum vermittelt wirtschaftliche Leistungsfähigkeit, jedenfalls objektive Leistungsfähigkeit. Dies entspricht auch der steuersystematischen Umsetzung im KStG, das wie bei der Einkommensteuer auf der Besteuerung der Netto-Gewinne basiert, so daß dem objektiven Nettoprinzip als Ausfluß des Leistungsfähigkeitsprinzips für Körperschaften die gleiche Bedeutung zukommen muß, wie bei der Besteuerung natürlicher Personen[352].

Diese Sichtweise läßt sich auch für Körperschaften, die aufgrund ihrer geringen Größe weitgehend von den Anteilseignern kontrolliert werden, ökonomisch untermauern: Die wirtschaftliche Betrachtungsweise tendiert dazu, die Ebene der Körperschaft und die Ebene der Anteilseigner als Einheit anzusehen. Insofern wird von Ökonomen zum Teil die Meinung vertreten, die Körperschaft selbst dürfe nicht besteuert werden, sondern nur die hinter ihr stehenden natürlichen Personen. Allenfalls dürfe die Körperschaftsteuer als Einkommensteuervorauszahlung der natürlichen Person interpretiert werden[353]. Dabei darf jedoch eine wesentliche Folge des für Körperschaften geltenden Trennungsprinzips nicht

---

[347] Vgl. *Neumark, F.*, Klassifikation, in: *Neumark, F./Sauermann, H.*, Finanztheorie, 1951, S. 69; ebenso *Neumark, F.*, Steuerpolitik, 1970, S. 134.

[348] Vgl. *Neumark, F.*, Klassifikation, in: *Neumark, F./Sauermann, H.*, Finanztheorie, 1951, S. 81.

[349] So aber *Flume, W.*, Besteuerung, in: StbJb 1973/1974, S. 67.

[350] So *Bach, S.*, Perspektiven, in: StuW 1991, S. 127.

[351] In Anlehnung an *Schipporeit, E.*, Möglichkeiten, in: StuW 1980, S. 195.

[352] Vgl. *Friauf, K. H.*, Körperschaftsteuer, in: StuW 1973, S. 107.

[353] Vgl. *Schneider, D.*, Körperschaftsteuerreform, in: StuW 1975, S. 107.

verkannt werden: Die gewinnerzielende Körperschaft – insbesondere die Aktiengesellschaft, auch wenn sie nicht börsennotiert ist – ist nicht verpflichtet, ihren Gewinn vollständig an die Anteilseigner auszukehren. Vielmehr ergibt sich aus § 150 Abs. 1 AktG die Pflicht des Vorstandes, aus einbehaltenen Gewinnen eine gesetzliche Rücklage zu bilden[354]. Noch weiter geht die Befugnis nach § 58 Abs. 2 AktG. Diese Norm ermöglicht es Vorstand und Aufsichtsrat, andere Gewinnrücklagen bis zur Hälfte des Jahresüberschusses zu dotieren. Diese Gewinne sind damit dem Gewinnverwendungsbeschluß der Aktionäre nach § 174 Abs. 1 Satz 1 AktG entzogen. Denn Gegenstand dieses Beschlusses ist nach § 174 Abs. 1 Satz 1 AktG der Bilanzgewinn, der sich nach § 174 Abs. 1 Satz 2 AktG im Regelfall des § 172 AktG aus dem vom Vorstand und Aufsichtsrat festgestellten Jahresabschluß ergibt. Der Bilanzgewinn ist dabei die letzte Position der fortgeführten Gewinn- und Verlustrechnung. Das bedeutet, daß diese Einstellungen in andere Gewinnrücklagen nach § 58 Abs. 2 AktG durch Vorstand und Aufsichtsrat bereits abgezogen wurden und nicht zur Disposition der Hauptversammlung stehen[355]. Damit sind die Aktionäre zumindest teilweise von der Teilnahme am vollen Gewinn ausgeschlossen[356].

Diese aktienrechtliche Regelung macht zum einen deutlich, daß Kleinaktionäre von großen Aktiengesellschaften nicht über einbehaltene Gewinne verfügen können. Eine mittelbare Verfügung kann nur durch die Veräußerung der Anteile erfolgen, falls die einbehaltenen Gewinne vom Erwerber über einen höheren Kaufpreis tatsächlich vergütet werden. Gleichzeitig zeigt sich, daß eine Besteuerung allein beim Anteilseigner das kapitalgesellschaftsrechtliche Phänomen der Gewinnthesaurierung nicht erfassen kann, falls die Körperschaft selbst keiner Besteuerung unterliegt. Allenfalls könnte eine fiktive Zurechnung zum Einkommen der natürlichen Person erfolgen. Diese würde aber gegen das Zuflußprinzip des § 11 Abs. 1 Satz 2 EStG verstoßen[357] und bei den großen Publikumsgesellschaften mangels Dispositionsbefugnis der Anteilseigner nicht der wirtschaftlichen Realität entsprechen. Noch größere Bedeutung hätte eine solche Steuerbefreiung thesaurierter Gewinne für kleine Kapitalgesellschaften, bei denen der oder die Anteilseigner nach freiem Ermessen über die Gewinnverwendung befinden können. Denn dadurch könnte die Besteuerung unternehmerischer Gewinne vollständig umgangen werden. Dem Mehrheitsgesellschafter oder alleinigen Gesellschafter einer Kapitalgesellschaft ist es im Gegensatz zum Kleinanleger möglich, sich durch geringe Dividendenausschüttungen ein zurei-

---

354 Vgl. *Hüffer, U.*, Aktiengesetz, 1999, § 150 Rn. 4.
355 Vgl. *Hüffer, U.*, Aktiengesetz, 1999, § 174 Rn. 2.
356 So schon *Rasenack, C.*, Körperschaftsteuer, 1974, S. 263.
357 Vgl. *Schneider, D.*, Körperschaftsteuerreform, in: StuW 1975, S. 103.

chendes Einkommen zu verschaffen. Der Kapitalanteil dient dabei weniger der Konsumfinanzierung, sondern in erster Linie vielmehr als Mittel zur unternehmerischen Betätigung[358]. Die notwendige Liquidität zur Konsumfinanzierung läßt sich steuerlich vorteilhafter ohnehin über schuldrechtliche Leistungsbeziehungen zwischen Gesellschaft und Gesellschafter erzielen. Hier sei nur an die Geschäftsführervergütung sowie die Vermietung oder Verpachtung von Anlagevermögen an die Gesellschaft erinnert[359]. Deshalb werden gerade herrschende Anteilseigner daran interessiert sein, bei attraktiven Thesaurierungssteuersätzen möglichst viel Gewinn in der Kapitalgesellschaft zu thesaurieren. Selbst wenn eine Ausschüttung oder Veräußerung der Anteile im Zeitpunkt des Zuflusses bei der natürlichen Person besteuert wird, bleibt der Zinsvorteil erhalten[360], der sich aus dem Steuerstundungseffekt ergibt. Der Interessengegensatz zwischen Groß- und Kleinaktionären hinsichtlich des Ausschüttungsverhaltens bei niedrigen Thesaurierungssteuersätzen[361] besteht damit in anderer Form auch bei der eher personalistisch organisierten Körperschaft. Er stellt sich hier allerdings als Interessengegensatz zwischen beherrschendem Gesellschafter und dem Fiskus dar.

In diese Argumentation fügt sich auch eine neuere Interpretation der Körperschaftsteuer ein, die auf das Äquivalenzprinzip zurückgeht. So könnte man den Fiskus als Repräsentant der staatlichen Gemeinschaft ansehen und damit den staatlichen Steueranspruch als Entlohnung für einen Produktionsfaktor interpretieren. Als Produktionsfaktor werden dabei die vielfältigen Dienstleistungen einer organisierten Wirtschaftsgemeinschaft angesehen, ohne die ein wirtschaftliches Zusammenleben und der reibungslose Ablauf von Produktionsvorgängen heute nicht mehr denkbar wäre. Folge dieser modernen Interpretation des Äquivalenzprinzips ist der Wandel zur „state partnership"; der Staat wird damit zum stillen Teilhaber des Unternehmens[362]. Während der Kleinaktionär zumindest die Möglichkeit hat, bei Gewinnthesaurierung seine Anteile zu veräußern, könnte der „stille Teilhaber Staat" bei geringer Thesaurierungsbelastung am unternehmerischen Erfolg nicht partizipieren. Eine Besteuerung der Körperschaft läßt sich also bereits dadurch rechtfertigen, daß Gewinne, die dauerhaft in der Gesellschaft thesauriert werden, andernfalls überhaupt keiner Besteuerung unterliegen würden[363]. Aus diesem Grund erkannte auch das Anrechnungsverfahren die Körperschaft als eigenes Körperschaftsteuersubjekt an: Die Körperschafts-

---

358 Vgl. *Schredelseker, K.*, Körperschaftsteuerreform, in: FA 31 (1972/1973), S. 38.

359 Einen umfassenden Überblick gibt *Jacobs, O. H.*, Unternehmensbesteuerung, 1998, S. 438 ff.

360 *Hey, J.*, Rechtsformneutralität, in: *Ebling, I.*, Einkommen, 2001, S. 170.

361 Vgl. die Darstellung bei *Schneider, D.*, Unternehmensbesteuerung, 1994, S. 176.

362 Vgl. *Rasenack, C.*, Körperschaftsteuer, 1974, S. 295.

363 Vgl. *BVerfG* vom 24.01.1962 – 1 BvR 845/58, BVerfGE 13, S. 331 (352).

teuer wird auf die von der Körperschaft erzielten Gewinne erhoben. Bei Ausschüttung an die Anteilseigner wurde diese Belastung durch die Anrechnung auf die Einkommensteuerschuld der natürlichen Person aber wirtschaftlich wieder rückgängig gemacht. Dadurch wurden die Unterschiede, die sich aus dem Dualismus aus Trennungs- und Transparenzprinzip ergaben, umgangen und – abgesehen von gewerbesteuerlichen Unterschieden – eine weitgehende Gleichbehandlung von Personen- und Kapitalgesellschaften erreicht[364].

cc) Zusammenfassung

Zusammenfassend ergeben sich bei wirtschaftlicher Betrachtungsweise folgende Schlußfolgerungen: Eine eigenständige Besteuerung der Körperschaft ist erforderlich, um thesaurierte Gewinne nicht dem Steuerzugriff des Fiskus zu entziehen. Damit wird die Wettbewerbsgleichheit zwischen Personen- und Kapitalgesellschaften grundsätzlich gewahrt. Andernfalls könnten Kapitalgesellschaften steuerfrei Selbstfinanzierung betreiben, während das für Personengesellschaften geltende Transparenzprinzip eine Selbstfinanzierung nur aus versteuerten Gewinnen zuläßt[365]. Erst diese Rechtfertigung der selbständigen Besteuerung von Körperschaften wirft die Frage auf, ob hierbei auch das Leistungsfähigkeitsprinzip Anwendung finden kann. Auffallend dabei sind zunächst die strukturellen Unterschiede zwischen großen Publikumsgesellschaften und personenbezogenen Kapitalgesellschaften. Aufgrund der weitgehenden Anonymisierung der Kapitalmärkte hat sich gerade bei börsennotierten Aktiengesellschaften eine weitgehende Trennung zwischen Kapitalanlage und unternehmerischer Betätigung vollzogen, die auch unter Berücksichtigung neuerer Tendenzen bei der Überwachung der Unternehmensführung Bestand haben wird.

Die personenbezogene Kapitalgesellschaft hingegen kann durch die wirtschaftliche Einheit zwischen Kapitalanlage und unternehmerischer Betätigung charakterisiert werden. Gerade dadurch wird es beispielsweise dem geschäftsführenden Gesellschafter einer Ein-Mann-GmbH ermöglicht, beliebig über die Gewinnverwendung zu entscheiden. In diesem Fall liegt es in der Tat nahe, nur von der Leistungsfähigkeit der natürlichen Person zu sprechen. Indessen unterteilt sich der Begriff der Leistungsfähigkeit in eine objektive und eine subjektive Komponente. Objektive Leistungsfähigkeit wird dem Gesellschafter dabei über das Objekt Kapitalgesellschaft vermittelt.

---

[364] Vgl. *Birk, D.*, Unternehmenssteuerreform, in: StuW 2000, S. 333.

[365] Vgl. *Schneider, D.*, Körperschaftsteuerreform, in: StuW 1975, S. 107.

Subjektive Leistungsfähigkeit kann nur unter Berücksichtigung der persönlichen Verhältnisse ermittelt werden. Daraus ergibt sich, daß die personenbezogene Kapitalgesellschaft wirtschaftlich nicht von der natürlichen Person zu trennen ist, unabhängig von der konkreten Gewinnverwendung aber zu einem Zuwachs an objektiver Leistungsfähigkeit beim Anteilseigner führt. Interpretiert man den Begriff der Leistungsfähigkeit weniger personenbezogen, sondern vielmehr als Fähigkeit, Steuerzahlungen aus dem Einkommen oder Gewinn entsprechend der Höhe des disponiblen Einkommens zahlen zu können[366], besitzt damit auch die Körperschaft eine eigene Leistungsfähigkeit[367]. Das disponible Einkommen der Körperschaft wird dabei ausschließlich von objektiven Kriterien beeinflußt. Insofern kommt allein das objektive Nettoprinzip zur Anwendung, subjektive Elemente werden dagegen auf Ebene der Anteilseigner berücksichtigt.

Diese Sichtweise führt dazu, daß die Leistungsfähigkeit der Kapitalgesellschaft und die der Anteilseigner letztlich einheitlich betrachtet und einmalig belastet wird, objektiv auf Ebene der Körperschaft und subjektiv auf Ebene der natürlichen Person. Die Berücksichtigung objektiver Umstände auf Ebene des Anteilseigners – wie etwa Werbungskosten im Zusammenhang mit der Kapitalanlage – ist nur die notwendige Folge aus der rechtlichen Verselbständigung der juristischen Person. Das für Körperschaften geltende Trennungsprinzip wirkt sich damit auch auf die Interpretation des Leistungsfähigkeitsprinzips aus, steht seiner Anwendbarkeit jedoch nicht entgegen. Folgt man dagegen der Auffassung, die Körperschaft könne schon deshalb Steuerrechtssubjekt sein, weil die Rechtsordnung dieser Gesellschaftsform eigene Rechtspersönlichkeit zugestanden hat, führt dies bereits per se zur Anerkennung der eigenen Leistungsfähigkeit von Körperschaften[368].

c) Konsequenzen der Übertragbarkeit auf den Vergleich der Rechtsformen

Als besondere Ausprägung des Grundsatzes der Gleichmäßigkeit der Besteuerung[369] stellt das Leistungsfähigkeitsprinzip einen Vergleichsmaßstab zur Gewährleistung horizontaler und vertikaler Steuergerechtigkeit dar[370]. Über dieses

---

366 Vgl. *Tipke, K.*, Steuerrechtsordnung I, 2000, S. 481.

367 So die überwiegende Meinung heute: *Tipke, K.*, Steuerrechtsordnung II, 1993, S. 736; *Pezzer, H.-J.*, in: FS Tipke, 1995, S. 424; *Wendt, R.*, in: FS Friauf, 1996, S. 871; *Jachmann, M.*, Steuergesetzgebung, 2000, S. 61.

368 Vgl. *Birk, D.*, Unternehmenssteuerreform, in: StuW 2000, S. 333.

369 Vgl. *BVerfG* vom 19.12.1978 – 1 BvR 335, 427, 811/76, BVerfGE 50, S. 57 (78).

370 Vgl. *Birk, D.*, Leistungsfähigkeitsprinzip, 1983, S. 264.

Prinzip erfolgt eine Differenzierung in Steuerpflichtige mit gleicher und Steuerpflichtige mit unterschiedlicher wirtschaftlicher Leistungsfähigkeit. Daran knüpft die tatsächliche Steuerlast an[371]. Geht man mit der hier vertretenen Auffassung davon aus, daß auch Körperschaften eine eigene Leistungsfähigkeit besitzen, führt dies zu dem Problem des Vergleichs der Körperschaften mit natürlichen Personen am Maßstab des Leistungsfähigkeitsprinzips. Im Rahmen dieses Vergleichs muß wiederum der Dualismus von Trennungs- und Transparenzprinzip überwunden werden, um beide Gesellschaftsformen vergleichen zu können. So ist es denkbar, allein die Belastungsebene der Körperschaft mit der Steuerbelastung von Mitunternehmern zu vergleichen. Andererseits wird für Körperschaften vielfach auch eine Gesamtbetrachtung der Gesellschafts- und der Gesellschafterebene herangezogen. Damit würde das für Personengesellschaften geltende Transparenzprinzip auch auf die Körperschaft übertragen. Zweifellos ergibt auch diese Gesamtbetrachtung beider Belastungsebenen ein zulässiges Vergleichspaar[372]. Bei dieser Betrachtung wird der Fokus mehr auf die personenbezogene Kapitalgesellschaft gelegt, deren Anteilseigner zur Konsumfinanzierung auf Gewinnausschüttungen angewiesen sind. Zwar sind bei der Gewinnverwendung alle Varianten zwischen vollständiger Thesaurierung in der Kapitalgesellschaft und Vollausschüttung an die Anteilseigner denkbar. Beim Vergleich von Gesellschafts- und Gesellschafterebene soll aus Gründen der Übersichtlichkeit im weiteren Verlauf der Arbeit aber ausschließlich von der Vollausschüttung ausgegangen werden.

Vergleicht man dagegen die rechtsformspezifischen Möglichkeiten und Belastungswirkungen der Gewinnthesaurierung, treten die Rechtsformunterschiede der Gesellschaftsformen signifikant hervor. Thesauriert die Kapitalgesellschaft ihren Gewinn in voller Höhe, treten auf Ebene der Anteilseigner keine weiteren Belastungen auf. Die Steuerbelastung entspricht dem proportionalen Körperschaftsteuersatz zuzüglich des Solidaritätszuschlags. Dagegen kennt das geltende Einkommensteuerrecht bei Personengesellschaften keine Privilegierung nicht entnommener Gewinne. Diese werden den Mitunternehmern vielmehr anteilig zugerechnet und dem progressiven Steuersatz der Einkommensteuer unterworfen. Als problematisch erweist sich damit bereits der Vergleich zwischen proportionalem und progressivem Tarif. Dennoch ist gerade der rechtsformspezifische Vergleich der Thesaurierungsbelastung wirtschaftlich bedeutsam. Denn die im Unternehmensbereich verbleibenden Gewinne bestimmen den Handlungsspielraum des Unternehmens. Die Thesaurierungsbelastung führt demnach zu einer Begrenzung der unternehmerischen Freiheit, die die unternehmerische Be-

---

371 Vgl. *Tipke, K.*, Steuerrechtsordnung I, 2000, S. 481.

372 Vgl. *Hey, J.*, Rechtsformneutralität, in: *Ebling, I.*, Einkommen, 2001, S. 170.

tätigung maßgeblich beeinflußt. Sie stellt damit die entscheidende Größe im Wettbewerb zwischen Personen- und Kapitalgesellschaften dar. Gerade im Hinblick auf Art. 3 Abs. 1 GG kommt deshalb der Thesaurierungsbelastung von Personen- und Kapitalgesellschaften erhebliche Bedeutung zu. Die Möglichkeit, Gewinne zu thesaurieren, ist damit ein entscheidender Faktor bei der Beurteilung der Leistungsfähigkeit von Unternehmen.

Mangels Ausschüttung und damit tatsächlicher Belastung auf Ebene der Anteilseigner ist im Rahmen dieses Vergleichs bei Kapitalgesellschaften ausschließlich auf den proportionalen Körperschaftsteuersatz zuzüglich Solidaritätszuschlag abzustellen. Dagegen ist für Personengesellschaften sowohl der Spitzensteuersatz als auch ein Durchschnittssteuersatz denkbar. Für die Anwendung eines Durchschnittssteuersatzes spricht, daß es nur bei wenigen großen Personenunternehmen zu einer Annäherung an den Spitzensteuersatz kommt[373]. Dabei darf jedoch nicht übersehen werden, daß es einen konkreten Durchschnittssteuersatz nicht gibt[374]. Dieser ist stets abhängig vom Einzelfall, der von den persönlichen Verhältnissen des jeweiligen Steuerpflichtigen bestimmt wird. Zudem wird die Entscheidung für eine bestimmte Rechtsform, wie jede Investitionsentscheidung, nicht von einem Durchschnitts- sondern vom Grenzsteuersatz bestimmt. Denn erst der Grenzsteuersatz läßt eine Aussage über die Änderung der Steuerzahlung bei Verwirklichung alternativer Handlungsmöglichkeiten zu[375]. Gerade die Rechtsformwahl ist aber eine Investitionsentscheidung, für die der Grenzsteuersatz maßgebend ist[376].

Im Gegensatz zum Körperschaftsteuersatz wird der progressive Einkommensteuersatz auch von subjektiven Elementen beeinflußt, die der Besteuerung von Körperschaften fremd sind. Hierbei handelt es sich im wesentlichen um den Grundfreibetrag sowie die Abzugsfähigkeit von Vorsorgeaufwendungen als Sonderausgaben und die Berücksichtigung von außergewöhnlichen Belastungen[377]. Während der Grundfreibetrag unmittelbar über den Tarif berücksichtigt wird, wirken sich die anderen subjektiven Elemente zwar nicht unmittelbar auf den persönlichen Steuersatz aus, verringern aber die Einkommensteuerbemessungsgrundlage. Diese wiederum entscheidet über die Höhe des Steuersatzes[378]. Erst bei Anwendung des Spitzensteuersatzes der Einkommensteuer haben diese

---

373 Vgl. *Müller-Gattermann, G.*, Unternehmenssteuerreform, in: GmbHR 2000, S. 653.

374 Vgl. *Hey, J.*, Rechtsformneutralität, in: *Ebling, I.*, Einkommen, 2001, S. 186.

375 Vgl. *Schneider, D.*, Unternehmensbesteuerung, 1994, S. 281.

376 Vgl. *Reiß, W.*, Rechtsformabhängigkeit, in: *Wassermeyer, F.*, Unternehmensbesteuerung, 1994, S. 20.

377 Vgl. *Arndt, H.-W./Schumacher, A.*, Einkommensbesteuerung, in: AöR 1993, S. 525.

378 Vgl. *Jachmann, M.*, Steuergesetzgebung, 2000, S. 81.

subjektiven Komponenten keinen Einfluß mehr auf die Höhe des Steuersatzes. Denn mit steigendem Gewinn nähert sich der Durchschnittssteuersatz dem marginalen Spitzensteuersatz an[379]. Bei sehr hohem Gewinn entspricht der Durchschnittssteuersatz annähernd diesem Steuersatz, obwohl er ihn gleichwohl nie genau erreichen wird. Bei einem proportionalen Tarif wie dem Körperschaftsteuersatz entspricht der Durchschnittssteuersatz dagegen stets dem Grenzsteuersatz[380].

Um die subjektiven Komponenten des Einkommensteuertarifs weitgehend auszuschließen, sind daher als Vergleichsgrößen der Körperschaftsteuersatz und der Spitzensteuersatz der Einkommensteuer heranzuziehen[381]. Zugleich macht erst die Heranziehung des Spitzensteuersatzes der Einkommensteuer einen Vergleich zwischen einem proportionalen und einem progressiven Tarif möglich. Denn die Belastungsunterschiede, die sich aus der Progression des Einkommensteuertarifs selbst ergeben, werden mit steigendem Einkommen bzw. Gewinn relativ gesehen bedeutungslos[382]. Mit Erreichen der oberen Proportionalzone nach § 32a Abs. 1 Satz 2 Nr. 4 EStG werden die Einkommenszuwächse proportional mit dem Spitzensteuersatz belastet[383]. Je höher der Gewinn über der Grenze liegt, ab der der Spitzensteuersatz zur Anwendung kommt[384], desto stärker nähert sich der Durchschnittssteuersatz dem Grenzsteuersatz an[385]. Der Grenzsteuersatz entspricht in dieser Tarifzone dem Spitzensteuersatz, denn mit Erreichen dieser Einkommensgrenze unterliegt jeder Einkommenszuwachs dem Spitzensteuersatz. Sobald aber der größte Teil des Gesamteinkommens innerhalb dieser oberen Proportionalzone dem Spitzensteuersatz unterliegt, wird die geringere Belastung der Einkommensteile, die entsprechend den anderen Tarifzonen besteuert werden, relativ bedeutungslos[386]. Denn dann unterliegt der größte Teil des zu versteuernden Einkommens dem Spitzensteuersatz, der hier dem Grenzsteuersatz entspricht. Dadurch nähert sich auch der Durchschnittssteuersatz diesem Wert an. Ein Vergleich der Thesaurierungsbelastung von Personen- und Kapitalgesellschaften unter dem Gesichtspunkt der wirtschaftlichen Leistungsfähig-

---

379 Vgl. *Wendt, R.*, Spreizung, in: FS Friauf, 1996, S. 882.
380 Vgl. *Homburg, S.*, Steuerlehre, 2000, S. 67 f.
381 Vgl. *Pollack, H.*, Sondervotum, in: BB 1999, S. 1192.
382 Vgl. *Wendt, R.*, Spreizung, in: FS Friauf, 1996, S. 878.
383 Vgl. *Birk, D.*, Steuerrecht, 2000, Rn. 559, S. 174.
384 Diese Grenze beträgt: 107.568 DM (55.008 €) für die Veranlagungszeiträume 2001 und 2002, 102.276 DM (52.293 €) für die Veranlagungszeiträume 2003 und 2004 sowie 102.000 DM (52.152 €) ab dem Veranlagungszeitraum 2005.
385 Vgl. *Schneider, D.*, Unternehmensbesteuerung, 1994, S. 138.
386 Vgl. *Wendt, R.*, Spreizung, in: FS Friauf, 1996, S. 878.

keit kann also nur am Vergleichspaar Körperschaftsteuersatz versus Spitzensteuersatz der Einkommensteuer ansetzen.

d) Ergebnis

Es bleibt festzuhalten, daß Kapitalgesellschaften eigene wirtschaftliche Leistungsfähigkeit besitzen. Damit dürfen sie steuerlich belastet werden. Gleichzeitig führt dies über Art. 19 Abs. 3 GG aber auch dazu, daß sie sich auf das Gebot der Steuergerechtigkeit und das Prinzip der Besteuerung nach der wirtschaftlichen Leistungsfähigkeit, welche das *BVerfG* aus Art. 3 Abs. 1 GG ableitet, berufen können[387]. Erst dadurch wird ein verfassungsrechtlicher Vergleich zwischen Personen- und Kapitalgesellschaften unter dem Gesichtspunkt der Leistungsfähigkeit möglich. Unerheblich ist dagegen, ob man die Anwendung des Leistungsfähigkeitsprinzips aus der eigenen Rechtspersönlichkeit der Körperschaften ableitet, oder auf eine Gesamtbetrachtung von Gesellschafts- und Gesellschafterebene abstellt. Ohnehin kommt dieser Unterscheidung nur für personenbezogene Kapitalgesellschaften Bedeutung zu. Große Aktiengesellschaften agieren über die Unternehmensleitung auch heute noch weitgehend unabhängig vom Willen der Anteilseigner. Hier entspricht die juristische Verselbständigung weitgehend auch der wirtschaftlichen. Kleinere Kapitalgesellschaften vermitteln den jeweiligen Anteilseignern dagegen objektive Leistungsfähigkeit. Insofern kommt dem Streit allenfalls akademische Bedeutung zu. Denn durch die eigene Rechtspersönlichkeit der Körperschaft läßt sich der Zuwachs an objektiver Leistungsfähigkeit beim Anteilseigner über den Gewinn der Gesellschaft genau ermitteln. Ob man der personenbezogenen Körperschaft eine eigene Leistungsfähigkeit abspricht, kann letztlich dahingestellt bleiben[388]. Sicherlich besitzen personenbezogene Organisationsformen mit eigener Rechtspersönlichkeit deshalb keine höhere Leistungsfähigkeit. Dies kann aber im Rahmen dieser Arbeit nicht entscheidend sein. Denn jedenfalls vermitteln sie den hinter ihnen stehenden Anteilseignern einen Zuwachs an objektiver Leistungsfähigkeit. Dieser Zuwachs ergibt sich aus dem Ertrag, den die Körperschaft erwirtschaftet. Nichts anderes gilt für die Gewinnermittlung des Einzelkaufmanns oder der Mitunternehmerschaft. Auf dieser Stufe der Einkommensbesteuerung – der Ermittlung der Einkünfte – wird zunächst nur der Zuwachs an objektiver Leistungsfähigkeit ermittelt[389]. Hier kommt nach § 2 Abs. 2 EStG allein das objektive Net-

---

387 Vgl. *Jachmann, M.*, Steuergesetzgebung, 2000, S. 61.

388 Ebenso *Hey, J.*, in: *Herrmann/Heuer/Raupach*, Kommentar, 1996, Einf. KSt Rn. 4.

389 *K. Tipke* spricht von wirtschaftlicher Leistungsfähigkeit. Steuerliche Leistungsfähigkeit knüpft hieran an, berücksichtigt aber auch subjektive Leistungsfähigkeit; vgl. *Tipke, K.*, Steuerrechtsordnung I, 2000, S. 496.

toprinzip als Ausfluß des Leistungsfähigkeitsprinzips zur Anwendung[390]. Nichts anderes gilt für Körperschaften über § 8 Abs. 1 KStG i.V.m. § 2 Abs. 2 EStG[391].

Erst die Anwendung des Leistungsfähigkeitsprinzips auf Körperschaften macht den Belastungsvergleich mit Gesellschaften anderer Rechtsformen verfassungsrechtlich möglich. Im Rahmen einer Gesamtbetrachtung kann auf die Ebene der Gesellschaft und der Anteilseigner abgestellt werden. Unter dem Gesichtspunkt der Wettbewerbsneutralität bietet sich jedoch ein Vergleich der rechtsformspezifischen Thesaurierungsbelastung an. Da die Einkommensbesteuerung von Mitunternehmeranteilen aufgrund des Transparenzprinzips keine unterschiedliche Behandlung einbehaltener und ausgeschütteter Gewinne kennt, ist ein Vergleich zwischen der Steuerbelastung auf Ebene der Kapitalgesellschaft und dem Einkommensteuersatz vorzunehmen. Mangels subjektiver Leistungsfähigkeit der Kapitalgesellschaft muß der Spitzensteuersatz der Einkommensteuer herangezogen werden, dessen Höhe von subjektiven Elementen nicht mehr beeinflußt wird. Ergeben sich im Rahmen dieses Vergleichs steuerliche Ungleichbehandlungen bei gleicher wirtschaftlicher Leistungsfähigkeit, bedarf es hierfür einer Rechtfertigung.

4. Einschränkungen des Leistungsfähigkeitsprinzips

Das Leistungsfähigkeitsprinzip dient nach der Rechtsprechung des *BVerfG* als fundamentaler Vergleichsmaßstab für die direkten Steuern, insbesondere für die Einkommensteuer[392]. Gleichwohl kann das staatliche Instrument der Besteuerung auch der aktiven Gestaltung von Wirtschafts- und Gesellschaftspolitik dienen[393]. Dabei soll die Besteuerung durch Steuerverschärfungen und Steuervergünstigungen ordnend und lenkend in das Wirtschaftsleben eingreifen[394]. Als Ausdruck der Belastungsgleichheit bedarf das Leistungsfähigkeitsprinzip aber auch der konkreten Umsetzung bei der Bewältigung des „Massengeschäfts“ der Besteuerung. So genügt nicht allein die gleichheitsrechtliche Ausgestaltung der Steuernormen, vielmehr muß die Belastungsgleichheit auch oder gerade bei der

---

390 Vgl. *Seeger, S. F.*, in: *Schmidt, L.*, EStG, 2001, § 2 Rn. 10.

391 Vgl. *Wrede, F.*, in: *Herrmann/Heuer/Raupach*, Kommentar, 1996, § 8 KStG Rn. 6 (Stand: Oktober 1995).

392 Vgl. *BVerfG* vom 29.05.1990 – 1 BvL 20, 26, 184 und 4/86, BVerfGE 82, S. 60 (86) m.w.N.

393 Vgl. *BVerfG* vom 06.11.1984 – 2 BvL 19, 20/83, 2 BvR 363, 491/83, BVerfGE 67, S. 256 (282).

394 Vgl. *Lang, J.*, in: *Tipke, K./Lang, J.*, Steuerrecht, 1998, § 4 Rn. 124 f.

Durchsetzung der Steuererhebung gewahrt sein[395]. So können Gesetze, die nicht praktikabel sind, ohne unverhältnismäßigen Aufwand nicht gleichmäßig durchgeführt werden. Aus diesem Grund dürfen Typisierungen und Pauschalierungen eingesetzt werden, um Praktikabilität auf Kosten von individueller Steuergerechtigkeit zu erzielen[396].

a) Typisierung

Zur Entlastung der Steuerverwaltung greift der Gesetzgeber vermehrt auf Durchschnittssätze, Vereinfachungsbefreiungen, Freibeträge und Freigrenzen zurück. Durch solche Typisierungen mit ihrer Unterart der Pauschalierung[397] soll eine Durchschnittsnormalität erreicht werden, die zwar die Mehrzahl der erfaßten Fälle realitätsgerecht abbildet, im Einzelfall aber zu Ungleichbehandlungen führen kann. Dies wird am Beispiel der Werbungskosten-Pauschbeträge deutlich:

Beispiel 1 (Arbeitnehmer-Pauschbetrag):

Nach § 9a Nr. 1 EStG werden von den Einnahmen aus nichtselbständiger Arbeit grundsätzlich 1.044 € (2.000 DM) abgezogen. Nur wenn die tatsächlich angefallenen Werbungskosten 1.044 € (2.000 DM) betragen, wird das Nettoprinzip beachtet. Liegen dagegen keine oder geringere Werbungskosten vor, erfolgt dennoch ein Abzug von der Bemessungsgrundlage in Höhe des vollen Pauschbetrags. Damit werden Arbeitnehmer mit geringen Werbungskosten bevorzugt. Eine Milderung dieser Ungleichbehandlung ergibt sich jedoch aus der Möglichkeit, höhere Aufwendungen nachzuweisen[398].

Beispiel 2 (Aufwendungen für Fahrtkosten):

Zur Abgeltung der Fahrtkosten zwischen Wohnung und Arbeitsstätte wird nach § 9 Abs. 1 Nr. 4 EStG ab dem Veranlagungszeitraum 2001 eine Entfernungspauschale von 0,36 €/km (0,70 DM/km) für die ersten 10 km und 0,40 €/km (0,80 DM) für jeden weiteren Kilometer der Entfernung zwischen Wohnung und Arbeitsstätte angesetzt. Der Vorschrift kommt Abgeltungswirkung zu, da höhere Kosten neben der Entfernungspauschale mit Ausnahme übersteigender Kosten für öffentliche Verkehrsmittel nicht ab-

---

395 Vgl. *BVerfG* vom 27.06.1991 – 2 BvR 1493/89, BVerfGE 84, S. 239 (271).

396 *H.-W. Arndt* spricht diesbezüglich vom unlösbaren Konflikt zwischen Praktikabilität und individueller Steuergerechtigkeit; vgl. *Arndt, H.-W.*, Praktikabilität, 1983, S. 43.

397 So *Tipke, K.*, Steuerrechtsordnung I, 2000, S. 349.

398 Das *BVerfG* sieht hierin offenbar eine Rechtfertigung für die Ungleichbehandlung; vgl. *BVerfG* vom 10.04.1997 – 2 BvL 77/92, BVerfGE 96, S. 1 (10).

ziehbar sind[399]. Damit werden Aufwendungen in Höhe der Entfernungspauschale unterstellt. Aus Vereinfachungsgründen[400] kommt es zu einer steuerlichen Begünstigung kostensparender Verkehrsmittel. Denn eine Überprüfung, welches Verkehrsmittel der Steuerpflichtige tatsächlich gewählt hat, entfällt nunmehr. Gleichzeitig dient die Pauschalierung aber umwelt- und verkehrspolitischen Zielen[401].

An beiden Beispielen bestätigt sich die These von *H.-W. Arndt*, daß Praktikabilität und individuelle Steuergerechtigkeit in einem unauflösbaren Widerspruch zueinander stehen[402]: Das Verwaltungsverfahren wird durch die Pauschalierungsregelungen deutlich vereinfacht, die Finanzverwaltung von schwierigen oder kostenintensiven Nachforschungen entbunden, die Steuererhebung damit deutlich praktikabler. Gleichzeitig können Sachverhalte, die der Pauschalierung nicht entsprechen, steuerlich aber nicht mehr berücksichtigt werden. Dies mag für den Arbeitnehmer-Pauschbetrag noch hinnehmbar sein, da es dem einzelnen unbenommen bleibt, höhere Aufwendungen nachzuweisen. Anders stellt sich dagegen die Beurteilung der Entfernungspauschale dar. Auch wenn dem Steuerpflichtigen tatsächlich höhere Kosten entstehen, können sie grundsätzlich nicht geltend gemacht werden. Das objektive Nettoprinzip wird nicht beachtet. Insofern stellt bereits die Typisierung oder Pauschalierung eine Durchbrechung des Leistungsfähigkeitsprinzips dar, wenn die Vorschriften zu einer Ungleichbehandlung führen[403]. Eine Durchbrechung des Leistungsfähigkeitsprinzips bedarf aber stets der Rechtfertigung. Andernfalls wäre der Gleichheitssatz des Art. 3 Abs. 1 GG, aus dem sich das Leistungsfähigkeitsprinzip letztlich ableitet, verfassungswidrig verletzt.

Das *BVerfG* sieht eine solche Rechtfertigung dafür in der gleichheitsrechtlichen Gewährleistung des Gesamtvollzugs einer Norm[404]. Denn wenn Gesetze sehr stark differenzieren und deshalb so kompliziert sind, daß sie weder von den Steuerpflichtigen noch von den Finanzbehörden im einzelnen beachtet und umgesetzt werden können, bewirkt die beabsichtigte Einzelfallgerechtigkeit letztlich gerade keine Gleichbelastung. Sie werden erfahrungsgemäß nicht gleichmäßig angewendet. Die vereinfachende Norm dient daher zugleich dem Ziel der Gleichbelastung im Massengeschäft der Besteuerung[405], so daß sich bereits hieraus eine hinreichende Rechtfertigung für die Durchbrechung des Leistungsfä-

---

399 Vgl. *Drenseck, W.*, in: *Schmidt, L.*, EStG, 2001, § 9 Rn. 136.
400 Vgl. *Drenseck, W.*, in: *Schmidt, L.*, EStG, 2001, § 9 Rn. 134.
401 Vgl. *von Beckerath, H.-J.*, in: *Kirchhof, P.*, EStG, 2001, § 9 Rn. 223.
402 Vgl. *Arndt, H.-W.*, Praktikabilität, 1983, S. 43.
403 Vgl. *Birk, D.*, Steuerrecht, 2000, Rn. 60, S. 21.
404 Vgl. *BVerfG* vom 10.04.1997 – 2 BvL 77/92, BVerfGE 96, S. 1 (6).
405 Vgl. *Tipke, K.*, Steuerrechtsordnung I, 2000, S. 355.

higkeitsprinzips ergibt[406]. Zur Regelung solcher Massenverfahren steht dem Gesetzgeber ein weiter Gestaltungsspielraum zur Verfügung, ohne daß dadurch der Gleichheitssatz des Art. 3 Abs. 1 GG verletzt wäre[407]. Die Typisierungsmöglichkeit des Gesetzgebers ist indessen nicht unbegrenzt. Vielmehr muß die Vereinfachungsnorm geeignet, erforderlich und angemessen sein[408]. Deshalb muß eine typisierende oder pauschalierende Vorschrift einer möglichst weiten, die große Masse realitätsgerecht abbildenden Bandbreite entsprechen[409]. Damit ist die Einbeziehung einer möglichst großen Gruppe Betroffener und die Benachteiligung einer verhältnismäßig kleinen Anzahl von Personen die Voraussetzung dafür, daß die vom Gesetzgeber vorgenommene Verallgemeinerung verfassungsrechtlich nicht zu beanstanden ist[410]. Die Typisierung soll so eine möglichst realitätsgerechte Abbildung des Durchschnittsfalls ergeben.

Damit bleibt festzuhalten, daß Typisierungen und Pauschalierungen in der Regel zu einer Durchbrechung des Leistungsfähigkeitsprinzips führen, die der Rechtfertigung bedarf. Eine solche stellt die Gewährleistung des gleichheitsrechtlichen Gesetzesvollzugs bei Massenverfahren dar. Insofern kommt dem Gesetzgeber ein weiter Gestaltungsspielraum zu, der allerdings nur unter Beachtung der Grundsätze der Geeignetheit, Erforderlichkeit und Angemessenheit ausgeschöpft werden darf. Dies wiederum erfordert eine möglichst genaue Abbildung der Realität durch die vereinfachende Norm.

b) Durchbrechung

Nach der einfachgesetzlichen Definition des Steuerbegriffs des § 3 Abs. 1 AO dürfen neben den fiskalischen Zweck der Einnahmenerzielung auch lenkungspolitische Zwecke treten[411]. Es genügt bereits, wenn die Erzielung von Einnahmen nur Nebenzweck ist. Die Steuerrechtswissenschaft unterscheidet deshalb Fiskalzweck- und Sozialzwecknormen[412]. Zwar wird diese Terminologie noch nicht einheitlich gebraucht. Teilweise wird von Lastenausteilungs- und Lenkungs-

---

406 Vgl. *BVerfG* vom 11.11.1998 – 2 BvL 10/95, BVerfGE 99, 280 (290).

407 Vgl. *BVerfG* vom 10.04.1997 – 2 BvL 77/92, BVerfGE 96, 1 (6).

408 Vgl. *Birk, D.*, Steuerrecht, 2000, Rn. 60, S. 21.

409 Vgl. *BVerfG* vom 10.04.1997 – 2 BvL 77/92, BVerfGE 96, 1 (6).

410 Vgl. *BVerfG* vom 08.10.1991 – 1 BvL 50/86, BVerfGE 84, 348 (360); *BVerfG* vom 10.04.1997 – 2 BvL 77/92, BVerfGE 96, 1 (6); *BVerfG* vom 07.12.1999 – 2 BvR 301/98, BVerfGE 101, 297 (309).

411 Zur historischen Entwicklung des Steuerbegriffs vgl. *Birk, D.*, Steuerbegriff, in: SteuerStud 1986, S. 162 f.

412 Vgl. *Lang, J.*, in: *Tipke, K./Lang, J.*, Steuerrecht, 1998, § 4 Rn. 19.

normen, teilweise von Fiskalzweck- und Lenkungsnormen gesprochen[413]. Im folgenden soll jedoch auf die von *K. Tipke* geprägten Begriffe Fiskal- und Sozialzwecknorm zurückgegriffen werden, die sich heute weitgehend durchgesetzt haben[414]. Dabei soll mit Sozialzwecknormen „sozial erwünschtes" Verhalten angeregt und „sozial unerwünschtes" Verhalten unterbunden oder eingeschränkt werden. Materiell gehören diese Normen deshalb nicht zum Steuerrecht, sondern sind vielmehr dem Wirtschafts- und Sozialrecht oder anderen Rechtsbereichen zuzurechnen[415]. Als Beispiel hierfür kann wiederum die Entfernungspauschale nach § 9 Abs. 1 Nr. 4 EStG herangezogen werden[416], durch die der Gesetzgeber nicht nur eine Vereinfachung des Verwaltungsverfahrens anstrebt, sondern zugleich die Wahl umweltschonender Verkehrsmittel fördern will. Diese Vorschrift ist damit zugleich ein Beleg dafür, daß ökologisch sinnvolles Handeln heute vielfach nicht nur durch das als zu starr und ineffektiv empfundene ordnungsrechtliche Instrumentarium des Umweltrechts erzwungen, sondern durch sog. Ökosteuern und andere Umweltabgaben veranlaßt werden soll[417]. Die Wirkung solcher Normen ist jedoch stets, daß steuerliche Leistungsfähigkeit entweder verschont oder über dem Niveau tatsächlich vorhandener Leistungsfähigkeit belastet wird, mithin die Besteuerung von den Vorgaben des Leistungsfähigkeitsprinzips bewußt abweicht[418]. Werden wirtschaftslenkende Zwecke in Steuernormen eingebettet, stellt sich damit die grundsätzliche Frage der Vereinbarkeit lenkungs- und interventionspolitischer Ziele mit dem Grundsatz der Besteuerung nach der wirtschaftlichen Leistungsfähigkeit.

K. Tipke vertritt hierzu die Auffassung, das Leistungsfähigkeitsprinzip könne für Lenkungssteuern nicht gelten. Denn die Norm könne die ihr vom Gesetzgeber zugedachte Wirkung nur entfalten, wenn ihre Belastungswirkung nicht an die Leistungsfähigkeit, sondern an das Lenkungsbedürfnis anknüpft. Normen, die beispielsweise Sozial- oder Subventionszwecken dienen, seien daher am Bedürfnisprinzip auszurichten. Das bedeutet, eine wirtschaftliche Subvention dürfe sich nicht an der Höhe des Einkommens oder Gewinns ausrichten, sondern an den Bedürfnissen des Empfängers. Werden solche Subventionen über das Steuerrecht gewährt, führt die Einkommensteuerprogression aber genau zu diesem Effekt[419]. Denn je höher das zu versteuernde Einkommen ist, desto höher ist der Grenzsteuersatz, der sich wiederum auf die Wirkung von Sonderabschreibungen

---

413 Vgl. *Birk, D.*, Steuerrecht, 2000, Rn. 168, S. 55.
414 Vgl. *Tipke, K.*, Steuerrechtsordnung I, 2000, S. 75.
415 Vgl. *Tipke, K.*, Steuerrechtsordnung I, 2000, S. 78.
416 Siehe dazu bereits die Ausführungen unter B. II. 4. a) auf S. 68.
417 Vgl. *Birk, D.*, Steuerrecht, 2000, Rn. 169, S. 55.
418 Vgl. *Lang, J.*, in: *Tipke, K./Lang, J.*, Steuerrecht, 1998, § 4 Rn. 124.
419 Vgl. *Tipke, K.*, Steuerrechtsordnung I, 2000, S. 496.

o.ä. auswirkt. Mithin entfaltet die Subvention eine um so größere Entlastung, je höher das Einkommen oder der Gewinn des Berechtigten ist. Dies stellt einen klaren Verstoß gegen das Leistungsfähigkeitsprinzip dar.

Nach der Auffassung von *D. Birk* führt das Zusammenspiel von Steuer- und Sozialrecht dazu, daß das Leistungsfähigkeitsprinzip zwar eingeschränkt, aber nicht völlig ausgeschaltet werden dürfe. Denn jede steuerliche Norm, die zugleich auch Lenkungszwecke verfolge, führe durch den Geldentzug zu Belastungswirkungen, durch die bewußte Beeinflussung des Verhaltens zu Gestaltungswirkungen[420]. Solche hybriden Steuernormen führten stets zu einem Konflikt mit dem Leistungsfähigkeitsprinzip, denn die beabsichtigten Gestaltungswirkungen bedeuteten zwangsläufig eine Durchbrechung dieses fundamentalen Besteuerungsprinzips und bedürften insofern der Rechtfertigung[421]. Diese könne sich aus dem Gemeinwohlprinzip, dem Bedürfnisprinzip oder dem Verdienstprinzip ergeben. Dabei ist das Gemeinwohlprinzip das Generalprinzip, das besagt, daß Steuervergünstigungen an den Interessen des Gemeinwohls, beispielsweise dem Gemeinwohlwert des Umweltschutzes, ausgerichtet sein müssen. Eine Begünstigung im Interesse einzelner Bürger oder Gruppen genüge als Rechtfertigung dagegen nicht. Ebenso müßten Benachteiligungen, wie beispielsweise durch die Fernverkehrs-, Tabak- oder Alkoholsteuer, der Verwirklichung von Gemeinwohlgründen wie der Sicherung der öffentlichen Infrastruktur, Daseinsfürsorge oder der Erhaltung der Volksgesundheit dienen. Durch die Förderung bestimmter Gruppen – hier sei an die Eigenheimförderung der Familien oder die Vermögensbeteiligung der Arbeitnehmer erinnert – diene das Bedürfnisprinzip dem Ausgleich sozialer Gegensätze im Interesse des Gemeinwohls. Das Verdienstprinzip schließlich belohne ein bestimmtes, dem Allgemeininteresse dienendes Verhalten[422]. Hier sei an Steuervergünstigungen für arbeitsplatzschaffende Investitionen erinnert. Ergibt eine Abwägung mit dem Leistungsfähigkeitsprinzip einen verfassungsrechtlichen Vorrang dieser Prinzipien, sei die Durchbrechung dieses steuerlichen Verteilungsmaßstabes gerechtfertigt[423].

Die Interpretation von *D. Birk* entspricht auch der Rechtsprechung des *BVerfG*: Steuernormen, die nicht nur fiskalische, sondern auch lenkungspolitische Zwecke verfolgen, sind nicht streng am Grundsatz der gleichmäßigen Lastenverteilung und am Leistungsfähigkeitsprinzip zu messen. Vielmehr kann eine Durchbrechung des Leistungsfähigkeitsprinzips bei Lenkungsnormen durch Erwägun-

---

[420] Vgl. *Birk, D.*, Steuerbegriff, in: SteuerStud 1986, S. 166.
[421] Vgl. *Birk, D.*, Leistungsfähigkeitsprinzip, 1983, S. 234 f.
[422] Vgl. *Lang, J.*, in: *Tipke, K./Lang, J.*, Steuerrecht, 1998, § 4 Rn. 126 ff.
[423] Vgl. *Birk, D.*, Leistungsfähigkeitsprinzip, 1983, S. 259.

gen des Gemeinwohls gerechtfertigt werden[424]. Der Lenkungszweck muß allerdings mit hinreichender Bestimmtheit vorgezeichnet und gleichheitsrechtlich ausgestaltet sein[425]. Gleichwohl kommt es bei der verfassungsrechtlichen Überprüfung von Lenkungsnormen nicht darauf an, ob der Gesetzgeber die zweckmäßigste Ausgestaltung gewählt hat[426]. Eine verfassungsrechtliche Überprüfung dieser gesetzgeberischen Entscheidung kann deshalb allenfalls daran anknüpfen, ob der Gesetzgeber sich im Rahmen seiner Gestaltungsfreiheit bewegt hat[427]. Zwar muß das Mittel des Eingriffs grundsätzlich zur Zielerreichung geeignet sein. Aus diesem Gestaltungsspielraum des Gesetzgebers folgt aber, daß die konkrete Ausgestaltung verfassungsrechtlich nur dann zu beanstanden ist, wenn das Mittel objektiv untauglich, objektiv ungeeignet oder schlechthin ungeeignet ist[428].

Allein diese Abwägung zwischen Belastungs- und Gestaltungswirkungen lenkungspolitischer Normen vermag dem Phänomen gerecht zu werden, daß es dem Gesetzgeber nicht verwehrt ist, Steuern nicht nur zu fiskalischen, sondern auch zu lenkungspolitischen Zwecken einzusetzen. Durch diese hybride Funktion ist der jeweiligen Steuernorm ein Konflikt gegensätzlicher Prinzipien immanent. Solange die Erzielung von Einnahmen aber zumindest noch in Form eines Reflexes im Normzweck enthalten ist, muß das tragende Lastenverteilungsprinzip der Besteuerung nach der Leistungsfähigkeit bei der verfassungsrechtlichen Überprüfung der Norm berücksichtigt werden. Die Gewichtung fiskalischer und außerfiskalischer Zwecksetzungen muß jedoch auch auf die Abwägung gegensätzlicher Verfassungsgrundsätze durchschlagen. Andernfalls könnte die Norm die ihr vom Gesetzgeber zugedachte Funktion nicht mehr erfüllen.

Davon streng zu unterscheiden ist die Frage, ob eine Verbindung fiskalischer und lenkungspolitischer Ziele sinnvoll ist. Denn durch diese Vermischung konfligierender Ziele büßt das eingesetzte Mittel in der Regel erheblich an Effektivität ein. Wirtschaftspolitisch ist die Sozialzwecknorm daher das Ergebnis eines Kompromisses, der eher als unfruchtbar bewertet werden muß. Mit *K. Tipke* ist deshalb zu fordern, das Steuerrecht weitgehend von außerfiskalischen Zielsetzungen abzukoppeln[429]. Solange Steuernormen aber sowohl fiskalische als auch

---

424 Vgl. *Birk, D.*, Steuerrecht, 2001, S. 56, Rn. 172.

425 Vgl. *BVerfG* vom 22.06.1995 – 2 BvL 37/91, BVerfGE 93, S. 121 (148).

426 Vgl. *BVerfG* vom 08.10.1991 – 1 BvL 50/86, BVerfGE 84, S. 348 (359).

427 Vgl. *BVerfG* vom 02.10.1973 – 1 BvR 345/73, BVerfGE 36, S. 66 (70).

428 Vgl. *BVerfG* vom 09.03.1971 – 2 BvR 326, 327, 341, 342, 343, 344, 345/69, BVerfGE 30, S. 250 (263).

429 Vgl. *Tipke, K.*, Steuerrechtsordnung I, 2000, S. 345.

außerfiskalische Zwecke verfolgen, muß dies auch in ihre verfassungsrechtliche Überprüfung mit einfließen.

5. Zusammenfassung

Das Leistungsfähigkeitsprinzip bildet nach mittlerweile gefestigter Rechtsprechung des *BVerfG* eine der tragenden Säulen der Steuerrechtsordnung. Unabhängig davon, worin man seine Wurzeln sehen will, beruht es auf einem breiten Konsens in Finanzwissenschaft, Steuerrechtswissenschaft und Steuerpolitik. Gleichwohl hängt die Tragfähigkeit dieses fundamentalen Prinzips von seiner Konkretheit ab. Die Rechtsprechung des *BVerfG* hat in den letzten Jahren hierzu einen wertvollen Beitrag geleistet und diesem Grundsatz deutliche Konturen verliehen:

Gleichheit im Steuerrecht und damit Besteuerung entsprechend der wirtschaftlichen Leistungsfähigkeit kann nur verwirklicht werden, wenn das Steuersystem in sich stimmig, weitgehend widerspruchslos und damit frei von Willkür ist. Dabei schließt das Nettoprinzip Einkommensteile, die keinen Zufluß an wirtschaftlicher Leistungsfähigkeit begründen, von der Bemessungsgrundlage aus und entzieht sie so dem Steuerzugriff. Die Grundsätze der horizontalen und vertikalen Steuergerechtigkeit treffen vergleichende Aussagen über die Steuerbelastung bei gleicher oder unterschiedlicher Leistungsfähigkeit. Schließlich kommt den Freiheitsrechten aus Art. 14, Art. 12 und Art. 9 GG eine wichtige Aufgabe bei der Ermittlung und Konkretisierung dieser Leistungsfähigkeit im Unternehmensbereich zu. Denn der Gleichheitssatz des Art. 3 Abs. 1 GG und das daraus abgeleitete Leistungsfähigkeitsprinzip als Ausdruck der Steuergerechtigkeit können nur im Lichte dieser Freiheitsrechte zutreffend gesehen und gedeutet werden.

Über Art. 19 Abs. 3 GG ist auch die Besteuerung von Körperschaften am Gebot der Steuergerechtigkeit und damit am Prinzip der Besteuerung nach der wirtschaftlichen Leistungsfähigkeit auszurichten. Dies kann sowohl aus der eigenen Rechtspersönlichkeit der Körperschaften als auch aus einer Gesamtbetrachtung von Gesellschafts- und Gesellschafterebene abgeleitet werden. Durch die eigene Rechtspersönlichkeit der Körperschaft kann der Zuwachs an objektiver Leistungsfähigkeit beim Anteilseigner genau ermittelt werden. Erst die Anwendung des Leistungsfähigkeitsprinzips auf Körperschaften macht den Belastungsvergleich mit anderen Rechtsformen möglich. Dabei kann sowohl auf die Ebene der Gesellschaft und der Anteilseigner als auch isoliert auf die Unternehmensebene abgestellt werden. Die isolierte Betrachtung wird notwendig, um dem Gesichtspunkt der Wettbewerbsneutralität beim Vergleich der rechtsformspezifischen

Thesaurierungsbelastung gerecht zu werden. Um die subjektiven Komponenten des Leistungsfähigkeitsprinzips auszuschließen, muß dabei der Spitzensteuersatz der Einkommensteuer mit dem proportionalen Körperschaftsteuersatz verglichen werden.

Das Leistungsfähigkeitsprinzip stellt indessen keinen unumstößlichen Besteuerungsgrundsatz dar. Um Belastungsgleichheit auch bei der Steuererhebung zu gewährleisten, darf der Steuergesetzgeber mit Typisierungen und Pauschalierungen arbeiten, die Effizienz auf Kosten von Einzelfallgerechtigkeit erzielen. Werden Steuern als lenkungspolitische Instrumente eingesetzt, wird das Leistungsfähigkeitsprinzip durchbrochen. Dies ist verfassungsrechtlich nicht zu beanstanden, wenn eine Abwägung mit den Interessen des Gemeinwohls zu dem Ergebnis kommt, daß diesen der Vorrang einzuräumen ist. Eine Abweichung vom Grundsatz der Besteuerung nach der wirtschaftlichen Leistungsfähigkeit bedarf jedoch stets der Rechtfertigung, die einer verfassungsrechtlichen Überprüfung zugänglich ist.

III. Verbindungslinien zwischen Neutralität und Leistungsfähigkeit

Die bisherigen Ausführungen haben ergeben, daß der Begriff der Neutralität als auch der der Leistungsfähigkeit jeder Einzeldisziplin der Steuerwissenschaft bekannt ist und dementsprechend verwendet wird. Im folgenden sollen die Verknüpfungen dieser beiden Begriffe herausgearbeitet werden. Dabei sollen Verbindungslinien zwischen den betriebswirtschaftlichen Neutralitätspostulaten als spezielle Ausprägungen des Grundsatzes der Entscheidungsneutralität und dem juristisch interpretierten Begriff der Leistungsfähigkeit aufgezeigt werden.

1. Wettbewerbsneutralität und Leistungsfähigkeit

Der Begriff der Wettbewerbsneutralität ist dazu zunächst aus ökonomischer und juristischer Sicht zu präzisieren und sodann dem Leistungsfähigkeitsprinzip gegenüberzustellen.

a) Wettbewerbsneutralität aus ökonomischer Sicht

Wettbewerbsneutralität im betriebswirtschaftlichen Sinne liegt vor, wenn staatliche Lenkungsmaßnahmen über das Steuerrecht unterbleiben. In diesem Idealfall beeinflußt die Besteuerung ökonomische Entscheidungen nicht[430]. Insofern kann Wettbewerbsneutralität auch als Verbot der Beeinflussung des Wettbewerbs konkurrierender Unternehmen bezeichnet werden. Ökonomisch betrachtet dient dieses Verbot dazu, die Wirtschaftsordnung „Marktwirtschaft" zu erhalten und eine annähernd optimale Ressourcenallokation zu ermöglichen[431]. Dabei ist Wettbewerbsneutralität zwischen Unternehmen anzustreben, die gleichartige Produkte herstellen oder anbieten, indem die Wahl zwischen verschiedenen Produktionsverfahren, Unternehmens- oder Finanzierungsformen nicht beeinflußt wird[432]. Zwar werden die Begriffe Wettbewerbs- und Rechtsformneutralität in der betriebswirtschaftlichen Literatur teilweise synonym gebraucht, ohne daß eine Differenzierung vorgenommen wird[433]. Zumeist wird Wettbewerbsneutralität jedoch als Oberbegriff für Rechtsform-, Finanzierungs- und Standortneutralität angesehen[434].

b) Wettbewerbsneutralität aus juristischer Sicht

Der Begriff der Wettbewerbsneutralität wird auch in der Rechtsprechung des *BVerfG* häufig gebraucht. Das Gericht konkretisiert damit den Gleichheitssatz als Maßstab der indirekten Steuern[435]. So kann ein Steuergesetz in Widerspruch zu Art. 3 Abs. 1 GG stehen, wenn es ganze Gruppen von Steuerpflichtigen wesentlich stärker belastet als andere, und dadurch diese Gruppen in eine empfindlich ungünstigere Wettbewerbslage bringt[436]. Um eine solche Wettbewerbsverzerrung feststellen zu können, muß die Belastungswirkung aber auch ursächlich für die Wettbewerbsbeeinflussung sein. So ist die unterschiedliche umsatzsteuerliche Behandlung von Kommunikationsmitteln nicht zu beanstanden, wenn die Kaufentscheidung des Verbrauchers nicht über den Preis, sondern gerade durch die Eigenart des Mediums bestimmt wird[437].

Bereits an dieser Entscheidung wird deutlich, daß sich das Gericht bei der Auslegung von Art. 3 Abs. 1 GG ökonomischer Fragestellungen im Rahmen des betriebswirtschaftlichen Neutralitätspostulates bedient. Denn hinter dieser Einschätzung des Verbraucherverhaltens durch das Gericht verbirgt sich nichts an-

---

430 Vgl. *Jacobs, O. H.*, Unternehmensbesteuerung, 1998, S. 111.
431 Vgl. *Neumark, F.*, Steuerpolitik, 1970, S. 262.
432 Vgl. *Neumark, F.*, Steuerpolitik, 1970, S. 264.
433 Vgl. *Jacobs, O. H.*, Rechtsform, in: WPg 1980, S. 706.
434 Vgl. *Elschen, R./Hüchtebrock, M.*, Steuerneutralität, in: FA 41 (1983), S. 257.
435 Vgl. *Kirchhof, P.*, in: *Isensee/Kirchhof*, Staatsrecht IV, 1999, § 88 Rn. 123.
436 Vgl. *BVerfG* vom 20.12.1966 – 1 BvR 320/57, 70/63, BVerfGE 21, S. 12 (27 f.).
437 Vgl. *BVerfG* vom 05.03.1974 – 1 BvR 712/68, BVerfGE 36, S. 321 (334 f.).

deres als die Feststellung und Analyse von Substitutionshandlungen. Führt die ungleiche Besteuerung also in erheblichem Umfang zu einer andersgearteten Kaufentscheidung, widerspricht die Steuernorm dem Gleichheitssatz. Ist die ungleiche Besteuerung für die Kaufentscheidung dagegen irrelevant, liegt keine Wettbewerbsverzerrung vor. In diesen Fällen kann man davon ausgehen, daß zwischen dem vermeintlich benachteiligten und dem begünstigten Produkt schon kein Wettbewerbsverhältnis besteht. Damit läßt sich feststellen, daß der Begriff der Wettbewerbsneutralität im ökonomischen und im juristischen Sprachgebrauch weitgehend identisch ist.

aa) Wettbewerbsneutralität und direkte Steuern

Im Bereich der indirekten Steuern läßt sich das Gebot der Wettbewerbsneutralität somit aus Art. 3 Abs. 1 GG ableiten. Hier prägt dieser Begriff die Judikatur des *BVerfG*. Dagegen hat das Gericht diese Grundsätze bislang nicht ausdrücklich auf die direkten Steuern übertragen. Im Schrifttum ist eine solche Übertragung umstritten.

Nach *P. Kirchhof* ist der Maßstab der Wettbewerbsneutralität auf den Bereich der indirekten Steuern beschränkt und unterscheidet sich deshalb vom Prinzip der Besteuerung nach der individuellen Leistungsfähigkeit, das vornehmlich für die direkten Steuern gilt. Während Wettbewerbsneutralität die Gleichheit beim Werben um den Nachfrager sichere, wahre das Leistungsfähigkeitsprinzip Belastungsgleichheit im Hinblick auf das Erworbene. Der entscheidende Gesichtspunkt der Wettbewerbsneutralität sei daher die Preisbildung am Markt, die unmittelbar durch die indirekten Steuern beeinflußt werde[438].

Dabei darf allerdings nicht übersehen werden, daß auch direkte Steuern durch Überwälzungsvorgänge zu wettbewerbsrelevanten Kosten werden[439]. Hierbei soll nicht auf die umstrittene Frage eingegangen werden, ob die Gewinnsteuern als Kosten im Sinne der Kosten- und Leistungsrechnung angesehen werden können[440]. Unbestritten ist jedoch, daß Steuerzahlungen einzelwirtschaftliche Entscheidungen von Wirtschaftssubjekten beeinflussen. Damit nehmen die Gewinnsteuern auf die Preisbildung der Unternehmen wie auch auf die Kaufentscheidung der privaten Haushalte Einfluß[441]. Ein Unternehmen, das auf die Ma-

---

438 Vgl. *Kirchhof, P.*, in: *Isensee/Kirchhof*, Staatsrecht IV, 1999, § 88 Rn. 124.

439 Vgl. *Hey, J.*, Rechtsformneutralität, in: *Ebling, I.*, Einkommen, 2001, S. 160.

440 Vgl. *Götzinger, M. K./Michael, H.*, Kostenrechnung, 1993, S. 82 f.; ebenso *Hoitsch, H.-J.*, Kostenrechnung, 1995, S. 246.

441 Vgl. *Schneider, D.*, Unternehmensbesteuerung, 1994, S. 4 f.

ximierung seines Nachsteuergewinns bedacht ist, wird eine Überwälzung der direkten Steuern über den Preis der verkauften Produkte demnach sogar anstreben. Beeinflußt die Gewinnbesteuerung der Unternehmung aber deren Preisbildungsprozeß, wird sie gerade auch die Wettbewerbsposition dieses Unternehmens beeinflussen. Denn so können konkurrierende Unternehmen mit geringerer Steuerbelastung ihre Produkte zu niedrigeren Preisen anbieten. Auf Märkten, bei denen der Wettbewerb hauptsächlich über den Preis geführt wird, haben diese Unternehmen einen erheblichen Wettbewerbsvorteil. Damit existiert zwar kein direkter Einfluß der Gewinnsteuern auf die Wettbewerbsposition, aber ein mittelbarer[442]. Besteht ein Zusammenhang zwischen Gewinnbesteuerung und Wettbewerbssituation, kann dem Gebot der Wettbewerbsneutralität nicht ohne weiteres die Geltung für die direkten Steuern abgesprochen werden.

Damit stellt sich im Rahmen einer verfassungsrechtlichen Würdigung aber zusätzlich das Problem, ob Überwälzungsvorgänge dem Gesetzgeber zugerechnet werden können. Denn anders als bei den indirekten Steuern ist die Überwälzung der direkten Steuern vom Gesetzgeber nicht intendiert[443]. Auch wenn solch eine Überwälzung auf den Kaufpreis eher die Regel als die Ausnahme darstellt und deshalb zu erheblichen Wettbewerbsverzerrungen führen kann, so ist sie doch unbeabsichtigter Nebeneffekt der Gewinnbesteuerung. Man könnte daher die Auffassung vertreten, dem Gesetzgeber diese Wettbewerbsverzerrungen nicht zuzurechnen[444]. Andererseits kann die Kurzsichtigkeit des Gesetzgebers bei der Steuerfindung letztlich keine Auswirkung auf die Rechtfertigung der jeweiligen Steuer haben. Denn in erster Linie muß sich die jeweilige Steuernorm am Gleichheitssatz des Art. 3 Abs. 1 GG und seinen spezifischen steuerlichen Ausprägungen messen lassen.

Dabei ist allein zu prüfen, ob tatsächlich Unterschiede bei der rechtlichen Behandlung zweier Sachverhalte vorliegen und ob die Gleich- oder Ungleichbehandlung sachlich begründet bzw. vertretbar ist[445]. Können Unternehmen die jeweilige direkte oder indirekte Steuer im Gegensatz zu konkurrierenden Unternehmen auf die Abnehmer überwälzen, tritt die Belastungswirkung der Steuer bei ihnen in viel geringerem Umfang ein. Die miteinander im Wettbewerb stehenden Unternehmen werden mithin nicht gleich behandelt. Wollte der Gesetzgeber gerade nicht lenkend in den Wettbewerb eingreifen, fehlt es an einem sachlichen Grund für diese Ungleichbehandlung. Die bloße Intention des Ge-

---

442 So wohl auch *Kirchhof, P.*, in: *Isensee/Kirchhof*, Staatsrecht IV, 1999, § 88 Rn. 126.
443 Vgl. *Hey, J.*, Rechtsformneutralität, in: *Ebling, I.*, Einkommen, 2001, S. 160.
444 Vgl. *Bader, H. G.*, Hoheitsbetrieb, 1997, S. 55.
445 Vgl. *Gubelt, M.*, in: *von Münch/Kunig*, GG-Kommentar, 1999, Art. 3 Rn. 11.

setzgebers kann ohne einen solchen keine Rechtfertigung sein. Zur Feststellung einer solchen Ungleichbehandlung muß deshalb auf die effektive Belastungswirkung der Steuer und damit auf den Steuerträger abgestellt werden[446]. Unternehmen, die ihre Steuerbelastung überwälzen können, sind von dieser Steuer aber nicht effektiv belastet. Dies gilt unabhängig davon, ob es sich um eine direkte oder eine indirekte Steuer handelt[447]. Denn die Überwälzbarkeit einer Steuer hängt allein von der Marktsituation und der Stellung des Unternehmens am Markt ab und nicht von der Art der Steuer[448].

Als viel problematischer erweist sich dagegen die Feststellung der effektiven Belastungswirkung, da solche Überwälzungsvorgänge nicht ohne weiteres erkennbar oder quantifizierbar sind. Damit fehlt es gerade bei den Gewinnsteuern an gesicherten Erkenntnissen über den tatsächlichen Steuerträger. Unsichere oder nur vermutete Indizien führen aber nicht bereits zu einer verfassungswidrigen Ungleichbehandlung[449]. Deshalb bleibt auch kein Raum, die Überwälzung oder Nichtüberwälzung solcher Steuern generalisierend zu unterstellen. Denn eine solche Generalisierung genügt nur dann den Erfordernissen des allgemeinen Gleichheitssatzes, wenn sie von einem Gesamtbild ausgeht, das sich aus den vorliegenden Erfahrungen ergibt[450]. Die bloße Möglichkeit, Gewinnsteuern des Unternehmens auf dessen Abnehmer abzuwälzen, kann also nicht dafür herangezogen werden, die Grundsätze der Wettbewerbsneutralität auf die direkten Steuern zu übertragen.

Indessen ist es nicht erforderlich, von Wettbewerbsneutralität oder Wettbewerbsverzerrung nur dann zu sprechen, wenn ein beabsichtigter oder unbeabsichtigter Eingriff in die Preisgestaltung am Markt erfolgt. Gerade wenn die Belastung mit direkten Steuern nicht über die Preisgestaltung auf die Abnehmer der angebotenen Waren oder Leistungen abgewälzt wird, führt sie zu einem Abfluß an liquiden Mitteln an den Fiskus. Einem Unternehmen, das relativ zum Gewinn vor Steuern geringer belastet ist als ein Mitbewerber, stehen nach Steuern mehr liquide Mittel zur Expansion oder Reinvestition zur Verfügung. Die Handlungsfähigkeit eines Unternehmens drückt sich deshalb gerade in seiner Nettorendite aus. Je höher der Gewinn nach Steuern ist, desto besser kann die eigene Marktposition gefestigt oder ausgebaut werden[451]. Daran wird deutlich,

---

446 Vgl. *Tipke, K.*, Steuerrechtsordnung I, 1993, S. 351; ebenso: *Hey, J.*, Rechtsformneutralität, in: *Ebling, I.*, Einkommen, 2001, S. 160.

447 Vgl. *Tipke, K.*, Steuerrechtsordnung I, 1993, S. 351.

448 Vgl. *Wöhe, G.*, Steuerlehre, 1988, S. 66.

449 Vgl. *Hey, J.*, Rechtsformneutralität, in: *Ebling, I.*, Einkommen, 2001, S. 160.

450 So bereits *BVerfG* vom 28.06.1960 – 2 BvL 19/59, BVerfGE 11, S. 245 (254).

451 Vgl. *Hey, J.*, Rechtsformneutralität, in: *Ebling, I.*, Einkommen, 2001, S. 160.

daß eine unternehmensformabhängige Gewinnbesteuerung ebenso in die Kräfteverhältnisse des Marktes eingreifen kann wie eine indirekte Steuer, die auf der angebotenen Ware oder Leistung lastet. Lediglich der Zusammenhang zwischen Belastungswirkung und Wettbewerbsbeeinflussung ist weniger offensichtlich.

Stellt der Grundsatz der Wettbewerbsneutralität, dessen Beachtung für die Ausgestaltung der indirekten Steuern gefordert wird[452], eine spezielle Ausprägung des allgemeinen Gleichheitssatzes dar, ist nicht einzusehen, warum dieser Grundsatz auf die indirekten Steuern beschränkt sein sollte. Direkte Steuern können mittelbar ebenso in den Wettbewerb konkurrierender Anbieter von Waren und Dienstleistungen eingreifen, wie dies bei den indirekten Steuern über die Preisbildung offensichtlich ist. Die Beeinflussung erfolgt dabei jedoch im wesentlichen über die fortgesetzte Tätigkeit am Markt, die durch die Reinvestition von Gewinnen gefestigt werden kann. Wettbewerb muß deshalb als ein sich stetig wiederholender Vorgang verstanden werden, bei dem das Ergebnis eines Teilabschnitts den nächsten beeinflußt.

P. Kirchhof will den Grundsatz der Wettbewerbsneutralität dagegen ausschließlich auf die erste Phase des Steuerzugriffs – den Güteraustausch am Markt – beschränken und begründet dies damit, daß der Wettbewerb am Markt zwar die Grundlage für den Erhalt und die Festigung der Erwerbsquelle sei. Ein Verstoß gegen die Wettbewerbsneutralität könne das aus dem Wettbewerb hervorgegangene Einkommen aber nicht beeinträchtigen[453]. Indessen scheint diese Betrachtung von einer einperiodischen Sichtweise getragen zu sein. Denn das erworbene Einkommen, das dem Zugriff der direkten Steuer unterliegt, dient im Falle der Reinvestition zugleich als Erwerbsquelle der nächsten Periode. Das Unternehmen, das dem geringeren Steuerzugriff unterliegt, ist in der Lage, mit diesen erwirtschafteten Mitteln seine Erwerbsquelle in höherem Umfang zu sichern oder auszubauen. Zudem darf die Wettbewerbsbezogenheit von Steuern nicht isoliert für den Gütermarkt betrachtet werden. Ein Unternehmen bewegt sich nicht nur auf dem Markt, auf dem es seine produzierten Waren oder Dienstleistungen zum Verkauf anbietet. Vielmehr fragt es selbst Vorleistungen nach und bewegt sich zugleich auf dem Arbeitsmarkt als Nachfrager sowie auf dem Kapital- und Geldmarkt als Nachfrager und Anbieter. Transaktionen auf all diesen Märkten sind erforderlich, um die Erwerbsquelle des Unternehmens zu sichern. Eine bessere oder schlechtere „Performance“ auf nur einem dieser Märkte wirkt sich damit zumindest mittelbar auf den Erfolg des Unternehmens und damit auf seine innere und äußere Stabilität aus. Begreift man den Grundsatz der Wettbewerbs-

---

[452] Vgl. *BVerfG* vom 26.10.1976 – 1 BvR 191/74, BVerfGE 43, S. 58 (70) m.w.N.

[453] Vgl. *Kirchhof, P.*, in: *Isensee/Kirchhof*, Staatsrecht IV, 1999, § 88 Rn. 126.

neutralität aber als Grundlage für den Erhalt der Erwerbsquelle, muß dieser Grundsatz auch auf die direkten Steuern übertragen werden.

Dieser Zusammenhang zwischen Wettbewerbsneutralität und direkter Besteuerung wird folgerichtig auch von *P. Kirchhof* nicht geleugnet, wenn er davon ausgeht, daß die Einkommensteuer einen funktionsfähigen, steuerlich nicht verfremdeten Wettbewerb voraussetzt[454]. Ein unlösbarer Widerspruch bestünde aber, wenn man den Grundsatz der Wettbewerbsneutralität nur auf den Erwerbsvorgang beschränkt und dabei die Besteuerung des Erworbenen ausklammert. Denn das Erworbene der vorausgegangen Periode wirkt sich in erheblichem Umfang auf den Erwerbsvorgang der Folgeperiode aus. Tätigkeit und Erwerb sind insofern nur zwei Seiten derselben Medaille, die sich nicht voneinander trennen lassen[455].

Auch die Rechtsprechung des *BVerfG* steht nicht im Widerspruch zu einer Übertragung des Grundsatzes der Wettbewerbsneutralität auf die direkten Steuern. Zwar bezieht sich die überwiegende Zahl der Judikate, die auf diesen Grundsatz abstellen, auf die Ausgestaltung von indirekten Steuern. Gleichwohl findet sich an keiner Stelle ein Hinweis darauf, daß die Anwendung dieses Grundsatzes hierauf beschränkt sein solle. Vielmehr bezieht sich das Gericht in einigen wenigen Entscheidungen zur Gewerbesteuer ebenfalls auf die Beeinflussung des Wettbewerbs zwischen Unternehmen der gleichen Branche[456]. Die besondere Bedeutung dieses Grundsatzes für die indirekten Steuern ergibt sich deshalb offenbar allein daraus, daß der Zusammenhang zwischen Preisbildung und Besteuerung des Umsatzaktes besonders offenkundig ist. Eine Einschränkung auf den Bereich der indirekten Steuern kann hierin jedoch nicht gesehen werden. Richtig dürfte es daher sein, den Grundsatz der Wettbewerbsneutralität auf jegliche Transaktionen von Unternehmen im Wettbewerb auszudehnen. Damit ist es insbesondere aus betriebswirtschaftlicher Sicht berechtigt, den Grundsatz der Wettbewerbsneutralität als Oberbegriff für die übrigen Neutralitätspostulate anzusehen. Wettbewerbsneutralität in diesem übergeordneten Sinne bedeutet damit, weder die Wahl zwischen verschiedenen Produktionsverfahren, rechtlichen

---

454 Vgl. *Kirchhof, P.*, in: *Isensee/Kirchhof*, Staatsrecht IV, 1999, § 88 Rn. 126.

455 Vgl. *Friauf, K. H.*, Anforderungen, in: *Friauf, K. H.*, Verfassungsrecht, 1989, S. 26.

456 Vgl. *BVerfG* vom 13.07.1965 – 1 BvR 771/59, 234, 246, 367/61 und 17/62, BVerfGE 19, S. 101 (114 f.); *BVerfG* vom 21.12.1966 – 1 BvR 33/64, BVerfGE 21, S. 54 (70); siehe auch *Hey, J.*, Rechtsformneutralität, in: *Ebling, I.*, Einkommen, 2001, S. 159 Fn. 20 m.w.N.

Unternehmensformen, Finanzierungsverfahren noch zwischen nationalen und internationalen Standorten zu beeinflussen[457].

bb) Wettbewerbsneutralität und allgemeiner Gleichheitssatz

Überträgt man das Gebot der Wettbewerbsneutralität auf die direkten Steuern, liegen Parallelen zum allgemeinen Gleichheitssatz, aus dem das *BVerfG* diesen Grundsatz bei den indirekten Steuern ableitet, auf der Hand[458]: Art. 3 Abs. 1 GG gewährt sowohl nach dem „Willkürverbot“ als auch nach der „neuen Formel“[459] natürlichen und juristischen Personen des Privatrechts ein subjektiv-öffentliches Recht auf Gleichbehandlung bei vergleichbaren Sachverhalten[460]. Eine Beeinträchtigung des Gleichheitsrechts eines Betroffenen liegt vor, wenn ein Vergleich zweier Sachverhalte ergibt, daß entweder wesentlich Gleiches ungleich[461] oder wesentlich Ungleiches gleich[462] behandelt und der Betroffene dadurch ungerechtfertigt benachteiligt wird. Bei der Wahl des Differenzierungsgrundes hat der Gesetzgeber zwar einen erheblichen Gestaltungsspielraum, dieser ist jedoch um so geringer, je mehr dadurch zugleich in den Schutzbereich eines anderen Grundrechts eingegriffen wird[463].

Im Hinblick auf Wettbewerbsbeeinflussungen ist insbesondere an die Beeinträchtigung der Berufsfreiheit zu denken. So ergibt sich aus Art. 12 Abs. 1 GG in Verbindung mit Art. 3 Abs. 1 GG beispielsweise der Grundsatz der Chancengleichheit[464]. Herausragende Bedeutung kommt diesem Begriff im Prüfungswesen und im Bereich der politischen Willensbildung zu. Dies umfaßt aber zugleich Bezüge zum Steuerrecht. So entnimmt das *BVerfG* dem Grundsatz der Chancengleichheit, daß die Heranziehung von kommunalen Wählervereinigungen zur Körperschaftsteuer verfassungswidrig ist, während Parteien im Sinne des PartG steuerbefreit sind. Die verfassungsrechtliche Grenze einer zulässigen steuerlichen Begünstigung allein von politischen Parteien ist nämlich dort zu

---

457 Vgl. *Neumark, F.*, Steuerpolitik, 1970, S. 264.

458 Vgl. *Hey, J.*, in: *Herrmann/Heuer/Raupach*, Kommentar, 1996, Einf. KSt Anm. 38.

459 Näheres zu dieser Unterscheidung bei *Gubelt, M.*, in: *von Münch/Kunig*, GG-Kommentar, 1999, Art. 3 Rn. 11 ff.

460 Vgl. *Jarass, H. D.*, in: *Jarass/Pieroth*, Grundgesetz-Kommentar, 1997, Art. 3 Rn. 1.

461 Vgl. *BVerfG* vom 08.06.1988 – 2 BvL 9/85 und 3/86, BVerfGE 78, S. 249 (287) m.w.N.

462 Vgl. *BVerfG* vom 24.04.1991 – 1 BvR 1341/90, BVerfGE 84, S. 133 (158) m.w.N.

463 Vgl. *BVerfG* vom 14.12.1994 – 1 BvR 720/90, BVerfGE 91, S. 346 (363).

464 Vgl. *BVerfG* vom 06.12.1988 – 1 BvL 5, 6/85, BVerfGE 79, S. 212 (218).

ziehen, wo diese Begünstigung die vorgefundene Wettbewerbslage in erheblicher Weise verändern könnte[465].

Dieser Grundsatz gilt jedoch nicht nur für den Wettbewerb um Wählerstimmen, sondern gleichermaßen für jede Form des freien Wettbewerbs[466]. Dabei genügt es, daß die gerügte Norm einem Konkurrenten rechtliche Vorteile bringt, die die Wettbewerbsfähigkeit des Betroffenen mindern[467]. Solch eine Verzerrung des Wettbewerbs verletzt den Grundsatz der Chancengleichheit beispielsweise, wenn staatliche Maßnahmen einen Konkurrenten begünstigen[468]. Damit kann eine Beeinträchtigung der beruflichen Tätigkeit bereits dann vorliegen, wenn staatliche Maßnahmen – insbesondere Subventionen – nur einzelnen Marktteilnehmern gewährt und konkurrierende Unternehmen gezwungen werden, ihr Produkt am Markt wesentlich teurer anzubieten[469].

Es ist daher allgemein anerkannt, daß die Gewährung von Subventionen für den nichtbegünstigten Konkurrenten unter bestimmten Umständen ein grundrechtsrelevanter Wettbewerbsnachteil sein kann[470]. Dies ist insbesondere dann der Fall, wenn bei den nichtbegünstigten Unternehmen dadurch ein ruinöser Wettbewerb ausgelöst wird. Eine solche ungleiche Subventionierung muß deshalb grundsätzlich als verfassungswidrig angesehen werden, wenn sie zur wirtschaftlichen Erdrosselung des nichtberechtigten Konkurrenten führen würde[471]. Hier drängt sich die Parallele zur Erdrosselungssteuer auf, die grundsätzlich verfassungswidrig ist, wenn sie es ihrer objektiven Gestaltung und Höhe nach unmöglich macht, den gewählten Beruf zur Grundlage der Lebensführung zu machen[472]. Dabei kann ihre Erhebung nur dann gerechtfertigt werden, wenn sie nach der „Stufenlehre" des *BVerfG*[473] zur Abwehr nachweisbarer oder höchstwahrscheinlicher schwerer Gefahren für ein überragend wichtiges Gemeinschaftsgut geeignet, erforderlich und verhältnismäßig ist[474]. Der Begriff der Wettbewerbsneutralität ist damit nicht nur betriebswirtschaftlich geprägt, sondern stellt zugleich eine spezifische Ausprägung des allgemeinen Gleichheits-

---

465 Vgl. *BVerfG* vom 29.09.1998 – 2 BvL 64/93, BVerfGE 99, S. 69 (78 f.).
466 Vgl. *BVerwG* vom 08.09.1972 – VII C 28/71, NJW 1972, S. 2325 (2326).
467 Vgl. *BVerfG* vom 06.05.1964 – 1 BvR 320/57, 1 BvR 70/63, BVerfGE 18, S. 1 (12).
468 Vgl. *BVerwG* vom 08.09.1972 – VII C 28/71, NJW 1972, S. 2325 (2326).
469 Vgl. *BVerfG* vom 12.06.1990 – 1 BvR 355/86, BVerfGE 82, S. 209 (224).
470 Vgl. *BVerwG* vom 18.04.1985 – III C 34/84, BVerwGE 71, S. 183 (191).
471 Vgl. *Breuer, R.*, in: *Isensee/Kirchhof*, Staatsrecht VI, 1989, § 148 Rn. 77.
472 Vgl. *BVerfG* vom 30.10.1961 – 1 BvR 833/59, BVerfGE 13, S. 181 (187).
473 Zum Begriff siehe *Jarass, H. D.*, in: *Jarass/Pieroth*, Grundgesetz-Kommentar, 1997, Art. 12 Rn. 20 ff.
474 Vgl. *BVerfG* vom 11.06.1958 – 1 BvR 596/56, BVerfGE 7, S. 377 (408).

satzes dar. Er wirkt verfassungsrechtlich auch auf die Steuergesetzgebung und deren gerichtliche Überprüfung ein. Ein Steuergesetz, das durch seine Belastungswirkungen ohne Rechtfertigung zu Verzerrungen im Wettbewerb führt, verletzt diese verfassungsrechtlichen Vorgaben.

cc) Wettbewerbsneutralität und Leistungsfähigkeit

Die Ableitung der Wettbewerbsneutralität aus Art. 3 Abs. 1 GG beantwortet jedoch noch nicht die Frage, ob sich der Grundsatz auch aus dem Leistungsfähigkeitsprinzip herleiten läßt. Beiden Prinzipien ist damit aber gemeinsam, daß sie spezifische Ausprägungen des allgemeinen Gleichheitssatzes sind. Beiden Prinzipien kommt zudem erhebliche Bedeutung bei der Auslegung und verfassungsrechtlichen Überprüfung von Steuergesetzen zu.

Leistungsfähigkeit kann heute definiert werden als die Fähigkeit, Steuern aus dem disponiblen Einkommen zu bezahlen[475]. Zwar trifft das Leistungsfähigkeitsprinzip damit noch keine Aussage über den Steuertarif. Gleichwohl steht es einer progressiven Besteuerung nicht entgegen. Der Grundsatz der vertikalen Steuergerechtigkeit fordert eine höhere Besteuerung höherer Leistungsfähigkeit. Das Sozialstaatsprinzip gebietet eine überproportionale Besteuerung höherer Leistungsfähigkeit[476]. Eine überproportionale Besteuerung wird somit vom Leistungsfähigkeitsprinzip zwar nicht gefordert, ist aber mit diesem vereinbar[477].

Im Gegensatz dazu greift ein proportionaler Tarif in die Wettbewerbsposition von Unternehmen ein[478]. Denn der Durchschnittssteuersatz des marktführenden Unternehmens liegt aufgrund des proportionalen Tarifs über dem Durchschnittssteuersatz der weniger ertragreichen Mitbewerber. Relativ gesehen verbleibt dem Marktführer daher weniger Gewinn nach Steuern, um zu investieren und so die Marktführerschaft auszubauen. Der proportionale Tarif trägt somit dazu bei, daß sich die Positionen der Marktteilnehmer angleichen. Jedenfalls erleichtert er es den weniger erfolgreichen Marktteilnehmern, zum Marktführer aufzuschließen. Ein proportionaler Tarif beeinflußt demnach die Wettbewerbspositionen, wie sie sich am Markt herausgebildet haben. Dies widerspricht dem Grundsatz der Wettbewerbsneutralität. Denn steuerliche Wettbewerbsneutralität besagt,

---

475 Vgl. *Tipke, K.*, Steuerrechtsordnung II, 1993, S. 1031.

476 Vgl. *Kirchhof, P.*, Leistungsfähigkeit, in: StuW 1985, S. 329; ebenso *Jachmann, M.*, Umverteilung, in: StuW 1998, S. 295.

477 Vgl. *BVerfG* vom 29.05.1990 – 1 BvL 20, 26, 184 und 4/86, BVerfGE 82, S. 60 (90).

478 Vgl. *Hey, J.*, Rechtsformneutralität, in: *Ebling, I.*, Einkommen, 2001, S. 158 f.

daß die Belastungswirkungen der erhobenen Steuer möglichst nicht die Marktposition der besteuerten Unternehmen berühren sollen[479].

Auf der anderen Seite würde eine Steuer, die jedenfalls auch aus dem indisponiblen Einkommen zu leisten wäre – diese Problematik stellt sich bei Abzugsverboten für getätigte Aufwendungen[480] –, gegen das Leistungsfähigkeitsprinzip verstoßen, zumindest aber im Widerspruch zu diesem stehen. Betrifft das Abzugsverbot jedoch alle Unternehmen in gleicher Weise, wird dadurch nicht in die Wettbewerbsposition der Marktteilnehmer eingegriffen.

Daran wird deutlich, daß sich die Begriffe Wettbewerbsneutralität und Leistungsfähigkeitsprinzip nicht vollständig decken[481]. Gleichwohl leitet sich sowohl das Gebot der Wettbewerbsneutralität[482] als auch das Prinzip der Besteuerung nach der wirtschaftlichen Leistungsfähigkeit aus dem Gebot der Steuergerechtigkeit ab, das sich wiederum aus dem allgemeinen Gleichheitssatz ergibt[483]. Beide Postulate beziehen sich auf die Besteuerung von Unternehmen. Während das Gebot der Wettbewerbsneutralität die Chancengleichheit beim Erwerbsvorgang bzw. beim Werben um Nachfrager schützen will, wahrt das Leistungsfähigkeitsprinzip die Belastungsgleichheit im Hinblick auf das Erworbene[484]. Der primäre Anwendungsbereich beider Prinzipien ist demnach zeitlich betrachtet unterschiedlich. Wettbewerbsneutralität bezieht sich überwiegend auf die erste Phase des Steuerzugriffs auf den Güteraustausch am Markt, während das Leistungsfähigkeitsprinzip hauptsächlich den zweiten Zugriff auf den Erfolg der Erwerbstätigkeit beeinflußt[485]. Daraus sollte aber nicht der Schluß gezogen werden, steuerliche Verstöße gegen das Gebot der Wettbewerbsneutralität könnten die Besteuerung des bereits am Markt Erworbenen nicht mehr beeinträchtigen[486]. Dies würde einer einperiodischen Betrachtung entsprechen, die für einen effektiven Grundrechtsschutz zu kurz greifen würde. Denn das in einer Periode erworbene Einkommen stellt zugleich die Ausgangslage im Wettbewerb der Folgeperiode dar.

---

479 Vgl. *Tipke, K.*, Steuerrechtsordnung II, 1993, S. 1032.

480 Siehe dazu *Lang, J.*, in: *Tipke, K./Lang, J.*, Steuerrecht, 1998, § 9 Rn. 253, 259 mit dem Hinweis auf die Einschränkung des objektiven Nettoprinzips.

481 A. A. *Selmer, P./Schulze-Osterloh, L.*, Wettbewerbsneutralität, in: DÖV 1978, S. 388, die von Deckungsgleichheit ausgehen.

482 Vgl. *Kirchhof, P.*, in: *Isensee/Kirchhof*, Staatsrecht IV, 1999, § 88 Rn. 123.

483 Vgl. *BVerfG* vom 22.02.1984 – 1 BvL 10/80, BVerfGE 66, S. 214 (223).

484 Vgl. *Kirchhof, P.*, in: *Isensee/Kirchhof*, Staatsrecht IV, 1999, § 88 Rn. 124.

485 Vgl. *Kirchhof, P.*, in: *Isensee/Kirchhof*, Staatsrecht IV, 1999, § 88 Rn. 126.

486 So aber wohl *Kirchhof, P.*, in: *Isensee/Kirchhof*, Staatsrecht IV, 1999, § 88 Rn. 126.

Somit dürfte das Prinzip der Wettbewerbsneutralität zwar hauptsächlich auf die Besteuerung des Erwerbsprozesses über die indirekten Steuern Einfluß nehmen. Bezüge zur Besteuerung des Erworbenen über die direkten Steuern können jedoch nicht geleugnet werden. Aus dem Blickwinkel einer mehrperiodischen Betrachtungsweise muß Wettbewerbsneutralität deshalb auch bei der Gewinnbesteuerung gewährleistet sein. Zwar deckt sich dieses Prinzip nicht mit dem Leistungsfähigkeitsprinzip, stellt aber eine wichtige Ergänzung mit etwas anderer Zielrichtung dar, nämlich die Grundlage für den Erhalt der Erwerbsquelle entsprechend dem steuerlich nicht verfremdeten Marktmechanismus[487]. Versteht man Wettbewerb als dauerhaften Vorgang, würde man dieses Prinzip ad absurdum führen, wenn man es nur auf das tatsächliche Werben um Nachfrager am Markt beschränken wollte[488].

Richtig ist allerdings, daß das Gebot der Wettbewerbsneutralität in der zweiten Phase des Steuerzugriffs, also bei der Besteuerung des erzielten Gewinns, keine weitere Schutzwirkung entfaltet als das Leistungsfähigkeitsprinzip[489]. Denn in dieser Phase wird die Beachtung beider Gebote dadurch gewährleistet, daß gleich hohe Gewinne gleich, ungleich hohe Gewinne unterschiedlich hoch besteuert werden. So wird Chancengleichheit auch bei der Gewinnverwendung in der sich anschließenden Wettbewerbsphase erzielt. Dies aber entspricht bereits dem Grundsatz der horizontalen und vertikalen Steuergerechtigkeit.

dd) Durchbrechung der Wettbewerbsneutralität

Ebenso wie das Leistungsfähigkeitsprinzip muß Wettbewerbsneutralität nicht uneingeschränkt gewährt werden. Auch von betriebswirtschaftlicher Seite wird dieses Neutralitätspostulat nicht in einem absoluten Sinne gefordert. Vielmehr besagt dieser Grundsatz aus ökonomischer Sicht, daß sich der Staat aller Eingriffe enthalten solle, die den Konkurrenzmechanismus des Marktes verzerren könnten. Ein staatlicher Eingriff in den Marktmechanismus sei allerdings nicht zu beanstanden, wenn dies bei funktionierendem Wettbewerb aus übergeordneten Gründen erforderlich sei oder aber die Unvollkommenheit des Wettbewerbs dadurch beseitigt oder gemildert werden könne. Zu beanstanden sei deshalb

---

487 Vgl. *Kirchhof, P.*, in: *Isensee/Kirchhof*, Staatsrecht IV, 1999, § 88 Rn. 126.

488 Ebenfalls in diese Richtung *Hey, J.*, Rechtsformneutralität, in: *Ebling, I.*, Einkommen, 2001, S. 159.

489 Vgl. *Hüttemann, R.*, Grenzen, in: *Pelka, J.*, Unternehmensbesteuerung, 2000, S. 146.

nicht die Beeinträchtigung des Wettbewerbs als solche, wohl aber, wenn diese unbewußt erfolge[490].

Juristisch entspricht dies den anerkannten Rechtfertigungsgründen für die Durchbrechung des Gleichheitssatzes. Im Bereich des Leistungsfähigkeitsprinzips sei hier auf die Ausführungen zu den Sozialzwecknormen verwiesen, mit denen der Gesetzgeber nicht nur fiskalische, sondern auch lenkungspolitische Ziele verwirklichen will[491]. Diese außerfiskalischen Gründe bewirken im Hinblick auf Art. 3 Abs. 1 GG eine Rechtfertigung des Differenzierungsgrundes. Sie ermöglichen die steuerliche Ungleichbehandlung zweier ansonsten gleicher oder die Gleichbehandlung zweier ansonsten ungleicher Sachverhalte. Diese Systematik aus Besteuerungsprinzip, Prinzipiendurchbrechung und Rechtfertigung kann aufgrund der Verwandtschaft der Wettbewerbsneutralität mit dem Leistungsfähigkeitsprinzip auf dieses Gebot übertragen werden[492]. Führt eine Steuernorm also zu einer wettbewerbsverzerrenden Differenzierung von Marktteilnehmern, sind an die Rechtmäßigkeit dieser Ungleichbehandlung vergleichbare Anforderungen zu stellen wie bei der Durchbrechung des Leistungsfähigkeitsprinzips. Dies wird durch die Rechtsprechung des *BVerfG* verdeutlicht, die eine Wettbewerbsverzerrung zuläßt, wenn hierfür ein hinreichend sachlicher Grund vorliegt[493].

Der Maßstab, an dem diese Differenzierungen zu messen sind, ergibt sich wiederum analog zur Rechtsprechung zum Leistungsfähigkeitsprinzip. Das bedeutet, der Lenkungszweck muß mit hinreichender Bestimmtheit vorgezeichnet und gleichheitsrechtlich ausgestaltet sein[494]. Je mehr der fiskalische Zweck in den Hintergrund tritt, desto mehr ist der Gesetzgeber gehalten, den Vergleichsmaßstab dem außerfiskalischen Bereich zu entnehmen und die entsprechenden Sachgerechtigkeiten zu beachten[495]. Ob eine Verknüpfung fiskalischer und außerfiskalischer Ziele bei der Ausgestaltung von Steuernormen allerdings wirtschaftspolitisch sinnvoll ist, ist im Hinblick auf das Gebot der Wettbewerbsneutralität ebenso fragwürdig wie in bezug auf das Leistungsfähigkeitsprinzip. Auch an dieser Stelle zeigt sich die Verwandtschaft beider Besteuerungsprinzipien.

---

490 Vgl. *Neumark, F.*, Steuerpolitik, 1970, S. 266.
491 Siehe dazu unter B. II. 4. zur Einschränkung des Leistungsfähigkeitsprinzips auf S. 67.
492 Dies wird z. B. angedeutet bei *Tipke, K.*, Problematik, in: NJW 1980, S. 1079.
493 Vgl. *BVerfG* vom 26.10.1976 – 1 BvR 191/74, BVerfGE 43, S. 58 (70).
494 Vgl. *BVerfG* vom 22.06.1995 – 2 BvL 37/91, BVerfGE 93, S. 121 (148).
495 Vgl. *Friauf, K. H.*, Wirtschaftslenkung, 1966, S. 38.

2. Rechtsformneutralität und Leistungsfähigkeit

Auch der Begriff der Rechtsformneutralität bedarf zunächst einer Gegenüberstellung der ökonomischen und juristischen Aussagen, um daraus Verbindungslinien zum Leistungsfähigkeitsprinzip aufzuzeigen.

a) Rechtsformneutralität aus ökonomischer Sicht

Das betriebswirtschaftliche Postulat der Rechtsformneutralität fordert, daß die Steuerbelastung von Unternehmen nicht von deren Rechtsform, sondern ausschließlich von einer objektiv meßbaren Größe wie dem erwirtschafteten Gewinn abhängig ist. Der ökonomische Hintergrund besteht dabei in der Annahme der Effizienz marktwirtschaftlicher Ressourcenallokation[496], also darin, daß allein der Marktmechanismus zu möglichst geringen Fehlallokationen und damit zu möglichst geringen gesamtwirtschaftlichen Wohlfahrtsverlusten führt[497]. Ein Steuersystem ist ökonomisch neutral, wenn es unternehmerische Entscheidungen nicht beeinflußt oder verzerrt. Insbesondere eine nach Rechtsformen der Unternehmen differenzierende Besteuerung beeinflußt die Wahl des rechtlichen „Unternehmenskleides" aber in erheblichem Maße. Dies wird dann als schädlich angesehen, wenn eine aus außersteuerlichen Gründen sinnvollere Rechtsform zugunsten der steuerlich günstigeren nicht gewählt wird[498]. Ob sich die mit dieser Wahl verbundenen außersteuerlichen Nachteile und die steuerlichen Vorteile ausgleichen, ist häufig nicht feststellbar. Während sich die Belastungswirkungen der nach Rechtsformen differenzierenden Steuern sehr genau quantifizieren lassen, ist dies bei den sonstigen Merkmalen der Rechtsform häufig nur schwer möglich. So lassen sich die Kosten der verschiedenartigen Mitbestimmungsregelungen beispielsweise nur schwer beziffern[499]. Die Wahl wird deshalb häufig zu Lasten außersteuerlicher Motive ausfallen. Dient die Unternehmensbesteuerung aber ausschließlich fiskalischen Interessen, beeinflussen solche Differenzierungen die Rechtsformwahl unbeabsichtigt. Nicht zuletzt darum wird aus ökonomischer Sicht gefordert, das Steuersystem möglichst neutral auszugestalten, um die Wirkung von bewußt eingesetzten Steuern mit Lenkungszweck nicht durch unbeabsichtigte Gegenkräfte zu beeinflussen[500].

---

[496] Vgl. *Kiesewetter, D.*, Leitbilder, in: StuW 1997, S. 24.

[497] Vgl. *Elschen, R./Hüchtebrock, M.*, Steuerneutralität, in: FA 41 (1983), S. 254.

[498] Vgl. *Knobbe-Keuk, B.*, Gesellschaftsrecht, 1986, S. 1.

[499] Vgl. *Jacobs, O. H.*, Besteuerung, in: ZGR 1980, S. 294.

[500] Vgl. *Kiesewetter, D.*, Leitbilder, in: StuW 1997, S. 25.

Für das einzelne Unternehmen bedeutet Rechtsformneutralität, daß die Steuerbelastung nicht davon abhängt, ob es als Kapitalgesellschaft, Personengesellschaft oder Einzelunternehmen organisiert ist. Steuerliche Regelungen sollen betriebswirtschaftliche Entscheidungen über die vernünftige Organisationsform und Finanzierung nicht verzerren und den Unternehmer nicht zur Wahl einer unpraktikablen Rechtsform drängen[501]. Letztlich ist es damit das Anliegen der Betriebswirtschaftslehre, Steuerdifferenzierungen anhand von ökonomischen Sachverhalten zu treffen. Die Rechtsform stellt dafür aber keine Grundlage dar[502].

b) Rechtsformneutralität aus juristischer Sicht

Juristisch läßt sich dieses von ökonomischer Seite aufgezeigte Problem als Forderung nach Gleichbehandlung formulieren[503]. Da die Rechtsform an sich kein geeignetes Differenzierungskriterium für die gerechte Belastung mit Steuern sei, dürfe eine Unternehmensbesteuerung nicht nach Kapitalgesellschaften, Personengesellschaften oder Einzelunternehmen differenzieren. Während in der volks- und betriebswirtschaftlichen Literatur das Postulat der Rechtsformneutralität weitgehend anerkannt ist[504], besteht im rechtswissenschaftlichen Schrifttum zwar weitgehend Konsens darüber, daß ein rechtsformneutrales Unternehmenssteuerrecht grundsätzlich zu begrüßen ist[505]. Die sich gegenüberstehenden Standpunkte gehen aber einerseits von einem bloßen Optimierungsgebot[506], andererseits von einem sich aus dem Leistungsfähigkeitsprinzip ableitenden Besteuerungsgrundsatz[507] aus.

Zentraler Ansatzpunkt für oder gegen eine Erhebung dieses Neutralitätspostulates in den Verfassungsrang ist dabei seine Verknüpfung mit dem Leistungsfähigkeitsprinzip. Dabei ist zu beachten, daß das Gebot der Rechtsformneutralität zwar per se kein verfassungsrechtlicher Grundsatz ist. Gleichwohl kann eine Verletzung dieses Neutralitätspostulates aber ein Indiz für die Verletzung des allgemeinen Gleichheitssatzes des Art. 3 Abs. 1 GG sein, aus dem sich auch das

---

501 Vgl. *Schön, W.*, Unternehmenssteuerreform, in: Stbg 2000, S. 5.

502 Vgl. *Jacobs, O. H.*, Besteuerung, in: ZGR 1980, S. 318.

503 Vgl. *van Lishaut, I.*, Unternehmensbesteuerung, in: StuW 2000, S. 187.

504 Vgl. aus volkswirtschaftlicher Sicht: *Homburg, S.*, Steuerlehre, 2000, S. 354 ff.; aus betriebswirtschaftlicher Sicht vgl. *Jacobs, O. H.*, Unternehmensbesteuerung, 1998, S. 98 ff.; ebenso *Wöhe, G.*, Steuerlehre, 1988, S. 281 ff.

505 Ein Überblick über den Meinungsstand findet sich bei *Hey, J.*, Rechtsformneutralität, in: *Ebling, I.*, Einkommen, 2001, Fn. 31 S. 159.

506 So etwa *Pelka, J.*, Rechtsformneutralität, in: StuW 2000, S. 398.

507 So etwa *Lang, J.*, Entwurf, 1993, Rn. 358 S. 95 f.

Leistungsfähigkeitsprinzip ableitet[508]. Als Konkretisierung dieses Besteuerungsprinzips könnte der Grundsatz der Rechtsformneutralität ebenfalls verfassungsrechtliche Relevanz in Form eines spezifischen Gleichbehandlungsgebotes besitzen. Um dies festzustellen, muß zunächst nach unterschiedlichen Rechtsfolgen, die an die Rechtform anknüpfen, gesucht und sodann nach Gründen dafür gefragt werden.

aa) Grundsätzliche Unterschiede bei der Besteuerung der Rechtsformen

Unterschiedliche Rechtsfolgen bei der Unternehmensbesteuerung ergeben sich insbesondere aus dem Nebeneinander von Einkommen- und Körperschaftsteuer[509]:

So können Personengesellschaften zivilrechtlich zwar selbst – jedenfalls partiell – Träger von Rechten und Pflichten sein. Dennoch sind sie keine Subjekte der Einkommensbesteuerung. Vielmehr unterliegen allein die Gesellschafter der Personengesellschaft als Mitunternehmer der Einkommensbesteuerung. Einkünfte aus Gewerbebetrieb im Sinne von § 15 EStG ergeben sich dabei aus dem Gewinn, der auf den einzelnen Mitunternehmeranteil entfällt. Dieser besteht aus dem nach dem vereinbarten Gewinnverteilungsschlüssel zugerechneten Gewinn der Personengesellschaft zuzüglich der empfangenen Sondervergütungen. Diese Einkünfte unterliegen dem jeweiligen persönlichen Steuersatz des Personengesellschafters bzw. Mitunternehmers und damit der Tarifprogression des EStG. Dies ist die Folge des Einheits- oder Transparenzprinzips bei Personengesellschaften, das zur steuerlichen Belastung auf Gesellschafterebene unabhängig vom tatsächlichen Zufluß führt[510].

Demgegenüber besitzen Kapitalgesellschaften als juristische Personen eigene Rechtspersönlichkeit und sind aus steuerlicher Sicht Subjekte der Körperschaftsteuer. Daneben unterliegen die Anteilseigner ihrerseits der Besteuerung. Während der Gewinn auf Ebene der Kapitalgesellschaft einem proportionalen Tarif unterliegt, werden Ausschüttungen an die Anteilseigner mit deren persönlichem Steuersatz besteuert. Insofern ist bei der Besteuerung von Kapitalgesellschaften und ihrer Anteilseigner das Trennungsprinzip zu beachten.

---

508 Vgl. *BVerfG* vom 29.05.1990 – 1 BvL 20, 26, 184 und 4/86, BVerfGE 82, S. 60 (86).

509 Vgl. *Jacobs, O. H.*, Besteuerung, in: ZGR 1980, S. 319.

510 Eine ausführliche Darstellung der Besteuerung von Personengesellschaften findet sich bei *Jacobs, O. H.*, Unternehmensbesteuerung, 1998, S. 175 ff.

bb) Vergleichbarkeit von Personen- und Kapitalgesellschaften

Die gegensätzlichen Auffassungen zum Gebot der Rechtsformneutralität entzünden sich vornehmlich an der Frage, ob ein Vergleich von Personen- und Kapitalgesellschaften aus verfassungsrechtlicher Sicht überhaupt möglich ist. Die ablehnende Ansicht stellt dabei insbesondere auf die subjektiven Komponenten der Einkommensteuer sowie deren progressiven Tarif im Gegensatz zum objektiven Charakter der Körperschaftsteuer und deren linearen Tarif ab[511]. Folgt man dieser Ansicht, verbleibt vom Gebot der Rechtsformneutralität aus juristischer Sicht lediglich eine rechtspolitische Forderung ohne verfassungsrechtliche Relevanz.

Geht man von der hier vertretenen Auffassung der Vergleichbarkeit von Personen- und Kapitalgesellschaften[512] aus, stellt sich eine unterschiedliche Besteuerung dieser Unternehmensrechtsformen mit unterschiedlichen Belastungswirkungen als verfassungsrechtliches Problem dar. Erst die Vergleichbarkeit beider Rechtsformen eröffnet den Anwendungsbereich des Leistungsfähigkeitsprinzips. Dies ergibt sich aus der Aussage der vertikalen Steuergerechtigkeit, die gebietet, unterschiedliche Leistungsfähigkeit unterschiedlich zu belasten. Ein solches Stufenverhältnis von größerer oder kleinerer Leistungsfähigkeit kann jedoch nur hergestellt werden, wenn beide Ausprägungen einen einheitlichen Bezugspunkt haben. Ohne diesen Bezugspunkt läßt sich nicht einmal eine ordinale Unterscheidung treffen. Es verbliebe nur die Möglichkeit, die Aussage zu treffen, daß beide Sachverhalte so unterschiedlich sind, daß sie nicht verglichen werden können[513]. Konsequent müßte daraus aber folgen, daß diese zwei Ausprägungen nicht als größer oder kleiner bezeichnet werden können, sondern eben nur als anders. Damit würde sich jede Aussage darüber verbieten, wie Personengesellschaften im Gegensatz zu Kapitalgesellschaften besteuert werden dürften und umgekehrt. Das wiederum bedeutet, daß nach dieser Auffassung Personengesellschaften im Vergleich zu Kapitalgesellschaften sowohl stärker, gleich oder weniger stark belastet werden können. Denn einen Maßstab, den man angelegen könnte, gibt es dann nicht.

---

[511] Vgl. *Pelka, J.*, Rechtsformneutralität, in: StuW 2000, S. 396.

[512] Siehe dazu die Ausführungen unter B. II. 3. c) auf S. 62.

[513] So *H. Weber*, der zwischen Personen- und Kapitalgesellschaften solche Unterschiede sieht, daß der Gesetzgeber sogar gehalten sei, diese Rechtsformen ungleich zu behandeln; vgl. *Weber, H.*, Grundfragen, in: JZ 1980, S. 549.

(1) Gewinn als objektiver Vergleichsmaßstab

Erkennt man der objektiven Größe „Gewinn" aber solch eine Maßstabsfunktion zu, ist nicht einzusehen, warum Personen- und Kapitalgesellschaften nicht verglichen werden sollten[514]. Beide Gesellschaften erzielen Einkommen am Markt und können dabei in einem Wettbewerbsverhältnis zueinander stehen. Als Ausprägungen des Leistungsfähigkeitsprinzips und damit des Grundsatzes der Steuergerechtigkeit besagen die Grundsätze der horizontalen und vertikalen Steuergerechtigkeit aber, daß gleiche wirtschaftliche Leistungsfähigkeit gleich, ungleiche Leistungsfähigkeit ungleich besteuert werden muß. Allein das Nebeneinander von objektiv geprägter Körperschaftsteuer und subjektiv durchsetzter Einkommensteuer rechtfertigt es noch nicht, beiden Rechtsformen die grundsätzliche Vergleichbarkeit abzusprechen. Denn zunächst einmal ist beiden Sachverhalten gemeinsam, daß wirtschaftliche Leistungsfähigkeit besteuert wird. Jedenfalls in den Bereichen, in denen beide Besteuerungssysteme ausschließlich an die objektive Leistungsfähigkeit anknüpfen – bei der Einkommensteuer ist dies im Bereich des Spitzensteuersatzes der Fall –, ist ein verfassungsrechtlicher Vergleich deshalb nicht nur möglich, sondern auch geboten[515].

Sobald man aber grundsätzlich eine Vergleichbarkeit von Personen- und Kapitalgesellschaften annimmt, beginnt sich auch der Schutzbereich dieser allgemeinen und speziellen Prinzipien zu entfalten. Dabei ist es eine Besonderheit des Steuerrechts im allgemeinen und dieser Prinzipien im besonderen, daß steuerliche Sachverhalte nicht nur völlig unterschiedlich, sondern geringfügig, mittel oder stark unterschiedlich sein können[516]. Das bedeutet, der allgemeine Gleichheitssatz entfaltet seine Schutzwirkung über dieses System aus über- und untergeordneten Prinzipien nicht nur durch die bloße Frage, ob zwei Sachverhalte gleichwertig und deshalb gleich zu behandeln sind. Vielmehr muß das Steuerrecht auch gewährleisten, daß zwei nur geringfügig unterschiedliche Sachverhalte auch nur geringfügig ungleich besteuert werden. Denn nicht nur das Ob, sondern auch die Art und das Ausmaß einer möglichen Ungleichbehandlung unterliegen der verfassungsrechtlichen Prüfung[517]. Das wiederum bedeutet, ein Vergleich zwischen Personen- und Kapitalgesellschaften scheidet nicht bereits deshalb aus, weil zwischen beiden Gesellschaftsstrukturen gewisse Unterschiede bestehen, die sich möglicherweise auch auf die steuerliche Leistungsfähigkeit dieser Rechtsformen auswirken. Und selbst wenn die unterschiedlichen Struktu-

---

514 Vgl. *Hey, J.*, Rechtsformneutralität, in: *Ebling, I.*, Einkommen, 2001, S. 167.

515 Vgl. *Jachmann, M.*, Gleichheitsproblem, in: *Pelka, J.*, Unternehmensbesteuerung, 2000, S. 28.

516 Vgl. *Weber, H.*, Grundfragen, in: JZ 1980, S. 549.

517 Vgl. *BVerfG* vom 08.10.1963 – 2 BvR 108/62, BVerfGE 17, S. 122 (131).

ren von Einkommen- und Körperschaftsteuer eine Vergleichbarkeit der Belastungswirkungen in vielen Fällen verbieten, entbindet dies den Gesetzgeber nicht, eine Gleichbehandlung dort zu gewährleisten, wo tatsächlich gleichartige Sachverhalte vorliegen.

(2) Steuersystematische Gemeinsamkeiten

Daß Personen- und Kapitalgesellschaften aus steuerlicher Sicht nicht zwei völlig unterschiedliche juristische Gebilde sind, ergibt sich bereits daraus, daß sowohl das EStG als auch das KStG auf das Einkommen bzw. den Ertrag als Steuerobjekt zugreifen[518]. Allein schon der Verweis in § 8 Abs. 1 KStG auf die Gewinnermittlungsvorschriften des EStG macht deutlich, daß beide Besteuerungssysteme auf einer gemeinsamen Basis stehen und somit nicht losgelöst voneinander betrachtet werden können. Zwar mögen zwischen diesen Rechtsformen erhebliche zivil-, handels-, gesellschafts- und arbeitsrechtliche Unterschiede bestehen[519]. Indessen knüpfen das EStG und das KStG als Maßgröße für steuerliche Leistungsfähigkeit aber an das Einkommen bzw. das Ergebnis der wirtschaftlichen Betätigung an[520]. Im Rahmen der steuerlichen Gewinnermittlung aber bestehen zwischen diesen Rechtsformen nur unwesentliche Unterschiede. So wird gerade die Bemessungsgrundlage weitgehend unabhängig von der Unternehmensrechtsform ermittelt[521]. Das wiederum bedeutet, daß das Steuerobjekt bei ähnlichen wirtschaftlichen Ausgangsdaten – abgesehen von den wenigen Sonderregelungen des KStG – weitgehend unabhängig von der Rechtsform des Unternehmens ist. Dies wiederum spricht gegen die Annahme, Personen- und Kapitalgesellschaften seien so verschieden, daß ein Vergleich unter verfassungsrechtlichen Gesichtspunkten nicht vorgenommen werden könnte[522]. Dabei darf auch nicht übersehen werden, daß die gesellschaftsrechtlichen Unterschiede, die sich in der unterschiedlichen Haftung der Gesellschafter, dem Vertretungsrecht, arbeitsrechtlichen Vorschriften wie insbesondere dem Mitbestimmungsrecht usw. steuerlich nur von geringer Bedeutung sind. So dürfte es bereits kaum möglich sein, den Erfolg eines Unternehmens aus dem Einfluß dieser Faktoren abzuleiten und so eventuell typisierend eine höhere Leistungsfähigkeit bestimmter Rechtsformen zu unterstellen[523]. Eine Unterscheidung danach, mit welcher Mühe oder

---

518 Vgl. *Hey, J.*, Rechtsformneutralität, in: *Ebling, I.*, Einkommen, 2001, S. 169.
519 So etwa die Ausführungen bei *Weber, H.*, Grundfragen, in: JZ 1980, S. 549.
520 Vgl. *Hey, J.*, Rechtsformneutralität, in: *Ebling, I.*, Einkommen, 2001, S. 167.
521 Vgl. *Wochinger, P.*, in: *Dötsch/Eversberg/Jost/Witt*, KStG, 2001, § 8 Rn. 1 (Stand: Juli 2001).
522 So aber *Weber, H.*, Grundfragen, in: JZ 1980, S. 549.
523 In diese Richtung *Jacobs, O. H.*, Besteuerung, in: ZGR 1980, S. 294 ff.

welchem Risiko Einkommen erzielt wurde, ist dem Einkommensteuerrecht ohnehin fremd. Eine solche Differenzierung könnte zwar grundsätzlich in den verschiedenen Einkunftsarten gesehen werden. Hierbei handelt es sich jedoch in erster Linie um eine systematische Unterscheidung. Soweit daran auch unterschiedliche Rechtsfolgen geknüpft sind, bedürfen diese der Rechtfertigung[524]. Die unterschiedliche Behandlung der Einkunftsarten muß damit die Ausnahme bleiben.

Folgert man mit dem *BFH* aus § 8 Abs. 2 KStG schließlich, daß Kapitalgesellschaften nur Einkünfte aus Gewerbebetrieb beziehen[525], entstammen die Einkünfte einer gewerblich tätigen Personengesellschaft und einer Kapitalgesellschaft ohnehin der gleichen Einkunftsart. Gerade innerhalb der gleichen Einkunftsart unterscheidet das EStG grundsätzlich nicht danach, ob Einkommen mit höheren Risiken oder Chancen erworben wurde. So differenziert auch § 19 EStG nicht zwischen den Einkünften verschiedener Berufe oder von Beamten und Angestellten, obwohl gerade zwischen diesen beiden Gruppen erhebliche Unterschiede in bezug auf Kündigungsrecht, Tarifbindung oder Überstundenvergütungen existent sind[526].

Zwar bestehen hier nach dem Ausscheiden aus dem Erwerbsleben wiederum Unterschiede bei der Besteuerung von Beamtenpensionen nach § 19 EStG und Sozialversicherungsrenten, die sich nach § 22 Nr. 1 Satz 3 lit. a EStG richten. Diese Unterschiede lassen sich aber mit der grundsätzlich unterschiedlichen Struktur von vorgelagerter und nachgelagerter Besteuerung begründen[527]. Die rein systematisch unterschiedliche Behandlung der verschiedenen Altersbezüge begründet aber noch keinen Verfassungsverstoß. Wohl aber muß die konkrete Ausgestaltung der jeweiligen Systeme insgesamt die Beachtung des Leistungsfähigkeitsprinzips gewährleisten[528]. Gerade die unterschiedlichen Belastungswirkungen, die heute bei der Besteuerung von Sozialversicherungsrenten und Beamtenpensionen bestehen, werden von zahlreichen Stimmen in der Literatur aber für verfassungswidrig gehalten[529]. Dies dürfte auch der Tendenz des *BVerfG* entsprechen, das in seinem Urteil zur Zulässigkeit der vor- und nachgelagerten Rentenbesteuerung zwar nicht die unterschiedliche Besteuerung an

---

524 Vgl. *BVerfG* vom 10.04.1997 – 2 BvL 77/92, BVerfGE 96, 1 (6).

525 Vgl. *BFH* vom 20.10.1976 – I R 139-140/74, BStBl II 1977, S. 96 (97).

526 Vgl. *Hey, J.*, Rechtsformneutralität, in: *Ebling, I.*, Einkommen, 2001, S. 167.

527 Vgl. *BVerfG* vom 26.03.1980 – 1 BvR 121, 122/76, BVerfGE 54, S. 11 (26).

528 Vgl. *Birk, D./Wernsmann, R.*, Altersversorgung, in: DB 1999, S. 170.

529 Vgl. *Seer, R.*, Alterseinkünfte, in: StuW 1996, S. 335.

sich, wohl aber die Begünstigung von Sozialversicherungsrenten gegenüber Beamtenpensionen als verfassungsrechtlich bedenklich angemahnt hat[530].

Hier drängen sich Parallelen zur Unternehmensbesteuerung auf[531]: Bereits 1962 hat das *BVerfG* entschieden, daß die Anknüpfung des Steuerrechts an vorgefundene, zivilrechtliche Organisationsformen nicht zu beanstanden ist[532]. Keine Aussage traf das Gericht damit aber darüber, ob dies auch Belastungsunterschiede zwischen diesen beiden Gruppen rechtfertigen könnte[533]. Das Urteil des *BVerfG* zur Umsatzsteuer deutet in die entgegengesetzte Richtung[534]. Überträgt man die Ausführungen in dem Urteil zur Rentenbesteuerung, bedeutet das, daß eine rechtsformabhängige Besteuerung zulässig ist. Dies berechtigt den Gesetzgeber aber nicht, die verschiedenen Unternehmensformen steuerlich unterschiedlich zu belasten.

(3) Zwischenergebnis

Letztlich sind Personen- und Kapitalgesellschaften insofern vergleichbar, als die Besteuerung beider Rechtsformen primär an den erzielten Gewinn anknüpft. Jedenfalls bei Ermittlung der Bemessungsgrundlage kommt der Rechtsform als Differenzierungskriterium nur untergeordnete Bedeutung zu. Begreift man die Körperschaftsteuer als Einkommensbesteuerung der Körperschaft – und dafür sprechen bereits steuersystematische Gründe –, besteht kein normativer Unterschied zwischen der Gewinnbesteuerung von Personen- und Kapitalgesellschaften. Die Besteuerung des Einkommens hat sich aber in erster Linie an den Vorgaben des Leistungsfähigkeitsprinzips zu orientieren. Damit liefert das Leistungsfähigkeitsprinzip den Vergleichsmaßstab nicht nur für Unternehmen der gleichen Rechtsform, sondern auch für Einzelunternehmer, Personen- und Kapitalgesellschaften. Die Rechtsform an sich ist dagegen nicht geeignet, eine Differenzierung vorzunehmen.

Gegen die These, die Unternehmensbesteuerung übernehme typisierend nur die bereits privatrechtlich typisierten Gesellschaftsformen[535], spricht, daß den verfassungsrechtlichen Anforderungen an eine zulässige Typisierung durch eine

---

530 Vgl. *BVerfG* vom 26.03.1980 – 1 BvR 121, 122/76, BVerfGE 54, S. 11 (34).

531 Diese Parallele zeigt auch *J. Lang* auf; vgl. *Lang, J.*, Systeme, in: *Ebling, I.*, Einkommen, 2001, S. 84 ff.

532 Vgl. *BVerfG* vom 24.01.1962 – 1 BvR 845/58, BVerfGE 13, S. 331 (339).

533 So *Hey, J.*, Rechtsformneutralität, in: *Ebling, I.*, Einkommen, 2001, S. 167.

534 Vgl. *BVerfG* vom 29.10.1999 – 2 BvR 2861/93, BVerfGE 101, S. 151 (156 f.).

535 In diese Richtung tendiert *Weber, H.*, Grundfragen, in: JZ 1980, S. 549.

solche Anknüpfung nicht genügt wäre. Denn dem Erfordernis, durch eine Typisierung die Mehrzahl der Sachverhalte korrekt zu erfassen und aus Gründen der Praktikabilität eine kleine Zahl von Sachverhalten zu vernachlässigen, vermag die Anknüpfung an eine Rechtsmaterie, die so sehr der Dispositionsbefugnis der Beteiligten unterliegt wie das Gesellschaftsrecht, nicht zu genügen. Dies wird an der weiten Verbreitung der gesellschaftsrechtlichen Hybridform der GmbH & Co. KG deutlich, bei der aus steuerlichen Gründen personen- und kapitalgesellschaftsrechtliche Elemente derart miteinander verflochten wurden, daß man insgesamt weder von einer typischen Personen- noch von einer Kapitalgesellschaft sprechen kann[536]. Zutreffend wird diese weit verbreitete Gesellschaftsform daher auch als Grundtypenvermischung bezeichnet[537]. Gerade für mittelständische Unternehmen stellt dieses Konstrukt eine attraktive Organisationsform dar. So waren 1996 fast 70% aller Kommanditgesellschaften in der Form der GmbH & Co. KG organisiert. Gleichzeitig entfielen auf die Rechtsform der KG aber immerhin mehr als 20% aller umsatzsteuerlichen Umsätze[538]. Demgegenüber entfielen lediglich 6,3% aller Umsätze auf die typisierte Form der OHG. Zieht man den Umsatz als Meßlatte für das wirtschaftliche Gewicht der Unternehmensformen heran[539], wird deutlich, daß die gesellschaftsrechtlich nicht typisierte GmbH & Co. KG die handelsrechtlich normierten Grundformen sowohl der OHG als auch der KG mit mindestens einer natürlichen Person als unbeschränkt haftendem Komplementär überholt hat. Denn Leitgedanke des Systems der Handelsgesellschaften war ursprünglich, einem Unternehmen entweder persönlichen Einsatz in Verbindung mit persönlicher Haftung oder angemessenes Betriebs- oder Haftungskapital ohne persönliche Haftung zur Verfügung zu stellen. Bei der GmbH & Co. KG wird beides vermieden[540].

Kann eine gesellschaftsrechtliche Mischform, die eher die Regel als die Ausnahme ist, gesellschaftsrechtlich und steuersystematisch aber nicht eindeutig als Personen- oder Kapitalgesellschaft identifiziert werden, erscheint die steuerliche Anknüpfung an die formal-juristische Rechtsform dieser Gesellschaft, die Kommanditgesellschaft[541], willkürlich. Denn wirtschaftlich betrachtet kann diese Rechtsform ebenso gut als Kapitalgesellschaft angesehen werden[542]. Sieht man mit der herrschenden Meinung die GmbH & Co. KG formal als Personengesellschaft an, folgt das Steuerrecht durch die Besteuerung nach den Mitunter-

---

536 Vgl. *Junker, C.*, Anwendung, in: DStR 1993, S. 1786.
537 Vgl. *Schmidt, K.*, Gesellschaftsrecht, 1997, S. 1621.
538 Vgl. die Darstellung bei *Hansen, H.*, Unternehmensgruppe, in: GmbHR 1999, S. 24.
539 Vgl. *Hansen, H.*, Unternehmensgruppe, in: GmbHR 1999, S. 24.
540 Vgl. *Wiedemann, H.*, Gesellschaftsrecht, 1980, S. 45.
541 Vgl. *Schmidt, K.*, Gesellschaftsrecht, 1997, S. 1624.
542 Vgl. *Raiser, T.*, Kapitalgesellschaften, 1992, § 42 Rn. 1.

nehmergrundsätzen zwar dem Handelsrecht. Daraus kann aber nicht geschlossen werden, aus der zivilrechtlichen Unternehmensform könnten Rückschlüsse auf typische wirtschaftliche Sachverhalte gezogen werden. Dem steht die Dispositivität des deutschen Gesellschaftsrechts gerade entgegen[543].

cc) Rechtsform und Leistungsfähigkeit

Setzt man mit der hier vertretenen Auffassung Unternehmensbesteuerung gleich mit der Besteuerung des Einkommens von Unternehmen, bedeutet dies zunächst, daß als Bemessungsgrundlage in erster Linie der Gewinn als objektive Größe heranzuziehen ist, wie dies bereits de lege lata im EStG und KStG verwirklicht wird. Damit können Unternehmen jeder Rechtsform verglichen werden. Diese Interpretation als Einkommensbesteuerung von Unternehmen bedeutet aber auch, daß die Besteuerung der Unternehmensformen auf das gleiche Steuerobjekt zugreift. Damit wird der Schutzbereich des Art. 3 Abs. 1 GG eröffnet. Denn sobald auf der Tatbestandsseite zwei Sachverhalte als gleichwertig angesehen werden müssen, besagt der allgemeine Gleichheitssatz, daß die sich aus einer Norm ergebenden Rechtsfolgen damit für beide Sachverhalte auch gleichwertig sein müssen. Die grundlegende Frage ist daher zwar zunächst, wann zwei Sachverhalte als gleichwertig gelten[544]. Diese Auswahl des Differenzierungskriteriums wurde durch die Festlegung auf die Bemessungsgrundlage Einkommen bzw. Gewinn jedoch bereits getroffen. Die Rechtsform an sich aber sagt über die Höhe des Einkommens oder des Gewinns nichts aus[545].

Die Kernaussage des Gebots der Rechtsformneutralität zeigt, daß sich dieses Postulat letztlich als Forderung nach Gleichbehandlung darstellt. Denn wenn Unternehmensformen trotz gleichen Einkommens oder Gewinns unterschiedlich besteuert werden, werden zwei Sachverhalte, die entsprechend dem eigentlichen Vergleichsmaßstab als gleichwertig einzustufen sind, ungleich behandelt. Rechtsformneutralität bedeutet damit zunächst nichts anderes als die konsequente Umsetzung der Systementscheidung Einkommensbesteuerung. Insofern gewinnt dieses ökonomische Postulat bereits verfassungsrechtliche Relevanz: Entscheidet sich der Gesetzgeber auf einer übergeordneten Stufe dafür, das Einkommen von natürlichen und juristischen Personen zu besteuern, muß er diese Systementscheidung auch konsequent umsetzen. Andernfalls begeht er einen Verstoß gegen den Grundsatz der Folgerichtigkeit und Systemgerechtigkeit.

---

543 Vgl. *Jacobs, O. H.*, Besteuerung, in: ZGR 1980, S. 292.
544 Zu dieser Problematik siehe *Klein, F.*, Gleichheitssatz, 1966, S. 22 ff.
545 Vgl. *Hey, J.*, Rechtsformneutralität, in: *Ebling, I.*, Einkommen, 2001, S. 164.

Aus dieser Systementscheidung folgt sodann eine Verpflichtung zur Umsetzung des Leistungsfähigkeitsprinzips. Denn dieses Prinzip muß nach der Rechtsprechung des *BVerfG* bei der Ausgestaltung und Umsetzung der Einkommensbesteuerung beachtet werden. Das Leistungsfähigkeitsprinzip wiederum ist lediglich eine weitere Präzisierung des Gebots der Gleichbehandlung, indem es das Gebot der Steuergerechtigkeit konkretisiert. So darf Einkommensbesteuerung sich nicht in der allein formellen Gleichbehandlung der Steuerpflichtigen erschöpfen, sondern muß sich an der Leistungsfähigkeit des einzelnen orientieren. Die Steuerbelastung muß auch tragbar sein. Gleichzeitig muß höhere Leistungsfähigkeit aber mit einer höheren Belastung korrespondieren. Ohne eine nähere Konkretisierung zu treffen besagt das Leistungsfähigkeitsprinzip damit, daß der Maßstab für die Besteuerung die wirtschaftliche Belastbarkeit sein muß. Hier zeigt sich die erste Verbindungslinie zur Rechtsformneutralität. Denn diese besagt, daß die Rechtsform nicht geeignet ist, um daraus Rückschlüsse auf wirtschaftliche Sachverhalte, insbesondere die Wirtschaftskraft eines Unternehmens, zu ziehen.

Damit schließt sich der Kreis: Wählt der Gesetzgeber einen Indikator für Leistungsfähigkeit, ist er nach dem Gebot der Folgerichtigkeit gezwungen, diese Entscheidung auch konsequent umzusetzen. Knüpft der Gesetzgeber die Bemessungsgrundlage der Einkommen- und Körperschaftsteuer an die objektiv zu ermittelnde Größe Einkommen oder Gewinn, hat er damit den Indikator für wirtschaftliche Leistungsfähigkeit gewählt. Die Anknüpfung an die Rechtsform widerspricht dieser Grundsatzentscheidung, denn die Rechtsform vermag keine Erkenntnisse über die Ertragskraft eines Unternehmens zu liefern. Sie ist damit kein Indikator für wirtschaftliche Leistungsfähigkeit und deshalb als Maßstab für die Einkommensbesteuerung im allgemeinen und die Unternehmensbesteuerung im besonderen nicht geeignet.

Das Gebot der Rechtsformneutralität läßt sich deshalb als plastische Verbalisierung des allgemeinen Gleichheitssatzes beschreiben. Letztlich beschreibt diese Neutralität die Ungeeignetheit der Rechtsform als Differenzierungskriterium für Steuerbelastungen. Darin erschöpft sich die Aussagekraft dieses Postulates aber nicht. Vielmehr liegt eine besondere Stärke dieses Postulates in seiner einfachen Operationalisierbarkeit. Denn ob ein Steuersystem rechtsformneutral ausgestaltet ist, läßt sich anhand von Steuerbelastungsvergleichen leicht erkennen. Damit liefert dieses aus der Ökonomie hervorgegangene Postulat zugleich einen erheblichen Beitrag bei der Konkretisierung des Leistungsfähigkeitsprinzips[546].

Ein Spannungsverhältnis besteht allerdings zur subjektiven Komponente des Leistungsfähigkeitsprinzips, das die Berücksichtung persönlicher Merkmale insofern gebietet, als diese das disponible Einkommen beeinflussen[547]. Das Gebot der Rechtsformneutralität besitzt dagegen ausschließlich objektive Aussagekraft, denn es knüpft in erster Linie an die quantitative Vergleichbarkeit eines wirtschaftlichen Sachverhaltes an[548]. Es vergleicht Unternehmen nach dem erzielten Gewinn, nicht aber Unternehmer in ihrer jeweiligen individuellen Situation. Indessen muß dieses Spannungsverhältnis nicht zu einer Unvereinbarkeit mit dem Leistungsfähigkeitsprinzip führen. Das Leistungsfähigkeitsprinzip besitzt eine objektive und eine subjektive Komponente. Das gleiche Spannungsverhältnis kann zwischen dem objektiven und dem subjektiven Nettoprinzip bestehen. Die Lösung liegt hier in der Trennung der beruflichen bzw. betrieblichen Sphäre von der privaten. Das gleiche gilt für den Begriff der Rechtsformneutralität, der als Vergleichsmaßstab nur die Sphäre des Unternehmens, nicht aber die persönliche des Unternehmers berührt. Letztlich stellt Rechtsformneutralität also ein Subprinzip der objektiven Komponente des Leistungsfähigkeitsprinzips dar. Soweit dieses mit subjektiven Komponenten konfligiert, ist ein angemessener Ausgleich zu schaffen[549]. An der grundsätzlichen Anwendbarkeit dieses Gebots ändert sich dadurch indessen nichts.

Eine unterschiedliche Belastung allein wegen unterschiedlicher Rechtsformen würde daher zu einem Verstoß gegen den Grundsatz der Steuergerechtigkeit und damit zur Unvereinbarkeit der belastenden Norm mit Art. 3 Abs. 1 GG führen. Dies bedeutet aber nicht zugleich, daß Belastungsunterschiede zwischen verschiedenen Rechtsformen unbesehen als verfassungswidrig einzustufen wären. Das Gebot der Rechtsformneutralität stellt lediglich den Grundsatz dar: Die Rechtsform trifft keine Aussage über die wirtschaftliche Leistungsfähigkeit eines Unternehmens[550] und ist deshalb als Differenzierungskriterium ungeeignet. Sollten Rechtsformunterschiede ausnahmsweise auch Ausdruck unterschiedli-

---

546 Zur Schwierigkeit der Operationalisierung des Leistungsfähigkeitsprinzips vgl. *Schuppert, G. F.*, Prüfungsmaßstäbe, in: FS Zeidler, S. 712 ff.

547 Vgl. *Hey, J.*, Rechtsformneutralität, in: *Ebling, I.*, Einkommen, 2001, S. 168.

548 *A. Graß* spricht von einer Verletzung, wenn die Rechtsformentscheidung zu gleichen wirtschaftlichen Folgen, aber zu unterschiedlichen Steuerbelastungen führt; vgl. *Graß, A.*, Besteuerung, 1992, S. 92.

549 Vgl. *Hey, J.*, Rechtsformneutralität, in: *Ebling, I.*, Einkommen, 2001, S. 178.

550 Ebenso *Krüger, D.*, Wahl, in: *Arthur Andersen*, Unternehmensform, 1999, S. 254 Rn. 186.

cher Leistungsfähigkeit sein, führt dieses Gebot nicht zu einer Gleichbehandlung von Ungleichem. Vielmehr wäre dann eine rechtsformspezifische Unternehmensbesteuerung gerechtfertigt[551], ja geradezu geboten. Andernfalls würde dies zu einem Verstoß gegen die vertikale Steuergerechtigkeit führen. Juristisch präziser kann Rechtsformneutralität deshalb auch als Rechtsformgerechtigkeit und damit rechtsformgerechte gleichmäßige Besteuerung verstanden werden[552]. Damit würde der Begriff allerdings viel von seiner plastischen Aussagekraft verlieren. Aufgrund der starken Parallelität zur ökonomischen Definition sollte der Neutralitätsbegriff deshalb beibehalten werden.

dd) Durchbrechung der Rechtsformneutralität

Als Subprinzip des Leistungsfähigkeitsprinzips unterliegt das Gebot der Rechtsformneutralität den gleichen Einschränkungen wie die übergeordnete Besteuerungsmaxime. Es bedarf also eines anerkannten Rechtfertigungsgrundes für die Durchbrechung des Gleichheitssatzes. Das bedeutet, eine rechtsformspezifische Unternehmensbesteuerung könnte durch lenkungspolitische Ziele gerechtfertigt werden. Dafür muß der Lenkungszweck aber mit hinreichender Bestimmtheit vorgezeichnet und gleichheitsrechtlich ausgestaltet sein[553]. Hier befindet man sich wiederum im Spannungsverhältnis zwischen Fiskalzweck- und Sozialzwecknormen, deren Verhältnis zueinander bereits an anderer Stelle ausführlich dargestellt wurde[554]. Eine Rechtfertigungsüberprüfung von Ungleichbehandlungen kann allerdings nur an der konkreten Steuernorm und den Zielsetzungen, die der Gesetzgeber damit verfolgt, vorgenommen werden[555]. Dies soll im weiteren Verlauf der Arbeit am Beispiel des StSenkG erfolgen.

Letztlich wird wiederum deutlich, daß das Gebot der Rechtsformneutralität weder aus ökonomischer noch juristischer Sicht ein unumstößliches Besteuerungsprinzip ist. Eine Durchbrechung bedarf allerdings der Rechtfertigung. Ein unbewußter Verstoß des Gesetzgebers kann den verfassungsrechtlichen Anforderungen hieran jedenfalls nicht genügen.

---

551 Vgl. *Graß, A.*, Besteuerung, 1992, S. 93.

552 Vgl. *Hey, J.*, Rechtsformneutralität, in: *Ebling, I.*, Einkommen, 2001, S. 168.

553 Vgl. *BVerfG* vom 22.06.1995 – 2 BvL 37/91, BVerfGE 93, S. 121 (148).

554 Siehe dazu bereits die Ausführungen unter B. II. 4. a) auf S. 68.

555 Zur Systematik der verfassungsrechtlichen Überprüfung vgl. *Eschenbach, J.*, Grundfragen, in: SteuerStud 2001, S. 494.

3. Finanzierungsneutralität und Leistungsfähigkeit

Während die Postulate der Wettbewerbs- und Rechtsformneutralität sowohl im wirtschaftswissenschaftlichen als auch im juristischen Schrifttum gebräuchlich sind, ist der Begriff der Finanzierungsneutralität der Steuerrechtswissenschaft eher fremd. Soweit sich Ausführungen hierzu finden, wird in der Regel auf ökonomische Erkenntnisse verwiesen[556]. Dennoch legt bereits die betriebswirtschaftliche Definition dieser Neutralität eine Parallelität zum allgemeinen Gleichheitssatz nahe.

a) Finanzierungsneutralität aus ökonomischer Sicht

Finanzierungsneutralität liegt vor, wenn ein Steuersystem nicht nach den verschiedenen Finanzierungsformen differenziert[557]. Das bedeutet, die Erträge aus der Bereitstellung von Eigenkapital werden in gleicher Höhe belastet wie die Erträge aus der Überlassung von Fremdkapital. Die Entscheidung, den Finanzbedarf mit Eigen- oder Fremdkapital zu decken, kann dann losgelöst von steuerlichen Verzerrungen getroffen werden[558].

Neben die Zuführung von Eigen- oder Fremdkapital tritt die Finanzierung aus erwirtschafteten und nicht ausgeschütteten Gewinnen, die sog. Selbstfinanzierung. Nach dem Grundsatz der Finanzierungsneutralität sollte keine dieser drei Finanzierungsformen steuerlich begünstigt oder benachteiligt werden[559]. Ein Diskriminierungsverbot der Selbstfinanzierung wird auch vom Postulat der Gewinnverwendungsneutralität gefordert. Auf die steuerliche Behandlung einbehaltener und ausgeschütteter Gewinne soll deshalb gesondert eingegangen werden. Eine Sonderform stellt zudem die sog. „Wertpapierneutralität" dar. Danach sollen die Erträge aus Aktien und GmbH-Anteilen, die Eigenkapital verkörpern, ebenso besteuert werden wie Zinsen und Erträge aus Schuldverschreibungen, die Fremdkapital verkörpern[560].

Betont werden muß aus ökonomischer Sicht, daß steuerliche Regelungen den Anforderungen der Finanzierungsneutralität gerecht werden, wenn die Entscheidung zwischen Fremd- und Eigenkapital nicht beeinflußt wird. Keine Aussage

---

556 So etwa bei *Hey, J.*, in: *Herrmann/Heuer/Raupach*, Kommentar, 1996, Einf. KSt Anm. 39.

557 Vgl. *Jaeger, C.*, Körperschaftsteuersysteme, 2001, S. 104.

558 Vgl. *Schwarzkopf, O.*, Körperschaftsteuersysteme, 1993, S. 26.

559 Vgl. *Homburg, S.*, Steuerlehre, 2000, S. 346.

560 Vgl. *Maiterth, R./Semmler, B.*, Halbeinkünfteverfahren, in: BB 2000, S. 1381.

trifft dieses Postulat aber über die ökonomische Vorteilhaftigkeit der Finanzierung mit Eigen- oder Fremdkapital. Selbstverständlich führen unterschiedliche Kapitalstrukturen zu ganz unterschiedlichen Folgen für die Verfassung eines Unternehmens. Für den Kapitalgeber ist dieser Unterschied offensichtlich. Stellt er Eigenkapital zur Verfügung, ist seine Vergütung gewinnabhängig. Er trägt dabei das Risiko eines geringen Ertrags, hat jedoch gleichzeitig die Chance auf einen hohen Ertrag. Stellt er Fremdkapital zur Verfügung, bekommt er in der Regel eine garantierte Summe. Ein Risiko trägt er nicht. Gleichzeitig entgeht ihm aber auch eine Chance. *D. Schneider* benutzt für diese Abgrenzung die plastische Gegenüberstellung der Begriffe Restbetragsanspruch (Eigenkapital) und Festbetragsanspruch (Fremdkapital)[561]. Mischformen jeglicher Spielart sind natürlich denkbar. Daneben bestehen erhebliche gesellschaftsrechtliche Unterschiede. So haben Eigenkapitalgeber Mitwirkungs- und Teilhaberechte, die in den entsprechenden Gesellschaftsorganen wie Hauptversammlung oder Gesellschafterversammlung ausgeübt werden. Fremdkapitalgeber haben diese Einflußmöglichkeiten grundsätzlich nicht, obwohl der zivilrechtlichen Vertragsgestaltung nur wenige Grenzen gesetzt sind.

Ohne auf weitere Einzelheiten eingehen zu wollen wird dabei deutlich, daß die Finanzierungsentscheidung ökonomische und juristische Auswirkungen der verschiedensten Art hat. Finanzierungsneutralität besagt nur, daß die Entscheidung für eine bestimmte Finanzierungsstruktur nicht durch die Belastungswirkung von Steuern beeinflußt werden soll. Die Wahl der unternehmensindividuellen Finanzierungsstruktur sollte sich vielmehr ausschließlich an diesen wirtschaftlichen oder gesellschaftsrechtlichen Unterschieden orientieren.

b) Finanzierungsneutralität aus juristischer Sicht

Bereits die ökonomische Definition der Finanzierungsneutralität fordert die steuerliche Gleichbehandlung der unterschiedlichen Finanzierungsformen. Damit hat die Ökonomie bereits den juristischen Obersatz gebildet: Wenn die verschiedenen Formen der Unternehmensfinanzierung den gleichen wirtschaftlichen Sachverhalt abbilden, müssen sie steuerlich auch gleich behandelt werden. Dies entspricht der Aussage des allgemeinen Gleichheitssatzes. Steuerlich muß dieser Obersatz dahingehend präzisiert werden, daß die verschiedenen Finanzierungsformen dann gleich zu behandeln sind, wenn sie zu einem gleich hohen Zuwachs an wirtschaftlicher Leistungsfähigkeit führen.

---

561 Vgl. *Schneider, D.*, Investition, 1992, S. 48.

aa) Finanzierungsfreiheit

Während die Rechtsprechung des *BVerfG* und der Finanzgerichtsbarkeit derzeit noch keine konkreten Aussagen zum Postulat der Finanzierungsneutralität enthält, findet sich in der Judikatur des *BFH* der Begriff der Finanzierungsfreiheit. Dieser besagt, daß es dem Unternehmer freisteht, sein Unternehmen unter Einsatz von Eigen- oder Fremdkapital zu führen[562]. Dies ergibt sich aus zwei Urteilen aus dem Jahr 1985, in denen der *BFH* entschieden hat, daß ein Gewerbetreibender sämtliche Einnahmen für private Zwecke entnehmen und im Gegenzug alle anfallenden Betriebsausgaben und betrieblichen Anschaffungen durch Darlehen finanzieren kann[563]. Der Hintergrund dafür ist, daß betrieblich bzw. beruflich veranlaßte Schuldzinsen als Betriebsausgaben oder Werbungskosten abziehbar, privat veranlaßte Schuldzinsen als Kosten der privaten Lebensführung wegen § 12 Nr. 1 EStG aber vom Abzug ausgeschlossen sind. Finanziert ein Unternehmer seinen Betrieb überwiegend mit Fremdkapital, während er seine private Lebensführung mit Entnahmen aus dem Betriebsvermögen bestreitet, bleiben die Fremdkapitalzinsen voll abzugsfähig. Dies gilt auch dann, wenn zur Bestreitung der betrieblichen Aufwendungen ausreichend Eigenkapital zur Verfügung steht[564].

Letztlich bestätigt der *BFH* damit, daß das Steuerrecht grundsätzlich nicht in die Entscheidung des Unternehmers für eine bestimmte Finanzierungsstruktur eingreifen darf. Jeder Steuerpflichtige kann demnach frei entscheiden, ob Aufwendungen oder Investitionen durch Eigen- oder Fremdkapital finanziert werden[565]. Niemand soll aus steuerlichen Gründen gezwungen werden, einen bestimmten Anteil Eigenkapital oder Fremdkapital einzusetzen[566]. Eine Ausnahme ergibt sich zwar für die Finanzierung von Kapitalgesellschaften durch beschränkt steuerpflichtige Gesellschafter nach § 8a KStG. Hierbei handelt sich aber um eine Durchbrechung der Finanzierungsfreiheit, die der Rechtfertigung bedarf[567].

Finanzierungsfreiheit ist damit eine Ausprägung der im Wirtschaftsleben relevanten Freiheitsrechte der Berufsfreiheit, Eigentumsfreiheit und der allgemeinen Handlungsfreiheit, in die der Gesetzgeber grundsätzlich nicht eingreifen darf.

---

562 So insbesondere *BFH* vom 05.02.1992 – I R 127/90, BStBl II 1992, S. 532 (536).

563 Vgl. *BFH* vom 17.04.1985 – I R 101/81, BStBl II 1985, S. 510 (512); *BFH* vom 05.06.1985 – I R 289/81, BStBl II 1985, S. 619 (621).

564 Vgl. *BFH* vom 23.07.1986 – I B 25/86, BStBl II 1987, S. 328 (329).

565 Vgl. *BFH* vom 08.12.1997 – GrS 1-2/95, BStBl II 1998, S. 193 (199).

566 Vgl. *Bader, A.*, Kontokorrentkredit, in: FR 1998, S. 460 f.

567 Zu den verfassungs- und europarechtlichen Grenzen dieser Vorschrift vgl. *Prinz, U.*, Gesellschafter-Fremdfinanzierung, in: FR 2000, S. 1065 f.

Die freie Entscheidung, Betriebsausgaben oder Werbungskosten durch Eigen- oder Fremdmittel zu finanzieren, steht dabei nicht nur Gewerbetreibenden zu. Vielmehr gilt dieser Grundsatz für sämtliche Einkunftsarten in gleicher Weise. Deshalb wird der allgemeine Gleichheitssatz nicht dadurch berührt, daß der Anwendungsbereich der Finanzierungsfreiheit bei den weniger ausgaben- und kapitalintensiven Überschußeinkünften wie den Einkünften aus nichtselbständiger Arbeit geringer ist[568]. Der Grundsatz schützt dagegen nur die freie Entscheidung zwischen den Finanzierungsformen und verbietet steuerliche Vorgaben für eine bestimmte Finanzierungsstruktur. Keine Aussage wird aber über die konkrete steuerliche Behandlung der Finanzierungsformen getroffen.

bb) Finanzierungsneutralität und Leistungsfähigkeit

Ein Gebot der Gleichbehandlung der verschiedenen Finanzierungsformen und damit eine Weiterentwicklung der Finanzierungsfreiheit könnte sich aus dem Leistungsfähigkeitsprinzip ergeben. Dies würde voraussetzen, daß der Zuwachs an wirtschaftlicher Leistungsfähigkeit beim Unternehmer nicht von der konkreten Finanzierungsstruktur des Unternehmens abhängt. Diese Voraussetzung wäre erfüllt, wenn die Erträge aus Eigen- und Fremdkapital steuerlich als gleichwertig angesehen werden müßten. Den Ansatzpunkt dafür könnte die Rechtsprechung des *BVerfG* zur Behandlung der Einkunftsarten liefern.

(1) Einkünftedualismus und Gleichheitssatz

Das EStG unterscheidet nach § 2 Abs. 1 EStG zwischen sieben verschiedenen Einkunftsarten und nach § 2 Abs. 2 EStG zwischen Gewinneinkünften und Überschußeinkünften. Dennoch folgt aus Art. 3 Abs. 1 GG das Gebot der steuerlichen Lastengleichheit[569]. Das bedeutet, grundsätzlich sind sämtliche Einkunftsarten gleich zu behandeln und stehen gleichrangig nebeneinander[570]. Für eine Ungleichbehandlung verschiedener Einkunftsarten bedarf es daher einer besonderen Rechtfertigung[571]. Dabei hat das *BVerfG* stets betont, daß die bloße systematische Unterscheidung der Einkunftsarten, wie sie in § 2 Abs. 1 und 2

---

568 Vgl. *BFH* vom 08.12.1997 – GrS 1-2/95, BStBl II 1998, S. 193 (199).

569 Vgl. *BVerfG* vom 10.04.1997 – 2 BvL 77/92, BVerfGE 96, S. 1 (6).

570 Vgl. *Bachem, W.*, in: *Bordewin/Brandt*, EStG-Kommentar, 2001, § 2 Rn. 46 (Stand: Juli 1998).

571 Vgl. *BVerfG* vom 08.10.1991 – 1 BvL 50/86, BVerfGE 84, S. 348 (363 f.).

matische Unterscheidung der Einkunftsarten, wie sie in § 2 Abs. 1 und 2 EStG kodifiziert ist, hierfür allein nicht ausreicht[572].

Damit scheint zunächst ein Widerspruch zu dem in § 2 Abs. 2 EStG begründeten Dualismus der Einkunftsarten, der zwischen Gewinn- und Überschußeinkünften unterscheidet, zu bestehen. Beiden gemeinsam ist jedoch ein materieller Kernbestand, der sich im Tatbestand „Einkünfte" verdeutlicht. Denn beide Einkunftsermittlungsarten schließen Erwerbsaufwendungen von der Bemessungsgrundlage aus und bilden den Besteuerungsgegenstand, indem sie Erwerbseinnahmen und Erwerbsaufwendungen saldieren. Damit wird klargestellt, daß Gewinn- und Überschußeinkünfte nur Unterfälle des Einkünftesystems sind. Sie bilden zwei Subsysteme, die verschiedenen Strukturen folgen[573]. Der übergeordnete Begriff der Einkünfte liefert aber die gemeinsame Struktur und damit zugleich die Grundlage für eine gleichheitskonforme Überwindung des Dualismus der Einkunftsarten[574].

Um einen Vergleich beider Einkunftsarten am Maßstab des Art. 3 Abs. 1 GG vornehmen zu können, ist demnach zu fragen, worin der wesentliche Unterschied zwischen beiden Einkunftsarten liegt. Die Antwort darauf findet sich in der unterschiedlichen Berücksichtigung des Vermögens, das zur Einkünfteerzielung dient: Während bei den Überschußeinkünften nur tatsächlich zugeflossene Einnahmen steuerpflichtig sind, zählen bei den Gewinneinkunftsarten hierzu auch wertmäßige Zu- und Abnahmen des Betriebsvermögens[575]. Diese unterschiedliche Behandlung ist zwar vom Gesetzgeber so gewollt, indessen ist sie nicht selbstverständlich und wirft verfassungsrechtliche Fragen im Hinblick auf Art. 3 Abs. 1 GG auf[576].

Im Schrifttum finden sich deshalb gewichtige Stimmen, die bereits in diesen unterschiedlichen Besteuerungsfolgen eine verfassungswidrige Ungleichbehandlung sehen[577]. So plädierte *K. Tipke* bereits 1973 dafür, den Dualismus der Einkünfteermittlung entweder gesetzlich abzuschaffen oder aber das *BVerfG* anzurufen[578]. Das Einkommensteuerrecht werde geprägt vom Grundsatz der universalen Besteuerung nach der Leistungsfähigkeit. Wenn aber bestimmte Einkommensteile wie etwa private Veräußerungsgewinne nicht besteuert werden, werde

---

572 Vgl. *BVerfG* vom 30.09.1998 – 2 BvR 1818/91, BVerfGE 99, S. 88 (95) m.w.N.
573 Vgl. *Schneider, S.*, Vermögensverwaltung, 1995, S. 120.
574 Vgl. *Kirchhof, P.*, in: *Kirchhof/Söhn*, Einkommensteuergesetz, 2001, § 2 Anm. A 60.
575 Vgl. *Arndt, H.-W.*, Steuerrecht, 2001, S. 78.
576 Vgl. *Jakob, W.*, Einkommensteuer, 1996, S. 24.
577 Vgl. *Lang, J.*, in: *Tipke, K./Lang, J.*, Steuerrecht, 1998, § 9 Rn. 187.
578 Vgl. *Tipke, K.*, Einkünfteermittlung, in: FS Paulick, 1973, S. 399.

dadurch das Gleichheitsgebot berührt[579]. Denn letztlich führe diese Steuerbefreiung dazu, daß tatsächlich realisierte objektive Leistungsfähigkeit nicht der Einkommensteuer unterliege[580]. Dem Leistungsfähigkeitsprinzip widerspreche es, wenn der gleiche wirtschaftliche Vorgang mit zweierlei Maß gemessen werde. So gebe es zwar verschiedene Einkunftsquellen, aber nur eine Steuerquelle: das Einkommen[581]. Auch wenn das *BVerfG* diesen Dualismus in zwei Entscheidungen aus dem Jahre 1969 gebilligt habe[582], unterscheide die Zweiteilung der Einkunftsarten gleiche wirtschaftliche Leistungsfähigkeit ohne einleuchtenden Grund[583].

Die Gegenansicht rechtfertigt den Dualismus der Einkunftsarten damit, daß der Besteuerung betrieblicher Veräußerungsgewinne ein steuertechnisches Ausgleichssystem durch die Bildung von Rücklagen – hier wird insbesondere auf die Übertragung stiller Reserven nach § 6b EStG verwiesen[584] – gegenüberstehe, das zu einer Kompensation der Besteuerung betrieblicher Veräußerungsgewinne führe[585]. Des weiteren verbiete sich ein Eingriff des Steuerstaates in die Privatsphäre. Der Staat dürfe insbesondere nicht nach subjektiven Vorstellungen des Steuerpflichtigen wie beispielsweise einer Spekulationsabsicht forschen, um eine Steuerpflicht zu begründen[586]. Eine Besteuerung privater Veräußerungsgeschäfte müsse unterbleiben, um die Privatsphäre gegen staatliche Beobachtung abzuschirmen und damit den Steuerzugriff auf erreichbare und der Staatshoheit zugängliche Lebensbereiche zu begrenzen[587]. Andernfalls müßte das Einkommensteuergesetz von jedem Steuerpflichtigen eine genaue Buchführungs- und Erklärungspflicht über den Erwerb, die Dauer der Nutzung und die Veräußerung jedes Wertgegenstandes verlangen, wie dies handelsrechtlich in den §§ 238 ff. HGB für Kaufleute vorgesehen und nach § 140 AO steuerrechtlich transformiert worden ist[588]. Dieser weitgehende Eingriff auf Kosten des Bürgers stünde jedoch

---

579 Vgl. *Merkenich, K.*, Einkünfteermittlung, 1982, S. 50; ebenso *Reimer, M.*, Veräußerungsgewinne, 2001, S. 61.

580 Vgl. *Lang, J.*, Bemessungsgrundlage, 1988, S. 56.

581 Vgl. *Tipke, K.*, Steuerrechtsordnung II, 1993, S. 646.

582 Zu § 23 EStG siehe *BVerfG* vom 09.07.1969 - 2 BvL 20/65, BVerfGE 26, S. 302 (312 ff.); zu § 17 EStG siehe *BVerfG* vom 07.10.1969 - 2 BvL 3/66 und 2 BvR 701/64, BVerfGE 27, S. 111 (127 f.).

583 Vgl. *Raupach, A./Schencking, M.*, in: *Herrmann/Heuer/Raupach*, Kommentar, 1996, § 2 Anm. 522 (Stand: Mai 1990).

584 Vgl. *Durchlaub, T.*, Privatvermögen, 1993, S. 100.

585 Vgl. *Uhländer, C.*, Privatvermögen, 1996, S. 88 m.w.N.

586 Vgl. *Meincke, J. P.*, Vereinfachung, in: DB 1988, S. 1869 f.

587 Vgl. *Kirchhof, P.*, Ungleichbehandlungen, in: Verhandlungen, 1988, F 30.

588 Vgl. *Uhländer, C.*, Privatvermögen, 1996, S. 89.

in keinem Verhältnis zu der Finanzkraft, die sich dadurch für den Staat gewinnen lasse[589].

Bereits in der Formulierung dieser Gegeneinwände wird jedoch eine gemeinsame Basis beider Auffassungen deutlich: Die Vertreter des Einkünftedualismus versuchen die unterschiedliche Behandlung von Veräußerungsgewinnen durch überzeugende Argumente zu rechtfertigen. Das Bedürfnis für eine Rechtfertigung besteht aber nur dann, wenn die konkrete Ausgestaltung von Normen übergeordnete Strukturen oder Prinzipien durchbricht. So spricht gegen eine generelle Aufbewahrungs- und Buchführungspflicht für alle Steuerpflichtigen nicht die theoretische Möglichkeit dieser Maßnahme, wohl aber deren Praktikabilität[590]. Indessen ist Praktikabilität gerade ein anerkannter Rechtfertigungsgrund für die Einschränkung des Leistungsfähigkeitsprinzips[591]. Auch der Begründungsansatz, betriebliche Veräußerungsgewinne und Abschreibungs- und Rückstellungsvorschriften gegenüberzustellen, wird letztlich von dem Bestreben getragen, bei beiden Einkunftsermittlungsarten Belastungsgleichheit zu erzielen. Denn die Kernaussage geht dahin, daß sich steuerpflichtige Veräußerungsgewinne und steuermindernde Abschreibungs- und Rückstellungsmöglichkeiten in der Summe ausgleichen und damit zu keiner Mehrbelastung führen.

Letztlich gehen also beide Auffassungen davon aus, daß sämtliche Einkunftsarten, unabhängig davon, ob es sich um Gewinn- oder Überschußeinkünfte handelt, steuerlich gleich zu belasten sind. Diese Auffassung findet sich auch in § 2 Abs. 2 Satz 1 des Karlsruher Entwurfs zur Reform des Einkommensteuergesetzes. Die Mitglieder des Arbeitskreises bekennen sich dabei ausdrücklich zur Steuerpflicht sämtlicher Einkünfte. Auch Einkünfte aus der Veräußerung von Privatvermögen gehen mit in die Bemessungsgrundlage ein. Aus Praktikabilitätsgründen und zum Schutz der Privatsphäre sollen jedoch nur marktoffene Vorgänge wie die Veräußerung von Grundstücken erfaßt werden[592]. Die Steuerpflicht für Grundstücksgeschäfte dürfte dabei vor dem Hintergrund zu sehen sein, daß Kaufverträge über Grundstücke nach § 313 Satz 1 BGB beurkundungspflichtig sind. Die Besteuerungsgrundlage als Differenz zwischen Veräußerungspreis und Erwerbspreis ist damit bereits nach den Vorgaben des Zivilrechts hinreichend öffentlich dokumentiert. Zudem ist der beurkundende Notar bereits nach § 18 Abs. 1 GrEStG verpflichtet, dem zuständigen Finanzamt diese

---

589 Vgl. *Handzik, P./Hellwig, P.*, in: *Littmann/Bitz/Pust*, Kommentar, 2001, § 2 Rn. 102 (Stand: August 1995).

590 Vgl. *Brandis, P.*, Einkommen, in: StuW 1987, S. 298.

591 Siehe dazu die Ausführungen zur Einschränkung durch Typisierung unter B. II. 4. b) auf S. 70.

592 Vgl. *Kirchhof, P./Althoefer, K./Arndt, H.-W. u.a.*, Entwurf, 2001, S. 29.

Vorgänge mitzuteilen. Damit ist ein weitergehender Eingriff in die Privatsphäre nicht zu befürchten, da ein solcher bereits über das Zivilrecht und bei Erhebung der Grunderwerbsteuer erfolgt ist.

Zusammenfassend ergibt sich damit aus Art. 3 Abs. 1 GG ein grundsätzliches Gleichbehandlungsgebot aller Einkunftsarten. Dies wird weder vom *BVerfG* noch vom Schrifttum bezweifelt. Betrachtet man das Einkommen als Indikator für wirtschaftliche Leistungsfähigkeit, ist dies konsequent. Denn jeder Einkunftsquelle entspringen Einnahmen, die einheitlich in DM oder Euro bemessen werden und schon deshalb nominal gleichwertig sind. Uneinigkeit besteht allenfalls darüber, ob dieses Gleichbehandlungsgebot unumstößlich ist. Dabei handelt es sich aber nicht um den Grundsatz, sondern um die Ausnahme.

(2) Konsequenzen für die Besteuerung von Zinsen und Dividenden

Geht man davon aus, daß Einkünfte unterschiedlicher Einkunftsarten steuerlich grundsätzlich gleich zu behandeln sind, muß dies erst recht für verschiedene Einkünfte der gleichen Einkunftsart gelten. Dies ist besonders bedeutsam für Einkünfte aus Kapitalvermögen. Denn § 20 Abs. 1 EStG begründet durch seine enumerative aber nicht abschließende Aufzählung verschiedener Kapitalanlageformen[593] eine einzige Einkunftsart im Sinne des § 2 Abs. 1 Nr. 5 EStG. So sind Dividenden nach § 20 Abs. 1 Nr. 1 EStG steuerpflichtig, während Zinseinnahmen unter den Tatbestand der Erträge aus sonstigen Kapitalforderungen nach § 20 Abs. 1 Nr. 7 EStG subsumiert werden[594]. Damit begründet § 20 Abs. 1 EStG die Steuerpflicht für Einkünfte aus Eigen- und Fremdkapital sowie die jeweiligen Mischformen analog zum Einkünftekatalog des § 2 Abs. 1 EStG. Wendet man die aus § 2 Abs. 1 EStG abgeleiteten Grundsätze auf den Katalog des § 20 Abs. 1 EStG an, kann daraus nur ein umfassendes Gleichbehandlungsgebot für sämtliche Einkünfte aus Kapitalvermögen folgen. Dies entspricht letztlich dem ökonomischen Begriff der Finanzierungsneutralität, der damit eine konsequente Fortführung der von der Rechtsprechung anerkannten Finanzierungsfreiheit ist.

Dabei darf nicht verkannt werden, daß die juristische Sicht der Finanzierungsneutralität einen etwas anderen Blickwinkel einnimmt als die ökonomische: Lei-

---

593 Vgl. *Schumacher, A.*, Kapitalforderungen, 1996, S. 7.

594 Eine Ausnahme ergibt sich wiederum für Erträge aus Hypotheken, Grund- und Rentenschulden. Diese fallen unter § 20 Abs. 1 Nr. 5 EStG. Zur genauen Abgrenzung der verschiedenartigen Einnahmen aus Kapitalvermögen vgl. *Schumacher, A.*, Kapitalforderungen, 1996, S. 28 ff.

tet man Finanzierungsneutralität aus dem Gleichbehandlungsgebot der Einkünfte ab, liegt der Anwendungsbereich dieser Neutralität primär bei den Einkünften. Das bedeutet, daß die Einkünfte aus Eigen- oder Fremdkapital grundsätzlich gleich zu behandeln sind. Denn beide Anlageformen führen beim Investor zu einem gleichwertigen Zufluß an wirtschaftlicher Leistungsfähigkeit. Finanzierungsneutralität aus ökonomischer Sicht legt den Fokus dagegen weniger auf die Einkünfteerzielung als vielmehr auf die Finanzierung eines Unternehmens mit Eigen- oder Fremdkapital. Juristisch kann Finanzierungsneutralität aber nicht bedeuten, daß die Ausschüttungen des Unternehmens an die Eigenkapitalgeber ebenso behandelt werden müssen wie die Zinszahlungen an die Fremdkapitalgeber. Denn steuerlich gehört die Gewinnausschüttung eines Unternehmens zu dessen Einkommensverwendung. Zinszahlungen sind dagegen erwerbssichernde Ausgaben[595].

Gleichbehandlung setzt jedoch vergleichbare Sachverhalte voraus. Zwischen Auszahlungen, die Einkommensverwendung darstellen und Auszahlungen, die die Einkommenserzielung betreffen, besteht aber auf Ebene des Auszahlenden ein systematischer Unterschied. Anders verhält sich dies auf der Ebene des Zahlungsempfängers: Für ihn stellt sowohl die erhaltene Zinszahlung als auch die bezogene Dividende eine Einnahme dar. Hier ist in beiden Fällen die Sphäre der Einkommenserzielung betroffen. Eine Vermischung beider Sphären verstieße gegen den Grundsatz der Widerspruchsfreiheit und Folgerichtigkeit.

In dieser Trennung zwischen Einkommenserzielungs- und Einkommensverwendungssphäre könnte zugleich der Grund dafür liegen, daß auch von Ökonomen zwar eine gleiche Besteuerung von Zinsen und Dividenden beim Empfänger, nicht aber der Wegfall des Betriebsausgabenabzugs für Zinsen beim Auszahlenden gefordert wird[596]. Andererseits wird von Ökonomen seit jeher in der nur hälftigen Hinzurechnung der Fremdkapitalzinsen nach § 8 Nr. 1 GewStG bei der Ermittlung des Gewerbeertrages ein Verstoß gegen das Postulat der Finanzierungsneutralität gesehen[597]. Die Verfassungsmäßigkeit der Vorschrift im Hinblick auf Art. 3 Abs. 1 GG ist jedoch sowohl vom *BVerfG*[598] als auch vom *BFH*[599] mehrfach hervorgehoben worden.

---

595 Vgl. *Kirchhof, P.*, in: *Kirchhof/Söhn*, Einkommensteuergesetz, 2001, § 2 Anm. A 498.

596 Vgl. *Hey, J.*, in: *Herrmann/Heuer/Raupach*, Kommentar, 1996, Einf. KSt Anm. 39; ebenso *Homburg, S.*, Steuerlehre, 2000, S. 346.

597 Vgl. *Homburg, S.*, Steuerlehre, 2000, S. 346.

598 Das *BVerfG* deutet dabei an, daß sich aus Art. 3 Abs. 1 GG ein Gleichbehandlungsgebot für Eigen- und Fremdfinanzierung ergeben könnte; vgl. *BVerfG* vom 13.05.1969 – 1 BvR 25/65, BVerfGE 26, S. 1 (11 f.). Keine Ausführungen finden sich aber zur Problematik,

(Fortsetzung nächste Seite)

Aus dieser Differenzierung zwischen juristischer und ökonomischer Begrifflichkeit könnte zunächst auf eine völlige Andersartigkeit der Definitionen geschlossen werden. Der juristische Begriff der Finanzierungsneutralität würde damit eher dem ökonomischen der Investitionsneutralität entsprechen. Die Verbindungslinie ergibt sich indessen auf der Ebene der erwerbssichernden Ausgaben. Denn sämtlichen Einkünften des § 2 Abs. 1 EStG gemeinsam ist ihr Nettocharakter. Der Besteuerung unterliegen die Einnahmen abzüglich der erwerbssichernden und existenzsichernden Ausgaben. Dies entspricht dem Prinzip der Nettobesteuerung in seiner objektiven und subjektiven Ausprägung. Sieht man im Rahmen der Unternehmensbesteuerung von der subjektiven Komponente des Nettoprinzips ab, verbleibt als Fokus das objektive Nettoprinzip. Dieses fordert die Abzugsfähigkeit der erwerbssichernden Aufwendungen. Hier liegt die Verbindung zur ökonomischen Finanzierungsneutralität. Denn bei dem Vermögen, das zur Erzielung von Zins- oder Dividendeneinkünften eingesetzt wird, kann es sich auf Ebene des Steuerpflichtigen um Fremd- oder Eigenkapital handeln. Im Falle von Fremdkapital kann ökonomisch auch von Refinanzierung gesprochen werden. Dies bedeutet, der Steuerpflichtige stellt einem Unternehmen Kapital zur Verfügung und erhält dafür Zinsen oder Dividenden. Durch die Investition des Kapitals fließt zunächst Liquidität beim Kapitalgeber ab. Nimmt er zur Finanzierung dieses Liquiditätsabflusses seinerseits ein Darlehen auf, liegt Refinanzierung vor. Für dieses Refinanzierungsdarlehen fallen unter Marktbedingungen Zinsen an, die den Ertrag aus der Kapitalanlage mindern.

Findet das objektive Nettoprinzip auf diesen Sachverhalt uneingeschränkt Anwendung, bedeutet dies, daß die Refinanzierungszinsen auf der Ausgabenseite unabhängig davon steuermindernd geltend gemacht werden können, ob auf der Einnahmenseite Zinsen oder Dividenden erzielt werden. Ökonomisch entspricht dies der finanzierungsneutralen Ausgestaltung einer Regelung über den Abzug von Aufwendungen[600]. Das bedeutet, daß Finanzierungsneutralität im juristischen Sinne die volle Abzugsfähigkeit sämtlicher erwerbssichernder Aufwendungen unabhängig davon gebietet, ob ein Investor – sei es eine Privatperson oder ein institutioneller Anleger – Eigen- oder Fremdkapital zur Verfügung stellt. Diese juristische Interpretation des ökonomischen Neutralitätspostulates entspricht zugleich einer wirtschaftlichen Interpretation des Nettoprinzips und

---

daß § 8 Nr. 1 GewStG dann konsequenterweise zu einer vollständigen Hinzurechnung führen müßte.

599 Vgl. *BFH* vom 04.05.1965 – I 373/62 U, BFHE 82, S. 489 (491 f.); *BFH* vom 05.07.1973 – IV R 215/71, BFHE 110, S. 50 (51). Zur Vereinbarkeit mit der neueren Rechtsprechung des *BVerfG* zum Leistungsfähigkeitsprinzip vgl. *FG Baden-Württemberg* vom 20.12.1994 – 3 K 270/91, EFG 1995, S. 494.

600 Vgl. *Bolik, A.*, Halbeinkünfteverfahren, in: BB 2001, S. 811.

schlägt damit die Brücke zur Besteuerung nach der wirtschaftlichen Leistungsfähigkeit[601].

cc) Durchbrechung der Finanzierungsneutralität

Geht man auf Basis der hier vertretenen Auffassung davon aus, daß Finanzierungsneutralität aus verfassungsrechtlicher Sicht dem Gebot der Nettobesteuerung, insbesondere dem objektiven Nettoprinzip, entspricht, ergeben sich hieraus zugleich die Voraussetzungen für eine Einschränkung dieses Prinzips. So ist eine Durchbrechung des Nettoprinzips bei Vorliegen eines besonderen, sachlichen Grundes möglich, der seinerseits Verfassungsrang besitzt. In der Regel befindet man sich hier wieder im Spannungsverhältnis zwischen Fiskal- und Sozialzwecknormen. Eine Typisierung oder Pauschalierung kommt dagegen zur Gewährleistung rechtsstaatlicher Effizienz in Betracht. Dabei kann hier auf die bereits an anderer Stelle ausgeführten Grundsätze verwiesen werden[602].

4. Gewinnverwendungsneutralität und Leistungsfähigkeit

Ebenso wie das Postulat der Finanzierungsneutralität werden die Begriffe der Verwendungs- oder Allokationsneutralität bzw. Gewinnverwendungsneutralität überwiegend im ökonomischen bzw. betriebswirtschaftlichen Schrifttum gebraucht. Im steuerrechtlichen Schrifttum finden sich zwar zahlreiche Stimmen, die sich gegen eine unterschiedliche Behandlung einbehaltener und ausgeschütteter Gewinne wenden. Die ökonomische Begrifflichkeit machen sich diese Autoren jedoch nicht zu eigen. Vielmehr werden die gleichen Problemstellungen anhand des Leistungsfähigkeitsprinzips analysiert und beantwortet[603]. Im folgenden sollen daher gleiche Strukturen herausgearbeitet werden.

a) Gewinnverwendungsneutralität aus ökonomischer Sicht

Die Forderung nach Gewinnverwendungsneutralität wird aus ökonomischer Sicht häufig damit begründet, daß nur so ein funktionsfähiger Kapitalmarkt ge-

---

601 Vgl. *Hundsdoerfer, J.*, Beteiligungsaufwendungen, in: BB 2001, S. 2246.

602 Siehe dazu die Ausführungen unter B. II. 4. zur Einschränkung des Leistungsfähigkeitsprinzips auf S. 67.

603 So etwa *Jachmann, M.*, Gleichheitsproblem, in: *Pelka, J.*, Unternehmensbesteuerung, 2000, S. 30 ff.

währleistet werden kann[604]. Diese Überlegung beruht auf der Annahme, daß ein Unternehmen stets die steuerlich vorteilhaftere Alternative wählen würde. Die wirtschaftliche Vorteilhaftigkeit der Anlage bliebe dagegen weitgehend außen vor. Das bedeutet, finanzielle Mittel würden nicht ihrer ökonomisch optimalen Verwendung zugeführt, sondern ihrer steueroptimalen Anlageform[605]. Idealerweise ist die beste Anlagealternative sowohl ökonomisch als auch steuerlich optimal. Ein nicht gewinnverwendungsneutrales Steuersystem stelle dies jedoch in Frage.

Zwar könnte man hiergegen einwenden, auch nach dieser Definition müsse ein Steuersystem nicht gewinnverwendungsneutral sein. Es müsse eben nur die wirtschaftlich optimale Anlageform begünstigt besteuern. Damit würde das Steuerrecht die Kapitalanlage in wirtschaftlich vorzugswürdige Investitionsvorhaben – jedenfalls aber in solche, die der Investor oder die Unternehmensleitung dafür halten – sogar noch fördern. Denn die generelle Steuerbegünstigung einbehaltener Gewinne könnte beispielsweise Anreizen entgegenwirken, allein aus steuerlichen nicht aber ökonomischen Motiven in spezielle „Abschreibungsprojekte" zu investieren[606]. Indessen sind die Wirkungen, die generelle oder spezielle steuerliche Vergünstigungen auf das Investitionsvorhaben der Anleger sowie auf die Funktionsfähigkeit des Kapitalmarktes haben, auch unter Ökonomen umstritten. Sowohl für ein erhöhtes Gewinnausschüttungsverhalten als auch für eine verstärkte Thesaurierungspolitik lassen sich gewichtige Gründe anführen, die nicht ohne weiteres entkräftet werden können[607]. Das gewichtigste Argument gegen die ungleiche Besteuerung einbehaltener und ausgeschütteter Gewinne ist deshalb, daß ein Steuersystem, das nach der Art der Gewinnverwendung unterscheidet, möglicherweise zufällige oder gar willkürliche Steuerpolitik betreibt. Denn die Auswirkungen dieser Unterscheidung können ökonomisch nicht zuverlässig abgeschätzt werden[608].

b) Gewinnverwendungsneutralität aus juristischer Sicht

In dem von Ökonomen geforderten „Willkürverbot" für die Steuerpolitik, das bereits *F. Neumark* angedeutet hat[609], zeigt sich eine erste Verbindung zur juris-

---

604 Vgl. *Jaeger, C.*, Körperschaftsteuersysteme, 2001, S. 107.

605 Vgl. *Schwarzkopf, O.*, Körperschaftsteuersysteme, 1993, S. 25.

606 Ein Katalog an Gründen für ein nicht gewinnverwendungsneutrales Steuersystem findet sich bei *Engels, W./Hamm, W./Issing, O. u.a.*, Unternehmensbesteuerung, 1989, S. 37 f.

607 Vgl. *Schwarzkopf, O.*, Körperschaftsteuersysteme, 1993, S. 25 f.

608 Vgl. *Krause-Junk, G.*, Körperschaftsteuersystem, in: KonjPol 1988, S. 286.

609 Vgl. *Neumark, F.*, Steuerpolitik, 1970, S. 262 f.

tischen Sichtweise. Ein Steuersystem darf ungleich behandeln. Dafür bedarf es aber eines guten Grundes. Anerkannt sind beispielsweise Marktversagen oder konjunkturpolitische Maßnahmen. Dieses Regel-Ausnahme-Verhältnis entspricht der Struktur des allgemeinen Gleichheitssatzes: Zwei Sachverhalte, die als gleichwertig anzusehen sind, müssen auch gleich behandelt werden, es sei denn es gibt eine Rechtfertigung. Auf den Grundsatz der Gewinnverwendungsneutralität bezogen stellt sich damit die Frage, ob beide Arten der Gewinnverwendung steuerlich als gleichwertig anzusehen sind. Trifft dies zu, ist zu fragen, ob eine steuerliche Ungleichbehandlung gerechtfertigt werden kann. Bezogen auf die Einkommen- und Körperschaftsteuer ist dies gleichbedeutend mit der Frage, ob beide Gewinnverwendungsalternativen zu einem gleichen Zuwachs an wirtschaftlicher Leistungsfähigkeit führen.

aa) Gleichwertigkeit der Gewinnverwendungsalternativen

Vergleicht man die Ausschüttung und Thesaurierung von Gewinnen unter Gleichheitsgesichtspunkten, muß zunächst klargestellt werden, daß sich eine solche Betrachtung sowohl auf die Ebene der Gesellschaft als auch auf die des Gesellschafters zu erstrecken hat[610]. Dabei soll zunächst nicht zwischen Kapitalgesellschaften, die nach dem Trennungsprinzip besteuert werden, und Personengesellschaften, für die das Transparenzprinzip gilt, differenziert werden. Auf diese Unterscheidung wird bei der Analyse der verschiedenen Belastungswirkungen nach dem StSenkG noch einzugehen sein. Zudem ergeben sich im Rahmen dieser Thematik Bezüge zum Postulat der Rechtsformneutralität, so daß an dieser Stelle die Feststellung genügen soll, daß auch bei Personengesellschaften gesellschafts- und steuerrechtlich zwischen der Ebene der Gesellschaft und der des Gesellschafters unterschieden wird[611].

Aus der Sicht des Unternehmens führen Gewinnausschüttungen zu einer Verminderung vorhandener liquider Mittel. Die Thesaurierung von Gewinnen führt zwar nicht zu einem Finanzmittelzufluß, wie man aus dem Begriff der offenen[612] Selbstfinanzierung schließen könnte, wohl aber zu einer Verhinderung eines

---

[610] Vgl. *Jaeger, C.*, Körperschaftsteuersysteme, 2001, S. 106.

[611] So ist die Personengesellschaft Subjekt der Gewinnermittlung und Gewinnerzielung, der Gesellschafter aber Subjekt der Einkünfteerzielung; vgl. *Jacobs, O. H.*, Unternehmensbesteuerung, 1998, S. 176.

[612] Unter offener Selbstfinanzierung versteht man die Finanzierung aus einbehaltenen Gewinnen, während verdeckte oder stille Selbstfinanzierung durch die Bildung stiller Rücklagen erfolgt; vgl. *Schneider, D.*, Investition, 1992, S. 58.

Mittelabflusses[613]. Betrachtet man die Alternativen der Gewinnausschüttung und der Thesaurierung isoliert aus Sicht des Unternehmens, führt die Ausschüttung von Gewinnen daher zu einer geringeren Finanzkraft. Denn durch den Verzicht auf Gewinnausschüttungen verbleiben der Gesellschaft mehr finanzielle Mittel für Investitionen. Dementsprechend führt die Ausschüttung beim Gesellschafter zu einem Zuwachs an liquiden Mitteln und damit zu einer gesteigerten wirtschaftlichen Leistungsfähigkeit, während die Gewinnthesaurierung auf Gesellschafterebene keinen derartigen Zuwachs mit sich bringt. Diese Sichtweise unterscheidet also strikt zwischen beiden Ebenen. Eine Verknüpfung ist nicht vorgesehen.

Betrachtet man die Gesellschafts- und Gesellschafterebene zusammen, führt der Abfluß an liquiden Mitteln durch die Gewinnausschüttung zu einem Zufluß beim Gesellschafter. Damit steigt dessen Einkommen. Der geminderten Finanzkraft des Unternehmens stehen die vermehrten liquiden Mittel des Gesellschafters gegenüber[614]. Behält die Gesellschaft die Gewinne ein, führt dies zwar zu keinem Zufluß beim Gesellschafter. In der Summe beider Ebenen führt dies aber zum gleichen Zuwachs an liquiden Mitteln. Diese verbleiben allerdings auf der Gesellschaftsebene, werden dem Gesellschafter aufgrund seiner Einflußmöglichkeiten auf die Geschäfts- und Ausschüttungspolitik dennoch zugerechnet. Denn ein Ausschüttungsverzicht in einer Periode kann durch eine Mehrausschüttung aus einbehaltenen Gewinnen in Folgeperioden kompensiert werden.

Welche der beiden Sichtweisen die zutreffende ist, kann nicht ohne weiteres beantwortet werden. Die Problematik ist dabei vergleichbar mit der im Rahmen der Rechtsformneutralität erörterten Frage nach der Leistungsfähigkeit von Kapitalgesellschaften. Denn gerade bei großen Publikumsgesellschaften[615] hat die Masse der Gesellschafter nur einen geringen Einfluß auf den Gewinnverwendungsbeschluß, der für das Ausschüttungsverhalten des Unternehmens maßgeblich ist. Insofern könnte man berechtigte Zweifel daran haben, ob durch verstärktes Gewinnthesaurierungsverhalten der Gesellschaft die steuerliche Leistungsfähigkeit des Gesellschafters steigt.

Indessen muß ein weiterer Aspekt beachtet werden, der in spezifischer Weise nur für die Frage der Gewinnverwendungsneutralität zum Tragen kommt. Denn neben den Gewinnverwendungsmöglichkeiten der Ausschüttung oder Thesaurierung steht dem Gesellschafter noch eine dritte Möglichkeit offen: Die Veräuße-

---

613 Vgl. *Schneider, D.*, Investition, 1992, S. 137.
614 Vgl. *Engels, W./Stützel, W.*, Teilhabersteuer, 1968, S. 7 Rn. 3.
615 Gemeint sind sowohl Aktiengesellschaften als auch Kommanditgesellschaften.

rung der Anteile. Werden diese bei der Gesellschaft gebildeten Rücklagen im Kaufpreis vergütet, realisiert er mit der Anteilsveräußerung die in seiner Beteiligung – nicht in der Gesellschaft – steckenden stillen Reserven[616]. Besonders augenscheinlich wird dies bei der Kapitalanlage in Aktien. So führen Gewinnthesaurierungen von Aktiengesellschaften – abgesehen von börsen- und marktabhängigen Schwankungen – üblicherweise zu Kursgewinnen[617], die bei Verkauf der Anteile realisiert werden und damit zu einem tatsächlichen Zufluß beim Investor führen können. Diese Betrachtungsweise gilt gleichermaßen für GmbH-Anteile, bei denen es sich ebenfalls um Anteile an einer Kapitalgesellschaft handelt. Thesaurierte Gewinne können aber auch bei Personengesellschaften über den Verkauf der Beteiligung realisiert werden. Denn diese Gewinne erhöhen das Kapitalkonto des Gesellschafters und führen so zu einem erhöhten Eigenkapitalanteil[618]. Das Eigenkapitalkonto stellt aber letztlich den Anteil des Gesellschafters am bilanziell ausgewiesenen Reinvermögen dar. Daneben wird in der Regel noch der Anteil an den stillen Reserven vergütet. Durch den Kaufpreis kann der Veräußerer demnach seinen Kapitalanteil einschließlich offener und verdeckter Rücklagen realisieren. Damit hat er die Möglichkeit, auch solche Gewinnbestandteile in liquide Mittel umzuwandeln, die im Unternehmen gebunden sind.

Daran wird deutlich, daß ein Gesellschafter oder Anteilseigner Gewinne aus der Unternehmenssphäre in die Gesellschaftersphäre transferieren kann, ohne daß es einer Mitwirkung der anderen Gesellschafter[619] oder der Unternehmensleitung bedarf. Diese Feststellung hat besonders in solchen Gesellschaftsstrukturen Bedeutung, in denen die persönliche Einflußmöglichkeit des Gesellschafters so gering ist, daß er die Gewinnverwendung nicht unmittelbar beeinflussen kann. Der Mehrheitsgesellschafter einer Personen- oder Kapitalgesellschaft hat es dagegen selbst in Hand, über die Gewinnverwendung zu entscheiden.

Damit erscheint es berechtigt, davon auszugehen, daß auch die Thesaurierung von Unternehmensgewinnen auf der Gesellschafterebene zu einem Zuwachs an wirtschaftlicher Leistungsfähigkeit führen kann. Jedenfalls bleibt diese Art der Gewinnverwendung nicht ohne Auswirkung auf die Ebene des Anteilseigners. Im Falle eines Mehrheitsgesellschafters dürfte der Zuwachs an wirtschaftlicher Leistungsfähigkeit sogar identisch sein. Denn hier liegt es in dessen Hand, über die konkrete Verwendung zu entscheiden. Dies dürfte auch ein Grund dafür

---

616 Vgl. *Raupach, A.*, Anrechnungsverfahren, in: *Widmann, S.*, Besteuerung, 1997, S. 31.

617 Vgl. *Genser, B.*, Konsumorientierung, in: *Smekal/Sendlhofer/Winner*, Einkommen, 1999, S. 207.

618 Vgl. *Sigloch, J.*, in: *Westermann*, H. P., Personengesellschaften, 1994, II. Teil Rn. 681.

619 Dabei soll von der Fallgestaltung abgesehen werden, daß die Übertragung eines Mitunternehmeranteils an die Zustimmung der anderen Gesellschafter geknüpft ist.

sein, warum das EStG bei der Besteuerung von Personengesellschaften keine Unterscheidung danach trifft, ob Gewinne an die Gesellschafter ausgeschüttet oder im Unternehmen thesauriert werden. Aber auch im Rahmen der Mitunternehmerkonzeption des § 15 EStG ist es unerheblich, ob ein Mitunternehmer Mehrheitsgesellschafter ist oder sich als Minderheitsgesellschafter einer Publikums-KG nicht wesentlich vom Kleinaktionär einer börsennotierten Aktiengesellschaft unterscheidet. Das EStG, das in besonderem Maß an das Gebot der Besteuerung nach der wirtschaftlichen Leistungsfähigkeit gebunden ist, geht also gerade davon aus, daß zwischen einbehaltenen und ausgeschütteten Gewinnen kein Unterschied im Hinblick auf die Leistungsfähigkeit des Gesellschafters besteht.

Für diese steuerliche Gleichbehandlung spricht auch, daß das EStG grundsätzlich nicht danach unterscheidet, wie erzieltes Einkommen verwendet wird. Denn weder die Einkunftsart noch die Einkünfteverwendung indizieren per se eine unterschiedliche wirtschaftliche Leistungsfähigkeit[620]. Die Entscheidung des Gesetzgebers, das am Markt erwirtschaftete Einkommen, also den Erwerbsvorgang, zu besteuern, verbietet es aus Gründen der Folgerichtigkeit und Systemgerechtigkeit, die Einkommensverwendung mit in die Steuerbelastung einzubeziehen[621]. Das bedeutet, der allgemeine Gleichheitssatz gebietet die steuerliche Gleichbehandlung thesaurierter und ausgeschütteter Gewinne aus zwei Gesichtspunkten: Beide Gewinnverwendungsalternativen führen unter Berücksichtigung der Anteilsveräußerungsmöglichkeit nicht zu einer unterschiedlichen wirtschaftlichen Leistungsfähigkeit. Eine Abweichung von der Grundentscheidung, den Einkommenserwerb und nicht die Einkommensverwendung zu besteuern, würde einen Systembruch darstellen, der grundsätzlich einen Verstoß gegen den Gleichheitssatz indiziert.

Letztlich kann auch die ökonomische Argumentation aufgegriffen werden, die unterschiedliche Besteuerung der Gewinnverwendungsalternativen erscheine willkürlich, da es an gesicherten Erkenntnissen über die Wirkungsweisen dieser steuerpolitischen Maßnahmen fehle. Eine willkürliche Unterscheidung gleicher Sachverhalte vermag den Anforderungen des Art. 3 Abs. 1 GG aber nicht standzuhalten. Indessen befaßt sich diese Argumentation bereits mit der Rechtfertigung der Ungleichbehandlung gleichwertiger Sachverhalte und führt daher bereits zum nächsten Punkt.

---

620 Vgl. *Jachmann, M.*, Gleichheitsproblem, in: *Pelka, J.*, Unternehmensbesteuerung, 2000, S. 30.

621 Vgl. *Kirchhof, P.*, Maßstäbe, in: Stbg 2000, S. 556.

bb) Durchbrechung der Gewinnverwendungsneutralität

Leitet man den Grundsatz der Gewinnverwendungsneutralität aus dem allgemeinen Gleichheitssatz und aus dem Leistungsfähigkeitsprinzip ab, ergibt sich der gleiche Befund wie bei den anderen Neutralitätspostulaten. Grundsätzlich besteht aus steuerlicher Sicht kein Unterschied in der konkreten Art der Gewinnverwendung. Ein Steuersystem, das hiernach differenziert, muß diese Ungleichbehandlung rechtfertigen. Damit befindet man sich wiederum im Spannungsfeld zwischen Fiskal- und Sozialzwecknormen[622].

Hinsichtlich der unterschiedlichen Besteuerung je nach Art der konkreten Gewinnverwendung sind zwei Möglichkeiten denkbar: Betrachtet man eine hohe Thesaurierungsquote als kapitalmarktschädlich, kommt eine steuerliche Privilegierung ausgeschütteter Gewinne in Betracht. Legt man den Schwerpunkt dagegen darauf, die Innenfinanzierungsmöglichkeiten der Unternehmen zu stärken, sollte die Thesaurierungsbesteuerung begünstigt werden.

Bei beiden Möglichkeiten handelt es sich um lenkungspolitische Maßnahmen des Steuergesetzgebers und damit um Sozialzwecknormen. Als solche müssen diese Begünstigungen den Anforderungen genügen, die das *BVerfG* an die Ausgestaltung solcher Normen stellt. Das bedeutet, der Gesetzgeber ist nicht gezwungen, die zweckmäßigste Ausgestaltung zu wählen. Aus verfassungsrechtlicher Sicht kommt betriebswirtschaftlichen Erkenntnissen bei der Rechtfertigung von Ungleichbehandlungen deshalb nur untergeordnete Bedeutung zu. Denn eine gesetzgeberische Lenkungsmaßnahme muß zwar grundsätzlich zur Zielerreichung geeignet sein. Die konkrete Ausgestaltung ist verfassungsrechtlich aber nur dann zu beanstanden, wenn die Maßnahme objektiv untauglich, objektiv ungeeignet oder schlechthin ungeeignet ist[623]. Hier schlägt sich der weite Beurteilungs- und Gestaltungsspielraum des Gesetzgebers nieder. Solange wirtschaftswissenschaftliche Studien eine konkrete Lenkungsmaßnahme nicht einhellig für ungeeignet befinden, bleibt kein Raum für eine verfassungsrechtliche Korrektur. Solange es dem Steuergesetzgeber nicht verwehrt ist, wirtschaftslenkend tätig zu werden, bleibt die Überprüfung dieser Maßnahmen der politischen Willensbildung überlassen.

---

[622] Der Begriff der Vereinfachungszwecknorm wird insbesondere von *J. Lang* gebraucht, um den Tatbestand der Pauschalierung und Typisierung zu beschreiben; vgl. *Lang, J.*, in: *Tipke, K./Lang, J.*, Steuerrecht, 1998, § 4 Rn. 130.

[623] Vgl. *BVerfG* vom 09.03.1971 – 2 BvR 326, 327, 341, 342, 343, 344, 345/69, BVerfGE 30, S. 250 (263).

5. Intertemporale Neutralität und Leistungsfähigkeit

Das Postulat der intertemporalen Neutralität ergänzt die übrigen ökonomischen Neutralitätspostulate und fordert, daß die Gesamtsteuerbelastung unabhängig von der Periode sein müsse, in der Einkommen erzielt wird. Dieses Neutralitätspostulat entspricht damit dem Lebenseinkommensprinzip[624], welches die ideale Besteuerung nach der wirtschaftlichen Leistungsfähigkeit gewährleisten würde, aus fiskalischen Gründen in Reinform aber kaum durchsetzbar ist[625]. Hier zeigt sich bereits eine erste Verknüpfung der ökonomischen und juristischen Begrifflichkeit. Denn sowohl das Lebenseinkommensprinzip als auch der Grundsatz der intertemporalen Neutralität fordern einen periodenübergreifenden oder intertemporalen Verlustausgleich[626]. Leitet man diese Forderung aus dem objektiven Nettoprinzip und damit zugleich aus dem Leistungsfähigkeitsprinzip ab[627], zeigt sich der Gleichlauf dieses verfassungsrechtlichen Besteuerungsprinzips mit der intertemporalen Ausprägung des ökonomischen Postulats der Entscheidungsneutralität.

Ein weiterer Berührungspunkt der ökonomischen und der juristischen Sichtweise ergibt sich aus einem etwas anderen Blickwinkel: Aus dem Gebot intertemporaler Neutralität leitet die betriebswirtschaftliche Steuerlehre die Forderung ab, das Steuersystem dürfe die Konsum- und Sparentscheidung nicht beeinflussen und hat darauf aufbauend verschiedene Modelle entwickelt, Verzerrungen der Kapitalallokation durch die teilweise Steuerbefreiung der marktüblichen Kapitalverzinsung zu begegnen[628]. Auf einer untergeordneten Ebene fordert diese intertemporale Entscheidungsneutralität aber zunächst die Planbarkeit der Steuerwirkungen. Entscheidungsneutralität ist deshalb zunächst einmal Berechenbarkeit der Steuerwirkungen[629]. Denn eine Konsum- oder Sparentscheidung kann nur dann sinnvoll getroffen werden, wenn die gegenwärtigen und zukünftigen Belastungswirkungen, die das Steuersystem verursacht, realitätsgerecht antizipiert werden können[630]. Bevor ein Steuersystem intertemporal neutral ausgestaltet sein kann, muß es zunächst rechtssicher sein. Gerade die Unbeständig-

---

624 Vgl. *Hey, J.*, in: *Herrmann/Heuer/Raupach*, Kommentar, 1996, Einf. KSt Anm. 41.

625 Vgl. *Lang, J.*, in: *Tipke, K./Lang, J.*, Steuerrecht, 1998, § 9 Rn. 44.

626 Stellvertretend für das steuerrechtliche Schrifttum: *Birk, D.*, Steuerrecht, 2000, S. 167; aus betriebswirtschaftlicher Sicht: *Schneider, D.*, Steuerbilanzen, 1978, S. 57; *Koniarski, L.*, Einkommen, 1984, S. 67.

627 So insbesondere *Lang, J.*, in: *Tipke, K./Lang, J.*, Steuerrecht, 1998, § 9 Rn. 61; zustimmend *Birk, D.*, Steuerrecht, 2000, S. 167 Fn. 11.

628 Vgl. *Jacobs, O. H.*, Unternehmensbesteuerung, 1998, S. 111 m.w.N.

629 Vgl. *Rose, G.*, Steuergerechtigkeit, in: StuW 1985, S. 344.

630 Vgl. *Rose, G.*, Steuergerechtigkeit, in: StuW 1985, S. 337.

keit der Steuernormen und ihre Interpretation durch die Gerichte und die Verwaltung erweisen sich diesbezüglich als kontraproduktiv[631].

Hier liefert der allgemeine Gleichheitssatz in seiner intertemporalen Interpretation eine wichtige Hilfestellung. Denn der allgemeine Gleichheitssatz ist auch dann verletzt, wenn eine an vergangene Sachverhalte anknüpfende Zukunftsregelung in ihrem Vergangenheitsbezug schützenswerte Rechtsbestände beeinträchtigt[632]. Daneben hat das *BVerfG* aus dem in Art. 20 Abs. 3 GG verankerten Rechtsstaatsprinzip den Gedanken des Vertrauensschutzes entwickelt. Dabei unterscheidet es zwischen Normen, die eine sog. echte und solchen, die lediglich eine unechte Rückwirkung enthalten[633]. Während die echte Rückwirkung grundsätzlich unzulässig ist, ist das Verhältnis von Grundsatz und Ausnahme bei der unechten Rückwirkung umgekehrt[634]. Sie ist also grundsätzlich zulässig. Die Gebote der Rechtssicherheit und des Vertrauensschutzes können jedoch in beiden Fällen ergeben, daß das Vertrauen des einzelnen in den unveränderten Fortbestand der Rechtsnorm größeren Schutz verdient als das gesetzgeberische Anliegen zum Wohl der Allgemeinheit[635]. In diesem Bereich erfolgt eine Verknüpfung zwischen intertemporaler Neutralität und Verfassungsrecht deshalb weniger über das Leistungsfähigkeitsprinzip als über diese Gebote. Rechtssicherheit und Vertrauensschutz indessen ermöglichen erst die Planbarkeit steuerlicher Belastungswirkungen, auf die betriebswirtschaftliche Entscheidungen aufbauen.

IV. Ergebnis

Die allgemeinen Ausführungen zum Leistungsfähigkeitsprinzip und zu den betriebswirtschaftlichen Neutralitätspostulaten kommen zu folgenden Ergebnissen, die sich speziell auf das Leistungsfähigkeitsprinzip sowie Verknüpfungen der Neutralitäten mit dem Leistungsfähigkeitsprinzip oder dem allgemeinen Gleichheitssatz ergeben.

Dabei liefert das Leistungsfähigkeitsprinzip folgende Erkenntnisse:

- Das objektive Nettoprinzip ist eine spezifische Ausprägung des Leistungsfähigkeitsprinzips und gehört damit zu den verfassungsrechtlich vorgege-

---

[631] Beispiele dafür finden sich bei *Rose, G.*, Steuerpraxis, in: StbJb 1975/1976, S. 46 ff.
[632] Vgl. *Kirchhof, P.*, Rückwirkung, in: StuW 2000, S. 225.
[633] Vgl. *BVerfG* vom 14.05.1986 – 2 BvL 2/83, BVerfGE 72, S. 200 (241 ff.).
[634] Vgl. *Spindler, W.*, Rückwirkung, in: DStR 1998, S. 956.
[635] Vgl. *Münch, C.*, Rückwirkungsproblematik, in: DStR 1997, S. 1675.

benen Wesensmerkmalen der Einkommen- und Körperschaftsteuer[636]. Gleichwohl sind Einschränkungen möglich, soweit diese sich in den verfassungsrechtlichen Grenzen bewegen, insbesondere den Anforderungen des allgemeinen Gleichheitssatzes genügen[637].

- Kapitalgesellschaften besitzen entgegen der im betriebswirtschaftlichen Schrifttum verbreiteten Auffassung[638] eigene Leistungsfähigkeit. Bei großen, insbesondere börsennotierten Kapitalgesellschaften ergibt sich diese bereits aus der weitgehenden Entscheidungsfreiheit des Managements. Die betriebswirtschaftliche Ansicht, Kapitalgesellschaften stellen lediglich Vehikel für die hinter ihnen stehenden natürlichen Personen dar, ist eine idealisierte Wunschvorstellung. Gerade die jüngsten Unternehmenspleiten am Neuen Markt haben gezeigt, daß diese von Ökonomen oftmals propagierte Kontrolle des Kapitalmarktes zwar wünschenswert ist, jedoch nicht der wirtschaftlichen Realität entspricht. Kleinere Kapitalgesellschaften vermitteln ihren Anteilseignern dagegen objektive Leistungsfähigkeit, indem nicht entnommene Gewinne zu einer Wertsteigerung der Gesellschaftsanteile führen. Damit entspricht die Körperschaftsteuer einer Einkommensteuer auf das objektive Einkommen der juristischen Person[639]. Subjektive Komponenten werden dagegen erst auf Ebene des Anteilseigners berücksichtigt.

- Bei der Besteuerung des Einkommens muß der Gesetzgeber das Leistungsfähigkeitsprinzip in besonderem Maße beachten. Der Indikator für die Bemessung der wirtschaftlichen Leistungsfähigkeit kann indessen nicht allein aus dem Gebot der Gleichmäßigkeit der Besteuerung abgeleitet werden. Jedenfalls dient aber die Bemessungsgrundlage dazu, die Leistungsfähigkeit zu messen[640]. Entscheidet sich der Gesetzgeber dafür, die Bemessungsgrundlage der Einkommen- und Körperschaftsteuer am Markteinkommen auszurichten, legt er sich damit zugleich auf das Einkommen als Indikator für wirtschaftliche Leistungsfähigkeit fest. Eine Anknüpfung an andere Indikatoren stellt damit grundsätzlich einen Verstoß gegen das Gebot der Folgerichtigkeit und Systemgerechtigkeit dar.

---

636 So zuletzt *Haarmann, W.*, Einkommensteuerrecht, in: Stbg 2001, S. 146.
637 Ebenso *Schulze-Osterloh, J.*, Grenzen, in: *Pelka, J.*, Unternehmensbesteuerung, 2000, S. 78.
638 So zuletzt *Müller, K.*, Entscheidungsneutralität, 2001, S. 44 m.w.N.
639 Ebenso *Hüttemann, R.*, Grenzen, in: *Pelka, J.* Unternehmensbesteuerung, 2000, S. 140.
640 Vgl. *Tipke, K.*, in: *Tipke, K.*, Grenzen, 1982, S. 9.

Stellt man die Aussagen der betriebswirtschaftlichen Neutralitätspostulate den Grundaussagen des Leistungsfähigkeitsprinzips und dem allgemeinen Gleichheitssatz gegenüber, lassen sich aus betriebswirtschaftlichen und juristischen Erkenntnissen folgende Gemeinsamkeiten und Unterschiede feststellen:

- Das Gebot der Wettbewerbsneutralität entstammt zwar dem allgemeinen Gleichheitssatz, nicht aber dem Leistungsfähigkeitsprinzip. Über Art. 3 Abs. 1 GG ist es diesem jedoch wesensverwandt. Dem Gebot kommt besondere Bedeutung bei der Ausgestaltung der indirekten Steuern zu. Es entfaltet jedoch auch bei den direkten Steuern verfassungsrechtliche Wirkungen. Dieser Schutzbereich geht allerdings nicht weiter als das Gebot der Besteuerung nach der wirtschaftlichen Leistungsfähigkeit.

- Das Gebot der Rechtsformneutralität folgt aus der grundsätzlichen Entscheidung des Steuergesetzgebers, das am Markt erzielte Einkommen zu besteuern. Indikator für wirtschaftliche Leistungsfähigkeit ist damit das Einkommen. Dies spiegelt sich in der Ausgestaltung der Bemessungsgrundlage von Einkommen- und Körperschaftsteuergesetz wider. Die Rechtsform als solche sagt über das erzielte oder erzielbare Einkommen grundsätzlich nichts aus. Damit kann dieses Merkmal nicht das entscheidende Maß für gleiche oder unterschiedliche Leistungsfähigkeit sein.

- Der Grundsatz der Finanzierungsneutralität findet seine verfassungsrechtliche Fundierung in der Gleichrangigkeit der Einkunftsarten. Dadurch wird gewährleistet, daß Zins- und Dividendenerträge grundsätzlich gleich hoch belastet werden. Juristisch betrachtet kann Finanzierungsneutralität nur zwischen Einnahmen oder zwischen Ausgaben bestehen. Im Gegensatz zur Abzugsfähigkeit von Zinszahlungen kann die Abzugsfähigkeit von Gewinnausschüttungen nicht gefordert werden. Andernfalls würde man den Bereich der Gewinnerzielung und den der Gewinnverwendung unzulässig vermischen. Die Gleichbehandlung der Finanzierungsalternativen wird aber durch das objektive Nettoprinzip gewährleistet. Dieses gebietet die Abzugsfähigkeit der erwerbssichernden Aufwendungen unabhängig von der Art der konkreten Finanzierungsform.

- Die Entscheidung des Gesetzgebers für die Besteuerung des Markteinkommens beinhaltet die Systementscheidung für die Besteuerung des Erwerbsvorgangs. Die steuerliche Berücksichtigung der konkreten Art der Gewinnverwendung würde deshalb einen Verstoß gegen den Grundsatz der Folgerichtigkeit und Systemgerechtigkeit darstellen. Gleichzeitig führt auch die Gewinnthesaurierung auf Gesellschaftsebene zu einem Zuwachs an Leistungsfähigkeit auf Gesellschafterebene. Dieser ergibt sich entweder durch die Einflußmöglichkeiten des Gesellschafters auf die Unternehmenspolitik oder aber durch die Wertsteigerung der Unternehmensbeteiligung.

- Eine Verknüpfung zwischen dem Gebot intertemporaler Neutralität und dem Leistungsfähigkeitsprinzip liegt in der Forderung nach einem periodenübergreifenden Verlustabzug, der die Besteuerung des Lebenseinkommens gewährleistet. Eine Nähe zum allgemeinen Gleichheitssatz kann unter dem Gesichtspunkt des Vertrauensschutzes gesehen werden. Leitet man die Grundsätze der Rechtssicherheit und des Vertrauensschutzes in Übereinstimmung mit dem *BVerfG* aus dem Rechtsstaatsprinzip des Art. 20 Abs. 3 GG ab, bestehen auf diesem Gebiet keine Verknüpfungen mit Art. 3 Abs. 1 GG.

- Absolute Neutralität gibt es weder aus ökonomischer noch aus juristischer Sicht. Denn absolut neutral ist nur eine Steuer, die nicht erhoben wird. Damit stimmen alle steuerwissenschaftlichen Teildisziplinen darin überein, daß die jeweiligen Gebote und Postulate bei Vorliegen von Rechtfertigungsgründen durchbrochen werden können. Die Forderung nach einem neutralen Steuersystem ist deshalb relativer Natur.

C. Neutralität und Europarecht

Der ökonomische Neutralitätsbegriff erschöpft sich nicht allein im nationalen Umfeld eines Steuersystems, sondern erstreckt sich auch auf grenzüberschreitende Vorgänge. Der Schwerpunkt liegt dabei auf grenzüberschreitenden Kapitalbewegungen sowie auf der Wahl des Unternehmensstandorts. Da die Steuergesetzgebung als Teil der Steuerhoheit Ausdruck nationaler Souveränität ist[1], bleibt es dem einzelnen Staat überlassen, wie grenzüberschreitende Sachverhalte behandelt werden. Solche Sachverhalte weisen üblicherweise persönliche oder sachliche Anknüpfungsmomente zu mindestens zwei Staaten auf, so daß sich häufig das Problem der internationalen Doppelbesteuerung stellt.

Die Lösung dieses Problems kann unilateral, bilateral oder multilateral erfolgen. Hier sei lediglich beispielhaft auf die Anrechnungsmethode nach § 34c EStG sowie die Freistellungsmethode nach dem Betriebsstättenprinzip nach Art. 7 i.V.m. Art. 23 A OECD-MA hingewiesen[2]. Aus der Souveränität der Nationalstaaten folgt aber, daß sie grundsätzlich nicht verpflichtet sind, eine mögliche Doppelbesteuerung zu beseitigen oder zu mildern. Denn ein allgemeines völkerrechtliches Verbot von Doppelbesteuerungen gibt es nicht[3].

Durch die unterschiedliche Belastung in- und ausländischer Erträge führt das Phänomen der internationalen Doppelbesteuerung betriebswirtschaftlich zu einer Beeinflussung des Wettbewerbs um Kapital und Arbeitskräfte, volkswirtschaftlich zu einer unerwünschten Beeinflussung des grenzüberschreitenden Handels[4]. Aufgabe der betriebswirtschaftlichen Steuerlehre und der Finanzwissenschaft ist daher, die schädlichen Auswirkungen eines Steuersystems auf internationaler Ebene aufzuzeigen und solchen Tendenzen im Rahmen des Gesetzgebungsprozesses entgegenzuwirken. Hier entfaltet das ökonomische Postulat der internationalen Neutralität seine Aussagekraft.

Mangels eines völkerrechtlich verbindlichen Kodex der Rücksichtnahme ist die Aufgabe der international ausgerichteten Steuerrechtswissenschaft eher im rechtspolitischen oder rechtsgestaltenden Bereich angesiedelt[5]. Diese Feststellung gilt jedoch dann nicht mehr, wenn steuerlich relevante Vorgänge national grenzüberschreitend wirken, sich gleichzeitig aber innerhalb der Grenzen supra-

---

1 Vgl. *Kluge, V.*, Steuerrecht, 2000, S. 16.
2 Vgl. *Jacobs, O. H.*, Internationale Unternehmensbesteuerung, 1999, S. 83.
3 Vgl. *Homburg, S.*, Steuerlehre, 2000, S. 246.
4 Vgl. *Jacobs, O. H.*, Internationale Unternehmensbesteuerung, 1999, S. 7.
5 Vgl. *Hey, J.*, in: *Herrmann/Heuer/Raupach*, Kommentar, 1996, Einf. KSt Anm. 48.

nationaler Organisationsstrukturen bewegen und deren bindende Regelungen tangieren. Dann ist es Aufgabe der Steuerrechtswissenschaft, die nationalen Regelwerke an diesen supranationalen Vorgaben zu messen.

Solch eine supranationale Struktur ergibt sich insbesondere aus dem EG-Vertrag und den darin kodifizierten Grundfreiheiten in der Konkretisierung, die sie durch die Rechtsprechung des *EuGH* erfahren. Im Rahmen des europäischen Integrationsprozesses haben die Mitgliedstaaten bei der Ausübung ihrer steuerlichen Souveränität nicht nur innereuropäische Harmonisierungsbestrebungen, sondern auch die bindenden Vorgaben des Gemeinschaftsrechts zu beachten. Für das Unternehmenssteuerrecht sind die Niederlassungsfreiheit und die Kapitalverkehrsfreiheit von besonderer Bedeutung[6]. Die folgenden Ausführungen beschränken sich deshalb auf diese beiden Grundfreiheiten. Hierbei soll erneut der Frage nachgegangen werden, ob ökonomische Erkenntnisse und Forderungen zur Auslegung juristischer Tatbestände und Begriffe herangezogen werden können. Zunächst sollen die ökonomischen und juristischen Definitionen gegenübergestellt und sodann Parallelen aufgezeigt werden.

I. Das ökonomische Postulat internationaler Neutralität

Analog zu den national wirkenden, übrigen Neutralitäten läßt sich auch internationale Neutralität aus dem Postulat der Entscheidungsneutralität ableiten. Dabei wird zwischen Standortneutralität sowie Kapitalimport- und Kapitalexportneutralität unterschieden.

1. Standortneutralität

Entscheidungsneutralität im allgemeinen fordert ein Steuersystem, das ökonomische Entscheidungen nicht beeinflußt. Bezogen auf den internationalen Standort bedeutet das, daß die Entscheidung über eine Investition nicht durch steuerliche Einflüsse verzerrt werden soll[7]. Diese Voraussetzung ist erfüllt, wenn es aus steuerlichen Gesichtspunkten irrelevant ist, in welchem Staat ein Unternehmen seine Geschäftstätigkeit ausübt. Ist dies gewährleistet, spricht man von Standortneutralität[8]. Nach ökonomischem Sprachgebrauch handelt es sich hierbei um

---

[6] Ebenso *Jaeger, C.*, Körperschaftsteuersysteme, 2001, S. 51 f.

[7] Vgl. *Lang, J.*, Reform, in: StuW 1989, S. 5.

[8] Vgl. *Sapusek, A.*, Analyse, 1996, S. 220 f.

eine besondere Ausprägung der Wettbewerbsneutralität[9], die dieses national geprägte Postulat auf grenzüberschreitende Vorgänge ausdehnt. Zwar wird unter Standortneutralität auch die Standortwahl im nationalen Kontext verstanden. Diese wird in Deutschland insbesondere durch die Gewerbesteuer beeinflußt, da die Belastung mit dieser Steuer vom gemeindlichen Hebesatz abhängt. Für die Einkommen- und Körperschaftsteuer ergeben sich dagegen keine Standortunterschiede. Im folgenden soll daher auf diese nationalen Aspekte nicht weiter eingegangen werden, sondern die Begriffe internationale Neutralität und Standortneutralität werden synonym verwendet.

2. Kapitalexport- und Kapitalimportneutralität

Während sich Standortneutralität als übergeordneter Begriff eher auf einen einheitlichen Wirtschaftsraum bezieht, differenzieren Kapitalexport- und Kapitalimportneutralität danach, ob Gleichbehandlung aller Konkurrenten auf dem In- oder Auslandsmarkt gefordert wird[10]. Sie unterscheiden also nach dem Markt, auf dem der als relevant angesehene Wettbewerb stattfindet. Beide Ausprägungen gehen von grenzüberschreitenden Kapitalbewegungen und Investitionen aus. Aus der Sicht eines inländischen Investors im Ausland spricht man von einer sog. Outbound-Investition, während eine ausländische Kapitalanlage in Deutschland als Inbound-Investition bezeichnet wird[11].

Die Neutralitäten unterscheiden sich danach, ob sich das Steuerniveau nach dem Ansässigkeitsstaat des Investors oder nach dem Quellenstaat richtet, aus dem Kapitaleinkünfte bezogen werden[12]. In Abhängigkeit davon, nach welcher der beiden Neutralitäten ein Steuersystem wirtschaftliche Doppelbesteuerung vermeidet oder mindert, wird die Kollision von Wohnsitz- und Quellenprinzip zugunsten des einen oder anderen Prinzips gelöst.

---

9 Vgl. *Elschen, R./Hüchtebrock, M.*, Steuerneutralität, in: FA 41 (1983), S. 257; ebenso *Spengel, C.*, Wettbewerbswirkungen, in: DBW 1998, S. 349.

10 Vgl. *Tsourouflis, A.*, Harmonisierung, 1997, S. 256.

11 Zu diesen Begriffen vgl. *Jacobs, O. H.*, Internationale Unternehmensbesteuerung, 1999, S. 2.

12 Vgl. *Homburg, S.*, Steuerlehre, 2000, S. 359 f.

a) Kapitalexportneutralität

Kapitalexportneutralität bezieht das Gebot der Wettbewerbsneutralität auf den Wirtschaftsraum des Ansässigkeitsstaates[13], bei natürlichen Personen also auf den Wohnsitzstaat des Investors. Damit ist es für einen inländischen Investor unter steuerlichen Gesichtspunkten gleichgültig, ob das Kapital im In- oder Ausland investiert wird. Das bedeutet, daß sich das Steuerniveau nach dem Staat richtet, aus dem das Kapital stammt, nicht aber nach dem Staat, in dem es investiert wird und aus dem die Erträge zurückfließen[14]. So wird Wettbewerbsneutralität im Ansässigkeitsstaat dadurch gewährleistet, daß alle inländischen Steuerpflichtigen unabhängig vom Ort der Einkünfteerzielung gleich behandelt werden[15]. Inländische und ausländische Kapitalerträge werden damit gleich hoch besteuert[16].

In Deutschland wird Kapitalexportneutralität durch die Anwendung des Anrechnungsverfahrens nach § 34c Abs. 1 EStG gewährleistet. Dieses Verfahren erhält seinen Namen dadurch, daß ausländische Steuern, die im Quellenstaat erhoben wurden, auf die inländische Steuerschuld angerechnet werden können[17]. Liegt das ausländische Steuerniveau unter dem inländischen, erfolgt eine Hochschleusung auf das inländische Steuerniveau. Dies wird anhand von folgendem Sachverhalt deutlich:

Beispiel zur Anrechnungsmethode (Siehe dazu **Tabelle 1** auf S. 127):

Ein Investor erzielt Einkünfte in Höhe von 200.000 €. In der ersten Alternative wird ausschließlich im Inland investiert. Dies führt bei einem Steuersatz von 50% zu einer inländischen Steuerschuld von 100.000 €. In der zweiten Alternative werden je 100.000 € inländische und ausländische Einkünfte erzielt. Der ausländische Steuersatz beträgt 30%, so daß 30.000 € ausländische Steuern anfallen. Das Welteinkommensprinzip im Inland führt zu steuerpflichtigen Einkünften von 200.000 €, was wiederum zu einer inländischen Steuerschuld in Höhe von 100.000 € führt. Darauf wird die ausländische Steuer angerechnet, so daß eine Zahllast von 70.000 € verbleiben. Damit beträgt die Gesamtsteuerbelastung in beiden Alternativen 100.000 €. Aus steuerlicher Sicht ist der Investor demnach indifferent, ob die Kapitalanlage im In- oder Ausland vorgenommen werden sollte. Die günstige Besteuerung im Ausland schlägt wegen der Besteuerung des Welteinkommens im Inland nicht auf die Gesamtsteuerbelastung durch.

---

[13] Vgl. *Hey, J.*, in: *Herrmann/Heuer/Raupach*, Kommentar, 1996, Einf. KSt Anm. 50.

[14] Vgl. *Jacobs, O. H.*, Internationale Unternehmensbesteuerung, 1999, S. 22.

[15] Vgl. *Kluge, V.*, Steuerrecht, 2000, S. 58.

[16] Vgl. *Gandenberger, O.*, Einfluß, in: *Vogel, K.*, Grundfragen, 1985, S. 42.

[17] Vgl. *Jacobs, O. H.*, Internationale Unternehmensbesteuerung, 1999, S. 13.

	Alternative 1		Alternative 2	
	Inland	Ausland	Inland	Ausland
Einkünfte	200.000	-	100.000	100.000
Steuerpflichtig	200.000	-	200.000	100.000
Steuerschuld	100.000	-	100.000	30.000
Anrechnung ausländische Steuer	-		30.000	
Zahllast	100.000		70.000	
Gesamtsteuerbelastung	100.000		100.000	

Tabelle 1: Die Anrechnungsmethode; in Anlehnung an *Homburg, S.*, Steuerlehre 2000, S. 247

Sieht man von den Beschränkungen der Anrechnung ab, die sich aus der Anwendung des Anrechnungshöchstbetrags und der sog. per-country-limitation ergeben[18], werden alle Inländer, unabhängig davon, ob sie ihre wirtschaftlichen Aktivitäten im In- oder Ausland entfalten, gleich behandelt. Dadurch verhindert ein kapitalexportneutrales Steuersystem die Ausnutzung ausländischer Steueroasen und Steuergeschenke. Gleichzeitig werden aber Steueranreize wie z. B. Investitionen in strukturschwache Länder eingeebnet und die damit verbundenen Risiken nicht dem Investor, sondern dem Ansässigkeitsstaat vergütet[19].

b) Kapitalimportneutralität

Kapitalimportneutralität bezieht das Gebot der Wettbewerbsneutralität hingegen auf den Wirtschaftsraum des Quellenstaates. Für die Besteuerung einer Investition spielt es dabei keine Rolle, wo der Steuerpflichtige ansässig ist. Vielmehr hat ein ausländischer Investor die selben steuerlichen Voraussetzungen wie ein inländischer Mitbewerber[20]. Kapitalimportneutralität verlangt also, daß das Steuerniveau des Staates zur Geltung kommt, in dem das Kapital investiert wurde. Demnach ist ein Steuersystem kapitalimportneutral, wenn die Besteuerung unabhängig vom Herkunftsort des Kapitals für alle identisch ist[21]. Aus deutscher

---

18 Eine ausführliche Darstellung hierzu findet sich bei *Jacobs, O. H.*, Internationale Unternehmensbesteuerung, 1999, S. 42 ff.

19 Vgl. *Jacobs, O. H.*, Internationale Unternehmensbesteuerung, 1999, S. 25.

20 Vgl. *Hey, J.*, in: *Herrmann/Heuer/Raupach*, Kommentar, 1996, Einf. KSt Anm. 50.

21 Vgl. *Kluge, V.*, Steuerrecht, 2000, S. 54.

Sicht bedeutet dies, daß Aktivitäten auf Auslandsmärkten auch dem ausländischen Steuerniveau ausgesetzt werden[22], ohne daß Steuergefälle im Inland wieder rückgängig gemacht werden. Dies wird beispielsweise durch die Freistellung ausländischer Einkünfte im Inland gewährleistet[23].

Solch eine Freistellung, die dieser Methode gleichzeitig ihren Namen gibt, wird in Deutschland nach § 8b Abs. 1 KStG seit dem Systemwechsel bei der Körperschaftsteuer durch das StSenkG sowohl für inländische als auch für ausländische Dividenden gewährt, wobei in diesem Kontext allein die grenzüberschreitenden Dividendenzahlungen von Interesse sind. Vor Inkrafttreten des StSenkG kam die Freistellungsmethode über Doppelbesteuerungsabkommen zur Anwendung. So ergibt sich beispielsweise die Freistellung von ausländischen Betriebsstättengewinnen aus Art. 7 i.V.m. Art. 23 A OECD-MA. Die Wirkungsweise der kapitalimportneutralen Freistellungsmethode verdeutlicht folgender Sachverhalt:

Beispiel zur Freistellungsmethode (Siehe dazu **Tabelle 2** auf S.129):

In Alternative 1 erzielt ein Einzelunternehmer ausschließlich in Deutschland gewerbliche Einkünfte in Höhe von 200.000 €. Aus Gründen der Übersichtlichkeit sollen diese einheitlich mit 50% besteuert werden. Die Gesamtsteuerbelastung beträgt demnach 100.000 €.

In Alternative 2 betreibt der Einzelunternehmer zusätzlich eine ausländische Betriebsstätte in einem Land, mit dem ein DBA entsprechend dem OECD-MA besteht. Das Stammhaus in Deutschland und die ausländische Betriebsstätte erzielen einen Gewinn von je 100.000 €. Der Gewinn wird in Deutschland einheitlich mit 50% besteuert. Der Gewinn der ausländischen Betriebsstätte unterliegt dem dortigen Steuersatz von einheitlich 30%. Damit beträgt die Steuerschuld in Deutschland 50.000 €, während im Ausland 30.000 € an Steuern bezahlt werden müssen. Aufgrund des DBA mit dem ausländischen Staat werden die Betriebsstättengewinne in Deutschland nicht besteuert. Die Gesamtsteuerbelastung des Einzelunternehmers beläuft sich auf 80.000 €.

Bezogen auf die Gesamtsteuerbelastung profitiert der Einzelunternehmer vom niedrigeren Steuerniveau im Ausland. Die ausländische Betriebsstätte erfährt damit gegen Mitbewerber, die im ausländischen Staat mit dessen niedrigerem Steuerniveau ansässig sind, keine Wettbewerbsnachteile.

---

22 Vgl. *Jacobs, O. H.*, Internationale Unternehmensbesteuerung, 1999, S. 22.
23 Vgl. *Kluge, V.*, Steuerrecht, 2000, S. 57.

	Alternative 1		Alternative 2	
	Inland	**Ausland**	**Inland**	**Ausland**
Einkünfte	200.000	-	100.000	100.000
Steuerpflichtig	200.000	-	100.000	100.000
Steuerschuld	100.000	-	50.000	30.000
Gesamtsteuerbelastung	100.000		80.000	

Tabelle 2: Die Freistellungsmethode; in Anlehnung an *Homburg, S.*, Steuerlehre 2000, S. 247

Der Vorteil der Kapitalimportneutralität wird insbesondere darin gesehen, daß der Wettbewerb auf den einzelnen Märkten nicht durch die Steuersysteme der Kapitalgeber beeinflußt wird. Das bedeutet, der Wettbewerb auf diesen Märkten wird bereichert, indem sämtliche potentielle Mitbewerber in den Genuß gleicher Rahmenbedingungen kommen. Damit wird Chancengleichheit auf den einzelnen Märkten erzielt, während Gleichheit zwischen den Märkten nicht verlangt wird. Insofern bedeutet Kapitalimportneutralität relative Gleichheit[24].

Erweist sich der einzelne Markt im internationalen Kontext als attraktiv und lukrativ, werden zahlreiche in- und ausländische Investoren auf diesen Markt drängen. Erweist er sich als unattraktiv, wird Kapital in erheblichem Umfang wieder abgezogen. Kapitalimportneutralität bedeutet also nicht, daß das jeweilige Steuersystem auf die Attraktivität dieses Marktes keinen Einfluß hat. Im Gegenteil führt ein kapitalimportneutrales Steuersystem sogar dazu, daß es zu einem regelrechten Wettbewerb der Steuersysteme kommen kann. Denn dadurch, daß ein niedriges Steuerniveau auch Investoren aus Hochsteuerländern zugute kommt, führt dies bei vergleichbaren Vorsteuerrenditen zu einer erhöhten Investitionstätigkeit in diesem Land, während es in den Hochsteuerländern vermehrt zu Deinvestitionen kommen wird. Im negativen Sinne kann dies zur Erleichterung der Steuerflucht durch die Verlagerung von Einkommen und Vermögen in Steueroasen führen[25].

Im europäischen Kontext wird dieses Phänomen als Steuerdumping oder schädlicher Steuerwettbewerb bezeichnet. Von Seiten der EU-Mitgliedstaaten wird dieses Problem immerhin als so bedeutsam empfunden, daß der Rat der Finanz-

---

[24] Vgl. *Jacobs, O. H.*, Internationale Unternehmensbesteuerung, 1999, S. 23.

[25] Vgl. *Jacobs, O. H.*, Internationale Unternehmensbesteuerung, 1999, S. 25.

minister am 01.12.1997 einen Verhaltenskodex zur Bekämpfung des schädlichen Steuerwettbewerbs innerhalb der Gemeinschaft erlassen hat[26].

c) Gleichzeitige Verwirklichung von Kapitalexport- und –importneutralität

Die bisherigen Ausführungen zeigen, daß Kapitalexport- und Kapitalimportneutralität den Begriff der Neutralität aus verschiedenen Blickwinkeln definieren. Ersetzt man Neutralität durch Gleichheit, kommt man zu der von *O. H. Jacobs* aufgezeigten Gegenüberstellung von absoluter und relativer Gleichheit[27]. Bereits der begriffliche Gegensatz von Relativem und Absolutem legt nahe, daß beide Neutralitätsausprägungen grundsätzlich nicht gleichzeitig erreicht werden können: Ein Steuersystem, das kapitalexportneutral ausgestaltet ist, erfüllt die Anforderungen der Kapitalimportneutralität in der Regel nicht. Entsprechend umgekehrt verhält es sich mit einem kapitalimportneutralen Steuersystem. Dies wird an den hergebrachten Methoden zur Beseitigung der Doppelbesteuerung deutlich: Die Anrechnungsmethode ist kapitalexportneutral, verletzt aber die Anforderungen der Kapitalimportneutralität. Die Freistellungsmethode wahrt Kapitalimportneutralität, ist aber nicht kapitalexportneutral[28].

Beide Neutralitäten werden nur unter einer Bedingung gleichzeitig erfüllt: Entspricht das ausländische Steuerniveau dem inländischen, führt sowohl die Anrechnungs- als auch die Freistellungsmethode zur selben Gesamtsteuerbelastung[29]. Denn während die Anrechnungsmethode eine Hochschleusung des (niedrigeren) ausländischen Steuerniveaus auf das inländische bewirkt, bewahrt die Freistellungsmethode ausländische Einkünfte vor dem inländischen Steuerzugriff und konserviert damit quasi das ausländische Steuerniveau. In allen übrigen Fällen führen beide Methoden aber zu unterschiedlichen Ergebnissen.

Da beide Methoden Vor- und Nachteile aufweisen, die sich im wesentlichen kreuzen, besteht im wirtschaftswissenschaftlichen Schrifttum keine Einigkeit darüber, welche der beiden Neutralitäten aus Effizienzgesichtspunkten vorzuziehen ist[30]. Teilweise wird diese Unterscheidung deshalb als verfehlt abge-

---

26 Vgl. *Hey, J.*, in: *Herrmann/Heuer/Raupach*, Kommentar, 1996, Einf. KSt Anm. 70 m.w.N.

27 Vgl. *Jacobs, O. H.*, Internationale Unternehmensbesteuerung, 1999, S. 22 f.

28 Vgl. *Gandenberger, O.*, Einfluß, in: *Vogel, K.*, Grundfragen, 1985, S. 42.

29 Vgl. *Tsouroufiis, A.*, Harmonisierung, 1997, S. 258.

30 Vgl. *Hey, J.*, in: *Herrmann/Heuer/Raupach*, Kommentar, 1996, Einf. KSt Anm. 50; ebenso *Homburg, S.*, Steuerlehre, 2000, S. 282 ff.

lehnt[31]. Denn das Ausmaß einer Neutralitätswirkung kann nur im Einzelfall und unter Berücksichtigung der steuerlichen und wirtschaftlichen Unterschiede der betroffenen Staaten und deren konkreter Wirtschaftsbeziehungen getroffen werden[32]. Damit verbietet sich im Grunde eine generalisierende Entscheidung für eine der Neutralitäten.

Dies mag einer der Gründe sein, warum es innerhalb der Europäischen Union[33] keine eindeutige Präferenz für eines der Neutralitätskonzepte gibt[34]. Auch die Harmonisierungsbestrebungen auf dem Gebiet der direkten Steuern, die seit der Gründung der Europäischen Gemeinschaft mehr oder weniger intensiv verfolgt werden[35], deuten in diese Richtung. Denn ein einheitliches europäisches Steuersystem würde den Anforderungen beider Neutralitäten gerecht werden. Allerdings stellt sich die Frage, ob innerhalb der Europäischen Union dann noch von internationaler Neutralität gesprochen werden kann. Denn ein einheitliches Steuersystem auf dem Gebiet der direkten und indirekten Steuern wäre ein großer Schritt der Gemeinschaft hin zu einer politischen Union[36]. Tritt neben einen einheitlichen Wirtschafts- und Währungsraum ein einheitliches Steuersystem, dürfte es bei Vorgängen innerhalb der Gemeinschaft – jedenfalls aus ökonomischer Sicht – bereits an einem grenzüberschreitenden Sachverhalt fehlen.

Ob ein einheitlicher Wirtschafts- und Währungsraum, der eine konsequente Fortsetzung des Binnenmarktkonzepts bedeutet, zur Gewährleistung des freien Waren-, Kapital- und Dienstleistungsverkehrs nicht ohnehin ein einheitliches Steuersystem erfordert, soll an dieser Stelle nicht weiter verfolgt werden. Jedenfalls aber könnte ein solches System im innereuropäischen Wettbewerb als absolut neutral bezeichnet werden.

II. Europarechtliche Grundfreiheiten unter steuerlichen Aspekten

Solange die Europäische Union weit davon entfernt ist, eine Harmonisierung auf dem Gebiet der direkten Steuern zu erreichen, können die Auswirkungen der nationalen Steuersysteme im innergemeinschaftlichen Verkehr nur anhand der

---

31 Vgl. *Vogel, K.*, Harmonisierung, in: StuW 1993, S. 386.
32 Vgl. *Hey, J.*, in: *Herrmann/Heuer/Raupach*, Kommentar, 1996, Einf. KSt Anm. 50.
33 Zur Ungenauigkeit dieser Bezeichnung siehe die Ausführungen bei *Arndt, H.-W.*, Europarecht, 2001, S. 2.
34 Vgl. *Kluge, V.*, Steuerrecht, 2000, S. 60.
35 Ein ausführlicher Überblick findet sich bei *Jaeger, C.*, Körperschaftsteuersysteme, 2001, S. 7 ff.
36 Zu diesem Begriff *Arndt, H.-W.*, Europarecht, 2001, S. 16.

Grundfreiheiten überprüft werden, die sich aus dem EG-Vertrag ergeben. Diese Argumentation hat viele Steuerpflichtige mittlerweile dazu veranlaßt, sich auch gegenüber dem eigenen Staat auf EU-Grundfreiheiten zu berufen. Jedenfalls hat der *EuGH* die an ihn im Wege des Vorabentscheidungsverfahrens herangetragenen Zweifelsfragen genutzt, um auch auf dem Gebiet des Steuerrechts einen beachtlichen „effektiven Rechtsschutz" zu entwickeln[37]. Insofern erweist sich der *EuGH* erneut als „Motor der Integration"[38], gehen die von ihm entwickelten Grundsätze doch weit über das hinaus, was die Mitgliedstaaten bei den begrenzten Harmonisierungsbestrebungen auf dem Gebiet der direkten Steuern erreicht haben.

Zwar hat auch die Kommission eine Reihe von Richtlinien erlassen, die zum Teil erhebliche Auswirkungen auf die Steuergesetzgebung und die Steuerverwaltung der Mitgliedstaaten haben. Gegenstand dieser Richtlinien sind jedoch in der Regel sehr spezielle Tatbestände[39], aus denen sich nur in begrenztem Umfang allgemeine Erkenntnisse ableiten lassen. Daher beschränkt sich die Arbeit im weiteren Verlauf auf die für die Unternehmensbesteuerung besonders bedeutsamen Grundfreiheiten, die Niederlassungsfreiheit und die Kapitalverkehrsfreiheit.

1. Niederlassungsfreiheit

Die Niederlassungsfreiheit ist eine spezielle Personenverkehrsfreiheit, die in den Art. 43-48 (ex-Art. 52-58) EGV normiert ist. Sie schützt die Aufnahme und Ausübung einer selbständigen Erwerbstätigkeit sowie die Gründung und Leitung von Unternehmen nach den Bestimmungen des Aufnahmestaates[40]. Neben natürlichen Personen fallen auch Gesellschaften im Sinne des Art. 48 (ex-Art. 58) EGV in den Anwendungsbereich der Niederlassungsfreiheit, wenn sie nach den Rechtsvorschriften eines Mitgliedstaates gegründet wurden und ihren satzungsmäßigen Sitz, ihre Hauptverwaltung oder ihre Hauptniederlassung innerhalb der

---

[37] Vgl. *Kluge, V.*, Steuerrecht, 2000, S. 119.

[38] Zu den Auswirkungen der *EuGH*-Rechtsprechung auf den Integrationsprozeß vgl. *Arndt, H.-W.*, Europarecht, 2001, S. 51.

[39] So regelt beispielsweise die sehr bedeutsame Mutter-Tochter-Richtlinie (Richtlinie des Rates 90/435/EWG vom 23.07.1990) die steuerliche Behandlung von Gewinnausschüttungen einer Tochtergesellschaft an ihre Muttergesellschaft, die in einem anderen Mitgliedstaat ansässig sein muß. Dabei knüpft die Richtlinie an eine Mindestbeteiligung von 25% am Kapital der Tochter und an bestimmte Rechtsformen beider Gesellschaften an; vgl. *Kluge, V.*, Steuerrecht, 2000, S. 327.

[40] Vgl. *Arndt, H.-W.*, Europarecht, 2001, S. 148 f.

Gemeinschaft haben. Von der Problematik des Auseinanderfallens von satzungsmäßigem und tatsächlichem Verwaltungssitz soll an dieser Stelle abgesehen werden. Dabei handelt es sich primär um ein gesellschaftsrechtliches Problem[41].

Die Niederlassungsfreiheit führt zunächst zu einem umfassenden Diskriminierungsverbot in Form eines Gebots der Inländergleichbehandlung[42]. Dies bedeutet für den Staat, in dem die fragliche Tätigkeit ausgeübt wird, daß er EU-Ausländer genauso behandeln muß wie Inländer[43]. Die Zugehörigkeit zu einem Mitgliedstaat bestimmt sich bei natürlichen Personen anhand der Staatsangehörigkeit, während bei Gesellschaften der Sitzstaat maßgeblich ist[44]. Neben dem umfassenden Diskriminierungsverbot enthält die Niederlassungsfreiheit auch ein Beschränkungsverbot, das die weitgehend unbeschränkte Aufnahme und Ausübung einer selbständigen Tätigkeit gewährleisten soll[45]. Da der Fokus der weiteren Untersuchung aber im wesentlichen auf der Frage der Gleichbehandlung in- und ausländischer Unternehmen liegt, kommt der nach wie vor umstrittenen Problematik der Weiterentwicklung der Diskriminierungsverbote hin zu Beschränkungsverboten hier keine Bedeutung zu[46].

Zur Feststellung einer Diskriminierung bedient sich der *EuGH* der zu Art. 3 Abs. 1 GG gängigen Formel des *BVerfG*[47]: Diskriminierung bedeutet die Ungleichbehandlung wesentlich gleicher Sachverhalte bzw. die Gleichbehandlung wesentlich ungleicher Sachverhalte[48]. Zugleich zeigt die Übereinstimmung der beiden Obersätze, daß die Grundfreiheiten letztlich spezifische Ausprägungen eines europarechtlichen Gleichheitssatzes sind[49]. Analog zur Auslegung des nationalen Gleichheitssatzes stellt sich bei der Interpretation der Niederlassungsfreiheit im allgemeinen und ihrer Auswirkungen auf die nationale Steuergesetzgebung im besonderen die Frage, ob eine vergleichbare Lage der betroffenen

---

41 Zur Problematik vgl. *Arndt, H.-W.*, Europarecht, 2001, S. 150.

42 Vgl. *Kluge, V.*, Steuerrecht, 2000, S. 121.

43 So der *EuGH* in ständiger Rechtsprechung. Stellvertretend: *EuGH* vom 28.01.1986 – Rs. 270/83 (Avoir fiscal), Slg. 1986, S. 273 (Rn. 13); *EuGH* vom 29.04.1999 – Rs. C-311/97 (Royal Bank of Scotland), Slg. 1999, S. I-2651 (Rn. 22).

44 Vgl. *EuGH* vom 28.01.1986 – Rs. 270/83 (Avoir fiscal), Slg. 1986, S. 273 (Rn. 18); *EuGH* vom 13.07.1993 – Rs. C-330/91 (Commerzbank), Slg. 1993, S. I-4017 (Rn. 13); *EuGH* vom 16.07.1998 – Rs. C-264/96/96 (ICI), Slg. 1998, S. I-4711 (Rn. 20).

45 Vgl. *Kluge, V.*, Steuerrecht, 2000, S. 121.

46 Zu dieser Problematik vgl. *Arndt, H.-W.*, Europarecht, 2001, S. 115 ff.

47 Zur Parallelität vgl. *Arndt, H.-W.*, Europarecht, 2001, S. 104.

48 Vgl. *EuGH* vom 14.02.1995 – Rs. C-279/93 (Schumacker), Slg. 1995, S. I-225 (Rn. 30); *EuGH* vom 27.06.1996 – Rs. C-107/94 (Asscher), Slg. 1996, S. I-3089 (Rn. 40).

49 Vgl. *Gubelt, M.*, in: *von Münch/Kunig*, GG-Kommentar, 2000, Art. 3 Rn. 4a.

Personen vorliegt[50]. Im Rahmen grenzüberschreitender Unternehmenstätigkeit mit steuerlicher Relevanz sind hierbei insbesondere das Nebeneinander von beschränkter und unbeschränkter Steuerpflicht sowie die Differenzierung nach Unternehmensrechtsformen im Tätigkeitsstaat von Bedeutung[51].

a) Beschränkte und unbeschränkte Steuerpflicht

Besondere Bedeutung kommt der Niederlassungsfreiheit in der Rechtsprechung des *EuGH* bei der Überprüfung der beschränkten Steuerpflicht im Steuerrecht der Mitgliedstaaten zu. Dabei mahnte der *EuGH* in der „Avoir fiscal"-Entscheidung erstmals die Gleichbehandlung von beschränkter und unbeschränkter Steuerpflicht bei Vorliegen einer vergleichbaren Lage an. Dies basierte auf folgendem Sachverhalt:

> 1. „Avoir fiscal"-Entscheidung[52]:
>
> Frankreich behandelte in- und ausländische Betriebsstätten grundsätzlich gleich, mit Ausnahme eines körperschaftsteuerlichen Anrechnungsanspruchs (avoir fiscal) für Dividenden, wenn diese von der Betriebsstätte eines ausländischen Unternehmens vereinnahmt wurden.
>
> Die vergleichbare Lage gab das französische Steuerrecht dabei selbst vor, denn grundsätzlich behandelte es in- und ausländische Betriebsstätten gleich. Daraus ergab sich für den *EuGH* eine europarechtswidrige Diskriminierung der beschränkten gegenüber der unbeschränkten Steuerpflicht wegen Verstoßes gegen die Niederlassungsfreiheit. Diese war auch nicht durch die Einlassung des französischen Staates zu rechtfertigen, die Versagung des Anrechnungsanspruchs werde durch anderweitige Vorteile kompensiert.

Mit dieser Entscheidung hat der *EuGH* nicht nur die Ungleichbehandlung von beschränkter und unbeschränkter Steuerpflicht beanstandet, sondern zugleich ein Kompensationsverbot zwischen steuerlichen Vor- und Nachteilen begründet, die sachlich nicht in unmittelbarem Zusammenhang stehen. Denn die Einlassung des französischen Staates bezog sich auf solche Vorteile, die allenfalls mittelba-

---

[50] Vgl. *Dautzenberg, N.*, Beschränkung, in: StuB 1999, S. 767.

[51] Vgl. *Jaeger, C.*, Körperschaftsteuersysteme, 2001, S. 57.

[52] Vgl. *EuGH* vom 28.01.1986 – Rs. 270/83 (Avoir fiscal), Slg. 1986, S. 273 ff.

re Auswirkungen auf den streitgegenständlichen Sachverhalt hatten und zudem inhaltlich und zeitlich in ganz anderen Bereichen angesiedelt waren[53].

Die Unterscheidung zwischen beschränkter und unbeschränkter Steuerpflicht hatte der *EuGH* erneut in der „Schumacker"-Entscheidung[54] zu beanstanden. Diese berührte zwar nicht die Niederlassungsfreiheit, sondern die Freizügigkeit der Arbeitnehmer nach Art. 39 (ex-Art. 48) EGV. Dennoch kann die beschränkte Steuerpflicht Selbständige in ihrer Niederlassungsfreiheit in gleichem Maße betreffen wie Arbeitnehmer in ihrer Freizügigkeit[55].

Für den Bereich der Unternehmensbesteuerung bedeutet dies, daß das Differenzierungskriterium der beschränkten oder unbeschränkten Steuerpflicht, das im allgemeinen nur eine weitere Abstraktion der Ausgangssituation „Geschäftssitz oder Wohnsitz" im In- oder Ausland ist, grundsätzlich unzulässig ist[56]. Zwar ist eine solche Differenzierung nicht gänzlich ausgeschlossen. Diese bedarf allerdings der rechtfertigenden Legitimation.

Einen Hinweis darauf, wann sich in- und ausländische Gesellschaften in einer vergleichbaren Lage befinden, gibt folgender Fall:

2. „Royal Bank of Scotland"-Entscheidung[57]:

Die Royal Bank of Scotland mit Geschäftssitz im Vereinigten Königreich betreibt in Griechenland eine Zweigniederlassung. Griechenland besteuert dort ansässige Banken mit einem ermäßigten Steuersatz in Höhe von 35%, während die Royal Bank of Scotland ihre Betriebsstättengewinne in Griechenland mit 40% versteuern muß.

Um eine europarechtswidrige Diskriminierung nach der Zugehörigkeit einer Gesellschaft zur Rechtsordnung eines anderen Mitgliedstaates feststellen zu können, muß zunächst eine vergleichbare Lage gegeben sein. Diese sieht der *EuGH* darin, daß die Bemessungsgrundlagen für beschränkt und unbeschränkt Steuerpflichtige in Griechenland identisch ausgestaltet sind. Weitere Gründe für eine Differenzierung waren indessen nicht ersichtlich, so daß die exklusive Anwendung des günstigeren Tarifs für inländische Kreditinstitute europarechtswidrig ist.

---

53 Vgl. *Bieg, T.*, Gemeinschaft, 1997, S. 131.

54 Vgl. *EuGH* vom 14.02.1995 – Rs. C-279/93 (Schumacker), Slg. 1995, S. I-225 ff.

55 Ebenso *Eckhoff, R.*, in: *Birk, D.*, Handbuch, 1995, § 19 Rn. 44.

56 Vgl. *Bieg, T.*, Gemeinschaft, 1997, S. 125 f.

57 Vgl. *EuGH* vom 29.04.1999 – Rs. C-311/97 (Royal Bank of Scotland), Slg. 1999, S. I-2651 ff.

Für den Vergleich in- und ausländischer Unternehmen läßt sich aus diesem Judikat des *EuGH* entnehmen, daß die gleiche Ausgestaltung der Bemessungsgrundlage, des Steuertarifs und der steuerlichen Abzugsbeträge den Anwendungsbereich der Niederlassungsfreiheit eröffnet. In der Regel wird es sogar ausreichen, wenn der Gewinn im wesentlichen gleich ermittelt wird[58].

Für natürliche Personen müssen diese Erkenntnisse im Hinblick auf die subjektiven Steuerkomponenten eingeschränkt werden. Denn sofern für die Besteuerung persönliche oder familiäre Komponenten von Bedeutung sind, ist deren Berücksichtigung grundsätzlich die Aufgabe des Wohnsitzstaates[59]. Aus der „Schumacker"-Entscheidung läßt sich allerdings wiederum ableiten, daß auch bei natürlichen Personen der Ort der Einkünfteerzielung für eine vergleichbare Lage ausreicht. Denn sobald ein beschränkt Steuerpflichtiger den überwiegenden Teil in dem Staat erzielt, in dem er seine Tätigkeit ausübt, unterscheidet sich seine objektive Situation nicht wesentlich von der eines unbeschränkt Steuerpflichtigen, dessen Wohn- oder Geschäftssitz mit seinem Tätigkeitsort zusammenfällt. Zusätzlich muß die relative Höhe der im Tätigkeitsstaat erzielten Einkünfte der Situation eines Steuerinländers entsprechen[60]. Im Fall „Schumacker" war dies dadurch gewährleistet, daß nahezu sämtliche Einkünfte im Tätigkeitsstaat erzielt wurden[61].

Sowohl für natürliche Personen als auch für Gesellschaften gilt daher: Eine Diskriminierung liegt vor, wenn das Steuersystem eines Mitgliedstaates nachteilige Rechtsfolgen an einen EU-ausländischen Wohn- oder Geschäftssitz anknüpft, obwohl ansonsten die gleiche objektive Lage gegeben ist. Eine vergleichbare objektive Lage besteht insbesondere bei gleichen Gewinn- oder Einkommensverhältnissen. Dagegen werden subjektive Komponenten bei einem solchen Vergleich nicht berücksichtigt. Eine Benachteiligung ergibt sich jedoch auch aus der Nichtgewährung von Vorteilen.

b) Differenzierung nach unterschiedlichen Rechtsformen

Aus der Rechtsprechung des *EuGH* läßt sich eine weitere Vorgabe der Niederlassungsfreiheit ableiten: Steuerliche Differenzierung, die der Tätigkeitsstaat

---

58 Vgl. *Jaeger, C.*, Körperschaftsteuersysteme, 2001, S. 54.

59 Vgl. *Thömmes, O.*, Diskriminierungen, in: *Schön, W.*, Gedächtnisschrift, 1997, S. 807.

60 Vgl. *Bieg, T.*, Gemeinschaft, 1997, S. 229.

61 Vgl. *EuGH* vom 14.02.1995 – Rs. C-279/93 (Schumacker), Slg. 1995, S. I-225 (Rn. 36).

nach Unternehmensrechtsformen vornimmt, muß er auch EU-ausländischen Unternehmen gewähren.

Dies ergibt sich bereits aus der oben dargestellten „Avoir fiscal"-Entscheidung. Denn hier beanstandete der *EuGH*, daß in- und ausländische Betriebsstätten grundsätzlich gleich, im Hinblick auf das körperschaftsteuerliche Anrechnungsguthaben aber ungleich behandelt wurden. Da das französische Steuersystem der französischen Tochtergesellschaft eines ausländischen Unternehmens den Anrechnungsanspruch zuerkannt hätte, argumentierte der französische Staat damit, daß das ausländische Unternehmen anstelle der Betriebsstätte auch eine Tochtergesellschaft hätte gründen können. Diese Einlassung hat der *EuGH* jedoch nicht aufgegriffen und die Niederlassungsfreiheit gerade nicht an eine bestimmte Rechtsform geknüpft[62]. Das europarechtliche Gleichbehandlungsgebot für die beschränkte und unbeschränkte Steuerpflicht wird damit um einen zusätzlichen Aspekt erweitert: Die Niederlassungsfreiheit beinhaltet für ein EU-ausländisches Unternehmen die freie Wahl, eine Niederlassung in einem anderen Mitgliedstaat als rechtlich selbständige Tochterkapitalgesellschaft oder als unselbständige Betriebsstätte bzw. Personengesellschaft[63] zu betreiben[64]. Dieser Grundsatz wurde vom *EuGH* in der „Commerzbank"-Entscheidung erneut aufgegriffen und bestätigt[65].

Diese Feststellung bedarf allerdings der Relativierung: Ein EU-ausländisches Unternehmen kann nur dann die steuerliche Gleichstellung der verschiedenen Rechtsformen nach Maßgabe der Niederlassungsfreiheit verlangen, wenn Tochtergesellschaften, Zweigniederlassungen oder Agenturen inländischer Unternehmen ebenfalls gleich behandelt werden. Macht ein Mitgliedstaat demnach keinen Unterschied in der Behandlung von Personen- und Kapitalgesellschaften, muß er diese Gleichbehandlung auch Unternehmen anderer Mitgliedstaaten zukommen lassen. Unterscheidet der Aufnahmestaat dagegen generell zwischen diesen Rechts- oder Niederlassungsformen, würde eine differenzierte Behand-

---

62 Vgl. *Kluge, V.*, Steuerrecht, 2000, S. 130.

63 Im deutschen Steuerrecht begründet die Beteiligung an einer Personengesellschaft grundsätzlich eine Betriebsstätte im Inland; vgl. *Jacobs, O. H.*, Internationale Unternehmensbesteuerung, 1999, S. 366.

64 Vgl. *Jacobs, O. H.*, Internationale Unternehmensbesteuerung, 1999, S. 180.

65 Vgl. *EuGH* vom 13.07.1993 – Rs. C-330/91 (Commerzbank), Slg. 1993, S. I-4017 (Rn. 15).

lung EU-ausländischer Unternehmen nicht zu einer Diskriminierung führen[66]. Vielmehr wird dadurch erst die Inländergleichbehandlung gewährleistet.

2. Kapitalverkehrsfreiheit

Die Schaffung eines einheitlichen Währungsraums und die Einführung einer europäischen Gemeinschaftswährung haben dazu geführt, daß zahlreiche Beschränkungsmöglichkeiten des freien Kapitalverkehrs an Bedeutung verloren haben. Ein wesentlicher Bereich der freien Unternehmenstätigkeit ist jedoch auch die Beschaffung und entgeltliche Überlassung von Kapital. Dies setzt einen funktionierenden Kapitalmarkt auf europäischer Ebene voraus. Dieser kann nicht nur durch Rechts- und Verwaltungsvorschriften der Mitgliedstaaten, etwa im Bereich des Börsenwesens, sondern auch auf dem Gebiet des Steuerrechts behindert werden[67]. Gerade das Steuerrecht, das in die Zuständigkeit der einzelnen Mitgliedstaaten fällt, erwies sich daher in den letzten Jahren als geeignetes Mittel, ausländische Investoren anzulocken, Kapital im Inland zu binden und Kapitalabflüsse in das Ausland zu verhindern. Damit könnten die unterschiedlichen Steuersysteme eines der größten Hindernisse für den europäischen Kapitalmarkt darstellen[68].

Indessen hat der Kampf um ausländisches Investitionskapital zu einer unbeabsichtigten sog. „stillen Harmonisierung“ der Steuersysteme in Form des „Wettbewerbs der Steuergeschenke“ geführt[69]. Dabei erfolgte das sog. Steuerdumping nicht selten zum Nachteil anderer EU-Mitgliedstaaten. Dabei hat die zunehmende Internationalisierung von Großunternehmen und mittelständischen Unternehmen dazu geführt, daß der Umfang der grenzüberschreitenden Kapitalbewegungen in den letzten zehn Jahren enorm zugenommen hat[70]. Nicht zuletzt deshalb hat diese Grundfreiheit, die erst am 01.01.1994 in Art. 56 (ex-Art 73b) EGV in den EG-Vertrag aufgenommen wurde[71], für Investoren und Mitgliedstaaten beim Werben um Investitionen an Bedeutung gewonnen. Seitdem findet sich die Kapitalverkehrsfreiheit auch in steuerlichen Entscheidungen des *EuGH*.

---

66 Vgl. *Schön, W.*, Zweigniederlassung, in: EWS 2000, S. 289.
67 Vgl. *Arndt, H.-W.*, Europarecht, 2001, S. 161.
68 Vgl. *Rädler, A. J.*, Vorstellung, in: *Herzig, N.*, Harmonisierung, 1994, S. 2.
69 Vgl. *Hey, J.*, in: *Herrmann/Heuer/Raupach*, Kommentar, 1996, Einf. KSt Anm. 69.
70 Vgl. *Müller, J. C. W.*, Kapitalverkehrsfreiheit, 2000, S. 33.
71 Vgl. *Dautzenberg, N.*, Kommentar, in: FR 2000, S. 725.

a) Anwendungsbereich der Kapitalverkehrsfreiheit

Mangels einer Definition im EG-Vertrag erschließt sich der Anwendungsbereich dieser Grundfreiheit erst aus der Rechtsprechung des *EuGH* und der Kapitalverkehrsrichtlinie[72], die die Freiheit des Kapitalverkehrs vor Inkrafttreten von Art. 56 (ex-Art. 73b) EGV geschützt hat. Danach gehören zum Kapitalverkehr Direktinvestitionen, Immobilienerwerb, die Errichtung von Niederlassungen, das Erbringen von Finanzdienstleistungen sowie die Zulassung von Wertpapieren zu den Kapitalmärkten[73]. Der Begriff der Kapitalverkehrsfreiheit ist also umfassend auszulegen und beinhaltet neben der Übertragung von Geld- und Sachkapital auch die Rückflüsse aus der Nutzung des Kapitals in Form von Gewinnen, Zinsen und Dividenden[74]. Erfolgt die Kapitalanlage in Form einer offenen bzw. stillen Beteiligung oder in Wertpapieren, die Teilhaberrechte an einer Gesellschaft verbriefen, stellt sich ein Abgrenzungsproblem im Hinblick auf die Niederlassungsfreiheit. Hier sind drei Möglichkeiten denkbar: Ein Vorgang fällt in den Anwendungsbereich der Kapitalverkehrsfreiheit, nicht aber in den der Niederlassungsfreiheit; der Vorgang betrifft die Niederlassungsfreiheit, nicht aber die Kapitalverkehrsfreiheit; der Anwendungsbereich beider Grundfreiheiten ist betroffen.

Als unproblematisch erweisen sich die ersten beiden Konstellationen, da sie nur eine Grundfreiheit berühren. Das entscheidende Abgrenzungskriterium hierfür ist die unternehmerische Tätigkeit des Investors. So erhält ein Investor durch die Gewährung eines nachrangigen Darlehens oder von Genußkapital sowie einer typischen stillen Beteiligung in der Regel nennenswerte Einflußmöglichkeiten auf die Gesellschaft, in die er investiert hat. Die Niederlassungsfreiheit ist also nicht betroffen. Dagegen erfordert eine freiberufliche Tätigkeit keine gesetzlich vorgeschriebene Kapitalausstattung, so daß es grundsätzlich an einem Kapitalverkehr fehlt[75]. Sobald eine Kapitalbeteiligung aber zugleich zu einem gewissen Einfluß auf die Gesellschaft führt, sind beide Grundfreiheiten berührt[76]. Hier könnte man zwar die Auffassung vertreten, den Vorgang in die einzelnen Bestandteile wie etwa die Gesellschaftsgründung, die Leistung der Kapitalanlage

---

72 Vgl. Richtlinie des Rates 88/361/EWG vom 24.06.1988 zur Durchführung des Vertrages, ABl. EG Nr. L 178 vom 08.07.1988, S. 5.

73 Vgl. *Müller, J. C. W.*, Kapitalverkehrsfreiheit, 2000, S. 157.

74 Vgl. *Dautzenberg, N.*, Kapitalverkehrsfreiheit, in: StuB 2000, S. 723.

75 Vgl. *Jaeger, C.*, Körperschaftsteuersysteme, 2001, S. 93.

76 In der „Baars“-Entscheidung hat das vorlegende Gericht bei einer Beteiligung von 100% den Anwendungsbereich der Niederlassungsfreiheit und der Kapitalverkehrsfreiheit als eröffnet angesehen. Der *EuGH* hat diese Frage allerdings offengelassen; vgl. *EuGH* vom 13.04.2000 – Rs. C-251/98 (Baars), Slg. 2000, S. I-2812 (Rn. 16) und S. I-2820 (Rn. 42).

und die Ausübung der Mitgliedschaftsrechte aufzuteilen und diese der jeweils einschlägigen Grundfreiheit zuzuordnen[77]. Indessen erscheint diese Aufspaltung eines einheitlichen natürlichen Vorgangs als zu konstruiert. So kann der Erwerbszeitpunkt eines Aktienpaketes, das einen beherrschenden Einfluß auf die Aktiengesellschaft sichert, vom Zahlungszeitpunkt des Kaufpreises abhängen. Mit der Zahlung, die zweifellos eine Kapitalbewegung darstellt, beginnt zugleich die rechtliche Einflußmöglichkeit auf die Gesellschaft. Deshalb ist davon auszugehen, daß beide Grundfreiheiten einen einheitlichen Vorgang gleichermaßen schützen und grundsätzlich nebeneinander Bestand haben[78].

b) Beeinträchtigung der Kapitalverkehrsfreiheit

Aus dem Wortlaut des Art. 56 (ex-Art. 73b) EGV und den Urteilen des *EuGH* kann geschlossen werden, daß die Reichweite der Kapitalverkehrsfreiheit mit derjenigen der Warenverkehrsfreiheit vergleichbar ist, bei der auf eine umfangreiche Judikatur zurückgegriffen werden kann[79]. In Analogie zur „Dassonville-Formel“[80] sind jegliche Behinderungen oder Begrenzungen des Zu-, Ab- oder Durchflusses von Kapital untersagt, und zwar unabhängig davon, ob sie unmittelbar oder mittelbar wirken bzw. ob sie tatsächlich bestehen oder nur potentieller Art sind[81]. Damit führt die Freiheit des Kapitalverkehrs zu einem Beschränkungsverbot, das bereits dann verletzt ist, wenn ein Sachverhalt weniger attraktiv erscheint[82]. Anders als die Niederlassungsfreiheit knüpft die Kapitalverkehrsfreiheit auch nicht an die Staatsangehörigkeit an, sondern allein an die grenzüberschreitende Bewegung des Kapitals selbst. Dabei liegt ein grenzüberschreitender Vorgang bereits dann vor, wenn ein staatliches Wertpapier an einer ausländischen Börse gehandelt wird, die Bürger des emittierenden Staates aber von der Zeichnung ausgeschlossen sind[83].

---

77 So etwa *Brinkmann, J.*, Einfluß, 1996, S. 60.

78 Vgl. *Mössner, J. M./Kellersmann, D.*, Freiheit, in: DStZ 1999, S. 508; ebenso *Müller, J. C. W.*, Kapitalverkehrsfreiheit, 2000, S. 193; im Grundsatz auch *Geurts, M.*, Konkurrenzverhältnis, in: IStR 2000, S. 574.

79 Vgl. *Honrath, A.*, Umfang, 1998, S. 67.

80 Vgl. *EuGH* vom 11.07.1974 – Rs. 8/74 (Dassonville), Slg. 1974, S. 837 (Rn. 5).

81 Vgl. *Müller, J. C. W.*, Kapitalverkehrsfreiheit, 2000, S. 163; ebenso *Honrath, A.*, Umfang, 1998, S. 68.

82 Vgl. *Mössner, J. M./Kellersmann, D.*, Freiheit, in: DStZ 1999, S. 507.

83 Vgl. *EuGH* vom 26.09.2000 – Rs. C-478/98 (Kommission/Belgien), Slg. 2000, S. I-7619 (Rn. 16); vgl. dazu auch *Dautzenberg, N.*, Freiheit, in: StuB 2001, S. 31.

Eine direkte Beeinträchtigung der Kapitalverkehrsfreiheit liegt vor, wenn der Kapitaltransfer verboten ist oder von einer Genehmigung abhängt. Eine indirekte oder mittelbare Beeinträchtigung liegt vor, wenn eine Behinderung auf den Kapitalverkehr einwirkt[84]. Durch direkte Steuern kann sowohl eine direkte als auch eine indirekte Beeinträchtigung erzeugt werden.

3. „Verkooijen"-Entscheidung zur Dividendenbefreiung[85]

Das niederländische Einkommensteuerrecht sah für die Gewährung von Dividendenfreibeträgen vor, daß die ausschüttende Gesellschaft zwingend im Königreich der Niederlande ansässig sein mußte. Ein niederländischer Arbeitnehmer hatte Anteile an einer belgischen Aktiengesellschaft erworben. Für die bezogenen Dividenden hatte die niederländische Finanzverwaltung den Dividendenfreibetrag nicht gewährt und sich darauf berufen, daß die Gesellschaft ihren Sitz nicht im Königreich der Niederlande habe.

Das vorlegende Gericht warf damit die Frage auf, ob die Dividendenbefreiung nach dem Einkommensteuerrecht eines Mitgliedstaats, die von der Ansässigkeit der ausschüttenden Gesellschaft in diesem Mitgliedstaat abhängt, mit der Kapitalverkehrsfreiheit vereinbar sei. Dies hat der *EuGH* verneint. Der Ansatzpunkt für die unzulässige Behinderung des freien Kapitalverkehrs liegt hier in der steuerlichen Begünstigung inländischer Dividenden, die Steuerpflichtige von einer Kapitalanlage in anderen Mitgliedstaaten abschrecken und Investitionen im Inland fördern soll. Auch aus der Sicht ausländischer Gesellschaften liegt eine unzulässige Beschränkung vor. Denn durch die steuerliche Benachteiligung sind die Anteile ausländischer Gesellschaften für inländische Anleger weniger attraktiv. Dadurch stellt diese Regelung ein Hindernis für diese Gesellschaften dar, in dem jeweiligen Mitgliedstaat Kapital zu sammeln. Für eine Beeinträchtigung des Kapitalverkehrs ist aber nicht entscheidend, ob der Steuerpflichtige oder sein Vertrags- bzw. Geschäftspartner betroffen ist[86].

Die „Verkooijen"-Entscheidung verdeutlicht erneut, daß Vorgaben der Kapitalverkehrsfreiheit gerade von den nationalen Steuergesetzgebern nicht unterschätzt werden dürfen. Dies gilt um so mehr, als diese Grundfreiheit auch im Verhältnis der Mitgliedstaaten zu dritten Ländern zu beachten ist. Jedenfalls folgt aus diesem umfassenden Beschränkungs- und Diskriminierungsverbot, daß auf Ebene der Kapitalgeber nicht danach unterschieden werden darf, ob das Ka-

---

84 Vgl. *Müller, J. C. W.*, Kapitalverkehrsfreiheit, 2000, S. 164.
85 Vgl. *EuGH* vom 06.06.2000 – Rs. C-35/98 (Verkooijen), IStR 2000, S. 432 ff.
86 Vgl. *Schön, W.*, Kapitalverkehrsfreiheit, in: *Schön, W.*, Gedächtnisschrift, 1997, S. 756.

pital im In- oder Ausland investiert wurde. Gleichzeitig würde eine solche Regelung ausländische Gesellschaften daran hindern, Kapital im Inland zu sammeln.

3. Einschränkung der Grundfreiheiten

Nationale Regelungen, die in einem inneren Konflikt zum Gemeinschaftsrecht stehen, sind allein deshalb nicht zwingend europarechtswidrig. Vielmehr sind solche Normen analog zum nationalen Verfassungsrecht dann nicht verboten, wenn sie sachlich gerechtfertigt sind[87]. Die Gründe für eine solche Rechtfertigung ergeben sich entweder ausdrücklich aus den Regelungen des EGV oder lassen sich aus der Rechtsprechung des *EuGH* ableiten.

a) Rechtfertigungen nach dem EGV

Die Vorschriften des EGV zur Niederlassungsfreiheit und zur Freiheit des Kapitalverkehrs enthalten jeweils einen Katalog von Maßnahmen und Gründen, bei deren Vorliegen Beeinträchtigungen der jeweiligen Grundfreiheit gerechtfertigt sind. Für die Niederlassungsfreiheit ergibt sich dies aus Art. 46 (ex-Art. 56) Abs. 1 EGV: So können Gründe der öffentlichen Ordnung, Sicherheit oder Gesundheit eine Abweichung vom Grundsatz der Niederlassungsfreiheit rechtfertigen. Auch eine Tätigkeit, die mit der Ausübung öffentlicher Gewalt verbunden ist, fällt nach Art. 45 (ex-Art. 55) Abs. 1 EGV nicht unter die Grundfreiheiten des EGV[88].

Die Freiheit des Kapitalverkehrs kann nach der Vorschrift des Art. 58 (ex-Art. 73c-g) EGV eingeschränkt werden. Der Katalog zulässiger Einschränkungen enthält neben steuerlich weniger bedeutenden Maßnahmen zur Bekämpfung krimineller Handlungen wie Steuerhinterziehung, Geldwäsche, Drogenhandel oder Terrorismus, in Art. 58 Abs. 1 lit. a (ex-Art. 73d) EGV einen Steuervorbehalt, nach dem es den Mitgliedstaaten grundsätzlich erlaubt sein soll, im Bereich des Steuerrechts nach Wohnort und Kapitalanlageort zu differenzieren. Eine Ungleichbehandlung nach Staatsangehörigkeit und Wohnort des Geschäftspartners ist dagegen unzulässig[89]. Zudem müssen die beschränkenden Normen bereits Ende 1993 bestanden haben. Dies ergibt sich aus dem Wortlaut von Art. 58

---

87 Vgl. *Dautzenberg, N.*, Rechtswidrigkeit, in: StuB 2001, S. 185.

88 Bei *Arndt, H.-W.*, Europarecht, 2001, S. 151, findet sich hierzu das Beispiel des beurkundenden Notars.

89 Vgl. *Dautzenberg, N.*, Steuervorbehalt, in: RIW 1998, S. 539 f.

Abs. 1 lit. a (ex-Art. 73d) EGV, der im Gegensatz zu Art. 58 Abs. 1 lit. b (ex-Art. 73d) EGV nur von der Anwendung von Normen spricht[90].

Gleichzeitig sieht Art. 58 Abs. 2 (ex-Art. 73d Abs. 3) EGV vor, daß diese Rechtfertigungstatbestände weder ein Mittel zur willkürlichen Diskriminierung noch zu einer verschleierten Beschränkung des freien Kapitalverkehrs darstellen dürfen. An dieser Stelle prüft der *EuGH* deshalb zusätzlich eine Reihe von Kriterien, aus denen sich ein einheitliches Prüfungsschema ableiten läßt[91]. Art. 58 Abs. 1 lit. a (ex-Art. 73d) EGV gibt den Mitgliedstaaten also kein uneingeschränktes Gestaltungsrecht, sondern wird durch Abs. 3 entsprechend den allgemeinen Grundsätzen wieder eingeschränkt[92]. Die Mitgliedstaaten dürfen steuerlich zwar eine Unterscheidung zwischen Wohnort des Kapitalgebers und Anlageort des Kapitals treffen, diskriminieren dürfen sie indessen nicht[93].

b) Rechtfertigungen nach der Rechtsprechung des *EuGH*

In der „Verkooijen"-Entscheidung hat der *EuGH* eine Beschränkung nach Art. 58 Abs. 1 lit. a (ex-Art. 73d) EGV mit der Begründung nicht anerkannt, rein wirtschaftliche Erwägungen – hier die Förderung der inländischen Wirtschaft durch Anreize für private Investitionen – könnten keinen zwingenden Grund des Allgemeininteresses darstellen. Über Art. 58 Abs. 2 (ex-Art. 73d Abs. 3) EGV gelangt der *EuGH*[94] damit zu den selben Prüfungskriterien, die auch im Bereich der übrigen Grundfreiheiten zur Prüfung der Rechtmäßigkeit bekannt sind[95].

Entsprechend der Terminologie bei der verfassungsrechtlichen Prüfung von Grundrechtseingriffen unterliegen auch die Schranken der Grundfreiheiten einer allgemeinen Überprüfung: Diese Schranken werden ihrerseits durch sog. „Schranken-Schranken" begrenzt[96]. Das bedeutet, eine Schranke muß einem le-

---

90 Vgl. *Jaeger, C.*, Körperschaftsteuersysteme, 2001, S. 85 m.w.N.

91 Vgl. *Dautzenberg, N.*, Freiheit, in: StuB 2001, S. 32.

92 Vgl. *IMN*, Kommentar, in: FR 2000, S. 1363; eine Darstellung des damit überholten Meinungsstreits findet sich bei *Schön, W.*, Kapitalverkehrsfreiheit, in: *Schön, W.*, Gedächtnisschrift, 1997, S. 756 ff. m.w.N.

93 Vgl. *Dautzenberg, N.*, Kapitalverkehrsfreiheit, in: StuB 2000, S. 725; ebenso *IMN*, Kommentar, in: FR 2000, S. 1363.

94 Vgl. *EuGH* vom 06.06.2000 – Rs. C-35/98 (Verkooijen), Slg. 2000, S. I-4129 f. (Rn. 44, 46).

95 Vgl. *Dautzenberg, N.*, Freiheit, in: StuB 2001, S. 32.

96 Zur Übertragung der verfassungsrechtlichen Terminologie vgl. *Arndt, H.-W.*, Europarecht, 2001, S. 124.

gitimen Ziel des allgemeinen Interesses dienen. Sie muß verhältnismäßig, das heißt geeignet, erforderlich und verhältnismäßig im engeren Sinne sein, dieses Ziel zu erreichen. Schließlich darf die einschränkende Norm nicht diskriminierend wirken. Auf dem Gebiet des Steuerrechts bedeutet das, der nationale Steuergesetzgeber darf vergleichbare andere Situationen nicht günstiger behandeln und sich damit in einen inneren Widerspruch zur Einschränkung aus übergeordneten Interessen setzen[97].

Eine Rechtfertigung, mit der sich die Rechtsprechung des *EuGH* zur Steuergesetzgebung der Mitgliedstaaten häufig auseinandersetzt, ist der Begriff der Kohärenz. Die besondere Problematik des Kohärenzbegriffs besteht darin, daß zahlreiche Judikate des *EuGH* Aussagen darüber enthalten, wann ein Kohärenzverhältnis nicht besteht, die positiven Tatbestandsmerkmale dieses Rechtfertigungsgrundes aber nur schwer erkennbar sind[98]. Im Schrifttum wird dieser Tatbestand sogar als der „schillerndste Begriff" des europäischen Steuerrechts bezeichnet[99]. Dennoch erweist sich der dahinterstehende Gedanke auf den ersten Blick als denkbar einfach. Denn schlagwortartig formuliert soll Kohärenz das Funktionieren des eigenen Steuersystems gewährleisten[100]. Eine spezifische steuerliche Diskriminierung wird deshalb hingenommen, weil das Gesamtsystem eine Kompensation gewährt. Die diskriminierende Norm kann dann nicht losgelöst vom Gesamtsystem als diskriminierend angesehen werden. Insofern bedeutet Kohärenz nichts anderes, als eine Gleichbelastung von Steuerinländern und Steuerausländern im Gesamtergebnis[101]. Auf diese Möglichkeit stellte der *EuGH* erstmals in einer Entscheidung im Jahre 1992 ab:

4. „Bachmann"-Entscheidung[102]:

Ein in Belgien unbeschränkt steuerpflichtiger Deutscher hatte vor seinem Wohnsitzwechsel nach Belgien mehrere Versicherungen bei deutschen Versicherungsunternehmen abgeschlossen. Während seiner nichtselbständigen Tätigkeit in Belgien begehrte er den Abzug der Versicherungsprämien von seinen belgischen Einkünften. Dies wurde ihm von der belgischen Steuerbehörde mit der Begründung versagt, daß nur Prämien an inländische Versicherungsgesellschaften steuermindernd geltend gemacht werden könnten.

---

97 Vgl. *Dautzenberg, N.*, Freiheit, in: StuB 2001, S. 32.
98 Vgl. *Hahn, H.*, Anmerkung, in: IStR 2000, S. 436.
99 Vgl. *Thömmes, O.*, Diskriminierungen, in: *Schön, W.*, Gedächtnisschrift, 1997, S. 826.
100 Vgl. *Dautzenberg, N.*, Metallgesellschaft, in: StuB 2001, S. 601.
101 Vgl. *Sedemund, J.*, Kohärenz, in: IStR 2001, S. 191 f.
102 Vgl. *EuGH* vom 28.01.1992 – Rs. C-204/90 (Bachmann), Slg. 1992, S. I-249 ff.

Der *EuGH* war der Ansicht, diese Regelung verstoße zwar grundsätzlich gegen die Grundfreiheiten – hier die Arbeitnehmerfreizügigkeit nach Art. 39 (ex-Art. 48) EGV. Eine Rechtfertigung liege jedoch darin, daß ein Zusammenhang zwischen der Steuerfreiheit der späteren Versicherungsleistung und der Abzugsfähigkeit der Versicherungsprämien bestünde. Denn in Belgien waren Versicherungsleistungen nur dann steuerfrei, wenn die Prämien zuvor nicht steuermindernd geltend gemacht wurden. Hierin liege die Kompensation. Belgien wäre also nur dann zum Abzug verpflichtet gewesen, wenn es auch ein Besteuerungsrecht hinsichtlich der später anfallenden Versicherungsleistung erhalten hätte.

Letztlich bedeutet das, daß eine steuerliche Norm nur als Ganzes auf ihre diskriminierende Wirkung überprüft werden kann, nicht nur ein isoliertes Bruchstück. Kohärenz ist damit nur ein Schlagwort dafür, was als zusammenhängende Regelung betrachtet werden darf und was nicht[103]. So darf ein einzelner Teilausschnitt diskriminieren, wenn ein anderer Teilausschnitt dies kompensiert[104].

Zwar fällt die konkrete Ausgestaltung einer Norm in die Souveränität des jeweiligen Mitgliedstaates. Ein solches Zusammenspiel von Diskriminierung und Kompensation ist aber am Verhältnismäßigkeitsmaßstab zu messen und damit einer Überprüfung durch den *EuGH* zugänglich. Kohärenz kann deshalb nur als Rechtfertigung dienen, wenn die konkrete Belastungsentscheidung nicht auf einem Weg erreicht werden kann, der die Grundfreiheiten weniger beeinträchtigt. Ein Ausgleich an anderer Stelle, also durch eine Regelung, zu der kein innerer Zusammenhang besteht, ist dagegen unzulässig. Besteht zwischen der diskriminierenden Norm und anderen Normen des jeweiligen Steuerrechts kein derart systematischer, funktionaler Zusammenhang, daß der Wegfall der streitgegenständlichen Norm die Funktionsfähigkeit anderer nationaler Steuerrechtsnormen erheblich beeinträchtigen könnte, widerspricht dies dem Grundgedanken der Kohärenz[105].

Insbesondere durch die bereits an anderer Stelle angesprochene „Verkooijen"-Entscheidung hat die Rechtsprechung des *EuGH* dem Begriff der Kohärenz greifbare Konturen verliehen. Denn infolge der „Bachmann"-Entscheidung haben die verfahrensbeteiligten Mitgliedstaaten den Rechtfertigungsgrund der Kohärenz regelmäßig bemüht und diesen unbestimmten Begriff vorsorglich auf jeden erdenklichen Sachverhalt angewendet[106]. Nun aber führte der *EuGH* bei-

---

[103] Vgl. *Dautzenberg, N.*, Kommentar, in: FR 2000, S. 727.
[104] Vgl. *Sedemund, J.*, Kohärenz, in: IStR 2001, S. 191.
[105] Vgl. *Hahn, H.*, Anmerkung, in: IStR 2000, S. 437.
[106] Vgl. *Dautzenberg, N.*, Kommentar, in: FR 2000, S. 726; *ders.*, Kommentar, in: FR 2001, S. 503.

spielsweise aus, daß Kohärenz nur zwischen Normen bestehen könne, deren Adressaten ein und dasselbe Rechtssubjekt sind[107]. Jedenfalls dürfte Kohärenz damit zumindest voraussetzen, daß die Kompensation innerhalb derselben Steuerart erfolgt[108].

Festzustellen bleibt damit, daß der Begriff der Kohärenz in der Rechtsprechung des *EuGH* an Kontur gewonnen hat. Gleichzeitig erweist sich die Rechtsprechung zum Kohärenzbegriff als sehr restriktiv. Außer in der „Bachmann"-Entscheidung war diese Einlassung in keinem weiteren Fall erfolgreich[109]. Möglicherweise haben gerade diese Konturen dem schillernden Begriff viel von seiner prozessualen Attraktivität geraubt[110]. Ob er damit aber bereits zur Leerformel geworden ist[111], bleibt abzuwarten. Als Verteidigungsmittel der Mitgliedstaaten wird er jedenfalls weiterhin genutzt.

Dennoch zeigt dieser Rechtfertigungsgrund, daß ein Eingriff in die Grundfreiheiten aus zwingenden Allgemeininteressen an der Funktionsfähigkeit des nationalen Steuersystems oder an der Verhütung steuerlichen Mißbrauchs möglich ist. Auch die Grundfreiheiten bieten deshalb keinen absoluten Schutz vor staatlicher Einflußnahme. Gleichwohl handelt es sich dabei um die Ausnahme, nicht um den Grundsatz.

III. Verbindungslinien zum Neutralitätspostulat

Durch die Rechtsprechung des *EuGH* zu Steuerfragen des innergemeinschaftlichen Wirtschaftslebens ist die Gesetzgebung der Mitgliedstaaten in zunehmendem Maße an die Grundfreiheiten des EGV gebunden. Diese Entwicklung läßt es als plausibel erscheinen, daß dadurch eine Harmonisierung auf dem Gebiet der direkten Steuern schneller und intensiver vorangetrieben wird, als durch politische Harmonisierungsbestrebungen oder den mittlerweile sogar schon als schädlich empfundenen Wettbewerb der Steuersysteme. Sollte dies zutreffen, würde sich der *EuGH* ein weiteres Mal als der wahre Motor der Integration erweisen.

---

107 Vgl. *Hahn, H.*, Anmerkung, in: IStR 2000, S. 437.
108 Vgl. *Sedemund, J.*, Kohärenz, in: IStR 2001, S. 192.
109 Vgl. *Jaeger, C.*, Körperschaftsteuersysteme, 2001, S. 88.
110 So *IMN*, Kommentar, in: FR 2000, S. 1364; a. A. *Musil, A.*, Beschränkungsverbot, in: IStR 2001, S. 488.
111 So z. B. *Thömmes, O.*, Diskriminierung, in: *Lehner, M.*, Binnenmarkt, 1996, S. 98.

Jedenfalls aber bewirken die Grundfreiheiten, daß sich die Steuersysteme der Mitgliedstaaten an einem einheitlichen europäischen Gerüst auszurichten haben. Denn nur in diesem, vom EGV abgesteckten Rahmen können sie ihre Souveränität auf dem Gebiet der direkten Steuern entfalten. Die Grundfreiheiten liefern damit den Rohbau für die nationalen Steuersysteme, an dem sie ihre nationale Fassade anbringen können. Das Steuersystem eines Mitgliedstaates sieht sich damit zwei Herausforderungen ausgesetzt. Zum einen, ob es den ökonomischen Anforderungen einer Volkswirtschaft genügt, die sich zu freiem Waren-, Dienstleistungs-, Personen- und Kapitalverkehr mit seinen Nachbarn bekennt. Zum anderen, ob es den Ansprüchen einer supranationalen Gemeinschaft gerecht wird, die sich diese ökonomischen Ziele nicht nur zum Wunsch, sondern zum verbindlichen Programm gemacht hat.

Im Umkehrschluß wirft dies die Frage auf, ob das verbindliche Programm sicherstellt, daß die ökonomischen Ziele verwirklicht werden. Aus steuerlicher Sicht mündet die Antwort darauf in die Prüfung, ob das rechtliche Gerüst der Gemeinschaft in Einklang mit den ökonomischen Forderungen an die Besteuerung grenzüberschreitender Vorgänge steht. Dies soll im folgenden untersucht werden. Bei der Gegenüberstellung der ökonomischen und der juristischen Position muß beachtet werden, daß ökonomische Vorgänge des internationalen Wirtschaftsverkehrs in der Regel sowohl die Niederlassungsfreiheit als auch die Kapitalverkehrsfreiheit tangieren. Dies ist insofern unproblematisch, als beide Grundfreiheiten ihre Schutzwirkung parallel entfalten und somit nur eine andere Dimension desselben Vorgangs erfassen[112]. Dadurch verliert die Abgrenzung der Grundfreiheiten im Rahmen nachfolgender Gegenüberstellung zu den ökonomischen Größen aber deutlich an Trennschärfe.

1. Standortneutralität und Niederlassungsfreiheit

Eine erste Verbindung der Niederlassungsfreiheit mit der Forderung nach Standortneutralität ergibt sich daraus, daß beide Begriffe an den Ort der beruflichen oder unternehmerischen Tätigkeit anknüpfen. Beide werden mit der Forderung verbunden, daß die Wahl dieses Tätigkeitsortes nicht von staatlichen Einflüssen beeinträchtigt werden darf. Beiden gemeinsam ist daher eine Forderung nach Gleichbehandlung. Denn Neutralität in bezug auf eine bestimmte Eigenschaft oder einen Zustand bedeutet, daß diese Eigenschaft oder dieser Zustand keinen Einfluß auf eine andere Beziehung oder einen Vorgang hat; in diesem

---

112 Vgl. *Jacobs, O. H.*, Wettbewerbswirkungen, in: *Kleineidam, H.-J.*, Besteuerung, 1999, S. 98 m.w.N.

Fall auf die Wahl des Unternehmenssitzes. Standortneutralität bedeutet also, daß der Standort eines Unternehmens keinen Einfluß auf die Steuerbelastung haben soll. Dies wiederum impliziert Gleichbehandlung der Standorte in steuerlicher Hinsicht.

Gleichbehandlung ist ein primäres Anliegen der Grundfreiheiten. Denn die Grundfreiheiten verbieten eine Benachteiligung von EU-Ausländern in Form eines Gebotes der Inländergleichbehandlung. Zudem hat der *EuGH* aus den Grundfreiheiten und dem allgemeinen Diskriminierungsverbot des Art. 12 (ex-Art. 6) EGV ein allgemeines Gleichbehandlungsgebot hergeleitet[113]. Niederlassungsfreiheit ist damit nichts anderes als ein spezieller Gleichheitssatz[114].

Dennoch würde eine Gleichsetzung von Standortneutralität und Niederlassungsfreiheit zu weit führen. Denn Standortneutralität erfordert Belastungsgleichheit. Dies würde auf europäischer Ebene aber Identität der Steuerbemessungsgrundlagen und der Tarife voraussetzen. Damit würde der Anwendungsbereich der Grundfreiheiten jedoch überspannt. Denn die Ausgestaltung der direkten Steuern als Ausdruck der Steuerhoheit wird durch die Grundfreiheiten nicht berührt.

Eine Parallele könnte aber zur Kapitalimportneutralität bestehen. Diese besagt, daß das Steuerrecht Gleichbehandlung einer Direktinvestition[115] auf dem ausländischen Markt gewährleisten muß. Denn das Ziel der Kapitalimportneutralität ist die Herstellung von Wettbewerbsneutralität am Tätigkeitsort. Dies wird erreicht, indem das inländische Steuerniveau keine Anwendung auf Einkünfte aus der Auslandstätigkeit findet[116]. Relative Gleichheit in diesem Sinne erfordert deshalb zunächst, daß in- und ausländische Investitionen auf dem Auslandsmarkt gleich behandelt werden. Dies ist – gerade historisch betrachtet – nicht selbstverständlich. Hier greift das Diskriminierungsverbot der Niederlassungsfreiheit ein, das eine Benachteiligung grenzüberschreitender Direktinvestitionen auf dem (EU-) ausländischen Markt verbietet. Denn erst dieses Diskriminierungsverbot am Tätigkeitsort ermöglicht Wettbewerbsgleichheit auf diesem (EU-) Auslandsmarkt. Das bedeutet wiederum, daß die Grundwertung der Niederlassungsfreiheit eine notwendige, aber keine hinreichende Bedingung für Kapitalimportneutralität darstellt. Denn diese erfordert weiterhin, daß das Steuersystem des Ansässigkeitsstaates die Einkünfte aus der Auslandsaktivität nicht besteuert sondern freistellt. In diese Richtung wirkt die Niederlassungsfreiheit

---

113 Vgl. *Arndt, H.-W.*, Europarecht, 2001, S. 104 f.

114 Vgl. *Gubelt, M.*, in: *von Münch/Kunig*, GG-Kommentar, 2000, Art. 3 Rn. 4a.

115 Dabei bedeutet Direktinvestition sowohl eine Betriebsstätte als auch eine Tochtergesellschaft.

116 Vgl. *Jacobs, O. H.*, Internationale Unternehmensbesteuerung, 1999, S. 29.

nicht. Zwar beinhaltet diese Grundfreiheit auch ein Gebot der Gleichbehandlung von Investitionen im In- und Ausland[117]. Sie schließt aber nicht ein, daß ausländische Einkünfte im Gegensatz zu inländischen freigestellt werden müssen. Im Hinblick auf den Quellenstaat ist Niederlassungsfreiheit daher eine notwendige, im Hinblick auf den Ansässigkeitsstaat aber keine hinreichende Bedingung für Kapitalimportneutralität. Zwar könnte in einer wirtschaftlichen Doppelbelastung durch die Kollision zweier Steuersysteme eine „in Mittäterschaft" begangene Verletzung der Kapitalverkehrsfreiheit gesehen werden. Hier verlangt der *EuGH* aber letztlich nur eine einvernehmliche, und damit letztlich nicht justitiable Lösung zwischen den Mitgliedstaaten[118]. Die Niederlassungsfreiheit begründet jedenfalls keinen quantifizierbaren Anspruch zur Beseitigung der wirtschaftlichen Doppelbesteuerung.

Daneben besteht eine Parallele zur Kapitalexportneutralität nur in begrenztem Umfang. Denn diese verlangt, daß in- und ausländische Einkünfte dem Steuerniveau des Ansässigkeitsstaates unterliegen[119]. Nach herrschender Meinung beinhalten die Grundfreiheiten aber kein Verbot der Inländerdiskriminierung[120]. Das bedeutet, es bliebe dem einzelnen Mitgliedstaat unbenommen, ausländische Einkünfte im Gegensatz zu inländischen privilegiert zu besteuern. Zwar dürfte dem auf nationaler Ebene der allgemeine Gleichheitssatz des Art. 3 Abs. 1 GG entgegenstehen[121]. Indessen handelt es sich bei dieser Konstellation nicht um einen rein hypothetischen Fall. Das Stichwort „Holdingstandort Deutschland" soll an dieser Stelle allerdings ausreichen[122]. Bei isolierter Betrachtung der Steuerfolgen im Ansässigkeitsstaat bewirkt auch die Freistellungsmethode nichts anderes, als daß ausländische Einkünfte gegenüber inländischen bevorzugt werden. Zwar wäre hier der Einwand berechtigt, die Freistellungsmethode vermeide nur die wirtschaftliche Doppelbelastung, indem die ausländische Steuerbelastung typisiert berücksichtigt werde. Belastungsgleichheit wird dabei allerdings nur dann erreicht, wenn das in- und ausländische Steuerniveau identisch sind[123].

---

117 Vgl. *Jacobs, O. H.*, Wettbewerbswirkungen, in: *Kleineidam, H.-J.*, Besteuerung, 1999, S. 95.

118 Vgl. *Schön, W.*, Zweigniederlassung, in: EWS 2000, S. 290.

119 Vgl. *Jacobs, O. H.*, Internationale Unternehmensbesteuerung, 1999, S. 22.

120 Vgl. *Arndt, H.-W.*, Europarecht, 2001, S. 118 m.w.N.

121 Dieser Tendenz scheint auch das *BVerfG* zu folgen; vgl. *BVerfG* vom 31.03.2001 – 1 BvR 608/99, NVwZ 2001, S. 187; vgl. dazu auch *Mirbach, H.*, Anfang, in: NVwZ 2001, S. 163.

122 Vgl. *Wassermeyer, F.*, Scherbenhaufen, in: EuZW 2000, Editorial.

123 Vgl. *Jacobs, O. H.*, Wettbewerbswirkungen, in: *Kleineidam, H.-J.*, Besteuerung, 1999, S. 101.

Somit kann die Freistellungsmethode auch im Gesamtergebnis durchaus zu einer Besserstellung ausländischer Einkünfte führen.

Damit steht die Niederlassungsfreiheit einer Privilegierung ausländischer Einkünfte nicht entgegen. Dies wäre mit dem Grundsatz der Kapitalexportneutralität nicht vereinbar, welcher die Belastungsgleichheit bei in- und ausländischen Einkünften fordert. Beide Konzepte decken sich also nicht vollständig. Gleichwohl ist die Niederlassungsfreiheit mit der Verwirklichung von Kapitalexportneutralität vereinbar[124].

2. Standortneutralität und Kapitalverkehrsfreiheit

Erstreckt man diesen Vergleich auf die Freiheit des Kapitalverkehrs, ergibt sich zunächst keine wesentlich andere Sichtweise. Denn gerade im Bereich der Direktinvestitionen decken sich die Anwendungsbereiche der Niederlassungsfreiheit und der Kapitalverkehrsfreiheit. Handelt es sich dagegen um eine Minderheitsbeteiligung, ist ausschließlich die Freiheit des Kapitalverkehrs betroffen. Die Schutzrichtungen beider Grundfreiheiten sind in diesem Bereich jedoch weitgehend identisch. So gebietet die Kapitalverkehrsfreiheit ebenso wie die Niederlassungsfreiheit eine Gleichbehandlung für in- und ausländische Investitionen[125]. Zur Kapitalexport- und Kapitalimportneutralität der Kapitalverkehrsfreiheit kann deshalb auf obige Ausführungen verwiesen werden.

Auf den ersten Blick weist die Kapitalverkehrsfreiheit einen engeren Bezug zum übergeordneten Begriff der Standortneutralität auf als die Niederlassungsfreiheit. Denn wenn man mit der herrschenden Meinung davon ausgeht, daß eine Beschränkung des Kapitalverkehrs bereits darin zu sehen ist, daß eine Kapitalanlage durch eine Regelung weniger attraktiv wird[126], würden bereits die unterschiedlichen Steuerniveaus der Mitgliedstaaten die Freiheit des Kapitalverkehrs beschränken. Diese Feststellung gilt um so mehr, als ein einheitlicher europäischer Finanzmarkt als materielle Ausprägung der Kapitalverkehrsfreiheit verstanden wird. Die Funktionsfähigkeit eines solchen Marktes setzt aber voraus, daß er nicht durch unterschiedliche nationale Rechts- und Verwaltungsvorschriften verzerrt oder behindert wird[127]. Dazu gehören insbesondere die

---

[124] Ebenso *Jaeger, C.*, Körperschaftsteuersysteme, 2001, S. 113.

[125] Vgl. *Jacobs, O. H.*, Wettbewerbswirkungen, in: *Kleineidam, H.-J.*, Besteuerung, 1999, S. 97.

[126] *Mössner, J. M./Kellersmann, D.*, Freiheit, in: DStZ 1999, S. 507.

[127] Vgl. *Tietmeyer, H.*, Kapitalmarkt, in: *Bruns, G./Häuser, K.*, Reformprozeß, 1992, S. 107 f.

Vorschriften des Banken-, Börsen-, Versicherungs- und Gesellschaftsrechts[128]. Gerade das Steuerrecht beeinflußt aber die für Investitionsentscheidungen bedeutsame Nachsteuerrendite. Hieraus einen Anspruch auf EU-einheitliche Steuersätze abzuleiten, würde die Reichweite der Kapitalverkehrsfreiheit aber sprengen. Das Subsidiaritätsprinzip des Art. 5 (ex-Art. 3b) EGV würde vollständig leerlaufen.

Sollte ein weiteres Voranschreiten der Harmonisierungsbemühungen aber zu einer Angleichung der Steuersysteme führen, würde damit sowohl den Anforderungen der Kapitalexport- als auch der Kapitalimportneutralität genügt[129]. In diesem Fall läge auch keinerlei Beschränkung der Kapitalverkehrsfreiheit aus steuerlicher Sicht vor. Den zwingenden Vorgaben des EGV entspricht dieser Idealzustand jedoch nicht.

IV. Ergebnis

Die Relevanz der Grundfreiheiten bei der Ausgestaltung der nationalen Steuersysteme hat durch die Rechtsprechung des *EuGH* in den letzten Jahren beträchtlich zugenommen. Sollte sich diese Entwicklung fortsetzen, könnte dies zu einer Harmonisierung der direkten Steuern führen, die auf politischem Wege nur schleppend vorankommt.

Dabei geben die Grundfreiheiten ein Grobgerüst vor, auf das die nationale Steuergesetzgebung aufbauen muß[130]. Bei grenzüberschreitenden Sachverhalten führt das Gemeinschaftsrecht zu folgenden Vorgaben:

- Die Niederlassungsfreiheit verbietet eine Diskriminierung beschränkt Steuerpflichtiger gegenüber unbeschränkt Steuerpflichtigen im Tätigkeitsstaat, wenn sich beide in einer vergleichbaren Lage befinden. Dadurch wird die Inländergleichbehandlung gewahrt.

- Eine steuerliche Unterscheidung der Niederlassungsformen im Tätigkeitsstaat ist zwar zulässig. Die Entscheidung eines Mitgliedstaates, solch eine Differenzierung vorzunehmen, muß aber für inländische und EU-ausländische Unternehmen gleichsam gelten.

---

128 Vgl. *Müller, J. C. W.*, Kapitalverkehrsfreiheit, 2000, S. 208.

129 Vgl. *Tsouroufis, A.*, Harmonisierung, 1997, S. 258.

130 Vgl. *Klein, E.*, Einfluß, in: *Lehner, M.*, Binnenmarkt, 1996, S. 16.

- Im Ansässigkeitsstaat verbieten die Grundfreiheiten eine Benachteilung ausländischer Einkünfte gegenüber inländischen. Andernfalls läge eine Diskriminierung hinsichtlich des Kapitalanlageorts vor.

- Als Rechtfertigung für eine Einschränkung der Grundfreiheiten kommen nur wenige, restriktiv auszulegende Allgemeinwohlinteressen in Betracht. Der von den Mitgliedstaaten viel bemühte Rechtfertigungsgrund der Kohärenz wurde vom *EuGH* jedoch bis jetzt nur in einem Fall anerkannt.

Aus der Gegenüberstellung der Grundfreiheiten und dem ökonomischen Postulat der internationalen Neutralität lassen sich folgende Ergebnisse ableiten:

- Die Grundfreiheiten stehen einer Privilegierung ausländischer Einkünfte im Ansässigkeitsstaat nicht entgegen. Sie sind damit sowohl mit der Anrechnungs- als auch mit der Freistellungsmethode vereinbar, die hier als Synonym für Kapitalexport- und Kapitalimportneutralität gebraucht werden.

- Bezogen auf den Tätigkeitsstaat verbieten die Grundfreiheiten eine Diskriminierung ausländischer Direktinvestitionen gegenüber inländischen. Erst dadurch wird Wettbewerbsgleichheit zwischen in- und ausländischen Konkurrenten auf dem jeweiligen Markt gewährleistet. Dies ist eine Voraussetzung für Kapitalimportneutralität.

- Kapitalexport- und Kapitalimportneutralität können gleichzeitig nur dann erreicht werden, wenn das in- und das ausländische Steuerniveau identisch, die Steuersysteme der Mitgliedstaaten also vollständig harmonisiert sind. Damit wäre Standortneutralität in idealer Weise verwirklicht. Eine solche Harmonisierung scheint langfristig zwar der politische Wunsch der Gemeinschaft zu sein. Ein Anspruch auf vollständige Harmonisierung der direkten Steuern kann aus den Grundfreiheiten aber nicht abgeleitet werden[131].

- Sollte es tatsächlich zu einer Angleichung im Bereich der direkten Steuern kommen, wäre damit aber auch zugleich den Anforderungen der Grundfreiheiten in idealer Weise Rechnung getragen. Jedenfalls dürfte eine kon-

---

[131] Vgl. *Jacobs, O. H.*, Wettbewerbswirkungen, in: *Kleineidam, H.-J.*, Besteuerung, 1999, S. 106 f.; ebenso *Birk, D.*, Besteuerungsgleichheit, in: *Lehner, M.*, Binnenmarkt, 1996, S. 80.

sequente Verwirklichung des Binnenmarktes ohne diesen Schritt nicht erreichbar sein[132].

---

132 Vgl. *Saß, G.*, Einflüsse, in: *Lehner, M.*, Binnenmarkt, 1996, S. 44.

D. Neutralität und Leistungsfähigkeit nach dem StSenkG

Im ersten Teil der Arbeit wurde der allgemeine Rahmen für die Besteuerung von Unternehmen herausgearbeitet, der auf nationaler Ebene durch das Grundgesetz, auf europäischer Ebene durch den EG-Vertrag und auf ökonomischer Ebene durch die Neutralitätspostulate abgesteckt wird.

Im zweiten Teil soll überprüft werden, ob das zum 01.01.2001 in Kraft getretene Gesetz zur Senkung der Steuersätze und zur Reform der Unternehmensbesteuerung (Steuersenkungsgesetz – StSenkG)[1] diesen Anforderungen gerecht wird. Dabei soll zunächst ein kurzer Überblick über die Entstehungsgeschichte der Unternehmenssteuerreform gegeben werden, um sodann das allgemeine System sowie einige Sondertatbestände der Unternehmensbesteuerung einer Prüfung anhand der allgemeinen Kriterien zu unterziehen.

Zunächst werden die Regelungen des StSenkG auf die Beachtung der betriebswirtschaftlichen Neutralitäten untersucht. Dabei werden die gefundenen Neutralitätsverletzungen auf ihre verfassungs- und europarechtliche Relevanz untersucht. Daran schließt sich eine abschließende Würdigung des StSenkG an.

Außen vor bleiben soll dabei eine Verletzung der intertemporalen Neutralität. Die Hauptforderung dieses Postulates – die inflationsbereinigte Besteuerung von Zinsen – würde eine grundlegende Reform des deutschen Steuersystems erfordern, die das StSenkG nicht geleistet hat und auch nicht leisten wollte. Eine Verbindung dieses Postulates zu verfassungsrechtlichen Grundsätzen besteht zwar über die Grundsätze der Rechtssicherheit und des Vertrauensschutzes. Bei den Gesetzesänderungen im Zuge des StSenkG ist hier insbesondere an die Absenkung der „Wesentlichkeitsgrenze" in § 17 EStG zu denken, die sich auf den prozentualen Besitz von Gesellschaftsanteilen der letzten 5 Jahre bezieht und damit nachteilige Rechtsfolgen an vergangene Dispositionen anknüpft. Indessen erfolgte eine erstmalige Absenkung dieser Grenze schon durch das StEntlG 1999/2000/2002 und wurde deshalb im Schrifttum bereits ausführlich im Zusammenhang mit diesem Reformgesetz diskutiert und kritisiert[2]. Insofern erscheint es gerechtfertigt, diese Problematik auszuklammern und sich auf die spezifischen Problemkomplexe des StSenkG zu beschränken.

---

1 BGBl. I 2000, S. 1433.

2 Stellvertretend: *Balmes, F./Kotyrba, M.-H.*, Wertzuwachsbesteuerung, in: FR 1999, S. 1044 ff.

I. Entstehung und Zielsetzung des StSenkG

Nach mehreren erfolglosen Bemühungen durch die alte konservativ-liberale Bundesregierung setzte es sich die seit Herbst 1998 amtierende Regierungskoalition aus SPD und Grünen zum Ziel, einen neuerlichen Vorstoß zur Reform der Unternehmensbesteuerung zu wagen[3]. Dabei setzte das Gesetzesvorhaben eine Reihe bereits verwirklichter Reformschritte fort, die von der Bundesregierung als das „größte und weitreichendste Steuerreformpaket der Geschichte der Bundesrepublik Deutschland“ bezeichnet wurde[4]. Nach dem StEntlG 1999/2000/2002, dem Familienförderungsgesetz und dem StBereinG 1999 sollte die Unternehmenssteuerreform quasi die vierte Stufe der Steuerreform bilden[5].

1. Entstehungsgeschichte des StSenkG

Noch unter dem damals amtieren Finanzminister *Oskar Lafontaine* wurde am 16.12.1998 die sog. „Brühler Kommission zur Reform der Unternehmensbesteuerung“ eingesetzt, die am 30. April 1999 ihre „Brühler Empfehlungen“ an den Bundesminister der Finanzen *Hans Eichel* übergab[6]. Am 21. Dezember 1999 gab die Bundesregierung die Eckpunkte der Reform bekannt, am 10. Januar 2000 wurde der Referentenentwurf zur Unternehmenssteuerreform 2001 veröffentlicht. Am 9. Februar 2000 folgte die Veröffentlichung des Regierungsentwurfs eines „Gesetzes zur Senkung der Steuersätze und zur Reform der Unternehmensbesteuerung (Steuersenkungsgesetz – StSenkG)“[7]. Nach heftigen Diskussionen im Finanzausschuß und im Vermittlungsausschuß wurde das Gesetz am 6. Juli 2000 in geänderter Fassung verabschiedet. Im Zustimmungsverfahren vor dem Bundesrat ereignete sich am 14. Juli 2000 das Novum, daß der Bundesrat einem noch nicht ausformulierten Gesetz zustimmte[8]. Dies war nicht zuletzt darauf zurückzuführen, daß die Bundesregierung in letzter Minute noch weitere Zugeständnisse machte, die erst noch gesetzgeberisch umgesetzt werden mußten und deshalb lediglich in Entschließungen zum Gesetz formuliert wurden[9]. Infolgedessen verabschiedete das Bundeskabinett am 16.08.2000 den „Entwurf eines

---

3 Vgl. *Kröner, I.*, in: *Arthur Andersen*, Steuerreform, 2001, S. 8.

4 Vgl. BT-Drucksache 14/2683, S. 92.

5 Vgl. *Pasch, H.*, Einführung, in: *Ernst & Young/BDI*, Unternehmenssteuerreform, 2000, S. 29 Rn. 1.

6 Vgl. *Reformkommission*, Brühler Empfehlungen, 1999, S. 11.

7 Vgl. BT-Drucksache 14/2683.

8 Vgl. *Kröner, I.*, in: *Arthur Andersen*, Steuerreform, 2001, S. 8.

9 Vgl. BR-Beschluß vom 14.07.2000, BR-Drucksache 410/00; *Rupp, T.*, Steuersenkungsgesetz, 2000, S. 5.

Gesetzes zur Ergänzung des Steuersenkungsgesetzes (Steuersenkungsergänzungsgesetz – StSenkErgG)“[10], dem der Bundesrat am 01.12.2000 zugestimmt hat, so daß das StSenkErgG[11] zum 01.01.2001 in Kraft getreten ist.

2. Gründe für die Reform der Unternehmensbesteuerung

Daß sich durch das StSenkG eine grundlegende Reform der Unternehmensbesteuerung abzeichnen würde, war seit den „Brühler Empfehlungen“ in Fachkreisen bekannt. An sachlicher Kritik mangelte es deshalb zu keinem Zeitpunkt[12]. Dabei wurde es als besonders schmerzlich empfunden, daß das „liebgewonnene“ Anrechnungsverfahren ausgedient haben sollte. Besonders scharf wurde die Kritik von ökonomischer Seite formuliert. Einem öffentlichen Aufruf zur Rettung des Anrechnungsverfahrens stimmten immerhin 72 Hochschulprofessoren zu[13]. Damit ist die Frage nicht unberechtigt, was die Gründe für diese grundlegende Reform der Unternehmensbesteuerung waren.

Aufschluß über diese Gründe geben die „Brühler Empfehlungen“ und die Begründung des Regierungsentwurfs eines StSenkG. Die „Brühler Empfehlungen“ verweisen auf den Koalitionsvertrag zwischen der SPD und Bündnis 90/Die Grünen, in dem eine Absenkung des als zu hoch empfundenen allgemeinen Höchstsatzes bei der Einkommensteuer und eine Absenkung der Unternehmensbesteuerung vereinbart worden waren[14]. Denn nicht zuletzt seit dem Regierungswechsel im Herbst 1998 bestand in der Politik und der Wirtschaft Einigkeit darüber, daß Deutschland im Vergleich zu anderen Staaten sowohl in der steuerlichen Gesamtbelastung als auch bei den Steuersätzen für natürliche und juristische Personen zu hohe Werte aufwies[15].

Ein weiterer Grund für die Abkehr vom Anrechnungsverfahren war seine mutmaßliche Europauntauglichkeit. Denn durch die Vollanrechnung der Körperschaftsteuervorbelastung auf die Einkommensteuer konnte die wirtschaftliche Doppelbelastung innerhalb Deutschlands nahezu vollständig beseitigt werden.

---

[10] Vgl. BR-Drucksache 469/00.

[11] BGBl. I 2000, S. 1812.

[12] Vgl. *Breithecker, V./Klapdor, R./Zisowski, U.*, Unternehmenssteuerreform, 2001, S. 4 m.w.N.

[13] Vgl. *Siegel, T./Bareis, P./Herzig, N./Schneider, D./ Wagner, F. W./Wenger, E.*, Anrechnungsverfahren, in: BB 2000, S. 1269 f.

[14] Zitiert nach *Reformkommission*, Brühler Empfehlungen, 1999, S. 31.

[15] Vgl. *Pasch, H.*, Einführung, in: *Ernst & Young/BDI*, Unternehmenssteuerreform, 2000, S. 30 Rn. 2.

Fehl schlug dieses System allerdings bei ausländischen Anteilseignern von deutschen Gesellschaften und deutschen Anteilseignern von ausländischen Gesellschaften. Dieser Zustand hatte sogar die EU-Kommission veranlaßt, eine Verletzung der Niederlassungs- und Kapitalverkehrsfreiheit zu beanstanden[16]. Zwar wurde von den Befürwortern des Anrechnungsverfahrens vorgebracht, daß diese Auffassung nicht zwingend sei und zudem eine Modifizierung des Verfahrens dessen Europatauglichkeit ebenso hätte herstellen können[17]. Dennoch wurde der Hinweis auf die fehlende Europatauglichkeit in der Regierungsbegründung aufgegriffen[18].

3. Zielsetzung des StSenkG

Die Gründe für die Reform der Unternehmensbesteuerung geben gleichzeitig die Zielsetzung des StSenkG vor. Die Regierungsbegründung führt unter dem Stichwort „Mehr Beschäftigung durch Investitionen" mehrere Einzelpunkte auf[19], an denen sich das StSenkG jedenfalls rechtspolitisch messen lassen muß:

- Die Wettbewerbsfähigkeit der deutschen Wirtschaft soll durch Investitionen wiedergewonnen und damit das Wirtschaftswachstum zur Schaffung von Arbeitsplätzen gestärkt werden. Dafür wurden die Eingangs- und Spitzensteuersätze der Einkommensteuer und der Körperschaftsteuersatz gesenkt sowie der Grundfreibetrag schrittweise angehoben.

- Die Besteuerung soll auf eine Stärkung der Innenfinanzierung ausgerichtet werden. Dazu wurde eine Tarifstruktur eingeführt, die den im Unternehmen belassenen Gewinn begünstigen soll.

- Die Steuerbelastung muß leistungsgerecht ausgestaltet werden, damit Steuerwiderstand und Steuervermeidung abgebaut werden können. Durch die Abschaffung des Anrechnungsverfahrens sollte ein einfaches und transparentes System geschaffen werden.

---

16 Vgl. *Reformkommission*, Brühler Empfehlungen, 1999, S. 47 f.

17 So z.B. *Schneeloch, D./Trockels-Brand, T.*, Reformpläne, in: DStR 2000, S. 915.

18 Vgl. BT-Drucksache 14/2683, S. 95.

19 Ein Überblick findet sich bei *Riotte, M.*, in: *Erle, B./Sauter, T.*, Reform, 2000, S. 4 ff.

- Die Europatauglichkeit der Unternehmensbesteuerung sollte durch ein klassisches System mit Milderung der Doppelbelastung auf Anteilseignerebene (Shareholder Relief[20]) gewährleistet werden.

- „Eine sachgerechte Besteuerung nach der Leistungsfähigkeit ist [...] nur dann gewährleistet, wenn die Belastungsunterschiede zwischen den Unternehmensformen lediglich dadurch bedingt sind, daß die Leistungsfähigkeit des Steuerpflichtigen in einer bestimmten Unternehmensform anders ist.“[21] Dazu soll die Rechtsformneutralität der Besteuerung gewährleistet werden.

4. Änderungen im Gesetzgebungsverfahren

Die Kritik, die gegen das StSenkG im Finanz- und Vermittlungsausschuß, aber auch von Wirtschaft und Wissenschaft während und nach Abschluß des Gesetzgebungsverfahrens teilweise vehement vorgebracht wurde, ist nicht wirkungslos am Gesetzgeber abgeprallt. Zudem hatte die Regierungskoalition bei ihrem Werben um eine Bundesratsmehrheit Zugeständnisse gemacht, die zu mehreren Folgegesetzen geführt haben:

- Bereits im Vermittlungsverfahren wurde die für Personengesellschaften angedachte Option zur Körperschaftsteuer fallengelassen[22]. Das sog. Optionsmodell war ursprünglich in § 4a KStG als Alternative zur pauschalierten Gewerbesteueranrechnung nach § 35 EStG vorgesehen.

- Durch das InvZulG 2000, welches bereits am 01.12.2000 vom Bundesrat verabschiedet wurde, sollten die Verlustverrechnungsbeschränkungen für Aktien- und Derivatesicherungsgeschäfte, die erst mit dem StSenkG eingeführt wurden, wieder aufgehoben werden. Außerdem sollten Anteile, die bei Banken und Finanzdienstleistern für den kurzfristigen Eigenhandel vorgesehen sind, wieder von der neugestalteten Veräußerungsgewinnbesteuerung für Kapitalgesellschaften ausgenommen werden[23].

- Mit dem StSenkErgG wurde der Spitzensteuersatz der Einkommensteuer in der Endstufe der Reform nochmals gesenkt. Zudem wurde der halbe Steu-

---

20 Vgl. *Jacobs, O. H.*, Internationale Unternehmensbesteuerung, 1999, S. 125 ff.

21 Vgl. BT-Drucksache 14/2683, S. 94 f.

22 Vgl. *Rupp, T.*, Steuersenkungsgesetz, 2000, S. 7.

23 Näheres zum InvZulG 2000 findet sich bei *Milatz, J. E.*, Steuerfreiheit, in: BB 2001, S. 1066 ff.

ersatz für Gewinne aus der alters- oder krankheitsbedingten Veräußerung oder Aufgabe von Betrieben ab dem Jahr 2001 wieder eingeführt. Dadurch sollten die Belange des Mittelstandes berücksichtigt werden, der in der Fachpresse als „Stiefkind" der Unternehmenssteuerreform[24] bezeichnet wurde.

- Das Gesetz zur Regelung der Bemessungsgrundlage für Zuschlagsteuern machte verschiedene Neuregelungen des StSenkG für die Bemessung der Kirchensteuer wieder rückgängig.

- Der Finanzausschuß gelangte in der Beschlußempfehlung zu der Auffassung, daß die Unternehmensbesteuerung in Teilbereichen noch fortentwickelt werden müsse. Dazu solle die Bundesregierung einen Bericht vorlegen[25]. Diesem „Bericht der Bundesregierung zur Fortentwicklung des Unternehmenssteuerrechts"[26] folgte der Entwurf eines erneuten Korrekturgesetzes – das Gesetz zur Fortentwicklung des Unternehmenssteuerrechts (Unternehmenssteuerfortentwicklungsgesetz – UntStFG). Das UntStFG ist zum 01.01.2002 in Kraft getreten.

Diese Fülle an Reparaturgesetzen zeigt bereits eines der großen Problemfelder des StSenkG auf: Es ist unter enormem Zeit- und Erwartungsdruck entstanden und muß deshalb als Gesetz bezeichnet werden, das „mit heißer Nadel gestrickt" wurde.

II. Umsetzung von Gewinnverwendungsneutralität

Eines der grundlegenden ökonomischen und juristischen Probleme bei der Besteuerung von Unternehmen ist die Behandlung der juristischen Personen und ihre Auswirkung auf die Ebene der Anteilseigner. Dabei unterscheidet man zwei gegensätzliche Konzepte: Klassische Körperschaftsteuersysteme stellen die eigene Rechtspersönlichkeit der juristischen Person in den Vordergrund und belasten sowohl den Gewinn der Körperschaft als auch die Dividendeneinnahmen der Anteilseigner. Dadurch wird der Gewinn des Unternehmens einer wirtschaftlichen Doppelbelastung unterworfen[27]. Anrechnungssysteme dagegen betrachten

---

24 Vgl. *Pinne, J.*, Mittelstand, in: Stbg 2000, S. 585.

25 Vgl. *Kröner, I.*, in: *Arthur Andersen*, Steuerreform, 2001, S. 10.

26 Abgedruckt in FR 2001, Beilage zu Heft 11/2001.

27 Im Gegensatz zur rechtlichen Doppelbelastung oder –besteuerung erfordert dies nicht, daß das gleiche Steuersubjekt mehrfach besteuert wird. Vielmehr genügt die mehrfache

(Fortsetzung nächste Seite)

die Gesellschaft mit ihren Gesellschaftern als wirtschaftliche Einheit. Zwar werden hier ebenfalls beide Steuerrechtssubjekte besteuert. Jedoch erfolgt eine Anrechnung der Körperschaftsteuer auf die persönliche Steuerschuld des Anteilseigners. Mischformen dieser konträren Konzeptionen existieren in zahlreicher Form[28].

1. Systemwechsel in der Körperschaftsteuer

Mit Einführung der reichseinheitlichen Körperschaftsteuer im Jahre 1920 entschied sich das Deutsche Reich für ein klassisches Körperschaftsteuersystem, das auch nach Gründung der Bundesrepublik Deutschland beibehalten wurde. Die Einführung des Anrechnungsverfahrens im Jahre 1977 bedeutete die Abkehr vom klassischen Körperschaftsteuersystem und damit die weitgehende Beseitigung der wirtschaftlichen Doppelbelastung[29].

Unter Geltung des Anrechnungsverfahrens unterlagen ausgeschüttete Gewinne bei der leistenden Gesellschaft einer Körperschaftsteuer von 30%, während thesaurierte Gewinne mit zuletzt 40% besteuert wurden. Für ausgeschüttete Gewinne erhielt der Anteilseigner eine Steuergutschrift, so daß ausgeschüttete Gewinne letztlich nur mit dem persönlichen Einkommensteuersatz des Anteilseigners besteuert wurden[30]. Der gespaltene Körperschaftsteuersatz beruhte dabei auf der Überlegung, daß einbehaltene und ausgeschüttete Gewinne im Gesamtergebnis gleich hoch besteuert werden sollten. Denn ursprünglich sollte der Thesaurierungssteuersatz der Körperschaftsteuer dem Spitzensteuersatz der Einkommensteuer entsprechen. Ein Mehrheitsgesellschafter, dessen persönlicher Steuersatz dem Spitzensteuersatz der Einkommensteuer entsprach, war steuerlich damit indifferent zwischen den Gewinnverwendungsalternativen Ausschüttung oder Thesaurierung. Damit verwirklichte das Anrechnungsverfahren die Bedingungen der Gewinnverwendungsneutralität. Die schrittweise Absenkung des Thesaurierungssteuersatzes schuf allerdings nach und nach eine Lücke in diesem System, die eine zunehmende Verletzung des Neutralitätspostulats bewirkte.

Durch das StSenkG ist das deutsche Unternehmenssteuerrecht von einem Anrechnungssystem wieder zu einem klassischen System zurückgekehrt. Der Ge-

---

Besteuerung derselben Einkünfte; vgl. *Jacobs, O. H.*, Internationale Unternehmensbesteuerung, 1999, S. 5 f.

28 Vgl. *Jacobs, O. H.*, Wettbewerbswirkungen, in: *Kleineidam, H.-J.*, Besteuerung, 1999, S. 88.

29 Vgl. *Cattelaens, H. u.a.*, Körperschaftsteuer, 1997, S. 1 f.

30 Vgl. *Biermann, F. u.a.*, Unternehmenssteuerreform, 2000, S. 44.

winn der Körperschaft wird mit einem einheitlichen Steuersatz besteuert. Da eine Anrechnung auf die persönliche Steuerschuld des Anteilseigners nicht mehr erfolgt, wird die Belastung mit Körperschaftsteuer definitiv. Da die Dividendenzuflüsse beim einkommensteuerpflichtigen[31] Anteilseigner ebenfalls besteuert werden, kommt es zu einer wirtschaftlichen Doppelbesteuerung, die durch das sog. Halbeinkünfteverfahren gemildert, aber in der Regel nicht vermieden wird. Diese Milderung wird erreicht, indem die Einnahmen beim Anteilseigner nur zur Hälfte besteuert werden.

Beispiel zur Besteuerung nach dem Halbeinkünfteverfahren:

Eine Aktiengesellschaft erzielt pro Aktie einen Gewinn von 100 € nach Abzug der Gewerbesteuer. Nach Abzug der Körperschaftsteuer verbleiben 75 € pro Aktie, die an die Anteilseigner als Dividende ausgeschüttet werden. Der Anteilseigner versteuert jedoch nur die Hälfte der Dividende, also 37,50 €. Sieht man von Kirchensteuer und Solidaritätszuschlag ab, führt dies bei persönlichen Steuersätzen des Anteilseigners von 0%, 40%, 42% und 48,5% zu folgender Gesamtbelastung:

Gewinn je Aktie (in €)	**KSt (in €)**	**Dividende je Aktie (in €)**	**davon zu versteuern (in €)**	**Persönlicher Steuersatz (in %)**	**ESt-Schuld (in €)**	**KSt (in €)**	**Gesamt-Belastung (in €)**
100	25	75	37,5	**0**	0	25	**25**
100	25	75	37,5	**40**	15	25	**40**
100	25	75	37,5	**42**	15,75	25	**40,75**
100	25	75	37,5	**48,5**	18,19	25	**43,19**

Tabelle 3: Wirkungsweise des Halbeinkünfteverfahrens, in Anlehnung an: *Scheipers, T./Schulz, A.*, Unternehmenssteuerreform, 2000, S. 32.

Das Halbeinkünfteverfahren entlastet Steuerpflichtige mit hohem persönlichem Steuersatz überdurchschnittlich. Bei niedrigem persönlichem Steuersatz übersteigt die Gesamtbelastung dagegen den persönlichen Steuersatz. Der sog. Break-Even-Point liegt bei einem persönlichen Steuersatz von 40%. Hier entspricht die Gesamtbelastung genau dem persönlichen Steuersatz. Liegt der persönliche Steuersatz über 40%, wird die Definitvbelastung mit Körperschaftsteuer überkompensiert. Liegt der persönliche Steuersatz unter 40%, kann die wirtschaftliche Doppelbelastung nicht vollständig kompensiert werden.

---

31 Ist der Empfänger ebenfalls eine Körperschaft, bleiben die Dividenden nach § 8b Abs. 1 KStG steuerfrei.

Die wirtschaftliche Doppelbelastung wird nach dem neuen Körperschaftsteuersystem also nur punktuell beseitigt. In den meisten Fällen kommt es entweder zu Mehr- oder Minderbelastungen in bezug auf den persönlichen Steuersatz.

2. Überprüfung von Gewinnverwendungsneutralität

Neben dem Systemwechsel bei der Körperschaftsteuer bringt das StSenkG für Kapitalgesellschaften eine deutliche Verbesserung bei der Besteuerung thesaurierter Gewinne. Während das Anrechnungsverfahren thesaurierte Gewinne mit 40% besteuerte, gilt nun ein einheitlicher Körperschaftsteuersatz für einbehaltene und ausgeschüttete Gewinne von 25%.

a) Ökonomische Analyse

Bezogen auf die Gesamtsteuerbelastung bewirkt die nachgelagerte Besteuerung des Halbeinkünfteverfahrens, daß die Definitivkörperschaftsteuer im Ausschüttungsfall um die Einkommensteuer des Anteilseigners zu erhöhen ist. Im Thesaurierungsfall entspricht die Gesamtbelastung dagegen dem Körperschaftsteuersatz von 25%. Durch das Zusammenspiel von Einkommen- und Körperschaftsteuer werden einbehaltene und ausgeschüttete Gewinne nun unterschiedlich besteuert. Damit ist das neue Körperschaftsteuersystem nicht gewinnverwendungsneutral. Das Ausmaß dieser Verletzung ist abhängig von der Differenz der Steuersätze bei Einkommen- und Körperschaftsteuer. Die schrittweise Absenkung des Spitzensteuersatzes der Einkommensteuer bis zum Veranlagungszeitraum 2005 bewirkt deshalb eine Abnahme der Neutralitätsverletzung.

Die ökonomische Untersuchung der Neutralitätsverletzung beginnt dabei mit einer quantitativen Gegenüberstellung der Steuerbelastungen im Anrechnungs- und Halbeinkünfteverfahren in Abhängigkeit von den Gewinnverwendungsalternativen der vollständigen Thesaurierung und der vollständigen Ausschüttung.

aa) Steuerbelastung im Anrechnungsverfahren

Bei den Berechnungen nach dem abgelösten Anrechnungsverfahren sollen fiktiv die Senkungen des Einkommensteuerspitzensatzes durch das StSenkG bis zum Veranlagungszeitraum 2005 berücksichtigt werden. Als Thesaurierungssatz wird jedoch weiterhin von 40% ausgegangen. Unter Beibehaltung des Anrechnungsverfahrens ergäben sich damit für die Veranlagungszeiträume 2001/2002 sowie 2005 folgende Belastungsunterschiede:

Beispiel 1 (Spitzensteuersatz der ESt 48,5%):

Eine Kapitalgesellschaft erwirtschaftet einen Gewinn von 1.000.000 €. Der persönliche Steuersatz des Gesellschafters entspricht dem Spitzensteuersatz der Einkommensteuer in den Veranlagungszeiträumen 2001 und 2002 von 48,5%. Aus Vereinfachungsgründen sollen diesem Steuersatz alle Einkünfte unterliegen. Die Kapitalertragsteuer wird nicht berücksichtigt. Vergleicht man die Alternativen der vollständigen Thesaurierung und der vollständigen Ausschüttung des Gewinns, ergibt sich folgende Gesamtbelastung:

		Vollständige Thesaurierung	**Vollständige Ausschüttung**
I. Ebene der Gesellschaft			
	Gewinn	1.000.000	1.000.000
./.	GewSt (400% Hebesatz)	166.667	166.667
./.	KSt bei Thesaurierung (40 %)	333.333	-
./.	KSt bei Ausschüttung (30 %)	-	250.000
./.	SolZ (5,5%)[32]	18.333	13.750
=	**Gewinn nach Steuern**	**481.667**	**569.583**
≙	Steuerbelastung in %	(51,83)	(43,04)
II. Ebene des Gesellschafters			
	Ausschüttung	-	569.583
+	KSt-Guthaben	-	250.000
=	Einkünfte Kapitalvermögen	-	819.583
./.	ESt (48,5%)	-	397.498
+	Anzurechnende KSt (3/7)	-	244.107
=	Verbleibende Est	-	153.391
./.	SolZ (5,5%)	-	8.437
=	**Zahllast**	-	**161.828**
≙	Zufluß beim Gesellschafter	-	407.755
III. Gesamtsteuerbelastung			
	Steuerbelastung Gesellschaft	518.333	430.417
	Steuerbelastung Anteilseigner	-	161.828
=	Gesamtbelastung	**518.333**	**592.245**
≙	Steuerbelastung in %	(51,83)	(59,22)

Tabelle 4: Belastungsvergleich im Anrechnungsverfahren, VZ 2001/2002, in Anlehnung an: *Cattelaens, H. u.a.*, Körperschaftsteuer, 1997, S. 673 Rn. 2125.

32 Ohne Schattenwirkungen des SolZ; vgl. *Cattelaens, H.* u.a., Körperschaftsteuer, 1997, S. 672 Rn. 2121.

Beispiel 2 (Spitzensteuersatz der ESt 42%):

Der Gewinn beträgt wiederum 1.000.000 €. Der persönliche Steuersatz des Gesellschafters entspricht dem Spitzensteuersatz der Einkommensteuer im Veranlagungszeitraum 2005 von 42%. Damit ergibt sich folgende Gesamtbelastung:

		Vollständige Thesaurierung	Vollständige Ausschüttung
I. Ebene der Gesellschaft			
	Gewinn	1.000.000	1.000.000
./.	GewSt (400% Hebesatz)	166.667	166.667
./.	KSt bei Thesaurierung (40 %)	333.333	-
./.	KSt bei Ausschüttung (30 %)	-	250.000
./.	SolZ (5,5%)[33]	18.333	13.750
=	**Gewinn nach Steuern**	**481.667**	**569.583**
≙	Steuerbelastung in %	(51,83)	(43,04)
II. Ebene des Gesellschafters			
	Ausschüttung	-	569.583
+	KSt-Guthaben	-	250.000
=	Einkünfte Kapitalvermögen	-	819.583
./.	ESt (42%)	-	344.225
+	Anzurechnende KSt (3/7)	-	244.107
=	Verbleibende Est	-	100.118
./.	SolZ (5,5%)	-	5.506
=	**Zahllast**	-	**105.624**
≙	Zufluß beim Gesellschafter	-	463.959
III. Gesamtsteuerbelastung			
	Steuerbelastung Gesellschaft	518.333	430.417
	Steuerbelastung Anteilseigner	-	105.624
=	**Gesamtbelastung**	**518.333**	**536.041**
≙	Steuerbelastung in %	(51,83)	(53,60)

Tabelle 5: Belastungsvergleich im Anrechnungsverfahren, VZ 2005, in Anlehnung an: *Cattelaens, H. u.a.*, Körperschaftsteuer, 1997, S. 673 Rn. 2125.

Beispiel 1 zeigt, daß thesaurierte Gewinne mit 51,83%, ausgeschüttete Gewinne bei einem persönlichen Steuersatz von 48,5% insgesamt mit 59,22% belastet werden. Ausgeschüttete Gewinne werden also um 7,39 Prozentpunkte, bezogen auf die Steuerbelastung bei Thesaurierung also um 14,26% höher belastet.

---

[33] Ohne Schattenwirkungen des SolZ; vgl. *Cattelaens, H.* u.a., Körperschaftsteuer, 1997, S. 672 Rn. 2121.

Der Belastungsunterschied wird durch die Absenkung des Spitzensteuersatzes in Beispiel 2 abgemildert. Bei einem persönlichen Steuersatz von 42% werden ausgeschüttete Gewinne mit 53,60% besteuert, so daß eine Mehrbelastung von 1,77 Prozentpunkten bzw. von 3,4% verbleibt. Eine isolierte Betrachtung der Gesellschaftsebene zeigt dagegen in beiden Beispielen eine unterschiedliche Belastung der Alternativen.

Unterliegen die Ausschüttungen beim Anteilseigner der Besteuerung mit dem Spitzensatz, würde die Annäherung des Thesaurierungssatzes der Körperschaftsteuer an den Einkommensteuerspitzensatz nahezu zur Verwirklichung von Gewinnverwendungsneutralität führen. Die Mehrbelastung bei Ausschüttung beträgt lediglich 1,77 Prozentpunkte bzw. 3,4%.

bb) Steuerbelastung im Halbeinkünfteverfahren

Die Belastungswirkungen des Halbeinkünfteverfahrens werden durch den einheitlichen Körperschaftsteuersatz und die nachgelagerte Dividendenbesteuerung bestimmt. Bei Ausschüttung kommt es demnach zwingend zu einer Mehrbelastung. Das Verfahren strebt Gewinnverwendungsneutralität also gar nicht an. Ausgehend vom Spitzensteuersatz der Einkommensteuer ergeben sich für die Veranlagungszeiträume 2001 und 2002 sowie 2005 folgende Belastungsvergleiche:

Beispiel 1 (Spitzensteuersatz der ESt 48,5%):

Eine Kapitalgesellschaft erwirtschaftet einen Gewinn von 1.000.000 €. Der persönliche Steuersatz des Gesellschafters beträgt 48,5%. Dies entspricht dem ESt-Spitzensatz in den Veranlagungszeiträumen 2001 und 2002. Vergleicht man die Alternativen der vollständigen Thesaurierung und der vollständigen Ausschüttung des Gewinns, ergibt sich folgende Gesamtbelastung:

		Vollständige Thesaurierung	**Vollständige Ausschüttung**
I. Ebene der Gesellschaft			
	Gewinn	1.000.000	1.000.000
./.	GewSt (400% Hebesatz)	166.667	166.667
./.	KSt (25%)	208.333	208.333
./.	SolZ (5,5%)	11.458	11.458
=	Gewinn nach Steuern	613.542	613.542
≙	Steuerbelastung in %	(38,65)	(38,65)

II. Ebene des Gesellschafters			
	Ausschüttung	-	613.542
./.	steuerfreie Einnahme	-	306.771
=	Einkünfte Kapitalvermögen	-	306.771
./.	ESt (48,5%)	-	148.784
./.	SolZ (5,5%)	-	8.183
≙	Steuerbelastung in %	-	(25,58)
=	Zufluß beim Gesellschafter	-	456.575

III. Gesamtsteuerbelastung			
	Steuerbelastung Gesellschaft	386.458	386.458
	Steuerbelastung Anteilseigner	-	156.967
=	Gesamtbelastung	**386.458**	**543.425**
≙	Steuerbelastung in %	(38,65)	(54,34)

Tabelle 6: Belastungsvergleich im Halbeinkünfteverfahren, VZ 2001/2002, in Anlehnung an: *Biermann, F. u.a.*, Unternehmenssteuerreform, 2000, S. 45.

Die hälftige Steuerfreiheit der Dividendeneinkünfte wirkt sich auch auf den SolZ aus. Die Bemessungsgrundlage des SolZ ergibt sich aus § 3 Abs. 2 SolZG. § 51a Abs. 2 Satz 2 EStG ist nicht anzuwenden. Für die Bemessungsgrundlage der Kirchensteuer werden die Steuerbefreiungen des Halbeinkünfteverfahrens dagegen fiktiv wieder rückgängig gemacht[34].

Beispiel 2 (Spitzensteuersatz der ESt 42%):

Eine Kapitalgesellschaft erwirtschaftet einen Gewinn von 1.000.000 €. Der persönliche Steuersatz des Gesellschafters beträgt 42%. Dies entspricht dem ESt-Spitzensatz ab dem Veranlagungszeitraum 2005. Beim Vergleich der vollständigen Thesaurierung und der vollständigen Ausschüttung des Gewinns ergibt sich folgendes Bild:

		Vollständige Thesaurierung	**Vollständige Ausschüttung**
I. Ebene der Gesellschaft			
	Gewinn	1.000.000	1.000.000
./.	GewSt (400% Hebesatz)	166.667	166.667
./.	KSt (25%)	208.333	208.333
./.	SolZ (5,5%)	11.458	11.458
=	**Gewinn nach Steuern**	613.542	613.542
≙	Steuerbelastung	(38,65)	(38,65)

[34] Zur Bemessung des SolZ und der Kirchensteuer vgl. *Grefe, C.*, Zuschlagsteuern, in: StB 2001, S. 220 ff.; *ders.*, Ermittlung, in: SteuerStud 2001, S. 243 ff.

II. Ebene des Gesellschafters			
	Ausschüttung	-	613.542
./.	steuerfreie Einnahme	-	306.771
=	Einkünfte Kapitalvermögen	-	306.771
./.	ESt (42%)	-	128.844
./.	SolZ (5,5%)	-	7.086
≙	Steuerbelastung in %	-	(22,15)
=	**Zufluß beim Gesellschafter**	**-**	**477.612**

III. Gesamtsteuerbelastung			
	Steuerbelastung Gesellschaft	386.458	386.458
	Steuerbelastung Anteilseigner	-	135.930
=	**Gesamtbelastung**	**386.458**	**522.388**
≙	Steuerbelastung in %	(38,65)	(52,24)

Tabelle 7: Belastungsvergleich im Halbeinkünfteverfahren, VZ 2005, in Anlehnung an: *Biermann, F. u.a.*, Unternehmenssteuerreform, 2000, S. 45.

Die hälftige Steuerfreiheit der Dividendeneinkünfte wirkt sich wie in Beispiel 1 auch auf den SolZ aus. Nach § 3 Abs. 2 SolZG wird die hälftige Steuerfreiheit nach § 3 Nr. 40 EStG für die Bemessungsgrundlage des Solidaritätszuschlags nicht fiktiv rückgängig gemacht wie bei der Kirchensteuer. § 51a Abs. 2 Satz 2 EStG ist insofern nicht anzuwenden.

Beispiel 1 zeigt, daß thesaurierte Gewinne mit 38,65%, ausgeschüttete Gewinne insgesamt mit 54,34% (Veranlagungszeiträume 2001 und 2002) belastet sind. Bezogen auf die Steuerbelastung bei Thesaurierung werden ausgeschüttete Gewinne um 15,69 Prozentpunkte bzw. 40,60% höher belastet.

Dieser Belastungsunterschied mildert sich durch die schrittweise Absenkung des Spitzensteuersatzes zwar etwas ab. Ab dem Veranlagungszeitraum 2005 werden ausgeschüttete Gewinne immer noch mit 52,24% besteuert, so daß eine Mehrbelastung von 13,59 Prozentpunkten bzw. 35,16% verbleibt. Dagegen führt die isolierte Betrachtung der Gesellschafterebene zur vollständigen Verwirklichung von Gewinnverwendungsneutralität. Dies ist die Folge des einheitlichen Körperschaftsteuersatzes.

Einbehaltene Gewinne werden der höheren Besteuerung entweder bei Ausschüttung zu einem späteren Zeitpunkt oder bei Veräußerung der Anteile im Rahmen der Veräußerungserlösbesteuerung unterworfen.

In beiden Fällen kommt das Halbeinkünfteverfahren zur Anwendung. Bei der Veräußerung von Anteilen im Privatvermögen wird das Halbeinkünfteverfahren entweder durch § 17 EStG oder durch § 23 EStG ausgelöst. In diesen Fällen ist die Beteiligungshöhe (nunmehr 1%) oder die „Spekulationsfrist“ (1 Jahr) zu beachten. Wichtig ist daher die Feststellung, daß die Begünstigung thesaurierter

Gewinne nach der Intention des Gesetzgebers grundsätzlich keine Steuerbefreiung, sondern eine Steuerstundung darstellt.

cc) Ergebnis

Sowohl das Anrechnungsverfahren als auch das Halbeinkünfteverfahren sind nicht gewinnverwendungsneutral. Die Gründe für diese Neutralitätsverletzung sind jedoch unterschiedlich.

Geht man davon aus, daß Gewinnausschüttungen beim Anteilseigner dem Spitzensatz der Einkommensteuer unterliegen, ist die Neutralitätsverletzung beim Anrechnungsverfahren nicht systemimmanent. Sie beruht vielmehr auf der Spreizung der Körperschaftsteuer- und Einkommensteuersätze[35]. Dies zeigt sich beim Zusammenspiel des Thesaurierungssatzes von 40% und des Spitzensatzes der Einkommensteuer von 42%. Bei integrierter Betrachtung von Gesellschafts- und Gesellschafterebene unterscheiden sich die Steuerbelastungen beider Gewinnverwendungsalternativen nur noch um 1,77 Prozentpunkte bzw. 3,4%. Damit wäre Gewinnverwendungsneutralität nahezu erreicht. Isoliert aus Sicht der Gesellschaft bewirkt der gespaltene Körperschaftsteuersatz allerdings sehr wohl eine Benachteiligung der Gewinnthesaurierung, da der Thesaurierungssteuersatz über dem Ausschüttungssteuersatz liegt[36].

Ein anderes Bild vermittelt das Halbeinkünfteverfahren: Das Zusammenspiel von Körperschaftsteuer und Einkommensteuer bei einem Körperschaftsteuersatz, der deutlich unter dem Spitzensteuersatz der Einkommensteuer liegt, führt bei integrierter Betrachtung zu einer deutlichen Begünstigung der Gewinnthesaurierung. Denn eine Gewinnausschüttung führt zu einer Zusatzbelastung durch die Besteuerung der natürlichen Person[37]. Bei isolierter Betrachtung der Gesellschaftsebene bewirkt der einheitliche Körperschaftsteuersatz allerdings vollständige Gewinnverwendungsneutralität. Allein aus Sicht der Gesellschaft macht es steuerlich keinen Unterschied, ob die erzielten Gewinne ausgeschüttet oder thesauriert werden[38].

---

35 Vgl. *Sigloch, J.*, Unternehmenssteuerreform, in: StuW 2000, S. 173.

36 Vgl. *Roche, M.*, Abschaffung, in: *Arthur Andersen*, Steuerreform, 2001, S. 17.

37 Vgl. *Rupp, T.*, Steuersenkungsgesetz, 2000, S. 58.

38 Vgl. *Roche, M.*, Abschaffung, in: *Arthur Andersen*, Steuerreform, 2001, S. 29.

b) Rechtfertigung des Gesetzgebers

Der Gesetzgeber des StSenkG hat die Absenkung der Steuersätze und den Systemwechsel hin zu einer Begünstigung thesaurierter Gewinne mit der Förderung der betrieblichen Investitionstätigkeit und der Stärkung der Eigenkapitalbasis durch die verbesserte Innenfinanzierungsmöglichkeit begründet. Damit stützt er sich auf Gründe des Gemeinwohls[39], so daß sich die Begünstigung auf lenkungspolitische Zwecke zurückführen läßt. Denn Unternehmensgewinne könnten heute nicht mehr nur als Ausdruck gesteigerter wirtschaftlicher Leistungsfähigkeit gelten, sondern auch als förderungswürdiges Investitionspotential im Interesse des Wirtschaftswachstums und des Arbeitsmarktes[40]. Daß einbehaltene Gewinne aus Gemeinwohlerwägungen steuerlich begünstigt werden dürfen, klingt auch in Entscheidungen des *BFH* und des *BVerfG* an – hierbei handelt es sich um den Vorlagebeschluß des *BFH*[41] zu § 32c EStG und den Erbschaftsteuerbeschluß des *BVerfG*[42]: Dort werden steuerliche Begünstigungen bei der Erbschaft- und Schenkungsteuer daraus hergeleitet, daß Unternehmen als Garanten von Produktivität und Arbeitsplätzen einer gesteigerten rechtlichen Bindung durch das Arbeits-, Wirtschaftsverwaltungs- und Umweltrecht unterliegen[43].

3. Stellungnahme aus ökonomischer und verfassungsrechtlicher Sicht

Die Begünstigung thesaurierter Gewinne und die Abkehr vom Vollanrechnungsverfahren wurde insbesondere vom betriebswirtschaftlichen Schrifttum mit großer Sorge aufgenommen[44]. Der Schwerpunkt der Argumentation liegt dabei auf den nachteiligen Folgen der Thesaurierungsbegünstigung für den Kapitalmarkt[45]. Aus juristischer Sicht müssen diese ökonomischen Bedenken auf ihre verfassungsrechtliche Relevanz untersucht werden.

---

39 Vgl. BT-Drucksache 14/2683, S. 93.

40 Vgl. *Schön, W.*, Unternehmenssteuerreform, in: Stbg 2000, S. 5.

41 Vgl. *BFH* vom 24.02.1999 – X R 171/96, BStBl II 1999, S. 460 ff.

42 Vgl. *BVerfG* vom 22.06.1995 – 2 BvR 552/91, BVerfGE 93, S. 165 (175).

43 Vgl. *BVerfG* vom 22.06.1995 – 2 BvR 552/91, BVerfGE 93, S. 165 (175).

44 Vgl. *Siegel, T./Bareis, P./Herzig, N./Schneider, D./ Wagner, F. W./Wenger, E.*, Anrechnungsverfahren, in: BB 2000, S. 1269 f.

45 Vgl. *Krawitz, N.*, Halbeinkünfteverfahren, in: DB 2000, S. 1725.

a) Ökonomische Kritik an der Thesaurierungsbegünstigung

Ein ökonomisches Argument gegen die steuerliche Begünstigung thesaurierter Gewinne besteht in der fehlenden Gewinnverwendungsneutralität des Halbeinkünfteverfahrens[46]: Gewinnverwendungsneutralität sichere die freie Entscheidung darüber, investiertes Kapital in der Gesellschaft zu belassen, einer anderen Investition zuzuführen oder aber für Konsumzwecke einzusetzen. Diese Neutralität werde durch Übereinstimmung von Thesaurierungssteuersatz und Einkommensteuerspitzensatz gewährleistet. Liegt der persönliche Steuersatz des Anteilseigners unterhalb des Spitzensteuersatzes, resultiere daraus sogar ein gewisser Ausschüttungsdruck. Dieser Druck auf die Kapitalgesellschaft werde jedoch als positiv angesehen, da er eine optimale Kapitalallokation über den Kapitalmarkt gewährleiste[47]. Die Tarifbegünstigung treibe jedoch einen Keil zwischen die Interessen von Management und Anteilseignern. Mit dem Verweis auf eine „Ausschüttungs-Strafsteuer" könnten Ausschüttungen noch einfacher unterbunden werden. Gewinne würden nicht an die Anteilseigner ausgeschüttet, sondern im Unternehmen gebunden[48]. Das Halbeinkünfteverfahren bewirke also eher eine Abkehr von den Zielen des „shareholder-value"-Gedankens, indem es dem Management ein geeignetes Argumentationsgerüst liefere, um die Gewinnverwendung zu bestimmen[49]. Letztlich führe dies zu einer staatlichen Lenkung der Kapitalmärkte[50]. Kritiker dieses Systems sprechen hier von der Gefahr des „Lock-in-Effekts"[51]. Das bedeutet, Kapital wird im Unternehmen eingesperrt und nicht einer besseren Verwendung, einem „besseren Wirt" zugeführt.

Zudem sei die Prämisse, daß einbehaltene Gewinne zur Schaffung von Arbeitsplätzen verwendet würden, nicht tragfähig. Denn private Investitionen könnten dazu mehr beitragen als Finanzanlagen im Unternehmensbereich, die mit thesaurierten Mitteln – möglicherweise im Ausland – getätigt werden[52]. Gerade das werde durch das neue Körperschaftsteuersystem begünstigt. Gleichzeitig könne nicht angenommen werden, daß ausgeschüttete Gewinne nur zu Konsumzwecken verwendet werden. Vielmehr werde ein Teil auch zur Wiederanlage in andere Unternehmen transferiert. Solche Gewinne werden jedoch nicht begünstigt besteuert. Damit werden nicht nur für Konsumzwecke verwendete Gewinne höher besteuert, sondern auch solche, die letztlich im Unternehmensbereich

---

46 Vgl. *Schneeloch, D./Trockels-Brand, T.*, Reformpläne, in: DStR 2000, S. 910.

47 Vgl. *Sigloch, J.*, Unternehmenssteuerreform, in: StuW 2000, S. 173.

48 Vgl. *Schneeloch, D./Trockels-Brand, T.*, Reformpläne, in: DStR 2000, S. 910.

49 Vgl. *Hundsdoerfer, J.*, Halbeinkünfteverfahren, in: StuW 2001, S. 124.

50 Vgl. *Bareis, P.*, Halbeinkünfteverfahren, in: StuW 2000, S. 142.

51 Zum Begriff siehe *Hundsdoerfer, J.*, Halbeinkünfteverfahren, in: BB 2001, S. 113 f.

52 Vgl. *Pezzer, H.-J.*, Kritik, in: StuW 2000, S. 148.

verbleiben[53]. Stellt man der Tarifbegünstigung die Maßnahmen zur Gegenfinanzierung, insbesondere jene zur Verbreiterung der Bemessungsgrundlage, gegenüber, werde das neue System seiner ökonomischen Zielsetzung in zahlreichen Fällen nicht gerecht[54].

b) Juristische Bewertung und Rechtfertigung

Aus juristischer Sicht ergeben sich im Hinblick auf die Tarifbegünstigung zwei grundlegende Fragen: Zunächst muß beantwortet werden, ob der Wechsel vom Anrechnungs- zum Halbeinkünfteverfahren zulässig war. Sodann ist die daraus resultierende Differenzierung nach der Gewinnverwendung zu untersuchen.

aa) Wechsel vom Anrechnungs- zum Halbeinkünfteverfahren

Durch den Wechsel vom Anrechnungs- zum Halbeinkünfteverfahren folgt die deutsche Unternehmensbesteuerung wieder der klassischen Konzeption der strikten Trennung von Gesellschafts- und Gesellschafterebene. Der Gedanke der wirtschaftlichen Einheit beider Ebenen wird damit zwar nicht aufgegeben, aber geschwächt. Gerichtlich angreifbar ist der Systemwechsel aber nur dann, wenn das Verfassungsrecht eine rechtliche – dann konsequent Trennungsprinzip – oder aber eher wirtschaftliche Betrachtungsweise – dann Gesamtbetrachtung – bei der Besteuerung von Kapitalgesellschaften und ihrer Anteilseigner vorgibt. Dies wirft die Frage nach der Leistungsfähigkeit von Kapitalgesellschaften auf. Denn ein klassisches Körperschaftsteuersystem mit oder ohne Milderung der Doppelbelastung bewirkt eine abschließende Besteuerung der Gesellschaftsebene. Das ist steuerrechtlich aber nur zu rechtfertigen, wenn die Körperschaft auch eine eigene Leistungsfähigkeit besitzt. In einem Anrechnungsverfahren stellt sich diese Frage nicht. Hier kann die Körperschaftsteuer als Vorauszahlung auf die Einkommensteuer der natürlichen Person interpretiert werden[55]. Dies wird im juristischen Schrifttum heute überwiegend bejaht und wurde bereits im ersten Teil der Arbeit ausführlich dargestellt[56]. Denn im Unternehmensbereich muß der Begriff der Leistungsfähigkeit als Fähigkeit interpretiert werden, Steuerzahlungen aus dem Einkommen oder dem Gewinn leisten zu können[57]. Betrachtet man

---

53 Vgl. *Reiß, W.*, Anmerkungen, in: DStR 1999, S. 2016.

54 Vgl. *Schirmer, H.-J.*, Steuerreform, in: FR 2001, S. 29.

55 Vgl. *Müller, K.*, Entscheidungsneutralität, 2001, S. 44.

56 Siehe dazu die Ausführungen unter B. II. 3. auf S. 52.

57 So die überwiegende Meinung heute. Siehe nur *Tipke, K.*, Steuerrechtsordnung II, 1993, S. 736.

die Kapitalgesellschaft und ihre Anteilseigner als zwei strikt voneinander zu trennende Besteuerungssubjekte mit jeweils eigener Belastbarkeit, ist die Besteuerung jeder einzelnen Ebene folgerichtig. Dies entspricht einem klassischen Körperschaftsteuersystem. Allerdings drängt sich dann die Frage auf, warum Dividendeneinkünfte auf Anteilseignerebene nur hälftig und nicht voll besteuert werden[58].

Besitzt die Kapitalgesellschaft eine eigene Leistungsfähigkeit, kann es dem Gesetzgeber aber letztlich nicht verwehrt werden, diese auch zu besteuern. Denn bei der Ausgestaltung des Steuersystems kommt dem Gesetzgeber eine erhebliche Gestaltungsfreiheit zu. Zwar muß eine einmal getroffene Systementscheidung im Einzelfall folgerichtig und systemgerecht umgesetzt werden. Dadurch wird dem Gesetzgeber aber nicht die Möglichkeit eines grundlegenden Systemwechsels genommen[59]. Bei einem solchen Systemwechsel müssen verfassungsrechtliche Vorgaben, insbesondere der allgemeine Gleichheitssatz mit seinen steuerrechtlichen Sonderausprägungen sowie die Grundsätze der Rechtssicherheit und des Vertrauensschutzes, beachtet werden. Insofern bedarf der Systemwechsel einer Rechtfertigung. Dabei sind Beeinträchtigungen schützenswerter Rechtspositionen gegen die Gründe für den Systemwechsel abzuwägen. Bei der Abwägung dieser Vor- und Nachteile kommt dem Gesetzgeber aber wiederum eine umfassende Entscheidungsprärogative zu[60]. Als Rechtfertigung wird die mutmaßliche Europatauglichkeit sowie die Förderung der Wirtschaft zur Schaffung von Arbeitsplätzen angeführt. Dazu ist der Systemwechsel bei der Körperschaftsteuer aber nicht völlig ungeeignet, so daß er sich verfassungsrechtlich nicht beanstanden läßt[61].

bb) Tarifbegünstigung aus verfassungsrechtlicher Sicht

Nicht beantwortet ist damit allerdings die Frage nach der Verfassungsmäßigkeit der Tarifspreizung zwischen Einkommen- und Körperschaftsteuer. Dazu muß untersucht werden, ob die ökonomisch festgestellten Belastungsunterschiede auch eine Ungleichbehandlung im Sinne des Art. 3 Abs. 1 GG darstellen. Hier stehen sich wiederum zwei Konzepte gegenüber: eine isolierte versus eine integrierte Betrachtung des Phänomens Körperschaft. Denn die Festlegung auf eine getrennte Besteuerung der Rechtssubjekte beinhaltet nicht zugleich die unab-

---

58 Vgl. *Sigloch, J.*, Unternehmenssteuerreform, in: StuW 2000, S. 166.

59 Vgl. *Lang, J.*, Unternehmenssteuerreform, in: GmbHR 2000, S. 458.

60 Vgl. *Pezzer, H.-J.*, Kritik, in: StuW 2000, S. 147.

61 Ebenso *Lang, J.*, Unternehmenssteuerreform, in: GmbHR 2000, S. 458.

hängige Belastung der juristischen und natürlichen Person. Denn auch klassische Steuersysteme kennen die Milderung der Doppelbelastung. Diese kann zum Beispiel durch einen sehr geringen Körperschaftsteuersatz auf Ebene der Gesellschaft[62] oder durch Vergünstigungen auf Ebene des Anteilseigners wie im Halbeinkünfteverfahren bewirkt werden.

Die Antwort auf diese Frage gibt der Gesetzgeber selbst. Er geht in der Begründung zum StSenkG ebenfalls von einer eher wirtschaftlich orientierten Gesamtbetrachtung von Gesellschafts- und Anteilseignerebene aus[63]. Diese Sichtweise hat insofern verfassungsrechtliche Bedeutung, als es nun dem Gebot der Folgerichtigkeit und Systemgerechtigkeit widersprechen würde, die klassische Sichtweise der strikten Trennung beider Besteuerungsebenen einzunehmen. Soll das Halbeinkünfteverfahren die wirtschaftliche Doppelbesteuerung der Gesellschafts- und Gesellschafterebene mildern, muß sich das StSenkG auch an diesen Vorgaben messen lassen. Damit sind beide Besteuerungsebenen aber in ihrem Zusammenwirken und nicht nur isoliert zu betrachten. Werden Gewinne aber dauerhaft im Unternehmensbereich thesauriert, ohne daß diese Mittel zu einem späteren Zeitpunkt an die Anteilseigner ausgeschüttet werden, werden diese Gewinne dauerhaft deutlich niedriger besteuert als bei Ausschüttung an die Anteilseigner. Denn erst dadurch werden zusätzlich die Steuerfolgen des Halbeinkünfteverfahrens ausgelöst.

Damit liegt eine steuerliche Ungleichbehandlung thesaurierter und ausgeschütteter Gewinne vor. Diese Ungleichbehandlung ist auch signifikant. Die Belastung ausgeschütteter Gewinne liegt um bis zu 40,60% bzw. 15,69 Prozentpunkte über der thesaurierter Gewinne. Diese Ungleichbehandlung ist allerdings nur dann im Hinblick auf Art. 3 Abs. 1 GG zu beanstanden, sofern sich hierfür keine Rechtfertigung ergibt.

(1) Gestaltungsspielraum des Gesetzgebers

Diese Begünstigung thesaurierter Gewinne mag zwar ökonomisch wenig sinnvoll sein. Gleichwohl hat der Gesetzgeber den Lenkungszweck der Tarifbegünstigung deutlich hervorgehoben. Bei der verfassungsrechtlichen Überprüfung von Lenkungsnormen kommt es aber nicht darauf an, ob der Gesetzgeber die zweckmäßigste Ausgestaltung gewählt hat[64]. Eine verfassungsrechtliche Über-

---

[62] *J. Lang* geht z.B. von 10% aus; vgl. *Lang, J.*, Unternehmenssteuerreform, in: GmbHR 2000, S. 458.

[63] BT-Drucksache 14/2683, S. 94.

[64] Vgl. *BVerfG* vom 08.10.1991 – 1 BvL 50/86, BVerfGE 84, S. 348 (359).

prüfung dieser gesetzgeberischen Entscheidung kann deshalb allenfalls daran anknüpfen, ob der Gesetzgeber sich im Rahmen seiner Gestaltungsfreiheit bewegt hat[65]. Zwar muß das Mittel des Eingriffs grundsätzlich zur Zielerreichung geeignet sein. Aus diesem Gestaltungsspielraum des Gesetzgebers folgt aber, daß die konkrete Ausgestaltung verfassungsrechtlich nur dann zu beanstanden ist, wenn das Mittel objektiv untauglich, objektiv ungeeignet oder schlechthin ungeeignet ist[66].

Steuerliche Normen, die nicht nur fiskalische, sondern auch lenkungspolitische Zwecke verfolgen, sind daher nicht streng am Grundsatz der gleichmäßigen Lastenverteilung und am Leistungsfähigkeitsprinzip zu messen. Vielmehr kann eine Durchbrechung des Leistungsfähigkeitsprinzips bei Lenkungsnormen durch Erwägungen des Gemeinwohls gerechtfertigt werden[67]. Der Gesetzgeber begründet die Begünstigung thesaurierter Gewinne ausdrücklich mit der Förderung von Reinvestitionen im Unternehmensbereich zur Verbesserung der Innenfinanzierung[68] und zur Schaffung von Arbeitsplätzen[69]. Maßnahmen der Konjunkturpolitik, wie die Stärkung des Wirtschaftsstandorts Deutschland und die Attraktion ausländischen Kapitals, sind grundsätzlich Erwägungen des Gemeinwohls, die auch durch ein Steuergesetz umgesetzt werden können[70]. Als Garanten von Produktivität und Arbeitsplätzen sind Betriebe zudem in besonderem Maße gemeinwohlgebunden und gemeinwohlverpflichtet. Dies ist auch im Hinblick auf ihre steuerliche Belastung zu berücksichtigen[71].

Bei der Abwägung der Eingriffsintensität gegenüber dem angestrebten Zweck muß ferner beachtet werden, daß der Steuerpflichtige es durch den Gewinnverwendungsbeschluß selbst in der Hand hat, ob und in welchem Umfang Gewinne thesauriert bzw. ausgeschüttet werden. Durch die nachgelagerte Besteuerung im Ausschüttungs- oder Anteilsveräußerungsfall bekommt die Begünstigung thesaurierter Gewinne zudem den Charakter einer vorläufigen Privilegierung in Form der Steuerstundung. Unter der Voraussetzung, daß die Umsetzung der Thesaurierungsbegünstigung folgerichtig und für alle Rechtsformen einheitlich ausgestaltet wird, erkennt jedenfalls der *BFH* dem Gesetzgeber diesen Gestal-

---

65 Vgl. *BVerfG* vom 02.10.1973 – 1 BvR 345/73, BVerfGE 36, S. 66 (70).

66 Vgl. *BVerfG* vom 09.03.1971 – 2 BvR 326, 327, 341, 342, 343, 344, 345/69, BVerfGE 30, S. 250 (263).

67 Vgl. *Birk, D.*, Steuerrecht, 2001, S. 56 Rn. 172.

68 Vgl. BT-Drucksache 14/2683, S. 95.

69 Vgl. BT-Drucksache 14/2683, S. 93.

70 Vgl. *BVerfG* vom 22.05.1963 – 1 BvR 78/56, BVerfGE 16, S. 147 (161); *BVerfG* vom 24.09.1965 – 1 BvR 228/65, BVerfGE 19, S. 119 (125).

71 Vgl. *BVerfG* vom 22.06.1995 – 2 BvR 552/91, BVerfGE 93, S. 165 (175).

tungsspielraum zu[72]. Auch vom Schrifttum wird die Begünstigung thesaurierter Gewinne nicht als völlig ungeeignet zur Standortförderung betrachtet[73]. Mit der begünstigten Besteuerung thesaurierter Gewinne bewegt sich der Steuergesetzgeber daher im Rahmen seines Gestaltungsspielraums.

(2) Thesaurierungsbegünstigung als Eingriff in die Eigentumsfreiheit

Allerdings könnte neben dem Leistungsfähigkeitsprinzip ein anderer verfassungsrechtlicher Aspekt gegen die begünstigte Besteuerung thesaurierter Gewinne sprechen: Grundsätzlich kommt es dem Gesetzgeber nicht zu, im Rahmen der Einkommensbesteuerung die Einkommensverwendung zu beeinflussen[74]. Der Staat greift in die Eigentumsfreiheit ein, wenn er den Steuerpflichtigen bevormundet, Kapital in eine Kapitalgesellschaft und nicht in eine Personengesellschaft, Grund & Boden für Vermietung & Verpachtung usw. zu investieren[75].

Dabei darf allerdings nicht übersehen werden, daß der Gesetzgeber durch diese Begünstigung nicht in den Bereich der existenzsichernden Bedarfsdeckung eingreift. Als Steuererleichterung für Kapitalgesellschaften führt die Absenkung des Körperschaftsteuertarifs weder zu einer erdrosselnden Besteuerung noch zu einer Besteuerung jenseits des Halbteilungsgrundsatzes, sondern im Gegenteil zu einer Minderbelastung[76]. Damit aber können gerade die Freiheitsrechte des Steuerpflichtigen nach der Rechtsprechung beider Senate des *BVerfG* nicht verfassungswidrig verletzt sein.

Zwar liegt ein Eingriff in die Eigentumsverwendungsfreiheit vor. Dieser ist aber gleichsam durch die vom Gesetzgeber vorgebrachten Erwägungen des Gemeinwohls gerechtfertigt. *Kirchhof* ist insofern zuzustimmen, daß hierin eine Bevormundung des Bürgers bei dessen Entscheidung zwischen Konsum und Spartätigkeit zu sehen ist. Solange das Steuerrecht aber nicht nur zur Erzielung von Staatseinnahmen dient, sondern als Instrument zur staatlichen Wirtschaftslenkung eingesetzt werden darf, bleibt es dem Gestaltungsspielraum des Gesetzgebers überlassen, dieses Instrument auch zu nutzen. So bedauerlich die Begünsti-

---

72 Vgl. *BFH* vom 24.02.1999 – X R 171/96, BStBl II 1999, S. 460. Im Vorlagebeschluß zu § 32c EStG stellt der *BFH* darauf ab, daß die Tarifkappung gerade unabhängig von der Gewinnverwendung eintritt.

73 So jedenfalls *Lang, J.*, Unternehmenssteuerreform, in: GmbHR 2000, S. 462.

74 Vgl. *Kirchhof, P.*, Maßstäbe, in: Stbg 2000, S. 556.

75 Vgl. *Kirchhof, P.*, Unternehmenssteuerreform, in: DStR 03/2001, S. VI.

76 Siehe dazu die Ausführungen zur Konkretisierung des Leistungsfähigkeitsprinzips unter B. II. 2. d) aa) auf S. 47 ff.

gung thesaurierter Gewinne aus betriebswirtschaftlicher und rechtspolitischer Sicht sein mag, so wenig ist sie jedoch verfassungsrechtlich angreifbar.

cc) Ergebnis

Die wirtschaftspolitische Entscheidung, thesaurierte Gewinne steuerlich zu begünstigen, ist zwar bedenklich, verfassungsrechtlich aber nicht angreifbar. Dem Gesetzgeber kommt ein weitreichender Entscheidungsspielraum zu, der durch die Begründung, damit Investitionen im Unternehmensbereich zu fördern, nicht überschritten wird. Dieser Lenkungszweck rechtfertigt die Durchbrechung des Leistungsfähigkeitsprinzips hinsichtlich einbehaltener und ausgeschütteter Gewinne.

Diese Überlegung bezieht allerdings noch nicht mit ein, daß die Begünstigung nur Kapitalgesellschaften zugute kommt. Denn der Gesetzgeber muß auch Lenkungsnormen gleichheitsgerecht umsetzen. Die Rechtfertigung der Förderungen von Investitionen ist hier wiederum am Gleichheitssatz zu messen. Denn Arbeitsplätze werden gerade nicht nur von Kapitalgesellschaften geschaffen, sondern auch in anderen Bereichen des Wirtschaftslebens. So war es nicht die Absicht des Gesetzgebers, die Investition in Kapitalgesellschaften zu begünstigen, sondern allgemein die betriebliche Investitionstätigkeit im Interesse des Wirtschaftsstandorts Deutschland anzuregen. Dies wird anhand der für Personengesellschaften ursprünglich vorgesehenen Option zur Körperschaftsteuer deutlich. Dabei handelt es sich aber um die Frage nach Rechtsformneutralität.

4. Zusammenfassung

Der Wechsel vom Anrechnungs- zum Halbeinkünfteverfahren und damit zurück zu einem klassischen Körperschaftsteuersystem ist verfassungsrechtlich nicht zu beanstanden. Dem Gesetzgeber ist es nicht verwehrt, eine einmal getroffene Systementscheidung zu ändern. Bei der konkreten Umsetzung ist er allerdings an das Gebot der Folgerichtigkeit und Systemgerechtigkeit gebunden. Bei der Analyse des Systemwechsels ergeben sich aus ökonomischer und verfassungsrechtlicher Sicht folgende Ergebnisse:

- Die neue Konzeption der Körperschaftsteuer führt zur Verletzung von Gewinnverwendungsneutralität bei integrierter Betrachtung der Gesellschafts- und Gesellschafterebene. Bei isolierter Betrachtung der Gesellschaftsebene wird Gewinnverwendungsneutralität durch den einheitlichen Steuersatz dagegen gewahrt.

- Aus verfassungsrechtlicher Sicht ist eine integrierte Betrachtung geboten. Dies folgt aus der Entscheidung des Gesetzgebers, die wirtschaftliche Doppelbelastung zu mildern. Insofern besteht die Intention, die Belastungswirkungen beider Ebenen zu verknüpfen. Das Gebot der Folgerichtigkeit und Widerspruchsfreiheit gebietet daher die systemgerechte Umsetzung dieser Entscheidung. Damit liegt nicht nur aus ökonomischer, sondern auch aus verfassungsrechtlicher Sicht eine Ungleichbehandlung vor.

- Diese Ungleichbehandlung der Gewinnverwendungsalternativen ist verfassungsrechtlich allerdings nicht zu beanstanden. Sie wird durch Allgemeinwohlerwägungen, wie die Förderung der Wirtschaft und des Arbeitsmarktes gerechtfertigt.

III. Umsetzung von Wettbewerbs- und Rechtsformneutralität

Eine Zielsetzung der Unternehmenssteuerreform war die Verwirklichung von Rechtsformneutralität[77]. Gleichzeitig sollte die Thesaurierung von Gewinnen begünstigt werden. Bereits die „Brühler Empfehlungen" enthielten mehrere Modelle zur simultanen Verwirklichung dieser Ziele[78]. Der Regierungsentwurf des StSenkG entschied sich dafür, die Thesaurierungsbegünstigung im Körperschaftsteuergesetz zu verankern, Personengesellschaften und Einzelunternehmern jedoch nach § 4a KStG-E die Möglichkeit einzuräumen, zur Körperschaftsteuer zu optieren[79]. Alternativ sollte es Einzel- und Mitunternehmern nach § 35 EStG ermöglicht werden, die GewSt pauschal auf die ESt anzurechnen[80]. Zwar wurde dieses Anrechnungsmodell bereits in den „Brühler Empfehlungen" als „second-best"-Lösung bewertet[81]. Nachdem die Optionslösung im Gesetzgebungsverfahren aber wieder aus dem StSenkG herausgenommen wurde, bildet es zusammen mit der Senkung der Einkommensteuersätze den einzigen Ausgleich für den niedrigen Körperschaftsteuersatz[82].

Zusätzlich zum günstigen Körperschaftsteuersatz gewährt das StSenkG Körperschaften die vollständige Freistellung von Gewinnen aus der Veräußerung von Anteilen an Kapitalgesellschaften. Diese Regelung löste bereits im Vorfeld ein „Kursfeuerwerk" bei Banken und Versicherungen aus[83]. Die Beratungspraxis brauchte nicht lange, um daraus das „Steuersparmodell Kapitalgesellschaft" zu entwickeln[84]. Veräußert dagegen ein Einzelkaufmann oder eine Personengesellschaft Anteile an Kapitalgesellschaften, sind die Gewinne wie bisher steuerpflichtig. Sie unterliegen nun allerdings dem Halbeinkünfteverfahren[85].

Als Kompensation dafür sieht das StSenkG eine ermäßigte Besteuerung von Betriebsveräußerungs- oder Betriebsaufgabegewinnen von Einzelunternehmern und Gesellschaftern von Personengesellschaften nach § 34 Abs. 3 EStG vor, und stellt damit eine Rechtslage wieder her, die in ähnlicher Form bereits bis ein-

---

77 Vgl. *Sigloch, J.*, Unternehmenssteuerreform, in: StuW 2000, S. 171.

78 Vgl. *Reformkommission*, Brühler Empfehlungen, 1999, S. 18 ff.

79 Vgl. *Krabbe, H.*, Optionsmodell, in: FR 2000, S. 545.

80 Vgl. *Schindhelm, M./Nöcker, G.*, Bestandsaufnahme, in: StuB 2000, S. 1071.

81 Vgl. *Seer, R.*, Aspekte, in: *Herzig, N./Günkel, M./Niemann, U.*, StbJb 2000/2001, S. 30.

82 Vgl. *Kröner, I.*, in: *Arthur Andersen*, Steuerreform, 2001, S. 11.

83 Vgl. *Kanzler, H.-J.*, Veräußerungsgewinne, in: FR 2000, S. 1245.

84 Beispielhaft *Lechner, F.*, Steuersparmodell, in: Stbg 2001, S. 201 ff.; *Scheipers, T./Schulz, A.*, Unternehmenssteuerreform, 2000, S. 168; a.A. *Elser, T.*, Spardose, in: BB 2001, S. 805 ff.

85 Vgl. *Köhler, S.*, Änderungen, in: *Arthur Andersen*, Steuerreform, 2001, S. 98.

schließlich 1998 bestand[86]. Auf Druck des Mittelstandes hat der Gesetzgeber durch das UntStFG[87] nunmehr in § 6b Abs. 10 EStG die Bildung einer Reinvestitionsrücklage bei Anteilsveräußerungen durch Einzel- oder Mitunternehmer zugelassen[88].

Das Zusammenspiel dieser unterschiedlichen Regelungen soll im folgenden darauf untersucht werden, inwiefern das selbstgesteckte Ziel des Gesetzgebers, die Herstellung von Rechtsformneutralität, erreicht werden kann. Dabei werden zunächst die unterschiedlichen Grundstrukturen der Besteuerung von Personen- und Kapitalgesellschaften skizziert und sodann die rechtsformspezifischen Steuerbelastungen, die sich aus dem StSenkG ergeben, verglichen. An diesen ökonomischen Vergleich schließt sich eine Überprüfung der Neuregelungen aus verfassungsrechtlicher Sicht an.

1. Besteuerung von Personen- und Kapitalgesellschaften

Durch die Anknüpfung der deutschen Unternehmensbesteuerung an die Rechtsform bestehen traditionell systematische Unterschiede in der Besteuerung von Einzelunternehmern, Personen- und Kapitalgesellschaften. Während sich die Besteuerung von Einzelunternehmern und Personengesellschaften nach dem Einheitsprinzip richtet, wird bei Kapitalgesellschaften nach dem Trennungsprinzip streng zwischen der Ebene der Gesellschaft und derjenigen der Gesellschafter unterschieden[89]. Das Trennungsprinzip ist die zwingende Folge davon, daß Körperschaften eigenständige Steuersubjekte sind. Es gilt unabhängig davon, ob Körperschaften nach einem klassischen System oder einem Anrechnungsverfahren besteuert werden.

Um die rechtsformspezifischen Steuerfolgen des StSenkG besser einordnen zu können, sollen zunächst die Grundstrukturen der Besteuerung laufender und aperiodischer Geschäftsvorgängen skizziert und die rechtsformabhängigen Unterschiede aufgezeigt werden. Diese Unterschiede müssen zunächst jedoch als Folge des Dualismus zwischen Einheits- und Trennungsprinzip betrachtet werden. Sie allein sind noch nicht ursächlich für unterschiedliche Belastungswirkungen. Denn das systematische Nebeneinander von Einheits- und Trennungsprinzip

---

86 Vgl. *Pyszka, T./Brauer, M.*, Begünstigung, in: *Arthur Andersen*, Steuerreform, 2001, S. 144.

87 BGBl. I 2001, S. 3857, 3859.

88 Zum Entwurf siehe Art. 1 Nr. 4a des Entwurfs eines UntStFG; vgl. BR-Drucksache 638/01 vom 17.08.2001.

89 Vgl. *Jacobs, O. H.*, Unternehmensbesteuerung, 1998, S. 93.

steht der Belastungsgleichheit von Personen- und Kapitalgesellschaften nicht entgegen[90].

a) Besteuerung der laufenden Geschäftsvorgänge

Die Besteuerung von laufenden Geschäftsvorgängen unterscheidet sich bei Personen- und Kapitalgesellschaften nach der Art der Gewinnverwendung. Während die Ausschüttung von Kapitalgesellschaftsgewinnen das Steuersubstrat auf ein anderes Steuersubjekt – den Anteilseigner – transferiert und dadurch einen erneuten Steuerzugriff auslöst, bewirkt das Einheits- oder Transparenzprinzip einen solchen Transfer gerade nicht. Deshalb muß bei der Besteuerung laufender Geschäftvorgänge neben der Unterscheidung, in welcher Rechtsform der Gewinn erwirtschaftet wurde, auch danach differenziert werden, ob die Gewinne in der Gesellschaft verbleiben oder den Gesellschaftern zufließen. Auch diese Unterscheidung folgt zunächst nur aus der konsequenten Umsetzung von Trennungs- und Einheitsprinzip, ohne daß damit eine Entscheidung gegen den Grundsatz der Belastungsgleichheit verbunden wäre.

aa) Besteuerung im Thesaurierungsfall

Die handels- und gesellschaftsrechtlichen Regelungen über die Gewinnverwendung unterscheiden sich entsprechend den gesellschaftsrechtlichen Grundtypen von Personen- und Kapitalgesellschaften erheblich[91]. Durch die Anknüpfung des Steuerrechts an die zivilrechtlichen Strukturen wirken sich diese gesellschaftsrechtlichen Unterschiede auch auf die steuerliche Behandlung der Rechtsformen aus.

(1) Besteuerung von Personengesellschaften

Gesellschafter einer Personengesellschaft können nach § 122 HGB – bei Kommanditgesellschaften in Verbindung mit § 161 Abs. 2 HGB – Entnahmen tätigen, die den ihnen zustehenden Gewinnanteil übersteigen. Diese Entnahmebefugnis besteht im Rahmen der gesetzlichen und vertraglichen Grenzen unabhängig vom Willen der anderen Gesellschafter. Das Handelsrecht unterscheidet dabei nicht, ob die Entnahme aus Gewinn oder Kapital erfolgt. Die Grenzen des

---

[90] Vgl. *Hey, J.*, Rechtsformneutralität, in: *Ebling, I.*, Einkommen, 2001, S. 168 f.

[91] Vgl. *Seer, R.*, Aspekte, in: *Herzig, N./Günkel, M./Niemann, U.*, StbJb 2000/2001, S. 22.

Gewinnrechts nach § 121 HGB und des Entnahmerechts nach § 122 HGB decken sich daher nur zum Teil[92]. Da handelsrechtlich keine Deckungsgleichheit zwischen Gewinnanteil und Entnahmerecht besteht, unterscheidet auch das EStG nicht danach, ob die Gesellschafter einer Personengesellschaft den ihnen zustehenden Gewinn entnommen oder ihn im Unternehmen belassen haben. Vielmehr besteuert das EStG den Gewinn, der dem einzelnen Gesellschafter zugerechnet wird[93]. Die Hinzurechnung der Entnahmen nach § 4 Abs. 1 Satz 1 EStG stellt nur einen Korrekturposten im Rahmen der Gewinnermittlung dar[94]. Die Besteuerung von Personengesellschaften entspricht damit im wesentlichen der von Einzelunternehmern[95].

(2) Besteuerung von Kapitalgesellschaften

Bei Kapitalgesellschaften bedarf es eines formellen Gewinnverwendungsbeschlusses des jeweils zuständigen Gesellschaftsorgans – bei der Aktiengesellschaft nach § 174 AktG der Hauptversammlung, bei der GmbH nach §§ 46 Nr. 1, 47 Abs. 1 GmbHG der Gesellschafterversammlung. Bei der Aktiengesellschaft kann der Vorstand nach § 58 Abs. 2 AktG vorab bis zur Hälfte des Jahresüberschusses in die Gewinnrücklagen einstellen und damit von der Gewinnverwendung ausschließen[96]. Soweit die Hauptversammlung bzw. Gesellschafterversammlung die Thesaurierung des verbleibenden Gewinns beschließt, erfolgt keine Ausschüttung an die Anteilseigner. Der Gewinn unterliegt dann ausschließlich der Körperschaftsteuer.

bb) Besteuerung im Ausschüttungsfall

Schüttet die Gesellschaft ihren Gewinn aus, werden liquide Mittel auf die Ebene der Gesellschafter transferiert. Die Besteuerungsfolgen davon sind wiederum rechtsformabhängig.

---

92 Vgl. *Hopt, K. J.*, in: *Baumbach//Hopt*, HGB-Kommentar, 2000, § 122 Rn 2.
93 Vgl. *Schmidt, K.*, Gesellschaftsrecht, 1997, S. 1384.
94 Vgl. *Heinicke, W.*, in: *Schmidt, L.*, EStG, 2001, § 4 Rn. 43.
95 Vgl. *Jacobs, O. H.*, Unternehmensbesteuerung, 1998, S. 95.
96 Vgl. *Kübler, F.*, Gesellschaftsrecht, 1999, S. 210.

(1) Besteuerung von Personengesellschaften

Das EStG unterscheidet bei der Besteuerung von Einzelunternehmern und Personengesellschaften nicht nach der Gewinnverwendung. Die Besteuerungsfolgen bei Gewinnausschüttung entsprechen denen bei Thesaurierung, d.h., der zugerechnete Gewinn unterliegt der Besteuerung beim jeweiligen Gesellschafter. Ist eine Körperschaft an einer Personengesellschaft beteiligt, wird der anteilige Gewinn den Erträgen der Körperschaft zugerechnet und unterliegt damit der Körperschaftsteuer. Ist der Gesellschafter eine natürliche Person, unterliegen die zugerechneten Gewinne der Besteuerung nach den Vorschriften des EStG. Die tatsächliche Steuerbelastung ist dann abhängig von den persönlichen Verhältnissen[97].

(2) Besteuerung von Kapitalgesellschaften

Durch die Gewinnausschüttung der Kapitalgesellschaft erzielt der Anteilseigner Einnahmen, die grundsätzlich steuerpflichtig sind. Wie bei der Personengesellschaft muß zunächst unterschieden werden, ob der Anteilseigner eine natürliche oder eine juristische Person ist. Werden die Gewinne an eine Körperschaft ausgeschüttet, erhöhen sie deren körperschaftsteuerpflichtigen Gewinn und sind damit grundsätzlich nach den Vorschriften des KStG erneut zu besteuern. Dies führt zu dem Phänomen der Doppelbesteuerung, das durch die verschiedenen Körperschaftsteuersysteme vermieden oder gemildert wird. Auch ein klassisches System ohne Milderung ist bei einem sehr niedrigen Körperschaftsteuersatz denkbar[98]. Die Gewinne werden zwar durch den Transfer erneut steuerlich erfaßt, möglicherweise wird dieser Transfer jedoch steuerbefreit. Die Darstellung der konkreten Ausgestaltung durch das StSenkG bleibt der nachfolgenden Untersuchung vorbehalten[99].

Im Gegensatz zur Besteuerung von Personengesellschaften muß bei Gewinnausschüttungen an natürliche Personen zudem danach unterschieden werden, ob sich die Anteile im Betriebs- oder Privatvermögen befinden. Davon hängt es ab, ob die Dividendeneinnahmen unter die Einkünfte aus Gewerbebetrieb nach § 15 Abs. 1 EStG oder unter jene aus Kapitalvermögen nach § 20 Abs. 1 Nr. 1 EStG zu subsumieren sind. Diese Unterscheidung hat insbesondere gewerbesteuerliche Konsequenzen. Befinden sich die Beteiligungen im Betriebsvermögen, sind

---

97 Vgl. *Jacobs, O. H.*, Unternehmensbesteuerung, 1998, S. 435.

98 Siehe z.B. *Lang, J.*, Unternehmenssteuerreform, in: GmbHR 2000, S. 458.

99 Siehe dazu die Ausführungen unter D. III. 2. auf S. 186 ff.

die Dividendeneinnahmen grundsätzlich gewerbesteuerpflichtig. Die erneute Besteuerung kann aber entweder durch die Befreiungsvorschrift des § 9 Nr. 2a GewStG oder die Begründung einer gewerbesteuerlichen Organschaft vermieden werden[100]. Im Rahmen der hier vorgenommenen Untersuchung wirkt sich diese Unterscheidung in Betriebs- oder Privatvermögen allerdings nur auf die Anwendung von Freibeträgen und Pauschbeträgen, nicht aber auf die systematischen Besteuerungsfolgen des EStG aus. Damit erübrigt sich eine genauere Darstellung der gewerbesteuerlichen Problematik.

An die Stelle der Gewinnausschüttung kann bei der Kapitalgesellschaft jedoch auch die Vergütung für Leistungen des Gesellschafters aufgrund schuldrechtlicher Verträge treten. Beispiele dafür sind die Gewährung von Gesellschafterdarlehen, die Vermietung von Anlagevermögen, die Verpachtung von Betriebsgrundstücken, Beratungsleistungen oder die Tätigkeit als Geschäftsführer[101]. Solche Vergütungen sind auf Ebene des Gesellschafters zwar im Rahmen der sieben Einkunftsarten steuerpflichtig. Bei angemessener Höhe der Vergütung mindern sie jedoch den Gewinn der Gesellschaft und eröffnen damit eine Möglichkeit, Freibeträge und Werbungskostenpauschbeträge anderer Einkunftsarten in Anspruch zu nehmen. Dadurch kann der Gesellschafter mit Liquidität zur Bestreitung des Lebensunterhalts versorgt werden. Wirtschaftlich treten die Vergütungen an die Stelle von Dividendeneinnahmen. Der Gesellschafter ist durch sie nicht mehr auf Gewinnausschüttungen angewiesen. Diese Möglichkeit besteht für die Gesellschafter einer Personengesellschaft nicht, da solche Leistungsbeziehungen steuerrechtlich nicht anerkannt werden. Vielmehr gehören die Vergütungen als Sonderbetriebseinnahmen ebenfalls zu den Einkünften aus Gewerbebetrieb[102].

b) Besteuerung von aperiodischen Geschäftsvorgängen

Neben der laufenden Besteuerung sind auch Vorgänge, die in unregelmäßigen Zeitabständen auftreten, sowohl bei Personen- als auch Kapitalgesellschaften steuerpflichtig. Im Rahmen dieser Untersuchung handelt es sich insbesondere um die Beendigung der Gesellschaft oder der Gesellschafterstellung[103]. Dagegen soll auf aperiodische Vorgänge, wie die Gründung des Unternehmens oder den Wechsel der Rechtsform, nicht eingegangen werden.

---

[100] Vgl. *Strunk, G.*, Gesellschafter, in: *Arthur Andersen*, Steuerreform, 2001, S. 79.
[101] Vgl. *Jacobs, O. H.*, Unternehmensbesteuerung, 1998, S. 94.
[102] Vgl. *Krüger, D.*, Wahl, in: *Arthur Andersen*, Unternehmensform, 1999, S. 46 Rn. 5.
[103] Vgl. *Jacobs, O. H.*, Unternehmensbesteuerung, 1998, S. 300.

aa) Besteuerung der Gesellschafter von Personengesellschaften

Für einen Einzelunternehmer gibt es im wesentlichen zwei Möglichkeiten, die unternehmerische Tätigkeit zu beenden: Er kann seinen Betrieb auflösen, alle Aktiva verkaufen und mit den Erlösen sämtliche Passiva begleichen. Damit liquidiert er das Unternehmen. Verbleibt ein positiver Saldo – übersteigen die Veräußerungserlöse also den Buchwert des Betriebsvermögens[104] –, hat der Einzelunternehmer einen Aufgabegewinn erzielt. Alternativ kann er den Betrieb als Ganzes verkaufen. Das wirtschaftliche Verhältnis von Aktiva und Passiva wird sich dann im Kaufpreis niederschlagen, da der Erwerber einerseits die betrieblichen Schulden übernimmt, regelmäßig aber auch die stillen Reserven vergüten muß[105]. Übersteigt der Kaufpreis den Buchwert des Betriebsvermögens, wird ein steuerpflichtiger Betriebsveräußerungsgewinn erzielt.

In beiden Fällen werden die stillen Reserven, die sich im Betriebsvermögen befinden, aufgelöst. Entsteht dadurch ein Betriebsaufgabe- oder Betriebsveräußerungsgewinn, ist dieser nach § 16 Abs. 1, 3 EStG zu versteuern. Diese Gewinne sind unter bestimmten Voraussetzungen begünstigt. Nach § 16 Abs. 4 EStG besteht ein Freibetrag, nach § 34 EStG kommt ein ermäßigter Steuersatz zur Anwendung. Diese Vergünstigungen sind vor dem Hintergrund zu sehen, daß die Erlöse zur Finanzierung der Altersversorgung nach dem Ausscheiden aus dem Erwerbsleben dienen sollen[106]. Die Besteuerung von Personengesellschaften und ihrer Gesellschafter deckt sich im wesentlichen mit diesem Ergebnis[107]. Sowohl die Auflösung der Gesellschaft als auch die Veräußerung des Mitunternehmeranteils erfordert aber grundsätzlich das Einvernehmen aller Gesellschafter.

bb) Besteuerung der Anteilseigner von Kapitalgesellschaften

Das unternehmerische Engagement in einer Kapitalgesellschaft kann ebenso wie bei Personengesellschaften entweder durch die Liquidation der Kapitalgesellschaft oder durch den Gesellschafterwechsel im Wege der Anteilsveräußerung beendet werden. Dabei bewirkt das Trennungsprinzip, daß die Liquidation einer Körperschaft steuerliche Wirkungen auf der Ebene der Körperschaft als auch auf der Ebene der Anteilseigner entfaltet[108]. Die Liquidation von Kapitalgesellschaf-

---

104 Vgl. *Jacobs, O. H.*, Unternehmensbesteuerung, 1998, S. 307.
105 Vgl. *Krüger, D.*, Wahl, in: *Arthur Andersen*, Unternehmensform, 1999, S. 290 Rn. 202.
106 Vgl. *Hötzel, O.*, in: *Schaumburg/Rödder*, Unternehmenssteuerreform, 2000, S. 335.
107 Vgl. *Jacobs, O. H.*, Unternehmensbesteuerung, 1998, S. 383.
108 Vgl. *Jacobs, O. H.*, Unternehmensbesteuerung, 1998, S. 340.

ten wird im weiteren Verlauf der Arbeit jedoch nicht näher untersucht, da die körperschaftsteuerlichen Vorschriften zur Liquidation in § 11 KStG durch das StSenkG nicht geändert wurden.

Bei der Veräußerung von Anteilen an Kapitalgesellschaften wurde vor Inkrafttreten des StSenkG grundsätzlich danach unterschieden, ob die Anteile im Betriebs- oder Privatvermögen gehalten wurden. Befanden sich die Anteile in einem Betriebsvermögen, waren die Veräußerungsgewinne unabhängig von der Rechtsform des Anteilseigners steuerpflichtig. Nach wie vor ist die Veräußerung von Anteilen im Privatvermögen dagegen grundsätzlich steuerfrei. Eine Steuerpflicht kann sich aber ergeben, wenn eine Beteiligung nach § 17 EStG oder ein privates Veräußerungsgeschäft nach § 23 EStG vorliegt.

Besitzt der Gesellschafter innerhalb der letzten 5 Jahre vor dem Veräußerungsvorgang einen bestimmten Anteil am Nennkapital[109] der Gesellschaft, ist der Gewinn aus der Veräußerung nach § 17 EStG steuerpflichtig. Durch die sukzessive Absenkung durch das StEntlG 1999/2000/2002 sowie das StSenkG genügt eine Beteiligung von mindestens 1% am Kapital der Gesellschaft. Ursprünglich bestand der Sinn dieser Regelung darin, daß im Bestehen einer wesentlichen Beteiligung auf eine mittelbare Unternehmertätigkeit geschlossen und deshalb eine partielle Gleichbehandlung mit Mitunternehmerbeteiligungen gerechtfertigt wurde. Diese Begründung dürfte bei einer Beteiligung von 1% jedoch nicht mehr tragfähig sein. Dementsprechend enthält die Legaldefinition des § 17 EStG nicht mehr das Element der „Wesentlichkeit"[110]. Mittlerweile wird man davon ausgehen müssen, daß § 17 EStG lediglich eine weitere Form der Veräußerungsgewinnbesteuerung von Privatvermögen darstellt[111].

Besitzt der private Anteilseigner weniger als 1% am Nennkapital der Gesellschaft, sind Gewinne aus der Veräußerung der Anteile steuerpflichtig, wenn ein privates Veräußerungsgeschäft vorliegt. Eine solche Steuerpflicht besteht nach § 23 Abs. 1 Nr. 2 EStG, wenn der Zeitraum zwischen Anschaffung und Veräußerung weniger als ein Jahr beträgt[112]. Zusammen mit § 17 EStG bildet die Vor-

---

[109] Zum Begriff „Kapital" in § 17 EStG vgl. *Korezkij, L.*, Wesentlichkeit, in: StB 2001, S. 87 f.

[110] Vgl. *Korezkij, L.*, Wesentlichkeit, in: StB 2001, S. 86.

[111] Vgl. *Kröner, M.*, Privatvermögen, in: *Arthur Andersen*, Steuerreform, 2001, S. 187.

[112] Vgl. *Biermann, F. u.a.*, Unternehmenssteuerreform, 2000, S. 60.

schrift damit eine Ausnahme von dem Grundsatz, daß Wertsteigerungen im Privatvermögen steuerfrei sind[113].

2. Auswirkungen des StSenkG auf die Rechtsformwahl

Im Gegensatz zur ursprünglichen Intention des Gesetzgebers hat das StSenkG zahlreiche Änderungen in den einzelnen Steuergesetzen bewirkt, die jedenfalls nicht zu einer Annäherung an den Zustand der Rechtsformneutralität geführt haben. Dies zeigt sich bereits daran, daß die Vorschrift, die Belastungsgleichheit zwischen Personen- und Kapitalgesellschaften – die Option zur Körperschaftsteuer nach § 4a KStG-E – gewährleisten sollte, im Gesetzgebungsverfahren ersatzlos gestrichen wurde[114].

Im folgenden sollen die ökonomischen Auswirkungen dieser Änderungen unter dem Gesichtspunkt der Rechtsformneutralität untersucht werden. Der Schwerpunkt liegt dabei auf der steuerlichen Begünstigung thesaurierter Gewinne bei Kapitalgesellschaften. Ebenfalls angesprochen werden aber auch die rechtsformabhängigen Unterschiede bei der Besteuerung von Veräußerungsgewinnen, die auch im Vergleich zur Betriebsveräußerungsgewinnbesteuerung bei Personengesellschaften betrachtet wird.

a) Belastungswirkungen im Thesaurierungsfall

Eine der wesentlichen Neuerungen des StSenkG ist der einheitliche Körperschaftsteuersatz von 25%. Zusammen mit dem Systemwechsel zu einem klassischen Körperschaftsteuersystem bewirkt dieser niedrige Steuersatz eine Begünstigung thesaurierter Gewinne bei Kapitalgesellschaften. Dagegen unterliegen diese Gewinne bei Einzel- oder Mitunternehmern deren persönlichem Einkommensteuersatz. Gleichzeitig spielt es keine Rolle, ob die Gewinnanteile entnommen oder im Unternehmen belassen werden. Eine Privilegierung thesaurierter Gewinne unterbleibt. Dafür werden die Spitzensteuersätze der ESt schrittweise bis 2005 abgesenkt. Eine Übersicht der Belastungsunterschiede unter Berücksichtigung der sinkenden Spitzensteuersätze bei der ESt ergibt bei vollständiger Thesaurierung folgendes Bild:

---

113 Vgl. *Birk, D.*, Steuerrecht, 2000, S. 163 Rn. 541.

114 Stellvertretend für viele: *Krüger, D.*, Rechtsformwahl, in: *Arthur Andersen*, Unternehmenssteuerreform, 2000, S. 276.

Für die Veranlagungszeiträume 2001 und 2002 liegt die Steuerbelastung für thesaurierte Gewinne in einer Personengesellschaft um 12,75 Prozentpunkte bzw. um 33% höher als bei Thesaurierung in einer Kapitalgesellschaft. Hierbei wurde die Gewerbesteuerentlastung, die Personengesellschaften ab 2001 nach § 35 EStG gewährt wird, bereits miteinbezogen.

Veranlagungszeitraum 2001 und 2002		KapG	PersG
	Gewinn vor Steuern	100	100
./.	Gewerbesteuer (Hebesatz 400%)	16,67	16,67
=	Gewinn nach GewSt	83,33	83,33
./.	KSt (25%)	20,83	-
./.	ESt (48,5%)	-	40,42
+	GewSt-Anrechnung (PersG), § 35 EStG[115]	-	7,50
./.	SolZ (5,5%)[116]	1,15	1,81
=	Gewinn nach Steuern	**61,35**	**48,60**
Steuerbelastung		**38,65**	**51,40**

Tabelle 8: Belastungsunterschied bei Thesaurierung im VZ 2001/2002; in Anlehnung an: *Förster, G.*, Rechtsformwahl, in: WPg 2001, S. 1235.

Für die Veranlagungszeiträume 2003 und 2004 liegt die Thesaurierungsbelastung in einer Personengesellschaft um 11,43 Prozentpunkte bzw. um 29,6% höher als in einer Kapitalgesellschaft.

Veranlagungszeitraum 2003 und 2004		KapG	PersG
	Gewinn vor Steuern	100	100
./.	Gewerbesteuer (Hebesatz 400%)	16,67	16,67
=	Gewinn nach GewSt	83,33	83,33
./.	KSt (25%)	20,83	-
./.	ESt (47%)	-	39,17
+	GewSt-Anrechnung (PersG), § 35 EStG	-	7,50
./.	SolZ (5,5%)	1,15	1,74
=	Gewinn nach Steuern	**61,35**	**49,92**
Steuerbelastung		**38,65**	**50,08**

Tabelle 9: Belastungsunterschied bei Thesaurierung im VZ 2003/2004; in Anlehnung an: *Förster, G.*, Rechtsformwahl, in: WPg 2001, S. 1235.

115 Der Anrechnungsbetrag beträgt das 1,8-fache des Gewerbesteuermeßbetrags. Auf Basis einer Steuermeßzahl von 5% sowie unter Vernachlässigung von Freibetrag und Staffeltarif nach § 11 GewStG errechnet sich die Entlastung nach der Formel: Gewinn nach GewSt x 0,05 x 1,8.

116 Der Solidaritätszuschlag beträgt 5,5% der festzusetzenden ESt; § 3 Abs. 2 SolZG. Eine Schattenveranlagung wie bei Ermittlung der KiSt nach § 51a Abs. 2 Satz 2 und 3 EStG erfolgt bei der Ermittlung des SolZ nicht.

Für die Veranlagungszeiträume ab 2005 liegt die Thesaurierungsbelastung in einer Personengesellschaft um 7,03 Prozentpunkte bzw. um 18,2% höher als in einer Kapitalgesellschaft.

Veranlagungszeitraum 2005		KapG	PersG
	Gewinn vor Steuern	100	100
./.	Gewerbesteuer (Hebesatz 400%)	16,67	16,67
=	Gewinn nach GewSt	83,33	83,33
./.	KSt (25%)	20,83	-
./.	ESt (42%)	-	35,00
+	GewSt-Anrechnung (PersG), § 35 EStG	-	7,50
./.	SolZ (5,5%)	1,15	1,51
=	Gewinn nach Steuern	**61,35**	**54,32**
Steuerbelastung		**38,65**	**45,68**

Tabelle 10: Belastungsunterschied bei Thesaurierung im VZ 2005; in Anlehnung an: *Förster, G.*, Rechtsformwahl, in: WPg 2001, S. 1235.

Daraus ergibt sich, daß die Thesaurierung von Gewinnen in Kapitalgesellschaften gegenüber der Thesaurierung bei Einzelunternehmern oder in Personengesellschaften signifikant begünstigt wird. Diese Begünstigung wird zwar durch die sinkenden ESt-Spitzensätze bis zum Jahr 2005 etwas abgemildert. Aber auch zu diesem Zeitpunkt beträgt die Mehrbelastung immerhin noch 18,2% bzw. 7,03 Prozentpunkte. Für die Veranlagungszeiträume 2001 und 2002 ergibt sich sogar eine Mehrbelastung von 33%.

b) Besteuerung von Gewinnen aus Anteilsveräußerungen

Die Entscheidung des Gesetzgebers, die Thesaurierung von Gewinnen in Kapitalgesellschaften zu begünstigen, gilt auch für mehrstufige Gesellschaftsstrukturen. So sind Einnahmen aus Beteiligungen an (Tochter-)Kapitalgesellschaften nach § 8b KStG steuerfrei. Dies gilt nach Abs.1 für die laufenden Einnahmen (Dividenden) und nach Abs. 2 für einmalige Einnahmen aus der Veräußerung der Anteile. Die Vorschrift des § 8b KStG ist damit zu einer der zentralen Vorschriften des neuen Körperschaftsteuersystems geworden. Durch sie wird in mehrstufigen Kapitalgesellschaftsstrukturen eine mehrfache Belastung mit Körperschaft- und Gewerbesteuer und damit die wirtschaftliche Doppelbelastung der Gewinne durch sog. Kaskadeneffekte vermieden[117]. Die Gewinne werden

[117] Vgl. *Biermann, F. u.a.*, Unternehmenssteuerreform, 2000, S. 53.

auf der untersten Ebene des Konzerns[118] der Besteuerung mit 25% unterworfen. Die Weiterschüttung auf höhere Ebenen des Konzerns ist steuerfrei. Die Besteuerung nach dem Halbeinkünfteverfahren tritt hinzu, sobald Gewinne an natürliche Personen oder Personengesellschaften ausgeschüttet werden. Bis zu diesem Zeitpunkt tritt wiederum der „Steuerstundungseffekt" ein.

Werden die Anteile im Betriebsvermögen von Personengesellschaften oder Einzelkaufleuten gehalten, greift das Halbeinkünfteverfahren für alle laufenden Zahlungen und für einmalige Einnahmen aus der Veräußerung der Anteile. Werden die Anteile im Privatvermögen gehalten, kommt bei laufenden Bezügen § 20 EStG zur Anwendung. Veräußerungsgewinne werden nach §§ 17, 23 EStG besteuert[119].

c) Besteuerung der Betriebsveräußerung

Diese unterschiedliche Behandlung wirkt sich auch auf die steuerliche Behandlung der Betriebsveräußerung aus. So kann beispielsweise der Inhaber einer Ein-Mann-GmbH seine Geschäftsanteile sukzessive über mehrere Jahre veräußern, Liquiditätszuflüsse über mehrere Jahre verteilen und damit auch den bzw. die Besteuerungszeitpunkte steueroptimal wählen. Dabei ermöglicht die Teilbarkeit der Gesellschaftsanteile den „scheibchenweisen" Verkauf der GmbH. Nach der Vorstellung des StSenkG werden thesaurierte Gewinne spätestens mit Veräußerung der Anteile über den Kaufpreis vergütet[120]. Konsequenterweise greift das Halbeinkünfteverfahren deshalb auch bei der Besteuerung der Veräußerungserlöse nach § 17 und § 23 EStG ein. Im Beispiel der Ein-Mann-GmbH richtet sich die Besteuerung daher nach § 17 EStG, wenn die Anteile im Privatvermögen gehalten werden. Nach der Wirkungsweise des Halbeinkünfteverfahrens ist die Hälfte des Veräußerungsgewinns daher stets von der Besteuerung freigestellt. Damit bleibt es der individuellen Planung und Gestaltung des Gesellschafters überlassen, wann und wie er sich endgültig von den Anteilen trennt. Jeder einzelne Teilverkauf unterliegt den günstigen Besteuerungsfolgen des Halbeinkünfteverfahrens.

Ein Einzelkaufmann oder Gesellschafter einer Personengesellschaft hat diese Aufteilungsmöglichkeit dagegen nicht. Diese Ungleichbehandlung von Perso-

---

[118] Damit soll eine mehrstufige Kapitalgesellschaftsstruktur bezeichnet werden, ohne daß ein Konzernverhältnis im aktienrechtlichen Sinne vorliegen muß.

[119] Vgl. *Köhler, S.*, Änderungen, in: *Arthur Andersen*, Steuerreform, 2001, S. 93.

[120] BT-Drucksache 14/2683, S. 96.

nen- und Kapitalgesellschaften wurde im Laufe des Gesetzgebungsverfahrens erkannt und hat den Gesetzgeber dazu bewogen, den zunächst abgeschafften durchschnittlichen Steuersatz für Betriebsveräußerungsgewinne nach § 34 Abs. 3 EStG im StSenkErgG vom 19.12.2000 weitgehend wieder einzuführen, nachdem diese Norm zunächst durch das StEntlG 1999/2000/2002 durch die sog. Fünftelregelung ersetzt wurde[121]. Damit unterliegen Gewinne aus der Veräußerung eines Einzelunternehmens oder eines Mitunternehmeranteils grundsätzlich dem halben durchschnittlichen Steuersatz, mindestens jedoch dem Eingangssteuersatz. Jedoch kann dieser ermäßigte Steuersatz nur einmal im Leben in Anspruch genommen werden. Erfolgt die Betriebsveräußerung aber über mehrere Jahre – etwa durch sukzessive Veräußerung von Teilbetrieben –, so wird der ermäßigte Steuersatz nur für einen einzigen Veräußerungsvorgang gewährt. Zudem ist die Vergünstigung auf den Betrag von 10 Mio. DM begrenzt[122].

d) Gewerbesteueranrechnung nach § 35 EStG

Mit dem neu gefaßten § 35 EStG sollen Einzelunternehmer und Personengesellschaften von der Gewerbesteuer entlastet werden. Dies wird erreicht, indem die Gewerbesteuer als Betriebsausgabe weiterhin abzugsfähig bleibt[123]. Hinzu kommt eine pauschalierte Anrechnung der Gewerbesteuer auf die Einkommensteuer. Dabei wird das 1,8-fache des Gewerbesteuermeßbetrags pauschal von der zu entrichtenden Einkommensteuer abgezogen.

Der Gewerbesteuermeßbetrag wird nach § 11 Abs. 1 GewStG dadurch ermittelt, daß auf den Gewerbeertrag, der wiederum an die Gewinnermittlungsvorschriften von EStG und KStG anknüpft, die Steuermeßzahl (§ 11 Abs. 2 GewStG) anzuwenden ist. Sieht man vereinfachend von Freibetrag und Staffeltarif ab, beträgt die Steuermeßzahl 5%. Der Gewerbesteuermeßbetrag wird nun durch Anwendung dieses Prozentsatzes auf den Gewerbeertrag ermittelt und beträgt demnach 5% des Gewerbeertrags[124]. Die tatsächlich zu entrichtende Gewerbesteuer ergibt sich erst durch Anwendung des gemeindlichen Gewerbesteuerhebesatzes (§ 16 GewStG) auf den so ermittelten Gewerbesteuermeßbetrag.

Nach § 35 Abs. 1 EStG können Einzelunternehmer das 1,8-fache dieses Gewerbesteuermeßbetrags auf ihre Einkommensteuer anrechnen. Zusammen mit dem

---

121 Vgl. *Blumenberg, J./Lechner, F.*, Betriebsveräußerungen, in: DSWR 2000, S. 340.
122 Vgl. *Fleischmann, M.*, Betriebsveräußerungen, in: StuB 2000, S. 1205.
123 BT-Drucksache 14/2683, S. 97.
124 Vgl. *Scheipers, T./Schulz, A.*, Unternehmenssteuerreform, 2000, S. 81.

Betriebsausgabenabzug der GewSt im Rahmen der Einkunftsermittlung soll damit die zusätzliche Belastung durch die Gewerbesteuer ausgeglichen werden. Dabei tritt die Regelung des § 35 EStG an die Stelle der Tarifbegrenzung bei gewerblichen Einkünften nach § 32c EStG, die durch das StSenkG aufgehoben wurde[125].

aa) Anrechnungsbetrag und tatsächliche Belastung

Tabelle 11 auf S. 192 liefert einen Überblick über die Wirkungsweise der Gewerbesteueranrechnung nach § 35 EStG bei unterschiedlichen Hebesätzen. Freibetrag und Staffeltarif nach § 11 GewStG werden vernachlässigt. Es kommt der Spitzensteuersatz der ESt ab dem Veranlagungszeitraum 2005 in Höhe von 42% zur Anwendung. Der Solidaritätszuschlag bleibt außer Betracht.

Bei Hebesätzen von 310,5% (ab Veranlagungszeitraum 2005) bewirkt die Anrechnung nach § 35 EStG, daß die Gesamtbelastung mit Ertragsteuern etwa dem ESt-Satz entspricht. Hier kompensiert die ESt-Entlastung – zusammen mit der weiterhin gegebenen Abzugsfähigkeit der Gewerbesteuer als Betriebsausgabe – die GewSt-Belastung. Hebesätze über 310,5% führen zu unzureichenden Entlastungen. Liegt der Hebesatz jedoch unter 310,5%, kommt es zu einer Überkompensation, d.h., die Gesamtbelastung mit Ertragsteuern liegt unter dem ESt-Satz. In den Veranlagungszeiträumen 2001 und 2002 liegt dieser kritische Hebesatz bei 349,5%, in den Veranlagungszeiträumen 2003 und 2004 bei 339,5%[126]. Liegt der jeweilige Hebesatz unterhalb dieser Werte, ist die Entlastungswirkung der Anrechnung deutlich höher als die tatsächliche Belastung durch die GewSt. Bei dem Extremfall eines Hebesatzes von 0% beträgt die tatsächliche Gesamtbelastung 33% und liegt damit 9 Prozentpunkte unter dem ESt-Satz von 42%. Dies ist darauf zurückzuführen, daß § 35 EStG nicht an die tatsächlich gezahlte GewSt anknüpft, sondern lediglich an den Gewerbesteuermeßbetrag. Damit ist die Entlastung nach § 35 EStG unabhängig von der tatsächlichen Gewerbesteuerbelastung, die wesentlich vom Hebesatz der jeweiligen Gemeinde abhängt[127].

---

[125] Vgl. *Dorozala, I.*, Anrechnung, in: *Arthur Andersen*, Steuerreform, 2001, S. 129.

[126] Vgl. *Biermann, F. u.a.*, Unternehmenssteuerreform, 2000, S. 101.

[127] Vgl. *Köplin, M./Niggemeier, O.*, Steuerermäßigung, in: NWB 2001, Fach 3, S. 11480.

		Hebesatz in %			
		500	**400**	**300**	**0**
	Gewinn vor Steuern	100	100	100	100
-	Gewerbesteuer[128]	20	16,67	13,04	0
=	Gewerbliche Einkünfte	80	83,33	86,96	100
-	tarifliche Einkommensteuer (42%)	33,6	35	36,52	42
+	Ermäßigung nach § 35 EStG[129]	7,2	7,5	7,83	9
=	**Einkünfte nach Steuern**	**53,6**	**55,83**	**58,27**	**67**
≙	**Steuerbelastung (in %)**	**46,4**	**44,17**	**41,73**	**33**
≙	Differenz zum ESt-Satz von 42%	(+ 4,4)	(+ 2,17)	(-0,27)	(- 9)

Tabelle 11: Auswirkungen unterschiedlicher Hebesätze auf die Einkommensteuer; in Anlehnung an: *Biermann, F. u.a.*, Unternehmenssteuerreform, 2000, S. 96.

Zwar lag der durchschnittliche Hebesatz der Gemeinden im Jahr 2001 bereits bei 428%[130], so daß gerade in den wirtschaftlich bedeutenden Städten eine vollständige Kompensation gar nicht erfolgen kann. Gleichwohl sind Hebesätze unterhalb dieser kritischen Werte bis hin zu 0% keine reine Theorie[131]. Gerade Gemeinden in den neuen Bundesländern versuchen zunehmend, Unternehmen mit niedrigen Hebesätzen anzulocken. Diese Sichtweise ergibt sich auch aus der Begründung zum StSenkG und legt den Schluß nahe, daß § 35 EStG als Förderungsmaßnahme für strukturschwächere Regionen gesehen werden kann[132]. Mit der Gestaltung des Hebesatzes können Gemeinden nun signifikant die Gesamtsteuerbelastung der bei ihnen ansässigen Unternehmen reduzieren, so daß ein niedriger Hebesatz durch seine Auswirkung auf GewSt und ESt zukünftig noch attraktiver wird.

128 Die Gewerbesteuer berechnet sich nach folgender Formel:

$$\text{Gewerbeertrag vor GewSt} \times \frac{\text{Hebesatz}}{2000 + \text{Hebesatz}}$$

129 Der Anrechnungsbetrag berechnet sich nach der Formel:

Gewerbliche Einkünfte x 0,05 x 1,8.

130 Vgl. *Institut „Finanzen und Steuern“*, Realsteuerhebesätze, 2001, S. 31 f.

131 Vgl. *Paus, B.*, Verfassungsmäßigkeit, in: NWB 2001, Fach 5, S. 1472; *L. Korezkij* weist auf das konkrete Beispiel der Gemeinde Norderfriedrichskoog in Schleswig-Holstein hin; vgl. *Korezkij, L.*, Anrechnung I, in: BB 2001, S. 336.

132 Vgl. BT-Drucksache 14/2683, S. 97.

bb) Entstehung von Anrechnungsüberhängen

Der Entlastungsmechanismus des § 35 Abs. 1 EStG setzt voraus, daß positive Einkünfte aus Gewerbebetrieb erzielt werden und daß überhaupt eine tarifliche Einkommensteuer entsteht[133]. Da § 35 EStG nur zu einer Anrechnung und nicht zu einer Erstattung der GewSt führt, erfordert die Norm das Bestehen einer Einkommensteuerschuld. Gleichzeitig darf nach § 35 Abs. 1 EStG eine Anrechnung nur anteilig in der Höhe erfolgen, in der gewerbliche Einkünfte im zu versteuernden Einkommen enthalten sind. Dementsprechend lautet die Formel für den Anrechnungshöchstbetrag[134]:

$$\text{Anteilige Steuer} = \frac{\text{gewerbliche Einkünfte}}{\text{zu versteuerndes Einkommen}} \times \text{tarifliche Einkommensteuer}$$

Bereits mathematisch ergibt sich aus dieser Formel, daß keine Anrechnung erfolgen kann, wenn keine gewerblichen Einkünfte, kein zu versteuerndes Einkommen oder keine tarifliche Einkommensteuer gegeben sind. Insbesondere die Ausgestaltung der GewSt als Objektsteuer kann aber dazu führen, daß zwar GewSt, jedoch keine ESt anfällt. Trotz positiver Gewerbesteuermeßbeträge und tatsächlich entrichteter GewSt bleibt dann eine Anrechnung aus. Dabei können drei Konstellationen unterschieden werden, in denen § 35 EStG fehl geht.

(1) Gewerbesteuerliche Hinzurechnung

Der Gewerbeertrag i.S.d. GewStG und die einkommensteuerlichen Einkünfte aus Gewerbebetrieb können voneinander abweichen. Dies ist die Folge der Hinzurechungs- und Kürzungsvorschriften der §§ 8 und 9 GewStG. Besondere praktische Bedeutung kommt dabei der hälftigen Hinzurechnung von Dauerschuldzinsen zu[135].

---

133 Vgl. *Kollruss, T.*, Gewerbesteuer, in: Stbg 2000, S. 563.

134 Vgl. *Ottersbach, J. H.*, Gewerbesteueranrechnung, in: StB 2001, S. 243.

135 Vgl. *Köplin, M./Niggemeier, O.*, Steuerermäßigung, in: NWB 2001, Fach 3, S. 11480.

Beispiel:

Eine Personengesellschaft erwirtschaftet vor Ertragsteuern einen Gewinn von 0 €. Das Unternehmen wird teilweise fremdfinanziert, so daß Dauerschuldzinsen den Gewinn zunächst gemindert haben.

Aufgrund § 8 Nr. 1 GewStG werden die Entgelte für Dauerschuldzinsen aber zur Hälfte wieder hinzugerechnet, so daß sich ein positiver Gewinn aus Gewerbebetrieb im Sinne des GewStG (Gewerbeertrag) ergibt. Übersteigt der Hinzurechnungsbetrag den Freibetrag von 24.500 €, ist GewSt zu entrichten. Einkommensteuerlich bleibt es aber dabei, daß kein Gewinn aus Gewerbebetrieb erzielt wird. Nach Abzug der Gewerbesteuer fällt sogar ein Verlust an. Die ESt-Schuld beträgt damit 0 €.

In diesem Fallbeispiel existieren keine gewerblichen Einkünfte im Sinne des EStG. Obwohl tatsächlich GewSt anfällt, besteht keine tarifliche Einkommensteuerschuld, auf die die GewSt angerechnet werden könnte.

(2) Horizontaler Verlustausgleich und Verlustabzug

Eine Anrechnung kann auch dann nicht erfolgen, wenn es aufgrund negativer Einkünfte aus anderen Gewerbebetrieben zu einem horizontalen Verlustausgleich kommt, so daß insgesamt keine positiven Einkünfte aus Gewerbebetrieb vorliegen. Die Gewerbesteuerbelastung, die auf die Betriebe entfällt, die Gewinne erzielen, wird nicht kompensiert. § 35 Abs. 1 EStG erfordert, daß im zu versteuernden Einkommen positive Einkünfte aus Gewerbebetrieb enthalten sind[136]. Durch den horizontalen Verlustausgleich verschwinden diese Gewinne aus der einkommensteuerlichen Bemessungsgrundlage. Nichts anderes gilt für den Verlustabzug nach § 10d EStG. Zwar kann nach § 10d Abs. 1 Satz 7 EStG auf einen Verlustrücktrag verzichtet werden, einen Verzicht auf den Verlustvortrag gibt es dagegen nicht. Wird in den Folgejahren eines Verlustjahres Gewinn erzielt, ist dieser mit GewSt belastet, wenn man von einem gewerbesteuerlichen Verlustvortrag nach § 10a GewStG absieht, der nicht mit dem Verlustvortrag nach § 10d Abs. 2 EStG identisch sein muß und regelmäßig geringer ist als dieser. Der Verlustvortrag kann dann dazu führen, daß die gewerblichen Einkünfte im Folgejahr nicht mehr positiv sind, so daß die Anrechnung nach § 35 Abs. 1

---

[136] Vgl. *Korezkij, L.*, Anrechnung I, in: BB 2001, S. 338.

EStG unterbleibt und das Anrechnungspotential des § 35 EStG verlorengeht, obwohl tatsächlich GewSt bezahlt wurde[137].

(3) Vertikaler Verlustausgleich

Eine Anrechnung kommt trotz tatsächlich entrichteter GewSt auch dann nicht in Betracht, wenn es aufgrund von Verlusten bei anderen Einkunftsarten zu einem vertikalen Verlustausgleich gemäß § 2 Abs. 3 EStG kommt. Denn § 35 EStG setzt neben positiven Einkünften auch eine positive Einkommensteuerschuld voraus. Ist die Summe der Einkünfte aber nicht positiv oder liegt das zu versteuernde Einkommen insbesondere nach Abzug von Sonderausgaben und außergewöhnlichen Belastungen im Bereich des Grundfreibetrags, entsteht keine tarifliche Einkommensteuer, auf die die Gewerbesteuer pauschal angerechnet werden kann[138]. Auch in dieser Konstellation kommt es folglich trotz tatsächlicher Gewerbesteuerbelastung zum Verlust von Anrechnungspotential.

cc) Anrechnung bei Mitunternehmerschaft nach § 35 Abs. 3 EStG

Die Personengesellschaft ist nach § 5 Abs. 1 Satz 3 GewStG selbst Schuldnerin der Gewerbesteuer. Deshalb enthält das GewStG keine Aufteilungsregelung des Gewerbesteuermeßbetrags auf die Mitunternehmer. Damit wurde eine entsprechende Aufteilung des Meßbetrags bei Mitunternehmerschaften im Rahmen des § 35 EStG erforderlich. Nach § 35 Abs. 3 Satz 2 1. HS. EStG wird ausschließlich nach dem im Gesellschaftsvertrag festgelegten Gewinnverteilungsschlüssel aufgeteilt. Vorabgewinne oder Sondervergütungen werden bei der Aufteilung des Gewerbesteuermeßbetrags nicht berücksichtigt (§ 35 Abs. 3 Satz 2, 2. HS EStG).

Beispiel[139]:

A und B sind Gesellschafter einer OHG und zu gleichen Teilen am Gewinn beteiligt. A verpachtet zudem ein Grundstück an die OHG und erhält dafür eine Pachtzahlung von 100.000 €. Diese Zahlung stellt als Sondervergütung einen Teil des Gewerbeertrags vor GewSt dar. Sie unterliegt daher der GewSt und erhöht den GewSt-Meßbetrag. Dennoch wird der verteilungsfähige Gewinn entsprechend dem Gewinnverteilungsschlüssel

---

[137] Ein Beispiel für den Verlust von Anrechnungspotential durch den horizontalen Verlustausgleich findet sich bei *Diener, R./Schulte, W.*, in: *Erle/Sauter*, Reform, 2000, S. 128.

[138] Vgl. *Breithecker, V./Klapdor, R./Zisowski, U.*, Unternehmenssteuerreform, 2001, S. 53.

[139] In Anlehnung an *Glanegger, P.*, in: *Schmidt, L.*, EStG, 20. Aufl., 2001, § 35 Rn. 26.

durch die Zahlung der Sondervergütung gemindert. Hat die OHG einen Gewinn nach Abzug der GewSt in Höhe von 150.000 € erwirtschaftet, wird hiervon zunächst die Sondervergütung in Höhe von 100.000 € an A abgeführt. Der nach dem Gewinnverteilungsschlüssel verteilungsfähige Gewinn der OHG beträgt dann noch 50.000 €, so daß auf A und B jeweils 25.000 € entfallen. Dementsprechend wird der Gewerbesteuermeßbetrag von 5.075 € (nach Anwendung von Freibetrag und Staffeltarif) hälftig auf A und B verteilt. Jeder Mitunternehmer kann daher 2.537,50 € x 1,8 = 4.567,50 € auf seine Einkommensteuerschuld anrechnen. Aufgrund der Sondervergütung betragen die Einkünfte des A, die mit Gewerbesteuer belastet sind, 125.000 € und die des B 25.000 €.

Obwohl die Einkünfte des A aus Gewerbebetrieb deutlich höher sind als die des B, kommt es aufgrund des Gewinnverteilungsschlüssels zur hälftigen Aufteilung des Gewerbesteuermeßbetrags. Die Sondervergütung, die ebenfalls Gewerbesteuer „verursacht" hat, wird nicht berücksichtigt[140]. Dadurch entstehen möglicherweise Anrechnungsüberhänge bei B, die zum endgültigen Verlust von Anrechnungspotential führen können. Erzielt B beispielsweise keine weiteren Einkünfte, so liegt sein zu versteuerndes Einkommen nahe am Grundfreibetrag. Es fällt also keine oder nur sehr wenig ESt an. Die Anrechnung nach § 35 EStG ist aber auf die Höhe der (anteilig auf gewerbliche Einkünfte entfallenden) ESt beschränkt, so daß § 35 EStG hier teilweise leerläuft.

Würde die Gewerbesteuer vertraglich aber nach der „Verursachung" zugerechnet – gesellschaftsrechtlich geschieht dies durch einen internen Ausgleich der Gewerbesteuer, die auf die Sondervergütung entfällt[141]–, trüge A tatsächlich die Gewerbesteuer, die auf die bezogene Sondervergütung und seinen Anteil am Gesamthandsgewinn entfällt. Obwohl A demnach effektiv mit dieser deutlich höheren Gewerbesteuer belastet wäre, gewährt ihm § 35 EStG nur den hälftigen Gewerbesteuermeßbetrag. Während die Gewerbesteuerbelastung des B also möglicherweise überkompensiert wird und deshalb sogar leerlaufen kann, wird die Gewerbesteuerbelastung des A unterkompensiert.

dd) Zusammenfassung

Die Anrechnung der Gewerbesteuer nach § 35 EStG begegnet drei großen Problemkomplexen: Der Anrechnungsbetrag knüpft nicht an die tatsächliche Gewerbesteuerschuld, sondern an den Gewerbesteuermeßbetrag an. Die Entlastung im Rahmen der ESt hängt demnach nicht unmittelbar mit der tatsächlichen Belas-

---

140 Vgl. *Dorozala, I.*, Anrechnung, in: *Arthur Andersen*, Steuerreform, 2001, S. 133.

141 Vgl. *Wesselbaum-Neugebauer, C.*, Gewerbesteueranrechnung, in: DStR 2001, S. 186 m.w.N.

tung durch die GewSt zusammen. In Abhängigkeit vom gemeindlichen Hebesatz kommt es zu Über- oder Unterkompensationen.

Weiterhin läuft der Anrechnungsmechanismus des § 35 EStG in zahlreichen Fällen leer, obwohl tatsächlich GewSt angefallen ist. Die Unzulänglichkeiten dieses Mechanismus treten insbesondere auf, wenn:

(1) der Betrieb bei hohen Dauerschuldzinsen (oder anderen Hinzurechnungsvorschriften des § 8 GewStG) Verluste erleidet und somit trotz negativer oder geringer Einkünfte aus Gewerbebetrieb dennoch mit GewSt belastet ist, oder

(2) Gewinnen aus einem Betrieb Verluste aus einem anderen gegenüberstehen (horizontaler Verlustausgleich) und damit in der Summe keine oder nur geringe Einkünfte aus Gewerbebetrieb vorliegen, oder

(3) wegen Verlusten aus anderen Einkunftsarten (vertikaler Verlustausgleich) insbesondere aufgrund von Sonderausgaben oder außergewöhnlicher Belastungen sich das zu versteuernde Einkommen im Bereich des Grundfreibetrags bewegt und damit keine oder nur eine niedrige tarifliche Einkommensteuer anfällt.

Schließlich kann es bei Mitunternehmerschaften zu einer Aufteilung des Gewerbesteuermeßbetrags kommen, die der tatsächlichen Belastung mit Gewerbesteuer widerspricht. Diese Problematik beruht darauf, daß Sondervergütungen und Vorabgewinne bei der Aufteilung des Gewerbesteuermeßbetrags nicht berücksichtigt werden, sondern allein der allgemeine Gewinnverteilungsschlüssel entscheidend ist.

Bei diesen Problemkomplexen gelingt es dem Anrechnungsmechanismus des § 35 EStG nicht, Gewerbetreibende, die der GewSt unterliegen und tatsächlich mit Gewerbesteuer belastet sind, im Rahmen der ESt zu entlasten. Die Unzulänglichkeiten der Gewerbesteueranrechnung können vielmehr sogar zum Verlust von Anrechnungspotential im Form von positiven GewSt-Meßbeträgen führen, da keine Vortragsmöglichkeit besteht.

e) Reinvestitionsrücklage für Personengesellschaften

Der Regierungsentwurf des Unternehmenssteuerfortentwicklungsgesetzes sieht als Ausgleich für die Steuerbefreiung von Veräußerungsgewinnen nach § 8b

Abs. 2 KStG bei Kapitalgesellschaften in § 6b Abs. 10 EStG eine Reinvestitionsrücklage vor[142]. Dadurch sollen Einzelunternehmer und Personengesellschaften stille Reserven, die in Kapitalgesellschaftsanteilen enthalten sind, auf neu erworbene Anteile übertragen können. Damit bleiben Gewinne aus der Veräußerung solcher Anteile steuerfrei, wenn innerhalb von zwei Jahren neue Anteile erworben werden. Werden die neuen Anteile nicht bereits im Jahr der Veräußerung erworben, kann der Veräußerungsgewinn zunächst in eine steuerneutrale Reinvestitionsrücklage eingestellt werden[143]. Kann innerhalb von zwei Jahren jedoch nicht in neue Anteile an Kapitalgesellschaften reinvestiert werden, erfolgt eine nachträgliche Besteuerung des hälftigen Veräußerungsgewinns zuzüglich 6% für jedes Jahr, in dem die Rücklage bestand. Ferner besteht die Übertragungsmöglichkeit aufgrund der entsprechenden Anwendbarkeit von § 6b Abs. 4 Satz 1 Nr. 2 EStG nur, wenn sich die veräußerten Anteile seit mindestens sechs Jahren im Anlagevermögen befunden haben[144].

f) Zusammenfassung

Die hier aufgeführten Änderungen führen nicht zu der angestrebten Verwirklichung von Rechtsformneutralität. Vielmehr entfernt sich die Unternehmensbesteuerung durch die Neuregelungen des StSenkG zunehmend von diesem Ideal[145]. Durch das Zusammenwirken der unterschiedlichsten Regelungen wird Rechtsformneutralität nur noch zufällig erreicht:

- Das StSenkG begünstigt die Thesaurierung von Gewinnen bei Kapitalgesellschaften, nicht aber bei Einzelunternehmern und Personengesellschaften.

- Dagegen können einkommensteuerpflichtige Gewerbetreibende die Gewerbesteuer pauschal von der Einkommensteuer abziehen. Eine Anrechnung auf die Körperschaftsteuer besteht nicht.

- Kapitalgesellschaften können Dividendeneinnahmen und Gewinne aus der Veräußerung von Kapitalgesellschaftsanteilen steuerfrei vereinnahmen. Die

---

142 Auf diesen Zusammenhang weist auch *S. Köhler* hin; vgl. *Köhler, S.*, Unternehmenssteuerreform, in: DStR 20-21/2001, S. III.

143 Vgl. *Seifert, T.*, Fortentwicklung, in: StuB 2001, S. 1122.

144 Vgl. *Strahl, M.*, Übertragung, in: FR 2001, S. 1160.

145 Vgl. *Pasch, H.*, Wissenschaft, in: *Ernst & Young/BDI*, Unternehmenssteuerreform, 2000, S. 88 Rn. 64; *König, R./Sureth, C.*, Unternehmenssteuerreform, in: StuB 2001, S. 121.

gleichen Einnahmen sind bei Einzelunternehmern und Personengesellschaften nur zur Hälfte steuerfrei. Unter bestimmten Voraussetzungen soll bei Reinvestition die Besteuerung jedoch entfallen.

- Natürliche Personen erhalten zur Sicherung der Altersversorgung bei Betriebsaufgabe oder Betriebsveräußerung eine einmalige Vergünstigung bei der Besteuerung dieser Aufgabe- oder Veräußerungsgewinne.

3. Würdigung aus verfassungsrechtlicher Sicht

Dieses Zusammenspiel rechtsformspezifischer Einzelvorschriften, die sich nur mühsam in einen Gesamtzusammenhang bringen lassen, führte dazu, daß bereits im Gesetzgebungsverfahren erhebliche verfassungsrechtliche Bedenken gegen diese Neutralitätsverletzungen laut wurden. Nachfolgend sollen diese Verletzungen auf ihre verfassungsrechtliche Relevanz untersucht werden. Dabei wird zu prüfen sein, ob sie einem Verstoß gegen den allgemeinen Gleichheitssatz oder das Leistungsfähigkeitsprinzip gleichkommen.

a) Thesaurierungsbegünstigung für Kapitalgesellschaften

Einer der größten Kritikpunkte am StSenkG betrifft die einseitige Begünstigung einbehaltener Gewinne[146]. Diese Problematik wurde unter dem Blickwinkel der Gewinnverwendungsneutralität bereits untersucht. Da die Steuererleichterung aber nur Kapitalgesellschaften zugute kommt, könnte im Hinblick auf Einzelunternehmer und Personengesellschaften aber ein Verstoß gegen den allgemeinen Gleichheitssatz oder das Leistungsfähigkeitsprinzip vorliegen. Dies würde die Ungleichbehandlung gleichartiger Sachverhalte ohne hinreichende Rechtfertigung voraussetzen.

aa) Ungleichbehandlung der Rechtsformen

Eine Ungleichbehandlung liegt nur vor, wenn zwei Sachverhalte in wesentlichen Punkten nicht nur vergleichbar, sondern auch gleichwertig sind. Damit stellt sich zunächst die Frage nach der steuerlichen Vergleichbarkeit von Personen- und Kapitalgesellschaften. Sodann ist zu fragen, unter welchen Umständen diese Rechtsformen gleichwertig sind.

---

[146] Vgl. *Riotte, M.*, in: *Erle, B./Sauter, T.*, Reform, 2000, S. 6 f.

(1) Vergleichsmaßstab

Die Gegenüberstellung der Thesaurierungsbelastung von Personen- und Kapitalgesellschaften hat ergeben, daß die Begünstigung von Kapitalgesellschaften zu einer Verletzung des ökonomischen Neutralitätspostulates führt. Verfassungsrechtliche Relevanz für diesen Vergleich besitzt jedoch allein der allgemeine Gleichheitssatz und das Leistungsfähigkeitsprinzip, das sich aus diesem ableitet[147]. Das ökonomische Gebot der Rechtsformneutralität bedeutet aus verfassungsrechtlicher Sicht aber nichts anderes als die konsequente Umsetzung einer gesetzgeberischen Entscheidung, das gespeicherte Einkommen eines Unternehmens als Indikator für Leistungsfähigkeit heranzuziehen und nicht das rechtliche Kleid, in dem dieses Einkommen erzielt wird[148]. Daraus folgt, daß eine Verletzung des Neutralitätspostulates jedenfalls ein Indiz dafür ist, daß auch das Leistungsfähigkeitsprinzip durchbrochen wird. Denn sobald der Gesetzgeber nicht nur bestimmte Erhebungsformen, sondern auch unterschiedliche Belastungswirkungen an die Rechtsform anknüpft, setzt er sich in Widerspruch zu seiner Entscheidung, den Gewinn als Indikator für Leistungsfähigkeit heranzuziehen[149]. Daraus folgt, daß die Belastungswirkungen primär nach der Höhe des erzielten Gewinns differenziert werden müssen, nicht aber nach der Rechtsform. Zur Ermittlung dieser Belastungswirkungen muß jedoch nicht zwingend auf die integrierte Betrachtung der Gesellschafts- und Gesellschafterebene abgestellt werden. Vielmehr stellt gerade die Thesaurierungsmöglichkeit im Unternehmensbereich ein entscheidendes Merkmal im Wettbewerb dar, so daß eine rechtsformspezifische Differenzierung einer verfassungsrechtlichen Überprüfung zugänglich sein muß[150].

Diese Betrachtungsweise entspricht auch der betriebswirtschaftlichen Realität: Gerade ertragsstarke Personengesellschaften, deren Gesellschafter mit dem (Grenz-)Spitzensteuersatz besteuert werden, konkurrieren mit ertragsstarken, börsennotierten Aktiengesellschaften. Im Wettbewerb dieser Unternehmen um Marktanteile ist die entscheidende ökonomische Größe die Investitionsfähigkeit. Die Finanzierung dieser Investitionen muß entweder durch die Aufnahme von Fremd- oder durch Eigenkapital oder durch die Thesaurierung von Gewinnen erfolgen. Dabei hat sich die Selbstfinanzierung durch Thesaurierung als besonders kostengünstig erwiesen und stellt für viele Personenunternehmen die bedeutsamste Form der Finanzierung dar. Aufgrund der relativ niedrigen Kosten

---

147 Vgl. *BVerfG* vom 29.05.1990 – 1 BvL 20, 26, 184 und 4/86, BVerfGE 82, S. 60 (86).

148 Siehe dazu die Ausführungen im ersten Teil der Arbeit unter B. III. 2. auf S. 88.

149 Ebenso *Hey, J.*, Rechtsformneutralität, in: *Ebling, I.*, Einkommen, 2001, S. 164.

150 Siehe dazu die Ausführungen im ersten Teil der Arbeit unter B. II. 3. c) auf S. 62.

bietet sie einen bedeutenden Wettbewerbsvorteil. Die Besteuerung begrenzt dabei die Selbstfinanzierung durch thesaurierte Gewinne, indem sie Investitionsmittel abschöpft. Je weniger vom erwirtschafteten Gewinn nach Steuern verbleibt, desto weniger kann reinvestiert werden und desto schwächer ist die Wettbewerbsposition gegenüber Unternehmen mit gleicher Ertragskraft, die aber einer niedrigeren Thesaurierungsbelastung unterliegen. Leistungs- und Wettbewerbsfähigkeit nach einem ökonomischen Verständnis wird deshalb in hohem Maße dadurch bestimmt, wieviel vom erwirtschafteten Gewinn wieder in das Unternehmen reinvestiert werden kann. Die steuerliche Belastung thesaurierter Gewinne und damit die Grenze des Reinvestitionspotentials aus eigenen Mitteln ist deshalb auch ökonomisch ein aussagekräftigerer Indikator für die Wettbewerbsfähigkeit als die Gesamtbelastung bei Ausschüttung.

Ein Vergleich der Rechtsformen muß aber die unterschiedlichen Strukturen von Einkommen- und Körperschaftsteuer berücksichtigen. Denn der proportionale Körperschaftsteuersatz von 25% kann nicht unmittelbar mit dem progressiven Tarif der Einkommensteuer verglichen werden. Die subjektiven Elemente des Einkommensteuertarifs können jedoch durch die Anwendung des Spitzensteuersatzes der Einkommensteuer außen vor bleiben. Als objektive Vergleichsgrößen sind daher der Körperschaftsteuersatz und der Spitzensteuersatz der Einkommensteuer heranzuziehen[151]. Die Gesellschafterebene der Kapitalgesellschaft bleibt mangels Ausschüttungsbelastung außer Betracht.

(2) Anwendung des Maßstabs

Legt man diesen Maßstab aus Körperschaftsteuersatz und Spitzensteuersatz der Einkommensteuer an, zeigt der Vergleich zwischen Thesaurierung in einer Kapital- bzw. einer Personengesellschaft erhebliche Belastungsdifferenzen auf. Für den Veranlagungszeitraum 2001 wird die Thesaurierung in einer Personengesellschaft um 12,75 Prozentpunkte bzw. um 33% höher belastet als die in einer Kapitalgesellschaft. Durch die sukzessive Absenkung der Spitzensteuersätze der Einkommensteuer verringert sich die Mehrbelastung für die Veranlagungszeiträume 2003 und 2004 auf 11,43 Prozentpunkte bzw. auf 29,6%. Ab dem Veranlagungszeitraum 2005 beträgt sie noch 7,03 Prozentpunkte bzw. 18,2%. Diese Zahlen verdeutlichen, daß die rechtsformabhängige Besteuerung zu erheblichen Nachteilen bei ertragsstarken Personengesellschaften gegenüber Kapitalgesellschaften mit gleicher Ertragskraft führt. Die Belastungsunterschiede sind mit annähernd 20% auch ab dem Veranlagungszeitraum 2005 noch so gravierend,

---

151 Vgl. *Jachmann, M.*, Steuergesetzgebung, 2000, S. 80.

daß sie sich nicht mit dem Gestaltungsspielraum des Gesetzgebers bei der Beurteilung der Leistungsfähigkeit der einzelnen Rechtsformen rechtfertigen lassen. Vielmehr führt diese rechtsformabhängige Besteuerung thesaurierter Gewinne dazu, daß gleiche Leistungsfähigkeit gemessen am erzielten Gewinn unterschiedlich besteuert wird. Der Grundsatz der horizontalen Steuergerechtigkeit ist nicht mehr gewahrt.

Damit bleibt festzustellen, daß die unterschiedliche Besteuerung thesaurierter Gewinne eine Ungleichbehandlung von Personen- und Kapitalgesellschaften darstellt. Ohne eine hinreichende Rechtfertigung verstößt diese Ungleichbehandlung gegen das Prinzip der Besteuerung nach der wirtschaftlichen Leistungsfähigkeit, das sich aus dem allgemeinen Gleichheitssatz des Art. 3 Abs. 1 GG ergibt.

bb) Rechtfertigung der Ungleichbehandlung

Der Gesetzgeber des StSenkG hat diese Ungleichbehandlung erkannt[152]. Die ursprünglich zur Verwirklichung von Rechtsformneutralität vorgesehene Wahlmöglichkeit für Einzelunternehmer und Personengesellschaften, sich wie Kapitalgesellschaften besteuern zu lassen (sog. Optionslösung), wurde aber im Zuge des Gesetzgebungsverfahrens fallengelassen. Dafür können Einzelunternehmer und Personengesellschaften im Gegensatz zu Kapitalgesellschaften nun nach § 35 EStG die Gewerbesteuer in pauschalierter Form auf die Einkommensteuer anrechnen. Diese Vorschrift begegnet ihrerseits verfassungsrechtlichen Bedenken, auf die gesondert einzugehen sein wird[153]. Gleichwohl führt auch diese Anrechnungsmöglichkeit nicht zu einer steuerlichen Gleichbehandlung der Rechtsformen. Diese Erkenntnis ist bereits in den „Brühler Empfehlungen" zu finden[154]. Zum gleichen Ergebnis kommen die eingangs dargestellten Belastungsvergleiche, die unter Einbeziehung dieser für Personengesellschaften begünstigenden Norm berechnet wurden. Damit stellt sich die Frage nach einer Rechtfertigung der Ungleichbehandlung von Personen- und Kapitalgesellschaften.

---

[152] BT-Drucksache 14/2683, S. 97.

[153] Siehe dazu die folgenden Ausführungen unter D. III. 3. c) auf S. 216 ff.

[154] Vgl. *Reformkommission*, Brühler Empfehlungen, 1999, S. 96.

(1) Rechtsform als Indikator für Leistungsfähigkeit

Die Begründung zum StSenkG rechtfertigt diese Ungleichbehandlung damit, daß thesaurierte Mittel in einer Kapitalgesellschaft gebunden seien, während Mitunternehmer oder Einzelkaufleute regelmäßig auch für den privaten Gebrauch frei über Einlagen verfügen und einbehaltene Gewinne jederzeit entnehmen könnten[155]. Dies legt nahe, daß der Gesetzgeber versucht, aus den unterschiedlichen Rechtsformen in typisierter Weise Indikatoren unterschiedlicher Leistungsfähigkeit herzuleiten. In Kapitalgesellschaften thesaurierte Gewinne sollen offenbar eine geringere Leistungsfähigkeit vermitteln als solche in Personengesellschaften. Besonders nachteilig erweist sich diese Sichtweise daher für den in Deutschland weitgehend in der Rechtsform der Personengesellschaft organisierten Mittelstand, der für die deutsche Wirtschaft und insbesondere den Arbeitsmarkt herausragende Bedeutung hat: Etwa 86% der Unternehmen in Deutschland sind Personenunternehmen. Indessen überzeugt diese rein rechtsformbezogene Argumentation nicht: Dem alleinigen Gesellschafter einer Ein-Mann-GmbH ist es ohne größere Umstände möglich, auf thesaurierte Gewinne der GmbH zuzugreifen. Umgekehrt dürfte es dem Kommanditisten einer Publikums-KG kaum gelingen, Gewinne, die gesellschaftsrechtlich in der Gesellschaft verblieben sind, zu entnehmen[156].

Der Gesetzgeber geht dabei von den zwei extremen Ausprägungen des kapitalistisch organisierten Großkonzerns und dem Kleinbetrieb aus, der von einem Einzelkaufmann oder sehr wenigen Gesellschaftern in der Form einer Personengesellschaft geführt wird. Diese Vorstellung geht an der gesellschaftsrechtlichen Realität in Deutschland vorbei. Vielmehr stehen nicht nur Kapitalgesellschaften, sondern auch Personenunternehmen im internationalen Wettbewerb. Im inländischen Wettbewerb konkurrieren Personenunternehmen teilweise mit Kapitalgesellschaften. Zu eruieren ist daher, worin die Unterschiede zwischen Personen- und Kapitalgesellschaften liegen und ob diese Unterschiede eine unterschiedliche Besteuerung rechtfertigen können.

Nach der gesellschaftsrechtlichen Grundstruktur liegt ein Unterschied im Einsatz von Produktionsfaktoren. Bei Personengesellschaften dominiert die Vorstellung, daß die Gesellschafter selbst in erheblichem Umfang am Geschäftsbetrieb der Gesellschaft beteiligt sind. Dies ergibt sich beispielsweise aus § 114 HGB, der im Grundsatz jeden Gesellschafter zur Führung der Geschäfte berechtigt und

---

[155] BT-Drucksache 14/2683, S. 96.

[156] So auch *Seer, R.*, Aspekte, in: *Herzig, N./Günkel, M./Niemann, U.*, StbJb 2000/2001, S. 22.

verpflichtet. Dagegen besteht der Beitrag der Gesellschafter einer Kapitalgesellschaft, insbesondere einer Aktiengesellschaft, grundsätzlich nur in der Leistung der Einlage (§ 54 AktG), also dem Kapitaleinsatz[157]. Zur Führung der Geschäfte wird ein Geschäftsführungs- und Vertretungsorgan bestellt, das in einem Dienstverhältnis zu der Gesellschaft steht. Dieses Verhältnis ist nicht von der kapitalistischen Verbundenheit des Organs mit der Gesellschaft abhängig. Demnach können die Gesellschafter zwar auch zu Geschäftsführungs- und Vertretungsorganen bestellt werden, dies ist aber keineswegs zwingend. Bei der Personengesellschaft werden die Geschäfte regelmäßig von den Gesellschaftern geführt. Typisierend unterscheiden sich damit auch die Mitwirkungsmöglichkeiten in der jeweiligen Gesellschaft. Während bei Personengesellschaften nach § 709 Abs. 1 BGB, §§ 119 Abs. 1, 161 Abs. 2 HGB grundsätzlich das Einstimmigkeitsprinzip gilt – Entscheidungen können also nicht gegen den Willen eines Gesellschafters getroffen werden –, erfolgt die Entscheidungsfindung in der Kapitalgesellschaft nach dem Mehrheitsprinzip den Kapitalanteilen entsprechend (§134 Abs. 1 AktG, § 47 Abs. 1 und 2 GmbHG).

Gleichwohl führt diese typisierte, höhere Einflußmöglichkeit in der Personengesellschaft nicht zwingend zu einem höheren unternehmerischen Erfolg. Vielmehr müssen diese Faktoren steuerlich außer Betracht bleiben, solange wirtschaftliche Leistungsfähigkeit an den erzielten Gewinn anknüpft. Denn der Grad der typisierten Mitwirkungsmöglichkeit allein führt nicht zu einer erhöhten wirtschaftlichen Leistungsfähigkeit, sondern vermittelt lediglich die Möglichkeit stärkerer personeller Mitwirkung. Eine unterschiedliche Besteuerung der Rechtsformen vermag dies noch nicht zu rechtfertigen[158]. Vergleicht man den persönlich erbrachten Arbeitseinsatz in einer personalistisch geprägten Personengesellschaft mit dem bloßen Kapitaleinsatz in einer anonymen Publikumskapitalgesellschaft – und gerade dieses Vergleichspaar hatte der Gesetzgeber des StSenkG im Blickwinkel –, sprechen gute Gründe dafür, eher den individuellen Arbeitseinsatz des Gesellschafters einer Personengesellschaft zu bevorzugen. Denn diese Art der Tätigkeit weist einen stärkeren Persönlichkeitsbezug auf als die bloße Überlassung von Kapital. Insoweit kann der Berufsausübungsfreiheit, die sich in dieser individuellen Arbeitsleistung widerspiegelt, ein höherer Individualisierungsgrad beigemessen werden als der reinen Kapitalüberlassung, die lediglich durch das Eigentumsgrundrecht aus Art. 14 GG geschützt wird. Eine gewisse steuerliche Privilegierung der typischen Personengesellschaft gegenüber der typischen Kapitalgesellschaft ließe sich also im Hinblick auf Art. 1 Abs. 1

---

157 Vgl. *Kübler, F.*, Gesellschaftsrecht, 1999, S. 178.
158 Vgl. *Jachmann, M.*, Steuergesetzgebung, 2000, S. 64.

Satz 1 GG i.V.m. Art. 2 Abs. 1 GG und Art. 12 GG verfassungsrechtlich grundsätzlich rechtfertigen[159].

In diese Richtung tendierte auch das *BVerfG* in einer Entscheidung zur Mitbestimmung der Arbeitnehmer, wo es ausführte, daß bei Großunternehmen die persönliche Komponente der Unternehmerfreiheit weitgehend verlorengegangen und dieses Grundrecht somit gerade nicht Ausformung der Persönlichkeit des Menschen ist[160]. Zwar bestehen gegen diese Argumentation insofern gewisse Bedenken, als auch die Verwaltung und Organisation des Kapitaleinsatzes einen erheblichen persönlichen Einsatz erfordern kann. Diese Argumentation zeigt aber, daß der umgekehrte Schluß – nämlich den typisierten Kapitaleinsatz gegenüber dem typisierten persönlichen Einsatz zu privilegieren – der grundsätzlichen Gleichrangigkeit von Berufs- und Eigentumsfreiheit widerspricht. Damit sind die rechtsformabhängigen Einwirkungsmöglichkeiten der Gesellschafter von Personen- und Kapitalgesellschaften nicht geeignet, eine steuerliche Ungleichbehandlung der Rechtsformen zu rechtfertigen.

Ein weiteres Argument der Ungleichbehandlung von Personen- und Kapitalgesellschaften wird häufig in ihrer unterschiedlichen Teilnahme am Wirtschaftsleben gesehen. Aufgrund der eigenen Rechtspersönlichkeit entfalten Kapitalgesellschaften haftungsrechtlich eine Abschirmwirkung zugunsten der Gesellschafter[161]. Die Entscheidungsfindung durch das Mehrheitsprinzip führt im Idealfall zu einer effektiven Nutzung der Ressourcen und damit zu einer gesteigerten Wirtschaftlichkeit, die in einer überdurchschnittlichen Ertragskraft oder Rendite zum Ausdruck kommt. Dies wird darüber hinaus durch die Möglichkeit verstärkt, qualifizierte Geschäftsführung „einzukaufen". Personengesellschaften hingegen sind nach dem Prinzip der Selbstorganschaft grundsätzlich auf die Geschäftsführung durch möglicherweise ungeeignete Gesellschafter angewiesen. Schließlich wird häufig auch die vereinfachte Möglichkeit der Kapitalbeschaffung und damit die Verstärkung der Kreditfähigkeit als wesentliches Unterscheidungsmerkmal der Kapital- von der Personengesellschaft angeführt[162].

Indessen überzeugt schon die Anknüpfung dieser Unterschiede an die Rechtsform nicht. Denn was für die große börsennotierte Aktiengesellschaft gilt, entspricht bereits für die GmbH ohne Zugang zum Kapitalmarkt nicht mehr der Realität. Erst recht aber besteht zwischen dem Gesellschafter-Geschäftsführer einer

---

159 Vgl. *Jachmann, M.*, Steuergesetzgebung, 2000, S. 63.

160 Vgl. *BVerfG* vom 01.03.1979 – 1 BvR 532, 533/77, 419/78 und 1 BvL 21/78, BVerfGE 50, S. 290 (363).

161 Vgl. *Kübler, F.*, Gesellschaftsrecht, 1999, S. 29.

162 Vgl. *Tipke, K.*, Steuerrechtsordnung II, 1993, S. 737.

Ein-Mann-GmbH, der für die Verbindlichkeiten der GmbH gegenüber seiner Hausbank durch Bürgschaften, Grundpfandrechte u.ä. mit seinem Privatvermögen haftet, wirtschaftlich kein Unterschied zum Einzelkaufmann[163]. Auf der anderen Seite fungieren die Kommanditisten einer Publikums-Personengesellschaft, deren Zweck in der Zuweisung von Verlusten besteht, lediglich als Kapitalgeber, keinesfalls aber als Entscheidungsträger mit Einfluß auf die laufende Geschäftstätigkeit. Während man in diesen Fällen noch mit dem Typisierungsspielraum des Gesetzgebers argumentieren und solche Verlustzuweisungsgesellschaften als Auswüchse von Steuervermeidungsmodellen abtun könnte, geht diese Argumentation spätestens bei der weit verbreiteten und allgemein anerkannten GmbH & Co. KG fehl. Denn diese hybride Gesellschaftsform ist das kautelarjuristische Ergebnis fehlender Rechtsformneutralität[164]. Der Gedanke, der sich hinter der Idee der GmbH & Co. KG verbirgt, ist die Symbiose gesellschaftsrechtlicher und steuerrechtlicher Vorteile. Damit führt diese Gesellschaftsform die Begründung der rechtsformabhängigen Besteuerung ad absurdum. Denn hier kann nicht davon gesprochen werden, ein Mehr an gesellschaftsrechtlicher Effektivität werde durch ein Mehr an Steuerlast aufgewogen. Dieser Gedanke hat das *BVerfG* bereits in einer sehr frühen Entscheidung dazu bewogen, nicht allein auf die Rechtsform, sondern auf den zugrundeliegenden wirtschaftlichen Sachverhalt abzustellen. Der Steuergesetzgeber darf nur insofern an unterschiedliche Rechtsformen anknüpfen, als daraus tatsächliche wirtschaftliche Unterschiede folgen[165].

Letztendlich darf nicht verkannt werden, daß diese strukturellen Unterschiede zwischen Personen- und Kapitalgesellschaften nur bloße Möglichkeiten darstellen. Es handelt sich dabei allenfalls um vermutete Wirtschaftlichkeit oder Leistungsfähigkeit. Ein hinreichend sicherer Indikator für wirtschaftliche Leistungsfähigkeit liegt allein im tatsächlich erwirtschafteten Gewinn oder Ertrag[166], in welchem sich diese Faktoren tatsächlich realisiert haben mögen. Damit werden steuerliche Belastungsfolgen aber an eine tatsächlich quantifizierbare Größe angeknüpft und nicht lediglich an Vermutungen.

Im Zusammenhang mit dem StSenkG stellen sich diese Überlegungen auch in umgekehrter Richtung: Die Privilegierung thesaurierter Gewinne kommt lediglich Kapitalgesellschaften zugute. Gerade Personengesellschaften haben jedoch im Gegensatz zu Aktiengesellschaften einen deutlich schlechteren Zugang zum

---

163 So auch *Jacobs, O. H.*, Besteuerung, in: ZGR 1980, S. 293.

164 Vgl. *Pezzer, H.-J.*, Rechtfertigung, in: FS Tipke, 1995, S. 428.

165 Vgl. *BVerfG* vom 24.01.1962 – 1 BvR 845/58, BVerfGE 13, S. 331 (352); daran anknüpfend *Wendt, R.*, Spreizung, in: FS Friauf, 1996, S. 873.

166 Vgl. *Tipke, K.*, Steuerrechtsordnung II, 1993, S. 737.

Kapitalmarkt. Sie sind daher stärker auf Selbstfinanzierung durch Nichtausschüttung von Gewinnen angewiesen als große Kapitalgesellschaften. Damit greift der Gesetzgeber empfindlich in den Wettbewerb zwischen Personen- und Kapitalgesellschaften ein, indem er die Finanzierungsmöglichkeiten der Kapitalgesellschaften verbessert. Geht man aber davon aus, daß Kapitalgesellschaften eine eigene Leistungsfähigkeit besitzen, weil sie mit eigener Rechtspersönlichkeit ausgestattet sind und damit entsprechende Abschirmwirkungen gegenüber Gläubigern entfalten, muß dies – bei einer insgesamt wirtschaftlich orientierten Betrachtungsweise – eher dazu führen, daß Kapitalgesellschaften sogar eine höhere Leistungsfähigkeit besitzen als Unternehmen in der Rechtsform der Personengesellschaft oder Einzelunternehmung. Aus den bereits dargelegten Gründen sind Rückschlüsse von der Rechtsform auf die Leistungsfähigkeit stets besonders kritisch zu hinterfragen. Die gleiche Rechtsform kann zwei völlig unterschiedliche Potentiale zur Generierung wirtschaftlicher Leistungsfähigkeit darstellen. Ebenso können zwei Unternehmungen, die in unterschiedlichen Rechtsformen betrieben werden, identische Erträge erzielen und damit gleiche (objektive) Leistungsfähigkeit vermitteln.

In einer typisierten Betrachtung deuten Indikatoren wie besserer Zugang zu den Kapitalmärkten, größere Flexibilität und Haftungsbegrenzung allerdings auf eine höhere Leistungsfähigkeit der Kapitalgesellschaft hin. Die Begünstigung von Gewinnen, die in Kapitalgesellschaften thesauriert werden, würde diese Erkenntnisse in ihr Gegenteil verkehren. Zwar kann aus diesen Indikatoren nicht zwingend geschlossen werden, daß Kapitalgesellschaften tatsächlich eine höhere Leistungsfähigkeit als Personengesellschaften besitzen. Erst recht aber kann hieraus nicht der Schluß gezogen werden, daß sie eine geringere besitzen und deshalb zu begünstigen sind. Die unterschiedliche steuerliche Behandlung der Rechtsformen steht damit im Widerspruch zum Prinzip der Besteuerung nach der wirtschaftlichen Leistungsfähigkeit. Entsprechend den Ausführungen des *BVerfG* zum UStG stellt die Rechtsform allein kein hinreichendes Differenzierungskriterium für unterschiedliche Steuerbelastungen dar[167].

(2) Begünstigung von Kapitalgesellschaften als Lenkungszweck

Unstreitig hat die Privilegierung thesaurierter Gewinne zur Entwicklung des „Steuersparmodells Kapitalgesellschaft"[168] und dadurch zum mehr oder weniger

---

[167] Vgl. *BVerfG* vom 10.11.1999 – 2 BvR 2861/93, BVerfGE 101, S. 151 (156 f.).

[168] Siehe dazu: *Lechner, F.*, Steuersparmodell, in: Stbg 2001, S. 201 ff.; *Scheipers, T./Schulz, A.*, Unternehmenssteuerreform, 2000, S. 168; a.A. *Elser, T.*, Spardose, in: BB 2001, S. 805 ff.

sinnvollen „Run" in die GmbH geführt[169]. Eine Begründung für die Begünstigung thesaurierter Gewinne sieht das StSenkG in der typisierten Annahme, daß thesaurierte Gewinne zur Schaffung und Erhaltung von Arbeitsplätzen, also für Investitions- und nicht für Konsumzwecke, verwendet werden[170]. Diese Annahme ist zwar ökonomisch, nicht aber verfassungsrechtlich angreifbar[171]. Über das Optionsmodell für Einzel- und Mitunternehmer war diese Begünstigung ursprünglich allerdings für alle Rechtsformen vorgesehen[172]. Nachdem die Möglichkeit im Gesetzgebungsverfahren gestrichen wurde, bleibt als Vergünstigung für Personengesellschaften und Einzelunternehmer nur die Vorschrift des § 35 EStG, die bereits in den „Brühler Empfehlungen" als unzureichend angesehen wurde[173]. Dies führt faktisch zu dem Ergebnis, daß Personengesellschaften oder Einzelunternehmer nur durch einen Rechtsformwechsel in den Genuß der Thesaurierungsbegünstigung gelangen können. Damit greift der Gesetzgeber in den Wettbewerb zwischen Personen- und Kapitalgesellschaften ein.

Mit der ursprünglichen Argumentation – der Schaffung von Arbeitsplätzen – läßt sich dieser Eingriff jedoch nicht rechtfertigen. Denn eine effektive Investitionsförderung kann durch die Begünstigung von Kapitalgesellschaften nicht erreicht werden, wenn die Mehrzahl der deutschen Unternehmen als Personengesellschaften organisiert ist. Auch kam es dem Gesetzgeber gerade nicht darauf an, Unternehmer verstärkt in die Rechtsform der Kapitalgesellschaft zu treiben[174]. Denn ausweislich der Regierungsbegründung bestand eines der Reformziele in der rechtsformneutralen Ausgestaltung der Unternehmensbesteuerung[175]. Die Begünstigung der Kapitalgesellschaft kann deshalb auch nicht mit Lenkungszwecken begründet werden. Denn dazu müßte der Lenkungszweck mit hinreichender Bestimmtheit vorgezeichnet und gleichheitsrechtlich ausgestaltet sein[176]. Gerade davon kann aber keine Rede sein, wenn sich der Gesetzgeber gemäß der ursprünglichen Gesetzesbegründung die Verwirklichung von Rechtsformneutralität zum Ziel gesetzt hat.

---

169 Vgl. nur: *Horn, W.*, GmbH, in: GmbHR 2000, S. 1194 ff.; *Lang, J.*, Unternehmenssteuerreform, in: GmbHR 2000, S. 453 ff.

170 Vgl. BT-Drucksache 14/2683, S. 95.

171 Siehe dazu die Ausführungen unter D. II. 3. b) bb) (1) auf S. 173.

172 Vgl. BT-Drucksache 14/2683, S. 96.

173 Siehe bereits *Reformkommission*, Brühler Empfehlungen, 1999, S. 96.

174 Ebenso *Hey, J.*, Rechtsformneutralität, in: *Ebling, I.*, Einkommen, 2001, S. 179.

175 Vgl. BT-Drucksache 14/2683, S. 94.

176 Vgl. *BVerfG* vom 22.06.1995 – 2 BvL 37/91, BVerfGE 93, S. 121 (148).

(3) Kompensation für fehlende Progression

Ein weiteres Argument, das zur Rechtfertigung der Ungleichbehandlung von Personen- und Kapitalgesellschaften herangezogen werden könnte, ist die unterschiedliche Ausgestaltung der Tarife. Während das KStG nur einen proportionalen Tarif kennt, unterliegen die Gesellschafter von Personengesellschaften dem progressiven Tarif der Einkommensteuer. Damit gibt es auch Bereiche, in denen Personengesellschaften niedriger als Kapitalgesellschaften besteuert werden. In einer frühen Entscheidung spricht das *BVerfG* deshalb von der schwierigen Vergleichbarkeit von Personen- und Kapitalgesellschaften[177]. Der Wettbewerb zwischen Personen- und Kapitalgesellschaften muß unter Neutralitätsgesichtspunkten aber zwangsläufig zum Vergleich zwischen Einkommen- und Körperschaftsteuer führen. Ein solcher kann sich wie dargelegt nur auf den Spitzensteuersatz der Einkommensteuer beziehen. Aufgrund der Progression unterliegen Mitunternehmer mit geringem Einkommen jedoch einem geringeren Durchschnittssteuersatz und erzielen damit Wettbewerbsvorteile gegenüber Kapitalgesellschaften. Insofern könnte diese Begünstigung ertragsschwacher Einzelunternehmer und Personengesellschaften als Kompensation für die Benachteiligung der ertragsstarken Unternehmen der gleichen Rechtsform angesehen werden.

Indessen wird dadurch die gleiche Argumentationsebene verlassen. Denn im Rahmen der Einkommensbesteuerung werden subjektive Komponenten der Leistungsfähigkeit berücksichtigt. Zwar ist die Progression selbst nicht Ausdruck der Besteuerung nach der subjektiven Leistungsfähigkeit. Subjektive Elemente reduzieren aber die Bemessungsgrundlage, die ihrerseits über die Höhe des individuellen Steuersatzes entscheidet. Damit wird der Durchschnittssteuersatz über die Bemessungsgrundlage vom Gebot der Besteuerung nach der subjektiven Leistungsfähigkeit beeinflußt[178]. Im Bereich des (Grenz-)Spitzensteuersatzes fallen diese subjektiven Elemente relativ gesehen nicht mehr ins Gewicht. Dies bedeutet wiederum, daß die unterdurchschnittliche Belastung ertragsschwacher Mitunternehmer Folge der Besteuerung nach der subjektiven Leistungsfähigkeit ist. Da Kapitalgesellschaften ihrerseits aber keine subjektive Leistungsfähigkeit besitzen, besteht keinerlei Verknüpfung zwischen diesen Sachverhalten[179]. Die Thesaurierungsbegünstigung kann demnach nicht als Kompensation für diese progressionsbedingte, geringere Besteuerung von Wettbewerbern aufgefaßt werden.

---

[177] Vgl. *BVerfG* vom 24.01.1962 – 1 BvR 845/58, BVerfGE 13, S. 331 (352).

[178] Vgl. *Jachmann, M.*, Steuergesetzgebung, 2000, S. 80 f.

[179] Vgl. *Hey, J.*, Rechtsformneutralität, in: *Ebling, I.*, Einkommen, 2001, S. 187.

(4) Umgehungsmöglichkeiten der Nachbelastung

Das StSenkG begründet die ungleiche Behandlung schließlich mit der nachgelagerten Besteuerung. Solange Gewinne bei der Kapitalgesellschaft thesauriert werden, wird diese signifikant niedriger besteuert als der Mitunternehmer oder der Einzelkaufmann. Gerade das für die spätere Veräußerung der Anteile vorgesehene steuerliche Instrumentarium der §§ 17 und 23 EStG wird jedoch selbst von Befürwortern des Systemwechsels als unzureichend und deshalb als verfassungsrechtlich bedenklich angesehen[180]. Beide Vorschriften knüpfen die Steuerfrist an Mindestbeteiligungsquoten oder Behaltefristen an. Durch entsprechende Gestaltungen ist es daher möglich, die nachgelagerte Steuerpflicht zu umgehen.

Eine Möglichkeit stellt das bereits unter Geltung des Anrechnungsverfahrens bekannt gewordene Dividenden-Stripping dar, sofern die Beteiligung unterhalb der 1%-Grenze liegt[181]. Dabei veräußert eine natürliche Person Anteile an einer Kapitalgesellschaft, die sie für 100 DM erworben hat, außerhalb der Spekulationsfrist des § 23 EStG an eine andere Kapitalgesellschaft für 110 DM vor dem Dividendentermin. Der Aufschlag von 10 DM entspricht der Dividendenausschüttung, die steuerfrei an die erwerbende Kapitalgesellschaft erfolgt. Nach dem Dividendentermin veräußert diese Kapitalgesellschaft die Anteile zurück an die natürliche Person, nun ex Dividende zum Preis von 100 DM. Weder bei der natürlichen Person noch bei der erwerbenden Kapitalgesellschaft wird dadurch eine Steuerpflicht ausgelöst. Diese Konstruktion verstößt auch nicht gegen § 42 AO. Denn sie nutzt lediglich im Gesetz als Grundfälle normierte Handlungen und kann so schwerlich einen Gestaltungsmißbrauch darstellen. Für das Dividenden-Stripping im Anrechnungsverfahren hat der *BFH* bereits entsprechend entschieden[182]. So können mit der Rechtsform der Kapitalgesellschaft nicht nur Steuerstundungseffekte, sondern dauerhaft deutliche steuerliche Vorteile erzielt werden.

Schließlich greift die nachgelagerte Besteuerung nach § 17 EStG nur innerhalb der Beteiligungsgrenze von 1% ein. Dies mag bezogen auf eine kleine GmbH zu vernachlässigen sein. Bei einer Publikumskapitalgesellschaft verbergen sich dahinter immer noch erhebliche finanzielle Mittel[183]. Werden diese Anteile veräußert, unterliegen die Gewinne aus der Veräußerung der Besteuerung nach § 23

---

180 Vgl. *Birk, D.*, Unternehmenssteuerreform, in: StuW 2000, S. 336.

181 *F. W. Wagner/E. Wenger* bezeichnen das Dividenden-Stripping nach dem StSenkG sogar als unerläßlich; vgl. *Wagner, F. W./Wenger, E.*, Mißbrauchstatbestand, in: BB 2001, S. 386 ff.

182 Vgl. *BFH* vom 15.12.1999 – I R 29/97, BStBl II 2000, 527 ff.

183 Vgl. *Hey, J.*, Rechtsformneutralität, in: *Ebling, I.*, Einkommen, 2001, S. 201.

EStG. Ist die Behaltefrist von einem Jahr abgelaufen, können die Gewinne steuerfrei vereinnahmt werden. Die Grundkonzeption der nachgelagerten Besteuerung kann also durch den Verkauf der Anteile und die Vergütung der thesaurierten Gewinne über den Verkaufspreis in erheblichem Umfang vermieden werden.

Nur am Rande sei erwähnt, daß Kapitalgesellschaften es zudem selbst in der Hand haben, wann die Besteuerungsfolgen des Halbeinkünfteverfahrens ausgelöst werden. Denn der Zeitpunkt der Ausschüttung kann von den Gesellschaftern selbst festgelegt werden. So bleibt es ihnen selbst überlassen, weitere Steuersenkungen oder für sie steuerlich günstigere Zeitpunkte – etwa das Ausscheiden aus dem Berufsleben und damit sinkende persönliche Steuersätze – abzuwarten und erst dann auszuschütten. Diese Möglichkeit besteht für Einzelunternehmer oder Gesellschafter einer Personengesellschaft dagegen nicht. Deren Gewinne werden stets und in vollem Umfang in dem Veranlagungszeitraum besteuert, in dem sie anfallen. Hierin liegt eine weitere Benachteiligung von Personen- gegenüber Kapitalgesellschaften.

Damit verstößt der Gesetzgeber zugleich gegen den Grundsatz der Widerspruchsfreiheit und Folgerichtigkeit, nach dem der Gesetzgeber nicht von einmal getroffenen Grundentscheidungen abweichen darf. Andernfalls indiziert dies grundsätzlich einen Verstoß gegen den Gleichheitssatz[184]. Denn nach der neueren Rechtsprechung des *BVerfG* ist der Gesetzgeber zur folgerichtigen und sachgerechten Durchführung seiner gesetzlichen Grundaussagen verpflichtet[185]. Die Nachbelastung stellt in der Begründung des StSenkG aber ein zentrales Argument für die Begünstigung thesaurierter Gewinne dar. Indessen zeigen solche Umgehungsmöglichkeiten, daß das Konzept der Privilegierung einbehaltener Gewinne mit nachgelagerter Besteuerung im Ausschüttungs- oder Veräußerungsfall nicht konsequent umgesetzt wurde. Dieser Zustand ist mit dem Leistungsfähigkeitsprinzip nicht zu vereinbaren[186]. Um die Gleichbehandlung mit den Personengesellschaften zu wahren, muß zumindest die nachgelagerte Besteuerung in jedem Fall gewährleistet sein[187]. Letztlich müssen private Veräuße-

---

184 Vgl. *BVerfG* vom 07.11.1972 – 1 BvR 338/68, BVerfGE 34, S. 103 (115).

185 Vgl. *BVerfG* vom 27.06.1991 – 2 BvR 1493/89, BVerfGE 84, S. 239 (271); *BVerfG* vom 22.06.1995 – 2 BvL 37/91, BVerfGE 93, S. 121 (136); *BVerfG* vom 11.11.1998 – 2 BvL 10/95, BVerfGE 99, S. 280 (290).

186 Vgl. *Hey, J.*, Rechtsformneutralität, in: *Ebling, I.*, Einkommen, 2001, S. 201.

187 Vgl. *Birk, D.*, Unternehmenssteuerreform, in: StuW 2000, S. 336.

rungsgewinne also ohne Wesentlichkeitsgrenze unabhängig von Spekulationsfristen versteuert werden[188].

cc) Ergebnis

Die rechtsformabhängige Begünstigung thesaurierter Gewinne ist mit dem Leistungsfähigkeitsprinzip, das sich aus Art. 3 Abs. 1 GG ergibt, nicht zu vereinbaren. Indikator der Leistungsfähigkeit ist ausschließlich der Gewinn oder Ertrag des Unternehmens. Dieser mag zwar Folge und Ergebnis der Rechtsform sein. Umgekehrt würde die reine Anknüpfung an die Rechtsform aber zur Besteuerung von potentieller und nicht von tatsächlicher Leistungsfähigkeit führen. Dies ist mit dem Gleichheitssatz nicht zu vereinbaren.

Die begünstigte Besteuerung verfolgt auch keinen Lenkungszweck, der eine Ungleichbehandlung rechtfertigen könnte. Eine solche Intention des Gesetzgebers ist nicht ersichtlich. Auch der Proportionaltarif für Kapitalgesellschaften und die damit verbundenen Wettbewerbsvorteile ertragsschwächerer Unternehmen kommen als Rechtfertigung nicht in Betracht. Bei der Begünstigung thesaurierter Gewinne und den progressionsbedingten geringen Durchschnittssteuersätzen handelt es sich um zwei Steuerphänomene, die nicht vergleichbar sind und daher nicht als Ausgleich füreinander dienen können. Die unzureichende Umsetzung der Nachbelastung bei Ausschüttung und Veräußerung führt schließlich zu einem Verstoß gegen den Grundsatz der Widerspruchsfreiheit und Folgerichtigkeit.

b) Behandlung von Veräußerungsgewinnen

Mehr Aufsehen als die Thesaurierungsbegünstigung erregte die Steuerfreiheit für Veräußerungsgewinne von Kapitalgesellschaften. Kurzfristig konnten die Aktienkurse von Banken und Versicherungen beträchtliche Zuwächse verzeichnen. Gleichzeitig mangelte es jedoch auch nicht an kritischen Stimmen, die sich im Gegensatz zu den Kursfeuerwerken an der Börse nicht so schnell beruhigten[189]. Der Gesetzgeber hat den Vorwurf, daß das Konzept nicht rechtsformneutral ausgestaltet sei, jedoch aufgegriffen und mehrfach Nachbesserungen vorge-

---

188 Vgl. *Hey, J.*, Rechtsformneutralität, in: *Ebling, I.*, Einkommen, 2001, S. 204.

189 Vgl. *Kanzler, H.-J.*, Veräußerungsgewinne, in: FR 2000, S. 1251.

nommen[190]. Der Schwerpunkt der Prüfung liegt deshalb weniger auf der Feststellung der Ungleichbehandlung, sondern auf der Untersuchung ihrer Rechtfertigung.

aa) Ungleichbehandlung

Hält eine Kapitalgesellschaft Anteile an einer anderen Kapitalgesellschaft, kann sie deren Gewinnausschüttungen nach § 8b Abs. 1 KStG steuerfrei vereinnahmen oder aber die Beteiligung nach § 8b Abs. 2 KStG steuerfrei veräußern. Diese Gewinne unterliegen solange keiner nachgelagerten Besteuerung, bis eine Ausschüttung an eine natürliche Person oder Personengesellschaft erfolgt. Damit soll die Reinvestition dieser Gewinne im Unternehmensbereich angeregt werden. Hält dagegen eine Personengesellschaft Anteile an einer Kapitalgesellschaft, unterliegen Dividenden dem Halbeinkünfteverfahren. Dies gilt aufgrund des Transparenzprinzips auch dann, wenn diese Beträge von den Gesellschaftern der Personengesellschaft nicht entnommen, sondern reinvestiert werden.

Somit differenziert das StSenkG nunmehr danach, ob die Anteile von einer Personen- oder einer Kapitalgesellschaft gehalten werden[191]. Dies führt zu einer Ungleichbehandlung von Personen- und Kapitalgesellschaften in Konzernstrukturen. Während eine Mutterkapitalgesellschaft steuerfrei Dividenden von Tochtergesellschaften vereinnahmen und ohne Mittelabfluß reinvestieren kann, müssen die Gesellschafter einer Mutterpersonengesellschaft die vereinnahmten Dividenden zunächst nach dem Halbeinkünfteverfahren versteuern. Reinvestitionen können daher nur in geringerem Umfang vorgenommen werden.

bb) Rechtfertigung

Die an dieser Stelle vorgetragenen Rechtfertigungsgründe ähneln im wesentlichen denen zur Steuerbegünstigung thesaurierter Gewinne bei Kapitalgesellschaften. Sie sind deshalb an dieser Stelle gleichfalls abzulehnen. Neue Aspekte bestehen allerdings unter dem Gesichtspunkt der begünstigten Betriebsveräußerungsbesteuerung nach den §§ 16, 34 EStG sowie in der durch das UntStFG neu aufgenommenen Reinvestitionsrücklage bei Veräußerung von Kapitalgesell-

---

190 Sowohl das StSenkErgG als auch der Entwurf des UntStFG enthalten Vergünstigungen für Personengesellschaften, die zur Förderung des Mittelstandes eingefügt wurden.

191 Vgl. *Hey, J.*, Rechtsformneutralität, in: *Ebling, I.*, Einkommen, 2001, S. 199.

schaftsanteilen durch Personengesellschaften und Einzelkaufleute nach § 6b Abs. 10 EStG.

(1) Begünstigung von Betriebsveräußerungen

Zwar kann die begünstigte Besteuerung von Betriebsaufgabe- und Betriebsveräußerungsgewinnen im Einzelfall tatsächlich zu einer Gleichstellung mit der Veräußerung von Kapitalgesellschaftsanteilen führen[192]. Indessen greifen diese Begünstigungen zu kurz: So kann der Gesellschafter einer Kapitalgesellschaft die Vorteile des Halbeinkünfteverfahrens beliebig oft nutzen. Er kann Anteile an einer Kapitalgesellschaft beliebig teilen und einzeln veräußern oder den Betrieb nach den Vorschriften des UmwG und des UmwStG in mehrere Kapitalgesellschaften umstrukturieren, die sodann einzeln veräußert werden. Jeder dieser Veräußerungsvorgänge kommt in den steuerlichen Genuß des Halbeinkünfteverfahrens, das zudem unabhängig von der Höhe des Veräußerungspreises oder von persönlichen Merkmalen des Anteilseigners greift. Der Einzel- oder Mitunternehmer wird zwar durch die Regelung des § 34 Abs. 3 EStG ebenfalls gemildert besteuert. Die Einmaligkeit der Vergünstigung und die Begrenzung der Höhe nach können die Vorteile des Halbeinkünfteverfahrens jedoch nicht in jedem Fall vollständig ausgleichen. Zudem werden kleinere unternehmerische Einheiten dadurch benachteiligt, daß die Tarifbegünstigung erst ab einer gewissen Mindesthöhe des zu versteuernden Einkommens entlastend wirkt[193]. Eine Rechtfertigung für diese Ungleichbehandlung kann auch hierbei nicht in der Rechtsform allein gesehen werden, da diese per se keine Leistungsfähigkeit vermittelt. Eine Lenkung in die Kapitalgesellschaft war vom Gesetzgeber nicht beabsichtigt. Auch beim Ausscheiden aus dem Erwerbsleben wird somit die Rechtsformneutralität nicht gewahrt und der Gleichheitssatz des Art. 3 Abs. 1 GG ungerechtfertigt verletzt. Die Begünstigung nach § 34 Abs. 3 EStG hätte dem Halbeinkünfteverfahren weiter angepaßt werden müssen.

(2) Reinvestitionsrücklage

Auch die Reinvestitionsrücklage nach § 6b Abs. 10 EStG bleibt hinter den steuerlichen Begünstigungen für Kapitalgesellschaften nach § 8b Abs. 2 KStG zurück: Zwar führt die Regelung des § 6b Abs. 10 EStG zu einer Übertragungsmöglichkeit für stille Reserven, die in Kapitalgesellschaftsanteilen enthalten

---

192 Vgl. *Hey, J.*, Rechtsformneutralität, in: *Ebling, I.*, Einkommen, 2001, S. 202.

193 Vgl. *Pyszka, T./Brauer, M.*, Begünstigung, in: *Arthur Andersen*, Steuerreform, 2001, S. 146.

sind. Jedoch bleiben die Gewinne aus der Veräußerung solcher Anteile nur dann steuerfrei, wenn innerhalb von zwei Jahren neue Anteile oder abnutzbare bewegliche Wirtschaftsgüter erworben werden. Werden Gebäude angeschafft, können die stillen Reserven innerhalb der folgenden vier Wirtschaftsjahre steuerfrei übertragen werden[194]. Nicht begünstigt ist dagegen der Erwerb unbeweglicher und nicht der Abnutzung unterliegender Wirtschaftsgüter[195]. Während Kapitalgesellschaften solche Gewinne nach § 8b Abs. 2 KStG unabhängig vom Verwendungszweck steuerfrei vereinnahmen und beliebig reinvestieren können, gilt § 6b Abs. 10 EStG also nur bei Reinvestition in bestimmte Wirtschaftsgüter. Die Investition in andere Wirtschaftsgüter als Kapitalgesellschaftsanteile, abnutzbare bewegliche Wirtschaftsgüter oder Gebäude – also beispielsweise Grundstücke – ist für Personengesellschaften und Einzelunternehmer dagegen nicht begünstigt. Kann innerhalb der zwei- bzw. vierjährigen Frist nicht in begünstigte Wirtschaftsgüter reinvestiert werden, wird zudem eine „Strafbesteuerung" ausgelöst. Für Kapitalgesellschaften existiert eine solche „Strafbesteuerung" mangels Zweckbindung nicht. Schließlich gilt die Übertragungsmöglichkeit nur dann, wenn sich die veräußerten Anteile seit mindestens sechs Jahren im Anlagevermögen befunden haben[196]. Neben der Mindestbesitzzeit ist also auch die Zuordnung der Kapitalgesellschaftsanteile zum Anlagevermögen einer inländischen Betriebsstätte erforderlich. Die Zuordnung der Anteile zum Umlaufvermögen ist zum Zwecke der Rücklagenbildung nach § 6b Abs. 10 EStG steuerschädlich[197]. Insbesondere die sechsjährige Vorbesitzzeit dürfte bei Personengesellschaften und Einzelkaufleuten kaum zu einer Verbesserung der für Investitionen notwendigen Liquiditätslage führen[198]. Schließlich wurde im Gegensatz zum Regierungsentwurf eine Begrenzung des Volumens auf € 500.000 aufgenommen[199]. Sollte der Veräußerungsgewinn diese Grenze überschreiten, sind die übersteigenden Beträge nicht mehr begünstigt. Eine solche Überschreitung dürfte gerade bei großen Personengesellschaften, die als Konzernobergesellschaften mit den großen Kapitalgesellschaften konkurrieren, problemlos erreicht werden. Demgegenüber kennt § 8b Abs. 2 KStG weder eine Mindesthaltefrist oder einen Höchstbetrag noch eine Zuordnungspflicht zum Anlagevermögen. Kapitalgesellschaften können Anteile in beliebiger Höhe also auch dann steuerfrei veräußern, wenn diese nur kurzfristig gehalten werden oder dem Umlaufvermögen zugeordnet sind. Damit führt § 6b Abs. 10 EStG zwar zu einer Milde-

---

194 Vgl. *Hartmann, B.*, Unternehmenssteuerfortentwicklungsgesetz, in: INF 2002, S. 142.

195 Vgl. *Benz, S.*, Reinvestitionsrücklage, in: *Linklaters Oppenhoff & Rädler* (Hrsg.), Unternehmensbesteuerung, 2002, S. 20.

196 Vgl. *Grützner, D.*, Änderungen, in: BBK 2002, Fach 15, S. 1298.

197 Vgl. *Rödder, T./Schumacher, A.*, Änderungen, in: DStR 2002, S. 107.

198 Vgl. *Strahl, M.*, Übertragung, in: FR 2001, S. 1161.

199 Vgl. *Rödder, T./Schumacher, A.*, Änderungen, in: DStR 2002, S. 107.

rung der steuerlichen Benachteiligung von Einzelunternehmern und Personengesellschaften gegenüber Kapitalgesellschaften. Ein Äquivalent zu § 8b Abs. 2 KStG wird dadurch jedoch nicht gewährt[200].

cc) Ergebnis

Die Steuerbefreiung für Veräußerungsgewinne bei Kapitalgesellschaften nach § 8b Abs. 2 KStG ist mit dem allgemeinen Gleichheitssatz nicht vereinbar. Wenn es dem Gesetzgeber in erster Linie um die Anregung von Investitionstätigkeit geht, muß er einen Anreiz für alle Gesellschaftsformen schaffen. Ansonsten verhält er sich nicht wettbewerbsneutral und besteuert gleiche Leistungsfähigkeit ungleich. Diese Ungleichbehandlung wird dadurch noch verstärkt, daß die Nachbelastungsregelungen des Halbeinkünfteverfahrens im Veräußerungsfall zu kurz greifen. Deshalb hätte es einer entsprechenden Freistellung auch für Einzelunternehmer und Personengesellschaften bedurft. Bei der Gewerbesteuer besteht eine vergleichbare Regelung für Dividendeneinnahmen schon seit 1965 nach § 9 Nr. 2a GewStG unabhängig von der Rechtsform des empfangenden Unternehmens. Schließlich greifen die Nachbesserungen durch das StSenkErgG und das UntStFG zu kurz.

c) Verfassungsrechtliche Problematik des § 35 EStG

Der Anrechnungsmechanismus des § 35 EStG führt zu Verknüpfungen zwischen der Gewerbesteuer und der Einkommensteuer. Diese Möglichkeit ist Kapitalgesellschaften verwehrt, so daß die Norm gleichfalls unter dem Gesichtspunkt der Rechtsformneutralität zu überprüfen ist. Gleichzeitig muß Belastungsgleichheit aber auch zwischen den sieben Einkunftsarten des EStG bestehen. Auch darauf muß dieser Entlastungsmechanismus, der nur für Einkünfte aus Gewerbebetrieb gilt, untersucht werden. Zudem darf die Norm nicht zu willkürlichen Entlastungs- und Belastungsergebnissen führen. Sollten sich dabei Ungleichbehandlungen ergeben, bedürfen diese der Rechtfertigung.

Untersucht man die Norm zunächst auf die Zulässigkeit der Verknüpfung von Einkommen- und Gewerbesteuer, erfordert dies eine Auseinandersetzung mit dem Verhältnis dieser beiden Steuern zueinander. Aufgrund des zunehmenden Ertragsteuercharakters der GewSt stellt sich zum einen die grundsätzliche Frage nach der Verfassungsmäßigkeit dieser Steuer. Zugleich erfordert die Verschrän-

---

[200] So wohl auch *Strahl, M.*, Übertragung, in: FR 2001, S. 1161.

kung von Gewerbesteuer und Einkommensteuer einen finanzverfassungsrechtlichen Maßstab für die gegenseitige Wechselwirkung. Neben diesen allgemeinen Erwägungen muß sich die Vorschrift aber auch an den gleichheitsrechtlichen Vorgaben des Art. 3 Abs. 1 GG sowie am Grundsatz der Besteuerung nach der Leistungsfähigkeit messen lassen.

aa) Finanzverfassungsrechtliche Vorgaben

Sinn und Zweck der Anrechnungsvorschrift des § 35 EStG ist die Entlastung Gewerbetreibender von der Gewerbesteuerbelastung, die neben die Belastung mit Einkommensteuer tritt. Dies war auch der Hintergrund für die Einführung der Vorgängernorm des § 32c EStG, die eine Tarifbegrenzung bei gewerblichen Einkünften vorsah. Beide Normen erfüllen mithin denselben Zweck auf unterschiedliche Art und Weise. Ebenso sind beide Normen dem gleichen Vorwurf ausgesetzt, lediglich „second-best"-Lösungen zu sein. Denn durch die Abschaffung der Gewerbekapitalsteuer zum 01.01.1998 hat die GewSt einen Großteil ihres Charakters als Objektsteuer eingebüßt. Deshalb kommt heute zunehmend die Frage nach der Verfassungsmäßigkeit der GewSt in der derzeitigen Form auf[201]. Eine Abschaffung der Gewerbesteuer wäre der beste Weg gewesen, ist aufgrund der Bedeutung dieser Steuer für die Gemeindefinanzierung politisch aber nicht durchsetzbar[202].

(1) Verfassungsmäßigkeit der GewSt und Verhältnis zur ESt

Die Frage nach der Verfassungsmäßigkeit der GewSt scheint längst zugunsten dieser Steuer geklärt zu sein. Dies hat das *BVerfG* in zwei Entscheidungen aus den Jahren 1969 und 1977 deutlich zum Ausdruck gebracht[203]. In den letzten Jahren hat das *BVerfG* zwei Verfassungsbeschwerden, die sich gegen die Heranziehung Selbständiger zur Gewerbesteuer in den Jahren 1978 bis 1987 wandten, mit Verweis auf die Entscheidung von 1977 ebenso zurückgewiesen[204] wie eine Vorlage des FG Niedersachsen zur Verfassungsmäßigkeit der GewSt[205]. Dennoch werden diese Entscheidungen mittlerweile nicht mehr als abschließend an-

---

[201] In jüngster Zeit etwa: *Paus, B.*, Verfassungsmäßigkeit, in: NWB 2001, Fach 5, S. 1467.

[202] So auch *Herzig, N./Lochmann, U.*, Grundmodell, in: DB 2000, S. 540.

[203] Vgl. *BVerfG* vom 13.05.1969 – 1 BvR 25/65, BVerfGE 26, S. 1 (7); *BVerfG* vom 25.10.1977 – 1 BvR 15/75, BVerfGE 46, S. 224 (236).

[204] Vgl. *BVerfG* vom 14.02.2001 – 2 BvR 460/93, DStRE 2001, S. 472; *BVerfG* vom 14.02.2001 – 2 BvR 1488/93, DStRE 2001, S. 473.

[205] Vgl. *BVerfG* vom 17.11.1998 – 1 BvL 10/98, BStBl II 1999, S. 508.

gesehen. Gerade das Anrechnungsmodell des § 35 EStG läßt viele Argumente, die das *BVerfG* für die Verfassungsmäßigkeit der GewSt angeführt hat, obsolet werden. So kann die Gewerbesteuer nicht mehr als Ausgleich für die zusätzliche finanzielle Belastung der Gemeinden durch die ansässigen Gewerbebetriebe gesehen werden. Denn diese Belastung geht in gleicher Weise von Einzelunternehmen, Personen- und Kapitalgesellschaften aus. § 35 EStG entlastet aber nur Einzelunternehmen und Personengesellschaften[206].

Dennoch betrachtet der *BFH* die GewSt mangels Berücksichtigung der persönlichen Merkmale des Steuersubjekts und dessen persönlicher Beziehung zum Steuerobjekt auch weiterhin als Objektsteuer in Form der Sollertragsteuer[207]. Als Sollertragsteuer muß sich diese Steuer aber im Hinblick auf Art. 14 GG auf die Ertragskraft des Eigentums beschränken, die sich vorrangig im tatsächlich erzielten Ertrag widerspiegelt. Andernfalls hätte die Steuer konfiskatorische Wirkung[208]. Dies gilt um so mehr, als sie neben die Belastung mit Einkommen- und Körperschaftsteuer tritt und deshalb nach dem „Halbteilungsgrundsatz" des *BVerfG* in die Gesamtbetrachtung der Belastungswirkungen der verschiedenen Steuerbelastungen einzubeziehen ist[209]. Als Sollertragsteuer dürfte die Gewerbesteuer folglich gar nicht erhoben werden, sondern wäre konsequenterweise bei Einführung der Einkommen- und Körperschaftsteuer abzuschaffen gewesen[210]. Schließlich ist schwer einzusehen, worin der Zugriff auf einen andersartigen Steuergegenstand gesehen werden kann, wenn die GewSt im wesentlichen die gleiche Bemessungsgrundlage wie die Einkommen- und Körperschaftsteuer erfaßt[211]. Richtigerweise ist die GewSt daher als Zusatzbelastung gewerblicher Ertragserzielung anzusehen. Betrachtet man die Ertragsteuerbelastung von Gewerbetreibenden in ihrer Gesamtheit, ergeben sich durch die Berücksichtigung der Gewerbesteuerbelastung im Rahmen der Einkommensteuer keine Ungleichbehandlungen gegenüber anderen Einkunftsarten. Diese sind nicht mit GewSt belastet. Eine Kompensation der Gewerbesteuer bei der Einkommensteuer wäre bei gleichheitsrechtlicher Ausgestaltung der Anrechnungsnorm nach dieser Auffassung geradezu geboten.

Indessen dürfte die gegenteilige Auffassung, daß Gewerbesteuer und Einkommensteuer auf verschiedene Steuergegenstände zugreifen, mit einer Anrechnung der einen Steuer auf die Steuerbelastung mit der anderen Steuer nicht zu verein-

---

206 Vgl. *Paus, B.*, Verfassungsmäßigkeit, in: NWB 2001, Fach 5, S. 1469.
207 Vgl. *BFH* vom 24.02.1999 – X R 171/96, BStBl II 1999, S. 450 (459).
208 Vgl. *Jachmann, M.*, Steuergesetzgebung, 2000, S. 114.
209 Vgl. *BVerfG* vom 22.06.1995 – 2 BvL 37/91, BVerfGE 93, S. 121 (138).
210 So bereits *Kruse, H. W.*, Abschied, in: BB 1996, S. 720.
211 So aber *BFH* vom 24.02.1999 – X R 171/96, BStBl II 1999, S. 450 (459).

baren sein. Denn im Rahmen der Einkünftermittlung nach § 2 EStG wäre zu bedenken, ob § 35 EStG gewerbliche Einkünfte gegenüber anderen Einkünften unzulässig privilegiert. Sieht man in der GewSt eine Steuer eigener Art, die nur von Gewerbetreibenden zu leisten ist – so wie Grundeigentümer Grundsteuer zu entrichten haben –, ist nicht einzusehen, warum neben der Abzugsfähigkeit der GewSt als Betriebsausgabe noch zusätzlich eine Anrechnung auf die ESt erfolgen sollte. Vielmehr führt die Anrechnung auf die tarifliche Einkommensteuer zu einer doppelten Begünstigung Gewerbetreibender, die bei verschiedenen Steuergegenständen nicht gerechtfertigt ist[212]. Denn mit der Anrechnung als Betriebsausgabe wird der Gewerbesteuerbelastung in gleicher Weise Rechnung getragen wie jeder anderen Betriebsausgabe auch[213]. Schließlich widerspricht es dem verfassungsrechtlichen Gebot der Folgerichtigkeit und Widerspruchslosigkeit, wenn der Gesetzgeber zwei verschiedene Steuergegenstände besteuert, die Belastung teilweise aber wieder auffängt[214]. Folgerichtig und widerspruchslos wäre es gewesen, die Gewerbesteuer generell abzuschaffen. Sollte sich das *BVerfG* in seiner Entscheidung zu § 32c EStG ebenfalls auf den Standpunkt stellen, die Gewerbesteuer erfasse einen anderen Steuergegenstand als die Einkommen- und Körperschaftsteuer, kann die Vorschrift des § 35 EStG ebensowenig Bestand haben wie § 32c EStG[215].

Folgt man dagegen der hier vertretenen Gesamtbetrachtung von Einkommen- und Körperschaftsteuer, wie sie auch vom Gesetzgeber unter ausdrücklichem Hinweis auf den Halbteilungsgrundsatz in der Begründung zum StSenkG eingenommen wird[216], kann die Belastung mit GewSt zwar grundsätzlich durch eine Entlastung bei der ESt kompensiert werden. Im Hinblick auf die Gesamtbelastung Gewerbetreibender ist eine solche Entlastungsregel gleichheitsrechtlich sogar geboten, wenn der verfassungsrechtlich „saubere" Weg der Abschaffung der GewSt politisch nicht durchsetzbar ist. Dabei muß die Ausgleichsnorm aber ihrerseits verfassungsrechtlichen Vorgaben genügen.

---

212 Vgl. *Sydow, S.*, Verfassungsmäßigkeit, in: DB 1999, S. 2439; ebenso: *Gosch, D.*, in: *Kirchhof, P.*, EStG, 2001, § 35 Rn. 2.

213 Vgl. *BFH* vom 24.02.1999 – X R 171/96, BStBl II 1999, S. 450 (459).

214 Vgl. *Sydow, S.*, Verfassungsmäßigkeit, in: DB 1999, S. 2440.

215 In diese Richtung tendieren auch *Scheipers, T./Schulz, A.*, Unternehmenssteuerreform, 2000, S. 89.

216 Vgl. BT-Drucksache 14/2683, S. 98.

(2) Gewerbesteueranrechnung und Finanzverfassungsrecht

Nach der Vorschrift des § 35 EStG beeinflußt die Gewerbesteuer über die Anknüpfung an den Gewerbesteuermeßbetrag die Höhe der tariflichen Einkommensteuer. Damit bewirkt die pauschalierte Anrechnung der Gewerbesteuer auf die Einkommensteuerschuld ein Sinken des Einkommensteueraufkommens. Hiervon betroffen sind Bund, Länder und Gemeinden als Ertragsberechtigte dieser Gemeinschaftsteuer nach Art. 106 Abs. 3 und 5 GG. Dabei bildet Art. 106 GG die Grundlage für die Steuerertragsverteilung, die den Steuergesetzgeber zur Rücksichtnahme auf die Funktionsfähigkeit dieses Verteilungssystems verpflichtet[217].

Greifen zwei unterschiedliche Steuern auf die gleiche Steuerquelle zu, kommt es zur Steuerertragskonkurrenz. Verkürzt der Steuergesetzgeber das Steueraufkommen zweier in Steuerertragskonkurrenz stehender Steuern derart, daß Steuertatbestand oder Steuerrechtsfolgen miteinander verschränkt werden, kommt es zu finanzausgleichsrechtlichen Berührungspunkten. Stehen die beteiligten Steuern unterschiedlichen Ertragsberechtigten zu, führt ein höheres Steueraufkommen bei einer Steuer zu Steuerausfällen beim Ertragsberechtigten der anderen Steuer[218]. Dabei zieht das *BVerfG* die Grenze bei der sog. Ertragsaushöhlung[219]. Dem Steuergesetzgeber ist es daher grundsätzlich untersagt, von der Vorstellung des Grundgesetzes zum Charakter einer Steuer abzuweichen. Hierfür wäre eine Änderung des Grundgesetzes erforderlich[220]. Beachtet werden muß jedoch, daß Art. 106 GG nur die zentralen Merkmale der genannten Steuertypen festlegt, dem Gesetzgeber aber einen erheblichen Gestaltungsspielraum bei der Konkretisierung der einzelnen Steuertypen läßt. Dementsprechend kann eine Ertragsaushöhlung entgegen Art. 106 GG nur dann angenommen werden, wenn die Steuer nicht mehr unter einen der aufgeführten Steuertypen gefaßt werden kann[221]. § 35 EStG führt aber zu einer Steuerbetragsermäßigung, die die Struktur und Systematik der Einkommensteuer unberührt läßt. Keinesfalls jedoch statuiert Art. 106 GG eine Erhebungspflicht oder Bestandsgewähr für die GewSt, noch für ein bestimmtes Einkommensteuer-Aufkommen. Ebensogut hätte der Gesetzgeber die Gewerbesteuer abschaffen, durch eine andere wirtschaftskraftbezogene Steuer entsprechend Art. 28 Abs. 2 Satz 3 GG ersetzen[222], und gleichzeitig eine Senkung der Einkommensteuerbelastung vornehmen können. Denn die GewSt ge-

217 Vgl. *BVerfG* vom 09.02.1972 – 1 BvL 16/69, BVerfGE 32, S. 333 (338).
218 Vgl. *Hidien, J. W.*, Anrechnungsmodell, in: BB 2000, S. 486.
219 Vgl. *BVerfG* vom 09.02.1972 – 1 BvL 16/69, BVerfGE 32, S. 333 (338).
220 Vgl. *Schön, W.*, Entwurf, in: StuW 2000, S. 156.
221 Vgl. *BVerfG* vom 09.02.1972 – 1 BvL 16/69, BVerfGE 32, S. 333 (338).
222 Vgl. *Birk, D.*, Steuerrecht, 2000, S. 181 Rn. 568.

nießt keinen Bestandsschutz in ihrer konkreten Ausgestaltung. Art. 28 Abs. 2 Satz 3 GG garantiert den Gemeinden eine Steuerquelle mit Hebesatzrecht, jedoch nicht notwendigerweise die GewSt in der hergebrachten Form[223].

bb) Gleichheitsrechtliche Vorgaben

Läßt sich die pauschalierte Anrechnung der Gewerbesteuer finanzverfassungsrechtlich begründen, muß die genaue Ausgestaltung der Norm den Vorgaben des allgemeinen Gleichheitssatzes und dem Prinzip der Besteuerung nach der Leistungsfähigkeit entsprechen. Problematisch erscheint insofern die Anknüpfung an eine pauschalierte Größe sowie die Nichtberücksichtigung von Anrechnungsüberhängen.

(1) Anknüpfung an den Gewerbesteuermeßbetrag

Durch den Mechanismus der pauschalen Gewerbesteueranrechnung kann es zu erheblichen Entlastungen kommen, ohne daß Belastungen mit Gewerbesteuer vorliegen müssen. Denn der Entlastungsmechanismus des § 35 EStG setzt nicht an der tatsächlichen Belastung mit Gewerbesteuer, sondern am Gewerbesteuermeßbetrag an. Damit kann es zu ESt-Reduktionen kommen, obgleich keine GewSt gezahlt wurde. Andererseits kann die Anrechnung leerlaufen und zum endgültigen Verlust von Anrechnungspotentialen führen, obwohl GewSt – bei umfassender Fremdfinanzierung sogar in erheblichem Umfang – anfällt. Dies läßt sich nur schwer mit dem Leistungsfähigkeitsprinzip vereinbaren. Denn die objektive Leistungsfähigkeit als Grundlage für die Bemessung der Einkommensteuer wird nicht durch den gemeindlichen Hebesatz bestimmt, sondern durch den erzielten Gewinn[224]. Nur Gewerbebetriebe, die in Gemeinden mit einem Hebesatz von 349,5% (in VZ 2003 und 2004: 339,5%; ab VZ 2005: 310,5%[225]) angesiedelt sind, werden vollständig entlastet. Gewerbebetriebe in Gemeinden mit Hebesätzen oberhalb dieses Wertes werden dagegen steuerlich schlechter gestellt. In Gemeinden mit niedrigeren Hebesätzen wirkt sich die Anrechnung dagegen als einkommensteuerliche Vergünstigung aus. Damit hängt die tatsächliche Steuerbelastung nicht mehr vom erzielten Gewinn, sondern vom Hebesatz der jeweiligen Gemeinde ab. Die Anknüpfung an den Gewerbesteuermeßbetrag führt mithin zu einer Entkoppelung der Einkommensbesteuerung von der objek-

---

[223] Vgl. *Jachmann, M.*, Gewerbesteuer, in: BB 2000, S. 1434; ebenso: *Paus, B.*, Verfassungsmäßigkeit, in: NWB 2001, Fach 5, S. 1470.

[224] Vgl. *Birk, D.*, Steuerrecht, 2000, S. 181 Rn. 568.

[225] Vgl. *Biermann, F. u.a.*, Unternehmenssteuerreform, 2000, S. 101.

tiven Leistungsfähigkeit und zur Ungleichbehandlung gleicher wirtschaftlicher Sachverhalte. Bei integrierter Betrachtung von Einkommen- und Gewerbesteuer wird Belastungsgleichheit mit anderen Einkunftsarten also nur punktuell erreicht.

Solch ein Abweichen vom Grundsatz der Besteuerung bedarf eines besonderen, sachlichen Grundes[226]. Zwar ist der Steuergesetzgeber berechtigt zu pauschalieren und zu typisieren. Die Typisierung muß aber einer möglichst weiten, die große Masse realitätsgerecht abbildenden Bandbreite entsprechen[227]. Die Einbeziehung einer möglichst großen Gruppe Betroffener und die Benachteiligung einer verhältnismäßig kleinen Anzahl von Personen ist eine Voraussetzung dafür, daß die vom Gesetzgeber vorgenommene Verallgemeinerung verfassungsrechtlich nicht zu beanstanden ist[228]. Will der Gesetzgeber Gewerbetreibende aber von der zusätzlichen Belastung mit Gewerbesteuer entlasten, und wählt er dazu die Typisierung, muß dadurch auch die Mehrzahl der Betriebe entlastet werden. Andernfalls wird die Ausgestaltung des Entlastungsmechanismus der Realität nicht gerecht. Fraglich ist also, ob sich der Gesetzgeber im Rahmen seines Pauschalierungs- und Typisierungsspielraums bewegt hat. Dazu müßte die Anrechnung des 1,8-fachen Gewerbesteuermeßbetrags zusammen mit der Abzugsfähigkeit der Gewerbesteuer als Betriebsausgabe die große Masse der Gewerbetreibenden vollständig entlasten. Wie ausgeführt führt aber nur ein Hebesatz von 349,5% (VZ 2003 und 2004: 339,5%; ab VZ 2005: 310,5%) zu einer vollständigen Entlastung. Im Erhebungszeitraum 2000 betrug der Durchschnittshebesatz der Gewerbesteuer aber 428%[229]. Insbesondere in allen Großstädten mit über 100.000 Einwohnern wird die vollständige Entlastung von der Gewerbesteuer nicht erreicht[230]. Damit kann nicht mehr von einer realitätsgerechten Abbildung einer möglichst großen Bandbreite gesprochen werden. Die Ungleichbehandlung von Gewerbetreibenden in Gemeinden mit unterschiedlichen Hebesätzen betrifft also gerade nicht nur Ausnahmefälle. Vielmehr muß es sogar eher als Ausnahme angesehen werden, wenn die Gewerbesteuerbelastung genau kompensiert wird.

---

226 Vgl. *BVerfG* vom 11.11.1998 – 2 BvL 10/95, BVerfGE 99, S. 280 (290).

227 Vgl. *BVerfG* vom 10.04.1997 – 2 BvL 77/92, BVerfGE 96, S. 1 (6).

228 Vgl. *BVerfG* vom 08.10.1991 – 1 BvL 50/86, BVerfGE 84, S. 348 (360); *BVerfG* vom 10.04.1997 – 2 BvL 77/92, BVerfGE 96, S. 1 (6); *BVerfG* vom 07.12.1999 – 2 BvR 301/98, BVerfGE 101, S. 297 (309).

229 Vgl. *Institut „Finanzen und Steuern"*, Realsteuerhebesätze, 2001, S. 31.

230 Vgl. *Freshfields Bruckhaus Deringer*, Unternehmenssteuerreform, NJW-Beilage 51/2000, S. 23.

Des weiteren stellt auch die Behauptung, daß eine Anrechnung der tatsächlichen Gewerbesteuerbelastung technisch nicht möglich sei, keine Rechtfertigung dar[231]. Denn argumentiert man in der Art, eine punktgenaue Anrechnung der Gewerbesteuer führe dazu, daß die Gewerbesteuer zum durchlaufenden Posten ohne spürbare Belastung für den Gewerbetreibenden würde, handelt es sich letztlich nur um eine rechtspolitische Rechtfertigung, die einen Gleichheitsverstoß nicht zu rechtfertigen vermag. Dem Anreiz für die Gemeinden, ihre Hebesätze beliebig zu Lasten des Einkommensteueraufkommens von Bund und Ländern anzuheben, ohne sich einer Gegenwehr von Seiten der Unternehmen ausgesetzt zu sehen[232], könnte auch durch die Abschaffung der Gewerbesteuer und Ersetzung durch eine andere wirtschaftskraftbezogene Steuer im Sinne des Art. 28 Abs. 2 Satz 3 GG begegnet werden[233]. Ebensowenig kann einer punktgenauen Anrechnung der Gewerbesteuer entgegengehalten werden, ein Abzug der Gewerbesteuer als Betriebsausgabe komme mangels effektiver Belastung dann nicht mehr in Betracht[234]. Denn dem wäre schlicht durch Anpassung oder Streichung des Betriebsausgabenabzugs zu begegnen gewesen.

Schließlich begründet der Gesetzgeber die Überkompensation der GewSt bei niedrigen Hebesätzen mit dem Gesichtspunkt der Regionalförderung[235]. Zwar ließe sich eine Durchbrechung des Leistungsfähigkeitsprinzips unter lenkungspolitischen Gesichtspunkten rechtfertigen. Allerdings würde das Hebesatzrecht dazu führen, daß die Gemeinden den Umfang der Förderung selbst bestimmen könnten. Zudem müßte die Lenkungsnorm selbst gleichheitsrechtlich ausgestaltet sein[236]. Dies erscheint insofern zweifelhaft, als die pauschalierte Anrechnung in Gemeinden mit niedrigem Hebesatz nur zu einer Begünstigung von Einzelunternehmen und Personengesellschaften führt. Können diese Unternehmen Beträge von ihrer tariflichen Einkommensteuer abziehen, die sie an GewSt gar nicht gezahlt haben, werden sie gegenüber Freiberuflern bevorzugt, die der Tarifbelastung ohne Anrechnungsmöglichkeit unterliegen[237]. Die Anknüpfung an den Gewerbesteuermeßbetrag kann im Rahmen der Anrechnung also nur unter Berücksichtigung der tatsächlichen Belastung mit Gewerbesteuer erfolgen. In der nunmehr geltenden Form widerspricht die Pauschalierung dem Grundsatz der Besteuerung nach der wirtschaftlichen Leistungsfähigkeit.

---

231 So aber BT-Drucksache 14/2683, S. 98.

232 Vgl. *Jachmann, M.*, Gewerbesteuer, in: BB 2000, S. 1435; a.A. *Seer, R.*, Aspekte, in: *Herzig, N./Günkel, M./Niemann, U.*, StbJb 2000/2001, S. 30.

233 Vgl. *Birk, D.*, Steuerrecht, 2000, S. 181 Rn. 568.

234 So aber *Reformkommission*, Brühler Empfehlungen, 1999, S. 90.

235 Vgl. BT-Drucksache 14/2683, S. 97.

236 Vgl. *BVerfG* vom 22.06.1995 – 2 BvL 37/91, BVerfGE 93, S. 121 (148).

237 Vgl. *Paus, B.*, Verfassungsmäßigkeit, in: NWB 2001, Fach 5, S. 1472.

(2) Nichtberücksichtigung von Anrechnungsüberhängen

Neben dieser verfassungswidrig ausgestalteten Pauschalierung der Gewerbesteuer ist der Anrechnungsmechanismus mit speziellen Problemen behaftet, die sich aus der Anknüpfung von GewSt und ESt an unterschiedliche Bemessungsgrundlagen ergeben. So knüpft § 35 EStG an die gewerblichen Einkünfte im Sinne des EStG an, ohne daß dadurch ein hinreichendes Indiz für die Belastung mit Gewerbesteuer gegeben ist. Dadurch kommt es zu Anrechnungsüberhängen, die aufgrund fehlender Vor- oder Rücktragsmöglichkeiten zum endgültigen Verlust von Anrechnungspotential führen. Die Intention des Gesetzgebers, die Gewerbesteuerbelastung zu neutralisieren, wird deshalb in vielen Fällen unterlaufen[238]. Als Pauschalierungs- und Typisierungsnorm muß sich § 35 EStG aber auch hinsichtlich seiner konkreten Anwendung an den verfassungsrechtlichen Grenzen der Pauschalierung und Typisierung messen lassen. Insofern müßte es sich bei diesen Sachverhaltsgestaltungen um Ausnahmefälle handeln, die die überwiegende Mehrzahl der Gewerbetreibenden nicht trifft. Dies muß jedoch bezweifelt werden. Weder der horizontale noch der vertikale Verlustausgleich bei der Einkünfteermittlung noch der Verlustabzug nach § 10d EStG sind ungewöhnliche Vorgänge. Aufgrund der Hinzurechnungsvorschrift des § 8 GewStG ist es ebenso nicht ungewöhnlich – möglicherweise sogar der Regelfall –, daß ein einkommensteuerlicher Verlustvortrag nicht gleichzeitig auch zu einem gewerbesteuerlichen führt[239]. Dies hat zur Folge, daß ein Verlust in einem anderen Veranlagungszeitraum, einem anderen Betrieb oder einer anderen Einkunftsart immer mit der Gefahr behaftet sein wird, Anrechnungspotential nach § 35 EStG zu vernichten. Letztlich führt dies zu einer Strafbesteuerung für ausgewiesene Verluste[240]. Der horizontale und vertikale Verlustausgleich sowie der intertemporale oder periodenübergreifende Verlustabzug nach § 10d EStG sind jedoch Ausprägungen des objektiven Nettoprinzips[241], wobei die Besteuerung nach der wirtschaftlichen Leistungsfähigkeit durch § 35 EStG durchbrochen wird[242]. Eine Rechtfertigung für diese Durchbrechung vermag auch die neueste Rechtsprechung des *BFH* zur Beschränkung des vertikalen Verlustausgleichs in § 2 Abs. 3 EStG nicht zu liefern. § 2 Abs. 3 EStG respektiert über die Totalperiode gesehen das Leistungsfähigkeitsprinzip und beschränkt aufgrund von Verlustvor- und -rücktragsmöglichkeiten lediglich die sofortige Verlustverrechnung[243].

---

238 Vgl. *Gosch, D.*, in: *Kirchhof, P.*, EStG, 2001, § 35 Rn. 12.
239 Vgl. *Gosch, D.*, in: *Kirchhof, P.*, EStG, 2001, § 35 Rn. 13.
240 Vgl. *Paus, B.*, Verfassungsmäßigkeit, in: NWB 2001, Fach 5, S. 1473.
241 Vgl. *BVerfG* vom 30.09.1998 – 2 BvR 1818/91, BVerfGE 99, S. 88.
242 In diese Richtung wohl auch *Biermann, F. u.a.*, Unternehmenssteuerreform, 2000, S. 104.
243 Vgl. *BFH* vom 09.05.2001 – XI B 151/00, DStR 2001, S. 1110.

Selbst solch eine beschränkte Vor- oder Rücktragsmöglichkeit gewährt § 35 EStG nicht. Verstößt aber ein völliger Ausschluß der Verlustverrechnung gegen das Gleichbehandlungsgebot des Art. 3 Abs. 1 GG[244], kann nichts anderes für die endgültige Nichtgewährung einer Steuerentlastung aufgrund von Verlusten gelten. In beiden Fällen wird die Gleichbehandlung über die Totalperiode gesehen nicht beachtet.

Willkürlich scheint zudem die Aufteilung des Gewerbesteuermeßbetrags bei Mitunternehmerschaften. Neben den Verlustmöglichkeiten, die für Personengesellschaften gleichermaßen wie für Einzelunternehmen gelten, ergeben sich aus dem Aufteilungsmaßstab des allgemeinen Gewinnverteilungsschlüssels weitere Möglichkeiten, den Anrechnungsanspruch zu verlieren. Auslöser dafür ist, daß bei der Ermittlung des Gewerbesteuermeßbetrags die bezogenen Sondervergütungen und Vorabgewinne mit einbezogen werden, die Aufteilung des Meßbetrags nach § 35 EStG aber nur auf die Verteilung des Gesamthandsgewinns abstellt. So kann es trotz hoher gewerblicher Einkünfte zu einer unverhältnismäßig niedrigen Zurechnung vom Anteil der Steuerermäßigung kommen[245]. Wird der Gesamthandsgewinn durch Sondervergütungen negativ, können dennoch positive Gewerbesteuermeßbeträge entstehen. Diese werden möglicherweise Mitunternehmern zugewiesen, die nur am Ergebnis der Gesamthand beteiligt sind und deshalb keine positiven Einkünfte aus Gewerbebetrieb beziehen[246]. Solche Fehlerhaftigkeiten beruhen auf der Verflechtung verschiedener Rechts- und Rechenwerke und führen zur Ausblendung von Sonder- und Ergänzungsbilanzen bei der Ermittlung des Entlastungsbetrags[247]. Hier wäre eine Einbeziehung von Vorab- und Sondervergütungen, wie sie ursprünglich im Gesetzesentwurf vorgesehen war, zutreffender gewesen[248]. So aber kann es zu erheblichen Verlusten von Anrechnungs- und damit Entlastungspotential kommen. Die Gewährung von Vorabvergütungen und der Bezug von Sondereinnahmen sind aber gerade kein Sonderfall, sondern entsprechen der gesellschaftsrechtlichen Praxis bei Personenunternehmen. Eine zulässige Pauschalierung kann in der bloßen Anknüpfung an den allgemeinen Gewinnverteilungsschlüssel ohne Einbeziehung von Sondervergütungen jedenfalls nicht gesehen werden. Die Entlastung, die § 35 EStG für Mitunternehmerschaften gewähren soll, geht daher oftmals fehl und erfolgt willkürlich.

---

244 Vgl. *BVerfG* vom 30.09.1998 – 2 BvR 1818/91, BVerfGE 99, S. 88 (95).
245 Vgl. *Korezkij, L.*, Anrechnung II, in: BB 2001, S. 391.
246 Vgl. *Paus, B.*, Verfassungsmäßigkeit, in: NWB 2001, Fach 5, S. 1474.
247 Vgl. *Wendt, M.*, Gewerbesteueranrechnung, in: FR 2000, S. 1179.
248 Vgl. *Korezkij, L.*, Anrechnung II, in: BB 2001, S. 391.

(3) Ungleichbehandlung gegenüber Kapitalgesellschaften

Durch die pauschalierte Anrechnung der Gewerbesteuer soll Einzelunternehmen und Personengesellschaften eine Kompensation für die günstige Thesaurierungsbelastung von Kapitalgesellschaften gewährt werden. Damit versucht der Gesetzgeber, die Tarifspreizung zwischen Thesaurierung und Ausschüttung bei der Kapitalgesellschaft mit der Gewerbesteuerentlastung beim Einzelunternehmen und der Personengesellschaft zu verknüpfen. Dabei darf aber nicht übersehen werden, daß Kapitalgesellschaften ebenso mit Gewerbesteuer belastet sind und im Ausschüttungsfall nicht mehr begünstigt werden. Gleichzeitig verfolgt die Gewerbesteueranrechnung gerade kein Konzept zur Begünstigung thesaurierter Gewinne[249]. Eine systematische Basis für beide Begünstigungen ist also nicht vorhanden, so daß hierin letztlich keine dauerhaft tragfähige Rechtfertigung einer Ungleichbehandlung gesehen werden kann. Letztlich zeigt sich darin nur die innere Widersprüchlichkeit des StSenkG: Zwar soll die Thesaurierung von Gewinnen im Unternehmensbereich steuerlich gefördert und die Zusatzbelastung gewerblicher Einkünfte mit Gewerbesteuer gemildert werden. Zur konsequenten Durchsetzung dieser wirtschaftlich sinnvollen Ziele konnte sich der Gesetzgeber aber nicht durchringen. Denn richtigerweise hätte dies bedeutet, jede Unternehmensform bei der Thesaurierung von Gewinnen zu begünstigen und gleichzeitig die Gewerbesteuer abzuschaffen. Der Finanzbedarf der Gemeinden wäre ebensogut durch die Erhebung einer gleichheitsrechtlich ausgestalteten, wirtschaftskraftbezogenen Steuer gemäß Art. 28 Abs. 2 Satz 3 GG zu decken.

cc) Ergebnis

Die Anrechnung der Gewerbesteuer nach § 35 EStG stellt grundsätzlich eine Möglichkeit dar, die Zusatzbelastung durch die Gewerbesteuer zu beseitigen. Solange eine Abschaffung der Gewerbesteuer aus politischen Gründen nicht durchsetzbar ist, ist solch eine Kompensation sogar geboten. Denn gewerbliche Einkünfte unterliegen durch die Gewerbesteuer einer deutlich höheren Gesamtbelastung mit Ertragsteuern als Einkünfte der anderen Einkunftsarten. Wollte man die Gewerbesteuer dagegen weiterhin als Objektsteuer betrachten, die auf einen anderen Steuergegenstand als die Einkommensteuer zugreift, verstößt die pauschale Anrechnung nach § 35 EStG wegen der gleichzeitigen Abzugsfähigkeit der Gewerbesteuer als Betriebsausgabe gegen den Gleichheitssatz des Art. 3

---

[249] Vgl. *Hey, J.*, Verlegenheitslösung, in: FR 2001, S. 879.

Abs. 1 GG, indem gewerbliche Einkünfte gegenüber anderen privilegiert werden.

Geht man aber davon aus, daß die Gewerbesteuer nunmehr zu einer zusätzlichen Ertragsteuerbelastung gewerblicher Einkünfte führt, muß die Kompensation ihrerseits gleichheitsrechtlichen Vorgaben genügen. Die Pauschalierung durch den Gewerbesteuermeßbetrag genügt diesen Anforderungen nicht. Die Entlastung bei der Einkommensteuer, die unabhängig von der Belastung mit Gewerbesteuer ist, verstößt gegen das Leistungsfähigkeitsprinzip. Die Entstehung von Anrechnungsüberhängen mit endgültigem Verlust des Entlastungspotentials im Verlustfall sowie bei Mitunternehmerschaften ist willkürlich. Daran wird auch deutlich, daß die Norm des § 35 EStG nicht zur Vereinfachung der Unternehmensbesteuerung beitragen kann. Bereits die Komplexität der Norm zeigt, daß die Ungleichbehandlungen, die durch sie verursacht werden, nicht durch Praktikabilitätserwägungen gerechtfertigt werden können.

4. Zusammenfassung

Das StSenkG hat eine seiner ursprünglichen Zielsetzungen – die Rechtsformneutralität der Unternehmensbesteuerung herbeizuführen – bei weitem verfehlt. Vielmehr hat sich die Rechtsformabhängigkeit der Besteuerung noch verstärkt. Durch eine Vielzahl von Einzelvorschriften, die teilweise für Kapitalgesellschaften, teilweise für Personengesellschaften und teilweise für beide Rechtsformen gelten sollen, wurde die Unternehmensbesteuerung einer klaren Leitlinie beraubt. Durch zahlreiche Nachbesserungsversuche des Gesetzgebers ist nunmehr ein Flickwerk entstanden. Diese Neutralitätsverletzungen sind jedoch nicht nur ökonomisch bedenklich, sondern führen zugleich zu Verstößen gegen den Gleichheitssatz und das Leistungsfähigkeitsprinzip:

- Die Begünstigung thesaurierter Gewinne bei Kapitalgesellschaften stellt eine Neutralitätsverletzung dar und ist auch mit dem Leistungsfähigkeitsprinzip nicht zu vereinbaren. Indikator der Leistungsfähigkeit ist ausschließlich der Gewinn des Unternehmens. Damit widerspricht es Art. 3 Abs. 1 GG, wenn der gleiche wirtschaftliche Erfolg in Abhängigkeit von der Rechtsform unterschiedlich besteuert wird.

- Eine Rechtfertigung für die Ungleichbehandlung der Rechtsformen kann weder durch Lenkungszwecke noch durch die Unterschiede bei der Einkommen- und Körperschaftsteuer begründet werden. Ein Lenkungszweck zur Förderung von Kapitalgesellschaften ist der Begründung zum StSenkG nicht zu entnehmen. Dies würde auch der ursprünglichen Zielvorgabe der Rechtsformneutralität widersprechen. Auch die unterschiedlichen Tarife von Einkommen- und Körperschaftsteuer können die Begünstigung nicht rechtfertigen. Diese Steuerphänomene sind nicht vergleichbar und können daher nicht als Ausgleich füreinander dienen. Die unzureichende Umsetzung der Nachbelastung führt schließlich zu einem Verstoß gegen den Grundsatz der Widerspruchsfreiheit und Folgerichtigkeit.

- Mit der gleichen Argumentation genügt auch die Steuerbefreiung für Veräußerungsgewinne bei Kapitalgesellschaften weder ökonomischen noch verfassungsrechtlichen Vorgaben. Die hierdurch herbeigeführte Ungleichbehandlung wird durch die Begünstigungen des StSenkErgG und des UntStFG für Einzelunternehmen und Personengesellschaften nicht kompensiert.

- Ebensowenig stellt die Anrechnungsmöglichkeit des § 35 EStG einen Ausgleich für Einzelunternehmen und Personengesellschaften dar. So besteht bereits keine gemeinsame steuersystematische Basis zwischen der Tarifbegünstigung von Kapitalgesellschaften und der Gewerbesteuerentlastung von Einzelunternehmen und Personengesellschaften. Zudem ist die Anrechnung der Gewerbesteuer ihrerseits gleichheitswidrig: Eine Entlastung bei der Einkommensteuer unabhängig von der Belastung mit Gewerbesteuer verstößt gegen das Leistungsfähigkeitsprinzip. Schließlich ist der endgültige Verlust von Entlastungspotential willkürlich. Bereits die Komplexität der Norm schließt eine Rechtfertigung dieser Ungleichbehandlungen durch Praktikabilitätserwägungen aus.

- Die gleichheitswidrige Begünstigung von Kapitalgesellschaften bei thesaurierten Gewinnen und Veräußerungserlösen kann somit auch nicht durch die gleichheitswidrige Begünstigung von Einzelunternehmen und Personengesellschaften im Bereich der Gewerbesteuer ausgeglichen werden. Denn die Anrechnungsvorschrift des § 35 EStG ist in sich gleichheitswidrig. Eine in sich gleichheitswidrige Norm kann aber nicht als Rechtfertigung für die Ungleichbehandlung durch eine andere Norm herangezogen werden.

IV. Umsetzung von Finanzierungs- und Investitionsneutralität

Der Systemwechsel bei der Körperschaftsteuer hat die Besteuerung von Dividendeneinnahmen grundlegend geändert. Nunmehr muß bei Dividendenzahlungen unterschieden werden, ob sie von einer natürlichen oder einer juristischen Person vereinnahmt werden. Diese Unterscheidung wirkt sich jedoch nicht nur auf die Einnahmenseite aus. Vielmehr differenziert das StSenkG auch bei der Abzugsfähigkeit von Werbungskosten und Betriebsausgaben nach der Person des Dividendenempfängers. Wiederum anders behandelt werden Zinseinnahmen und damit zusammenhängende Ausgaben. Aus ökonomischer Sicht stellt sich für viele Unternehmen nun die Frage nach der optimalen Finanzierung[1].

Der Schwerpunkt der Untersuchung liegt im folgenden auf den verschiedenen Abzugsbeschränkungen. Zunächst wird deren Wirkung auf die effektive Steuerbelastung ermittelt und unter dem Aspekt der Finanzierungsneutralität ausgewertet. Sodann werden die Abzugsbeschränkungen auf ihre Vereinbarkeit mit verfassungs- und europarechtlichen Vorgaben untersucht. Eine Auseinandersetzung mit der Ausgabenseite erfordert jedoch zunächst ein ungefähres Verständnis über die Vorgänge auf der Einnahmenseite. Beide zusammen bilden die Bemessungsgrundlage und können daher nicht losgelöst voneinander analysiert werden. Deshalb ist zunächst ein Überblick über die Besteuerung der Finanzierungsformen erforderlich.

1. Besteuerung von Zinsen und Dividenden nach dem StSenkG

Die Einführung des Halbeinkünfteverfahrens hat dazu geführt, daß nicht mehr alle Einkünfte aus Kapitalvermögen nach der gleichen Systematik besteuert werden. Vielmehr muß unterschieden werden, ob in Eigen- oder in Fremdkapital investiert wurde.

a) Besteuerung von Dividenden

Bei der Besteuerung von Dividenden muß nach der Systematik des StSenkG nach der Rechtsform des Dividendenempfängers unterschieden werden.

---

[1] Vgl. *Scheffler, W.*, Finanzierung, in: BB 2000, S. 2441 ff.

aa) Ausschüttung an natürliche Personen

Werden Dividenden an eine natürliche Person oder Personengesellschaft ausgezahlt, kommt das Halbeinkünfteverfahren nach § 3 Nr. 40 EStG zur Anwendung. Damit sind die Hälfte der Dividendenbezüge steuerfrei. Dies gilt nach § 3 Nr. 40 Satz 2 EStG i.V.m. § 20 Abs. 3 EStG unabhängig davon, ob die Anteile im Betriebs- oder Privatvermögen gehalten werden[2]. Die hälftige Steuerfreiheit soll eine pauschale Entlastung dafür sein, daß die Einkünfte auf Ebene der Kapitalgesellschaft bereits der Besteuerung unterlagen[3].

bb) Ausschüttung an Kapitalgesellschaften

Bezieht eine unbeschränkt steuerpflichtige Körperschaft Dividenden von einer anderen Körperschaft, sind diese Bezüge nach § 8b Abs. 1 KStG steuerbefreit. Dabei handelt es sich jedoch nicht um eine Steuerbefreiung in Form eines Privilegs. Vielmehr soll dadurch nur eine Doppelbesteuerung vermieden werden[4]. Denn die Dividende wurde bereits auf Ebene der ausschüttenden Kapitalgesellschaft mit Körperschaftsteuer vorbelastet. Da die Steuerbefreiung auch für ausländische Dividenden gilt, stellt § 8b Abs. 1 KStG eine unilaterale Maßnahme zur Vermeidung der Doppelbesteuerung dar[5].

b) Besteuerung von Zinsen

Zinseinkünfte werden nach dem StSenkG weiterhin voll versteuert. Dabei ist es unerheblich, ob der Empfänger eine natürliche oder juristische Person ist bzw. ob die Kapitalforderung zu einem Betriebs- oder Privatvermögen gehört. Dadurch hat der Gesetzgeber innerhalb der gleichen Einkunftsart unterschiedliche Besteuerungsverfahren eingeführt[6].

---

2 Vgl. *Kußmaul, H./Beckmann, S.*, Dividendenbesteuerung, in: DB 2001, S. 608.
3 Vgl. *Crezelius, G.*, Grundstrukturen, in: DB 2001, S. 223 f.
4 Vgl. *Rödder, T./Schumacher, A.*, Analyse, in: DStR 2000, S. 357.
5 Vgl. *Köhler, S.*, Auslandsinvestitionen, in: DStR 2000, S. 614.
6 Vgl. *Pasch, H.*, Wissenschaft, in: *Ernst & Young/BDI*, Unternehmenssteuerreform, 2000, S. 89 f. Rn. 70.

2. Auswirkungen des StSenkG auf die Finanzierung von Unternehmen

Diese Steuerbefreiungstatbestände für Dividendeneinnahmen haben nach dem Willen des Gesetzgebers aber auch eine Kehrseite: Im Gegenzug zur vollen Steuerfreiheit nach § 8b Abs. 1 KStG soll das Ausgabenabzugsverbot des § 3c Abs.1 EStG gelten. Einnahmen, die nach dem Halbeinkünfteverfahren besteuert werden, lösen das neu eingeführte Abzugsverbot des § 3c Abs. 2 EStG aus. Schließlich hat das StSenkG die Pauschalierung des § 8b Abs. 7 EStG a.F. für Auslandsdividenden in § 8b Abs. 5 EStG beibehalten. Damit bestehen nun drei verschiedene Vorschriften zur steuerlichen Behandlung von Aufwendungen im Zusammenhang mit Dividendeneinnahmen. Eine Investitionsentscheidung muß daher sowohl die Anlageform als auch die Art der Refinanzierung berücksichtigen[7].

a) Ausgaben bei Zinseinnahmen

Ausgaben, die im Zusammenhang mit Zinseinnahmen stehen, bleiben voll abzugsfähig. Dies ist die Konsequenz daraus, daß Zinseinnahmen nicht unter das Halbeinkünfteverfahren fallen und auch für Kapitalgesellschaften voll steuerpflichtig sind.

b) Ausgaben nach § 3c Abs. 1 EStG

Das Abzugsverbot des § 3c Abs. 1 EStG bewirkt, daß Beteiligungsaufwendungen von Kapitalgesellschaften wegen der Steuerfreiheit der Einnahmen außer Ansatz bleiben müssen. Dies führt dazu, daß bei Konzernsachverhalten die Kosten, die auf Ebene der Muttergesellschaft für die Finanzierung der Beteiligung an der Tochter anfallen, nicht mehr steuermindernd abgezogen werden können.

Beispiel:

Eine 100%ige Tochterkapitalgesellschaft schüttet ihren Gewinn in Höhe von 120.000 € vor Steuern vollständig an die Mutterkapitalgesellschaft aus. Der Muttergesellschaft erwachsen Refinanzierungskosten in Höhe von 50.000 €. Der Hebesatz der Gewerbesteuer beträgt 400%. Die Belastungswirkung des Solidaritätszuschlags bleibt außer Betracht.

---

7 Vgl. *Rogall, M.*, Systematik, in: DB 2001, S. 1903.

I. Ebene der Tochtergesellschaft		
+	Gewinn vor Steuern	120.000
./.	GewSt	20.000
=	Gewinn nach GewSt	100.000
./.	KSt (25%)	25.000
=	**Gewinn nach GewSt und KSt**	**75.000**

II. Ebene der Muttergesellschaft		
+	Dividende	75.000
./.	Refinanzierungskosten	50.000
./.	Steuern (bzw. steuerfrei; § 8b Abs. 1 KStG)	0
=	**Zufluß nach Ausgaben und Steuern**	**25.000**

III. Gesamtbelastung	
Steuerbelastung Tochtergesellschaft	45.000
Steuerbelastung Muttergesellschaft	0
Gesamtsteuerbelastung	**45.000**
(in % der Nettoeinkünfte)	(64,3)

Tabelle 12: Refinanzierungskosten von Kapitalgesellschaften; in Anlehnung an: *Rödder, T./Schumacher, A.*, Analyse, in: DStR 2000, S. 355.

Die Gesamtsteuerbelastung von 64,3% bezieht sich auf die tatsächlichen Nettoeinkünfte. Diese ergeben sich aus dem Gewinn der Tochtergesellschaft vor Steuern in Höhe von 120.000 € abzüglich der Refinanzierungskosten auf Ebene der Muttergesellschaft von 50.000 €, die steuerlich nicht berücksichtigt werden können. Die tatsächlichen Nettoeinkünfte des Konzerns betragen somit 70.000 €.

Gewährt die Muttergesellschaft der Tochtergesellschaft dagegen ein Darlehen, das sie ihrerseits refinanziert, so kann sie die Schuldzinsen für das Refinanzierungsdarlehen vollständig steuermindernd absetzen. Sofern die Höhe der Zinsen aus diesem Gesellschafterdarlehen angemessen ist, kann die Fremdfinanzierung der Tochtergesellschaft über Gesellschafterdarlehen günstiger sein als die Finanzierung mit Eigenkapital. Die Belastungsunterschiede bei der Kapitalausstattung einer hundertprozentigen Tochterkapitalgesellschaft mit Eigen- oder Fremdkapital der Mutterkapitalgesellschaft stellen sich wie folgt dar:

Beispiel (Siehe dazu **Tabelle 13** auf S.234):

In der Alternative „Dividendeneinkünfte" wird die Tochtergesellschaft ausschließlich über Eigenkapital finanziert. In der Alternative „Zinseinkünfte" erfolgt die Finanzierung durch Fremdkapital, welches die Muttergesellschaft als Gesellschafterdarlehen zur Verfügung stellt. Die Zinsvereinbarung soll einem Fremdvergleich standhalten, so daß von einer verdeckten Gewinnausschüttung abgesehen werden kann.

Die Muttergesellschaft muß das zur Verfügung gestellte Kapital in beiden Alternativen refinanzieren. Dafür entstehen ihr Zinsaufwendungen in Höhe von 100.000 €. Zudem soll von einer (ausschließlich) gewerbesteuerlichen Organschaft ausgegangen werden, so daß die Zinsaufwendungen nur auf Ebene der Muttergesellschaft als Dauerschuldzinsen im Sinne des GewStG berücksichtigt werden.

In beiden Alternativen erzielt die Muttergesellschaft neben den Einnahmen aus der Tochtergesellschaft einen Gewinn aus ihrem operativen Geschäft in Höhe von 100.000 €. Der Hebesatz der Gewerbesteuer beträgt 400%.

Die Gesamtbelastung in € entspricht hier der Steuerbelastungsquote bezogen auf den vorläufigen Nettogewinn von Mutter- und Tochtergesellschaft: Die Muttergesellschaft weist im Betriebsergebnis einen Gewinn von 100.000 € auf. Zusammen mit dem Gewinn der Tochtergesellschaft in Höhe von 100.000 € und abzüglich der Refinanzierungszinsen in Höhe von 100.000 € ergibt sich im gesamten Konzern also ein vorläufiger Nettogewinn von 100.000 €.

In dieser Konstellation wird ersichtlich, daß die Fremdfinanzierung der Tochtergesellschaft günstiger sein kann als die Finanzierung mit Eigenkapital. Die Steuerbelastungsquote bei Fremdfinanzierung liegt um 19,95 Prozentpunkte unter der bei ausschließlicher Eigenfinanzierung. Die Eigenfinanzierung der Tochtergesellschaft ist in diesem Beispiel also um 44,55% höher belastet als die Fremdfinanzierung.

Die Gesamtübersicht zeigt, daß diese Belastungsunterschiede insbesondere auf der zusätzlichen Belastung mit Körperschaftsteuer auf Ebene der Muttergesellschaft beruhen. Dies ist die Folge der nicht abzugsfähigen Refinanzierungszinsen. Denn im Gegensatz zur Fremdfinanzierung bewirkt die Zuführung von Eigenkapital, daß die beteiligungsbezogenen Aufwendungen auf Ebene der Muttergesellschaft nicht abgezogen werden können. Damit kommt es zu einer Doppelbelastung. Denn der Gewinn aus der operativen Geschäftstätigkeit wurde bereits auf Ebene der Tochtergesellschaft mit Körperschaftsteuer belastet und nur unter Abzug von 25% an die Muttergesellschaft ausgeschüttet[8]. Die beteiligungsbezogenen Aufwendungen der Muttergesellschaft mindern den konzernweiten Gewinn jedoch in gleicher Weise wie die Aufwendungen der Tochter, werden steuerlich aber nicht berücksichtigt.

---

8 Vgl. *Schiffers, J.*, Kapitalgesellschaften, in: GmbHR 2000, S. 207.

		Dividendeneinkünfte	Zinseinkünfte
I. Ebene der Tochtergesellschaft			
+	Vorläufiger Gewinn	100.000	100.000
./.	Zinsaufwand	-	100.000
=	Gewinn vor GewSt	100.000	0
./.	GewSt (400% Hebesatz)	16.667	-
=	Gewinn nach GewSt	83.333	0
./.	KSt (25%)	20.833	-
./.	SolZ	1.146	-
=	Gewinn nach GewSt und KSt	61.354	0

		Dividendeneinkünfte		Zinseinkünfte	
II. Ebene der Muttergesellschaft					
+	Operativer Gewinn (Betriebsergebnis)		100.000		100.000
+	Zinseinnahmen		-		100.000
+	Gewinnausschüttung		61.354		-
./.	Refinanzierungszinsen		100.000		100.000
=	Gewinn vor Steuern		61.354		100.000
+	§ 3c EStG (nicht abzugsfähige Ausgaben)		61.354[9]		-
./.	Dividendenfreistellung		61.354		-
=	zu versteuerndes Einkommen	61.354	61.354	100.000	100.000
+	§ 8 GewStG (½ der Dauerschuldzinsen)	19.323[10]		50.000	
=	Gewinn vor GewSt	80.677		150.000	
./.	GewSt	13.446	13.446	25.000	25.000
=	Gewinn nach GewSt		47.908		75.000
./.	KSt (25%)		11.977		18.750
./.	SolZ		659		1.031
=	Gewinn nach Steuern		35.272		55.219

[9] Nach der Rechtsprechung des *BFH* sind Betriebsausgaben maximal in Höhe der steuerfreien Dividendeneinkünfte nicht abzugsfähig; vgl. *BFH* vom 29.05.1996 – I R 167/94, BFHE 180, S. 415. Eine außerbilanzielle Hinzurechnung nach § 3c Abs. 1 EStG erfolgt demnach nur in Höhe der vereinnahmten Dividende.

[10] Hinzugerechnet werden nur solche Dauerschuldzinsen, die bei der Gewinnermittlung tatsächlich abgezogen wurden. Im Zusammenspiel mit § 3c Abs. 1 EStG wurden 38.646 € abgezogen. Die hälftige Hinzurechnung ergibt sich folglich aus diesem Betrag.

III. Gesamtbelastung				
1. GewSt				
Tochtergesellschaft	16.667		0	
Muttergesellschaft	13.542		25.000	
Gesamt	30.113	30.113	25.000	25.000
2. KSt				
Tochtergesellschaft	20.833		0	
Muttergesellschaft	11.977		18.750	
Gesamt	32.810	32.810	18.750	18.750
3. SolZ				
Tochtergesellschaft	1.146		0	
Muttergesellschaft	659		1.031	
Gesamt	1.805	1.805	1.031	1.031
3. Gesamtbelastung		**64.728**		**44.781**
(Steuerbelastungsquote in %)		(64,73)		(44,78)

Tabelle 13: Belastungsvergleich bei Eigen- und Fremdfinanzierung von Kapitalgesellschaften; in Anlehnung an: *Biermann, F. u.a.*, Unternehmenssteuerreform, 2000, S. 55.

Aufwendungen in Zusammenhang mit einer Darlehensgewährung sind dagegen voll abzugsfähig. Erfolgt die Refinanzierung des konzernweiten Liquiditätsbedarfs auf Ebene der Muttergesellschaft, muß die Tochter weitgehend über Gesellschafterdarlehen finanziert werden, um die Abzugsfähigkeit der Refinanzierungszinsen zu gewährleisten. Andernfalls kann die Abzugsfähigkeit nur dadurch sichergestellt werden, daß die Refinanzierung auf Ebene der Tochtergesellschaft vorgenommen wird; man spricht dann vom sog. „Push-Debt-Down"[11]. Dazu führt die Muttergesellschaft nur das gesetzliche Minimum an Eigenkapital zu, während die Tochtergesellschaft ihren Liquiditätsbedarf durch Fremdkapital von fremden Dritten deckt. So bleiben die Zinsaufwendungen weiterhin voll abzugsfähig, mindern jedoch auch die Ausschüttung an die Muttergesellschaft[12].

Damit hängt die Abzugsfähigkeit von Aufwendungen in Konzernverhältnissen davon ab, ob die Finanzierungskosten auf der gleichen Ebene anfallen wie die Erträge aus der operativen Geschäftstätigkeit. Erzielt die Tochtergesellschaft

---

11 Vgl. *Köster, B.-K.*, Beteiligungserträge, in: FR 2000, S. 1268.

12 Vgl. *Strunk, G.*, Abziehbarkeit, in: *Arthur Andersen*, Steuerreform, 2001, S. 125 f.

Einnahmen aus einer Investition, müssen die Finanzierungsaufwendungen aufgrund von § 3c Abs. 1 EStG auch bei der Tochter anfallen. Mit anderen Worten: Die Tochter investiert und muß selbst refinanzieren. Refinanziert die Mutter – auch wenn sie möglicherweise erheblich bessere Konditionen erhalten könnte –, sind die Refinanzierungskosten nicht abzugsfähig. Investition und Finanzierung müssen auf der gleichen Stufe des Konzerns vorgenommen werden. Für reine Holdinggesellschaften könnte man das Abzugsverbot sogar noch weiter ausdehnen. Denn deren Geschäftszweck besteht ausschließlich im Halten von Kapitalgesellschaftsbeteiligungen. Damit stehen sämtliche Aufwendungen der Holdinggesellschaft in Verbindung mit steuerfreien Einnahmen und dürfen nicht gewinnmindernd abgezogen werden. Für reine Holdinggesellschaften kann die Steuerfreiheit des § 8b Abs. 1 KStG über das Abzugsverbot also erhebliche Nachteile mit sich bringen[13].

Die Wirkungsweise des § 3c Abs. 1 EStG kann zusammenfassend dadurch beschrieben werden, daß Aufwendungen innerhalb des Unternehmensverbundes nicht mehr steuermindernd abgezogen werden können, obwohl Einnahmen innerhalb desselben Verbundes der vollen Besteuerung unterliegen. Zwar kann dieser Umstand grundsätzlich durch die Bildung einer körperschaftsteuerlichen und gewerbesteuerlichen Organschaft vermieden werden[14]. Dies ist jedoch nicht immer möglich und aus außersteuerlichen Gründen oft nicht gewollt. Dann aber führt das Abzugsverbot zur Begünstigung der Fremd- gegenüber der Eigenfinanzierung. Diese wird nun nicht nur bei der Gewerbesteuer, sondern auch bei der Einkommen- und Körperschaftsteuer privilegiert. Betriebswirtschaftlich führt das Abzugsverbot des § 3c Abs. 1 EStG im Zusammenwirken mit § 8b Abs. 1 KStG dazu, daß die durch das Anrechnungsverfahren weitgehend gewahrte Finanzierungsneutralität verloren geht.

Dies hat auch der Gesetzgeber erkannt und die Kritik an der systemwidrigen Anwendung des § 3c Abs.1 EStG[15] im Entwurf des UntStFG aufgegriffen. Deshalb war ursprünglich vorgesehen, das Abzugsverbot des § 3c Abs. 1 EStG nicht auf Einnahmen nach § 8b Abs. 1 KStG anzuwenden. Wäre es zur Umsetzung dieser Regelung in § 8b Abs. 5 KStG gekommen, wäre es auch in mehrstufigen Kapitalgesellschaftsstrukturen bei der einmaligen Besteuerung geblieben. Kaskadeneffekte durch die Nichtabzugsfähigkeit beteiligungsbezogener Aufwendungen auf übergeordneten Stufen des Konzern wären damit verhindert wor-

---

13 Vgl. *Rödder, T.*, Neukonzeption, in: WPg 2000, S. 61.

14 Vgl. *Scheffler, W.*, Finanzierung, in: BB 2000, S. 2445.

15 Vgl. *Rödder, T./Schumacher, A.*, Änderungen, in: DStR 2002, S. 108.

den[16] und der Vorwurf der Neutralitätsverletzung wäre nicht mehr berechtigt gewesen. Die Empfehlung des Finanzausschusses lehnte diese Korrekturmaßnahme jedoch ab[17]. Schließlich bestand eine vorgeschlagene Variante darin, das Abzugsverbot zwar auf das Veräußerungsprivileg des § 8b Abs. 2 KStG zu erstrecken, im Zusammenhang mit Dividendeneinnahmen den Abzug beteiligungsbezogener Aufwendungen aber zuzulassen[18]. Die Gesamtproblematik hätte damit partiell jedoch weiterbestanden. Gleichwohl ist es zu keiner dieser Änderungen tatsächlich gekommen. Während der Finanzausschuss bereits die Aufhebung des Abzugsverbotes für Veräußerungsgewinne nach § 8b Abs. 2 aus § 8b Abs. 5 KStG-E herausgenommen hat, hat der Vermittlungsausschuss die Nachbesserung dieser Problematik völlig gestrichen[19]. Somit bleibt es auch nach Inkrafttreten des UntStFG bei der durch das StSenkG herbeigeführten Rechtslage in Bezug auf das Abzugsverbot des § 3c Abs. 1 EStG.

c) Ausgaben nach § 3c Abs. 2 EStG

Ähnlich wie § 3c Abs. 1 EStG bewirkt auch § 3c Abs. 2 EStG ein Abzugsverbot für beteiligungsbezogene Aufwendungen. Diese Vorschrift richtet sich gegen Einnahmen, die der Besteuerung nach dem Halbeinkünfteverfahren unterliegen. Betriebsausgaben oder Werbungskosten, die mit solchen Einnahmen in wirtschaftlichem Zusammenhang stehen, dürfen unabhängig vom Entstehungszeitpunkt nur zur Hälfte abgezogen werden.

Damit kann auch das Abzugsverbot nach § 3c Abs. 2 EStG zu einer Benachteiligung der Eigenfinanzierung gegenüber der Fremdfinanzierung führen.

Beispiel (Siehe dazu **Tabelle 14** auf S.239):

Ein Eigner und Geschäftsführer einer Ein-Mann-GmbH führt seiner Kapitalgesellschaft liquide Mittel in Höhe von 1.000.000 € zu. Die zugeführten Mittel muß er refinanzieren, wofür ihm Zinsaufwendungen i.H.v. 50.000 € entstehen. Auf Ebene der Gesellschaft wird ein Ertrag in Höhe von 110.000 € erwirtschaftet, der an ihn ausgeschüttet werden soll. Die Einkünfte werden beim Gesellschafter mit dem Spitzensteuersatz (ab Veranlagungszeitraum 2005) von 42% besteuert. Die Belastungswirkung des Solidaritätszuschlags soll dabei vernachlässigt werden.

---

16 Vgl. *Rödder, T./Schumacher, A.*, Fortentwicklung I, in: DStR 2001, S. 1640.
17 BR-Drucksache 638/1/01; vgl. *Rödder, T./Schumacher, A.*, Fortentwicklung II, in: DStR 2001, S. 1685.
18 So wohl BR-Drucksache 893/01, S. 6.
19 Vgl. *Rödder, T./Schumacher, A.*, Änderungen, in: DStR 2002, S. 108.

Wird das Investitionsprojekt durch Einlage der refinanzierten Mittel in das Eigenkapital finanziert, ist dieser Ertrag auf Ebene der Kapitalgesellschaft mit 18.333 € Körperschaftsteuer belastet. An den Anteilseigner werden nach Abzug von GewSt 68.750 € ausgeschüttet. Hiervon sind 34.375 € steuerfrei. Von der verbleibenden Hälfte können die hälftigen Refinanzierungskosten, also 25.000 € abgezogen werden. Damit unterliegen 9.380 € dem persönlichen Steuersatz des Anteilseigners. Dies ergibt eine ESt-Schuld von 3.940 €. Die Gesamtsteuerbelastung beläuft sich auf 45.190 €.

Gewährt der Gesellschafter die refinanzierten Mittel als Darlehen zu einem Zinssatz von 10%, so zahlt die Gesellschaft 100.000 € Zinsen an ihn aus. Die Zinszahlung soll dem Fremdvergleich genügen, so daß kein Fall der verdeckten Gewinnausschüttung anzunehmen ist[20]. Der Ertrag aus dem Investitionsprojekt wird auf Ebene der Gesellschaft durch die GewSt und die Zinszahlung, die als Betriebsausgabe anerkannt wird, vollständig aufgezehrt. Damit fällt keine Körperschaftsteuer an. Der Anteilseigner kann dagegen die Refinanzierungskosten in Höhe von 50.000 € vollständig abziehen. Die verbleibenden 50.000 € sind mit dem persönlichen Steuersatz zu versteuern.

Wie aus Tabelle 14 ersichtlich liegt die Gesamtsteuerbelastung bei Eigenfinanzierung um 23,65 Prozentpunkte bzw. 45,77% höher als die Belastung bei Fremdfinanzierung. Fallen auf Ebene des Gesellschafters beteiligungsbezogene Aufwendungen an, ist das Halbeinkünfteverfahren bei gleicher Einkunftsart nicht finanzierungsneutral.

Zudem kann die Anwendung des § 3c Abs. 2 EStG in Einzelfällen zu einer Gesamtbelastung von über 100% führen. Betrachtet man die Ebenen der Gesellschaft und des Anteilseigners als wirtschaftliche Einheit, führen Aufwendungen beim Anteilseigner, die nach § 3c Abs. 2 EStG nunmehr nur noch hälftig abgezogen werden können, zu einer höheren Steuerbelastung der Nettoeinkünfte. Denn durch das Zusammenspiel von Körperschaftsteuer und Einkommensteuer werden Gewinne beim Durchlaufen beider Besteuerungsebenen typisiert jeweils hälftig besteuert. Aufwendungen, die in vollem Umfang beim Anteilseigner anfallen, werden aber hälftig vom Abzug ausgeschlossen. Eine korrespondierende Entlastung auf Unternehmensebene fehlt hier aber.

---

20 Wie bei § 3c Abs. 1 EStG kann der Gesellschafter möglicherweise aufgrund von ihm gewährter Sicherheiten oder überragender Bonität erheblich günstiger Fremdkapital beschaffen als die GmbH. Die Marge, die der Gesellschafter für die Weiterleitung des Fremdkapitals an die Gesellschaft erhält, muß damit keineswegs eine verdeckte Gewinnausschüttung darstellen. Schließlich besteht die Möglichkeit, daß nur ein Teil der Investition refinanziert werden muß.

		Dividendeneinkünfte		Zinseinkünfte	
I. Ebene der Kapitalgesellschaft					
+	Vorläufiger Gewinn		110.000		110.000
./.	Zinsaufwand		-		100.000
=	Gewinn vor GewSt	110.000	110.000	10.000	10.000
+	Hinzurechnung (§ 8 GewStG)	-		50.000	
=	Gewerblicher Gewinn	110.000		60.000	
./.	GewSt (400% Hebesatz)		18.333		10.000
=	Gewinn nach GewSt		91.667		0
./.	KSt (25%)		22.917		-
=	**Gewinn nach GewSt und KSt**		**68.750**		**0**
II. Ebene des Anteilseigners					
+	Zinszahlung		0		100.000
+	Gewinnausschüttung	68.750			-
./.	steuerfreie Einnahmen	34.375			-
=	zu versteuernde Einnahmen	34.375	34.375		100.000
./.	Refinanzierungskosten	50.000			50.000
+	davon nicht abzugsfähig	25.000	-		-
≙	abzugsfähige Kosten	25.000	25.000		-
=	zu versteuerndes Einkommen		9.380		50.000
./.	ESt (42%)		3.940		21.000
=	Zufluß nach Ausgaben und Steuern		14.810		29.000

III. Gesamtbelastung		
+ Einnahme aus Investition	110.000	110.000
./. GewSt	18.333	10.000
./. KSt	22.917	-
./. ESt	3.940	21.000
= Gesamtsteuerbelastung	**45.190**	**31.000**
./. Refinanzierungskosten	50.000	50.000
= Netto-Zufluß beim Investor	**14.810**	**29.000**
(Steuerbelastung in % der Nettoeinkünfte)	(75,32)	(51,67)

Tabelle 14: Belastungsvergleich bei Eigen- und Fremdfinanzierung durch den Gesellschafter (Nicht-Kapitalgesellschaft); in Anlehnung an: *Scheipers, T./Schulz, A.*, Unternehmenssteuerreform, 2000, S. 125 f.

Beispiel (Siehe dazu **Tabelle 15**):

Eine Kapitalgesellschaft erzielt vor Steuern einen Gewinn pro Aktie von 100 €. Der Gewinn wird vollständig an die Aktionäre ausgeschüttet und unterliegt auf Ebene des Anteilseigners dem Spitzensatz der Einkommensteuer ab dem Veranlagungszeitraum 2005 (42%). Die Gesamtbelastung variiert je nach Zinsaufwand (0 €, 30 € bzw. 70 € pro Aktie), der für den Erwerb der Anteile anfällt. Der Hebesatz der Gewerbesteuer soll 400% betragen. Solidaritätszuschlag und Kirchensteuer werden vernachlässigt.

		Zinsaufwand 0 €			**Zinsaufwand 30 €**			**Zinsaufwand 70 €**		
I. Gesellschaftsebene										
+	Vorläufiger Gewinn			100,00			100,00			100,00
./.	GewSt			16,67			16,67			16,67
./.	KSt			20,83			20,83			20,83
=	**Gewinn nach Steuern**			**62,50**			**62,50**			**62,50**
II. Gesellschafterebene										
+	Dividende	62,50		62,50	62,50		+ 62,50	62,50		+ 62,50
./.	Davon steuerfrei	31,25			31,25			31,25		
=	steuerpflichtige Einnahmen	31,25	31,25		31,25	31,25		31,25	31,25	
./.	Zinsaufwand	0,00		0,00	30,00		- 30,00	70,00		- 70,00
+	davon nicht abzugsfähig	0,00			15,00			35,00		
=	Abzugsfähige Ausgaben	0,00	0,00		15,00	-15,00		35,00	-35,00	
=	**Zu versteuern**		**31,25**			**16,25**			**- 3,75**	
./.	ESt			- 13,13			- 6,83			- 1,58
=	**Zufluß beim Gesellschafter**			**+ 49,37**			**+ 25,67**			**- 5,92**
III. Gesamtbelastung										
1. Nettoeinkünfte										
+	**Vorläufiger Gewinn**			100,00			100,00			100,00
./.	**Zinsen**			0,00			30,00			70,00
=	**Nettoeinkünfte**			**100,00**			**70,00**			**30,00**
2. Steuern										
./.	**GewSt**			16,67			16,67			16,67
./.	**KSt**			20,83			20,83			20,83
./.	**ESt**			13,13			6,83			+1,58
=	**Gesamtsteuerbelastung**			**50,63**			**44,33**			**35,92**
3. Steuerbelastungsquote (%)				**50,63**			**63,33**			**119,73**

Tabelle 15: Belastungsvergleich bei variierendem Darlehenszins; in Anlehnung an: *Hötzel, O.*, in: *Schaumburg/Rödder*, Unternehmenssteuerreform, 2000, S. 249 f.

Mit zunehmendem Zinsaufwand kommt es somit zu einer steigenden Steuerbelastungsquote bezogen auf die Nettoeinkünfte. Bei Zinsaufwendungen von 70 € liegt diese Quote mit 19,73 Prozentpunkten deutlich über einer hundertprozentigen Gesamtsteuerbelastung der Einkünfte.

Fallen auf Ebene des Anteilseigners hohe Aufwendungen an, die in wirtschaftlichem Zusammenhang mit der Beteiligung stehen, ist eine Finanzierung der Kapitalgesellschaft mit Fremdkapital in Form von Gesellschafterdarlehen steuerlich vorteilhafter. Dadurch werden zwar die Zinseinnahmen aus dem Gesellschafterdarlehen vollständig steuerpflichtig, zugleich können jedoch auch die Ausgaben für das Refinanzierungsdarlehen vollständig abgezogen werden. Zudem entfällt die Definitivbelastung mit KSt auf Ebene der Kapitalgesellschaft.

Die Vorteilhaftigkeit der Fremdfinanzierung gilt jedoch nicht uneingeschränkt. Sie ist vielmehr vom persönlichen Steuersatz des Gesellschafters abhängig. Dies folgt daraus, daß das Halbeinkünfteverfahren bei hohen Steuersätzen zu Überkompensationen führen kann. Im Umkehrschluß ist die Fremdfinanzierung um so vorteilhafter, je geringer der persönliche Steuersatz ist[21]. Ab einem persönlichen Steuersatz von etwa 47,62% ist die Eigenfinanzierung vorteilhafter als die Fremdfinanzierung[22]. Durch die Absenkung des Spitzensteuersatzes auf 42% ab dem Veranlagungszeitraum 2005 kann dieser Steuersatz aber nicht mehr erreicht werden, so daß die Fremdfinanzierung stets vorteilhafter als die Eigenfinanzierung sein wird.

Ein deutlicher Unterschied zum Abzugsverbot des Abs. 1 besteht im fehlenden Erfordernis eines zeitlichen Zusammenhangs zwischen Einnahmen und Ausgaben. Denn § 3c Abs. 2 EStG setzt im Gegensatz zu § 3c Abs. 1 diesen zeitlichen Zusammenhang nicht voraus. Vielmehr hat der Gesetzgeber in § 3c Abs. 2 EStG auf dieses Tatbestandsmerkmal verzichtet und klargestellt, daß das Abzugsverbot unabhängig davon greift, ob und wann Einnahmen erzielt und Ausgaben getätigt werden. Das Abzugsverbot des § 3c Abs. 2 EStG kann also nicht dadurch umgangen werden, daß Aufwendungen zusammengeballt werden und durch entsprechende Sachverhaltsgestaltung nur in Veranlagungszeiträumen anfallen, in denen die Gesellschaft keine Gewinne ausschüttet[23]. Während § 3c Abs. 1 EStG

---

21 Vgl. *Schneeloch, D./Rahier, G./Trockels-Brand, T.*, Überlegungen, in: DStR 2000, S. 1627; *Bischof, S./Börner, J.*, Auswirkungen (B), in: StuB 2000, S. 1184.

22 Die mathematische Herleitung findet sich bei *Utescher, T./Blaufus, K.*, Betriebsausgabenabzug, in: DStR 2000, S. 1584 in Fn. 33.

23 Hierbei handelt es sich um das Konzept des sog. „ballooning“: Ausschüttungen und Ausgaben werden durch Zusammenballung möglichst auf getrennte Veranlagungszeiträume verteilt. Dadurch werden Ausschüttungen nur in Jahren ohne Ausgaben vorgenommen,

(Fortsetzung nächste Seite)

zu einem Abzugsverbot maximal in Höhe der zugeflossenen steuerfreien Dividenden führt, ist das Abzugsverbot nach Abs. 2 nicht auf die Höhe der Einnahmen begrenzt[24]. Es genügt bereits die abstrakte Möglichkeit, irgendwann einmal steuerfreie Einnahmen zu erzielen, um die Aufwendungen vom Abzug auszuschließen.

d) Ausgaben nach § 8b Abs. 5 KStG

Eine dritte Vorschrift zur Abzugsfähigkeit beteiligungsbezogener Aufwendungen ergibt sich aus § 8b Abs. 5 KStG. Hierbei handelt es sich um eine Sonderregelung für Auslandsdividenden, die eine Pauschalversteuerung der steuerfrei zugeflossenen Dividenden bewirkt. Diese Regelung wurde bereits durch das StEntlG 1999/2000/2002 vom 24.03.1999 in § 8b Abs. 7 KStG a.F. eingefügt, durch das StBereinG 1999 vom 22.12.1999 abgeändert und durch das StSenkG trotz zahlreicher kritischer Stimmen in § 8b Abs. 5 KStG beibehalten.

Durch die Vorschrift werden dem steuerpflichtigen Gewinn einer unbeschränkt steuerpflichtigen Körperschaft pauschal 5% der zugeflossenen ausländischen Dividenden als nicht abzugsfähige Betriebsausgaben hinzugerechnet. Im Ergebnis werden damit 5% der Dividendeneinnahmen aus ausländischen Gesellschaften der Besteuerung unterworfen. Diese Hinzurechnung fiktiver, nicht abzugsfähiger Betriebsausgaben greift selbst dann ein, wenn die Körperschaft nachweislich keine beteiligungsbezogenen bzw. überhaupt keine Aufwendungen im jeweiligen Veranlagungszeitraum getätigt hat. Daneben findet das Abzugsverbot des § 3c Abs. 1 EStG keine Anwendung, so daß zugleich sämtliche angefallenen Aufwendungen abzugsfähig bleiben. Dies kann gegenüber inländischen Beteiligungen je nach konkreter Situation zu einer Privilegierung bzw. Diskriminierung führen.

Beispiel (Siehe dazu **Tabelle 16** auf S. 243):

Die inländische Tochterkapitalgesellschaft erzielt Gewinne nach GewSt in Höhe von 100.000 €, die an die Mutterkapitalgesellschaft ausgeschüttet werden. Die ausländische Tochterkapitalgesellschaft erzielt einen Gewinn in Höhe von 100.000 €, der ebenfalls an die Muttergesellschaft ausgeschüttet wird.

Ausgaben fallen dagegen nur in Jahren ohne Ausschüttung an und bleiben damit voll abzugsfähig.

24 Vgl. *Bischof, S./Börner, J.*, Auswirkungen (A), in: StuB 2000, S. 1130.

In Alternative 1 fallen auf Ebene der Muttergesellschaft für die in- und die ausländische Tochtergesellschaft keine beteiligungsbezogenen Aufwendungen (Refinanzierungszinsen) an.

In Alternative 2 fallen auf Ebene der Muttergesellschaft sowohl für die in- als auch für die ausländische Tochtergesellschaft beteiligungsbezogene Aufwendungen (Refinanzierungszinsen) in Höhe von 50.000 € an.

		Alternative 1 keine Refinanzierungszinsen		**Alternative 2** 50.000 € Refinanzierungszinsen	
		Inlandsbeteiligung	Auslandsbeteiligung	Inlandsbeteiligung	Auslandsbeteiligung
	Dividende, steuerfrei nach § 8b Abs. 1 KStG	100.000	100.000	100.000	100.000
./.	Refinanzierungszinsen	0	0	- 50.000	- 50.000
+	Nicht abzugsfähige BA (§ 3c Abs. 1 EStG)	0	0	+ 50.000	0
+	Kostenpauschale (§ 8b Abs. 5 KStG)	0	+ 5.000	0	+ 5.000
=	Zu versteuern (KStG)	0	+ 5.000	0	- 45.000
./.	KSt (25%)	0	- 1.250	0	+ 11.250
+	Dividende	100.000	100.000	100.000	100.000
./.	Refinanzierungszinsen	0	0	- 50.000	- 50.000
=	Verfügbar vor KSt	100.000	100.000	50.000	50.000
./.	KSt	0	- 1.250	0	+11.250
=	Verfügbar nach KSt	100.000	98.750	50.000	61.250

Tabelle 16: Aufwendungen für Inlands- und Auslandsbeteiligungen; in Anlehnung an: *Scheipers, T./Schulz, A.*, Unternehmenssteuerreform, 2000, S. 134 ff.

Die Pauschalierung des § 8b Abs. 5 KStG kann je nach Aufwand in Zusammenhang mit der ausländischen Beteiligung gegenüber inländischen Beteiligungen privilegierend oder diskriminierend wirken.

Betragen die tatsächlich verausgabten, beteiligungsbezogenen Aufwendungen weniger als 5%, führt die Vorschrift zu einer höheren Belastung ausländischer Beteiligungserträge. Denn 5% der zugeflossenen Dividende werden als nicht abzugsfähige Betriebsausgaben fingiert und dem Gewinn hinzugerechnet. Im Ergebnis sind damit nur 95% der ausländischen Dividende steuerfrei. Im Gegensatz zur inländischen Dividende erhöht sich bei der ausländischen Dividende die

Bemessungsgrundlage in Höhe der Differenz zwischen den tatsächlich angefallenen Aufwendungen und der Pauschalierung. Deshalb wird diese Konstellation auch als „Schachtelstrafe“ für ausländische Beteiligungen bezeichnet[25].

Fallen dagegen beteiligungsbezogene Aufwendungen von mehr als 5% der Dividendeneinnahmen an, werden ausländische Beteiligungen geringer belastet. Hier sind aufgrund der Pauschalierung des § 8b Abs. 5 KStG zwar im Ergebnis nur 95% der Dividendeneinkünfte steuerfrei. Dafür können die tatsächlich angefallenen Aufwendungen aber vollständig abgezogen werden. Diese Abzugsfähigkeit überkompensiert die nachteilige Pauschalierung von 5%. Aufwendungen für die inländische Beteiligung dürfen wegen § 3c Abs. 1 EStG dagegen nicht abgezogen werden. Zwar sind die Einnahmen vollständig steuerfrei. Dieser Vorteil kann den Nachteil des vollständigen Abzugsverbots aber nicht ausgleichen. Bei der Auslandsbeteiligung ist die Bemessungsgrundlage um den die Pauschalierung übersteigenden Betrag geringer. Erst die „Schachtelstrafe“ und der Wegfall des Abzugsverbots machen ausländische Beteiligungen, die einen hohen Refinanzierungsaufwand erfordern, steuerlich attraktiv[26].

Hoch fremdfinanzierte ausländische Beteiligungen werden also geringer belastet als eigenfinanzierte ausländische Beteiligungen und hoch fremdfinanzierte inländische Beteiligungen. Ausländische Beteiligungen, die ausschließlich eigenfinanziert sind und daher keine oder nur minimale beteiligungsbezogene Aufwendungen verursachen, werden gegenüber inländischen Beteiligungserträgen steuerlich höher belastet. Nur wenn die beteiligungsbezogenen Aufwendungen genau 5% betragen, unterliegen in- und ausländische Beteiligungserträge der gleichen Belastung.

3. Verfassungsrechtliche Aspekte

Die Analyse der drei Abzugsverbote hat ergeben, daß alle drei Regelungen zur Verletzung der Finanzierungsneutralität führen. Die Abzugspauschalierung für ausländische Beteiligungen verletzt zudem das Gebot der Standortneutralität, da in- und ausländische Beteiligungen unterschiedlich belastet werden. An kritischen Stimmen hierzu hat es nicht gemangelt. Im folgenden soll diese Kritik auf ihre verfassungsrechtliche Relevanz untersucht werden. Die Pauschalregelung des § 8b Abs. 5 KStG wirft zudem europarechtliche Fragen auf.

---

25 Vgl. *Kröner, M./Köhler, S.*, Standortsicherung, in: IStR 1999, S. 270.

26 Vgl. *Seip, H.-J./Krause, M.*, Verbesserung, in: BB 1999, S. 717.

a) Das Abzugsverbot des § 3c Abs. 1 EStG

Wie im ersten Teil der Arbeit ausgeführt, führt eine Verletzung der Finanzierungsneutralität zu Bedenken im Hinblick auf das Nettoprinzip. Sollte eine Durchbrechung des Nettoprinzips festgestellt werden, bedürfte diese der Rechtfertigung.

aa) Verstoß gegen das objektive Nettoprinzip

Das objektive Nettoprinzip genießt nach der hier vertretenen Auffassung Verfassungsrang. Es ist eine Ausprägung des Leistungsfähigkeitsprinzips und besitzt wie dieses eine objektive und eine subjektive Komponente[27]. Wird der Grundsatz der Finanzierungsneutralität durch ein Abzugsverbot verletzt, ist verfassungsrechtlich das objektive Nettoprinzip betroffen[28]. Das Abzugsverbot des § 3c Abs. 1 EStG muß deshalb auf seine Vereinbarkeit mit diesem Besteuerungsgrundsatz untersucht werden.

Das Wesen des objektiven Nettoprinzips liegt darin, daß die Besteuerung von Nettoeinkünften gewährleistet wird. Die Einnahmen sind um die Ausgaben zu kürzen. Nur die Differenz ist zu versteuern. Der Grundgedanke des § 3c Abs. 1 EStG steht dem nicht entgegen. Denn dieses Abzugsverbot soll eine doppelte Begünstigung steuerfreier Einnahmen verhindern. Durch das StSenkG hat sich der Anwendungsbereich der Norm auf die steuerfreien Einnahmen von Körperschaften nach § 8b Abs. 1 KStG ausgedehnt. Die Besonderheit bei diesem Zusammenspiel von Steuerbefreiung und Abzugsverbot liegt in der Trennung von Gesellschafts- und Gesellschafterebene bei der Besteuerung von Körperschaften. Gerade bei mehrstufigen Kapitalgesellschaftsstrukturen läßt das objektive Nettoprinzip zwei Sichtweisen zu:

Betrachtet man eine Unternehmensverbindung zwischen Mutter- und Tochtergesellschaft als wirtschaftliche Einheit, darf nicht danach unterschieden werden, auf welcher Ebene Einnahmen zufließen und Ausgaben abfließen. Ein Abzugsverbot, das nach verschiedenen Unternehmensebenen unterscheidet, führt dann zu einer Besteuerung der Bruttoeinnahmen und nicht der Nettoeinkünfte[29]. Diese Sichtweise dürfte bei mehrheitlicher Beteiligung der Muttergesellschaft an der Tochtergesellschaft der wirtschaftlichen Realität entsprechen.

---

27 Siehe dazu die Ausführungen unter B. II. 2. b) auf S. 40 ff.

28 Siehe dazu die Ausführungen unter B. III. 3. b) bb) auf S. 104 ff.

29 Vgl. *Hötzel, O.*, in: *Schaumburg/Rödder*, Unternehmenssteuerreform, 2000, S. 247.

Andererseits könnte man sich formal-juristisch auf den Standpunkt stellen, daß eine Verknüpfung von Einnahmen und Ausgaben, die bei unterschiedlichen Steuersubjekten anfallen, nicht geboten ist. Dann wären Erträge und Aufwendungen auf jeder Stufe einer Unternehmensverbindung unabhängig voneinander zu ermitteln und zu versteuern[30]. Ein Abzugsverbot auf einer Stufe wäre gerade die Kehrseite der Steuerfreiheit auf der gleichen Stufe.

Diese formal-juristische Sichtweise hat sich der Gesetzgeber aber nicht zu eigen gemacht. Nach der Regierungsbegründung soll durch das Zusammenspiel von einheitlichem Körperschaftsteuersatz, der Steuerfreiheit bei Weiterschüttung an eine andere Körperschaft und dem Halbeinkünfteverfahren auf Gesellschafterebene eine Doppelbesteuerung der erzielten Gewinne vermieden werden. Gewinne aus Kapitalgesellschaften sollen zwar generalisiert und typisiert durch das Halbeinkünfteverfahren, dennoch aber nur einmal besteuert werden[31]. Dieser Gedanke prägt auch die Steuerfreiheit nach § 8b Abs. 1 KStG, denn hierdurch soll der Transfer von Gewinnen über verschiedene Unternehmensebenen ermöglicht werden, ohne daß es zu „steuerlichen Reibungsverlusten" kommt. Andernfalls käme von den Erträgen der unteren Ebenen nur noch ein Bruchteil an der Konzernspitze an. Die Steuerbefreiung ist also nur ein technisches Mittel, um eine Mehrfachbesteuerung im Unternehmensverbund zu verhindern[32] und ist damit nicht mit den Befreiungstatbeständen des § 3 EStG vergleichbar[33]. Denn § 8b Abs. 1 KStG führt nicht zu steuerfreien, sondern zu bereits anderweitig vorbelasteten Einnahmen[34]. Wenn der Gesetzgeber aber auf der Einnahmenseite die Einmalbesteuerung des „Konzerngewinns" anstrebt, hat er sich dadurch für die wirtschaftliche Betrachtungsweise und damit gegen eine wirtschaftliche Doppelbelastung entschieden.

Das Abzugsverbot des § 3c Abs. 1 EStG führt aber genau dazu: Eine ökonomisch zutreffende Ermittlung des Unternehmensgewinns müßte gewährleisten, daß nur Erträge erfaßt werden, die durch Transaktionen mit Außenstehenden erzielt wurden. Dies gewährleistet § 8b Abs. 1 KStG, indem bloße Weiterschüttungen freigestellt werden. Gleichzeitig müßten jedoch auch alle Aufwendungen abgezogen werden, die an Außenstehende abfließen. Genau das aber verhindert § 3c Abs. 1 EStG. Denn diese Vorschrift verbindet die Abzugsfähigkeit der Ausgaben mit der Steuerpflicht der Einnahmen auf der gleichen Unternehmens-

---

30 So wohl *Dötsch, E./Pung, A.*, Körperschaftsteuer, in: DB-Beilage 10/2000, S. 10.

31 Vgl. BT-Drucksache 14/2683, S. 94.

32 Vgl. BT-Drucksache 14/2683, S. 120; *Rödder, T./Schumacher, A.*, Analyse, in: DStR 2000, S. 357.

33 Vgl. *Riotte, M.*, in: *Erle, B./Sauter, T.*, Reform, 2000, S. 65.

34 Vgl. *Crezelius, G.*, Grundstrukturen, in: DB 2001, S. 228.

ebene. Daß hierin ein Widerspruch und keine Systemgerechtigkeit liegt, wird am Beispiel einer Holding deutlich, deren Aufgabe in der Koordination der Tochtergesellschaften und konzernweiten Verwaltungstätigkeiten besteht. Ist diese Holding nicht lediglich eine „Briefkastenfirma", verursacht ihre Geschäftstätigkeit Kosten für Personal, Material, Büroeinrichtung usw. Ein operativer Gewinn wird nicht erzielt. Die Kosten der Holding können jedoch auf Ebene der Tochtergesellschaften eingespart werden und führen somit zu höheren Gewinnen auf dieser Ebene. Gleichwohl erhöht sich der Gesamterfolg ebensowenig wie sich die Gesamtausgaben dadurch verringern. Der „konzernweite Gewinn" errechnet sich auch weiterhin dadurch, daß die Summe aller Ausgaben von der Summe aller Einnahmen abgezogen wird[35]. Durch das Abzugsverbot wird der über die gesamten Unternehmensebenen erwirtschaftete Gewinn also ökonomisch unzutreffend ermittelt. Denn dadurch werden zwar die Einnahmen aller Ebenen besteuert, die Abzugsfähigkeit der Ausgaben aller Ebenen ist jedoch nicht gewährleistet.

Somit verläßt der Gesetzgeber die von ihm selbst gewählte Leitlinie der Unternehmensbesteuerung, wenn Aufwendungen, die das disponible Einkommen des Gesamtunternehmens mindern, nicht abgezogen werden können. Interpretiert man das objektive Nettoprinzip wirtschaftlich – und auf diesen Standpunkt hat sich der Gesetzgeber auf der Einnahmenseite gestellt –, verstößt das Abzugsverbot des § 3c Abs. 1 EStG gegen dieses Prinzip. Durch den Widerspruch im System der Dividendenbesteuerung liegt zudem ein Verstoß gegen das Prinzip der Folgerichtigkeit und Systemgerechtigkeit vor[36]. Beide Verstöße indizieren eine Verletzung des allgemeinen Gleichheitssatzes[37]. Sie bedürfen daher der Rechtfertigung.

bb) Rechtfertigung durch Typisierung

Ein Verstoß gegen das objektive Nettoprinzip bedarf der Rechtfertigung, die in einem typisierenden Abzugsverbot oder einem Lenkungszweck gesehen werden könnte[38]. So wäre der Standpunkt denkbar, daß in der Mehrzahl aller Fälle keine beteiligungsbezogenen Aufwendungen anfallen. Eine Typisierung muß aber einer möglichst weiten, die große Masse realitätsgerecht abbildenden Bandbreite

---

[35] Die Holdingstruktur kann jedoch durch Synergie- und Konzentrationseffekte zu konzernweiten Kosteneinsparungen führen; vgl. *Utescher, T./Blaufus, K.*, Betriebsausgabenabzug, in: DStR 2000, S. 1585.

[36] Siehe dazu die Ausführungen unter B. II. 2. a) auf S. 39.

[37] So auch *Schön, W.*, Abzugsschranken, in: FR 2001, S. 386.

[38] Siehe dazu die Ausführungen unter B. II. 4. a) auf S. 68.

entsprechen[39]. Das Abzugsverbot des § 3c Abs. 1 EStG kann daher nur als zulässige Typisierung aufgefaßt werden, wenn tatsächlich die Mehrzahl der Beteiligungen ausschließlich durch Eigenkapital finanziert würde. Diese Vorstellung entspricht jedoch nicht der wirtschaftlichen Realität: Beteiligungen werden gleichermaßen eigen-, fremd- und in beliebigem Verhältnis mischfinanziert[40]. Ein Mißbrauch kann darin nicht gesehen werden. Die freie Wahl der Finanzierungsform wird durch den Grundsatz der Finanzierungsfreiheit gewährleistet. Auch die Annahme, daß das Abzugsverbot Lenkungszwecke verfolgt, erscheint abwegig. Dazu müßte der Lenkungszweck mit hinreichender Bestimmtheit im Gesetz vorgezeichnet sein[41]. Daß der Gesetzgeber durch das Abzugsverbot des § 3c Abs. 1 EStG Investitionen ohne Refinanzierung gegenüber solchen mit Refinanzierung fördern wollte, kann weder der Gesetzesbegründung noch der Systematik des KStG entnommen werden. Vielmehr ist die Wirkung der Norm nur die Folge eines auf den ersten Blick systemgerechten Zusammenwirkens von Steuerbefreiung und Abzugsverbot, das sich bei genauer Untersuchung jedoch als systemwidrig herausgestellt hat[42].

Für § 3c Abs. 1 EStG ergibt sich demnach, daß die Vorschrift das objektive Nettoprinzip ohne Rechtfertigung durchbricht. Sie führt dazu, daß erwerbssichernde Aufwendungen nicht mehr steuermindernd abgezogen werden können und der kreditfinanzierte Beteiligungserwerb benachteiligt wird. Eine Rechtfertigung dafür wurde nicht gegeben. Wollte man eine Rechtfertigung in der Typisierung von Aufwendungen sehen, widerspräche dies der wirtschaftlichen Realität. Anhaltspunkte dafür, daß sich der Lenkungszweck gegen die Refinanzierung von Unternehmensakquisitionen richten könnte, sind nicht ersichtlich. Die Konsequenz hat der Gesetzgeber letztlich auch im UntStFG nicht gezogen. Die ursprünglich vorgesehene Änderung, die Anwendung des § 3c Abs. 1 EStG auf Beteiligungserträge nach § 8b Abs. 1 KStG ausdrücklich auszuschließen, wurde nicht umgesetzt[43]. Damit ist sowohl der Systematik des KStG als auch dem objektiven Nettoprinzip abermals keine Rechnung getragen worden.

cc) Übertragung auf § 8b Abs. 2 KStG

Eng verknüpft mit der Steuerbefreiung von Beteiligungserträgen ist die Befreiung von Anteilsveräußerungsgewinnen bei Kapitalgesellschaften nach § 8b Abs.

---

39 Vgl. *BVerfG* vom 10.04.1997 – 2 BvL 77/92, BVerfGE 96, S. 1 (6).
40 So auch: *Schön, W.*, Abzugsschranken, in: FR 2001, S. 391.
41 Vgl. *BVerfG* vom 22.06.1995 – 2 BvL 37/91, BVerfGE 93, S. 121 (148).
42 Vgl. *Breithecker, V./Klapdor, R./Zisowski, U.*, Unternehmenssteuerreform, 2001, S. 40.
43 Vgl. *Rödder, T./Schumacher, A.*, Änderungen, in: DStR 2002, S. 108.

2 KStG. Hier führt § 3c Abs. 1 EStG zur gleichen Problematik wie im Zusammenhang mit § 8b Abs. 1 KStG. Damit führt dieses Abzugsverbot die vermeintliche Systematik aus Steuerfreiheit und Nichtabziehbarkeit für Veräußerungsgewinne fort. Im Gegensatz zur Anwendung auf Erträge nach § 8b Abs. 1 KStG soll das Abzugsverbot für Veräußerungsgewinne auch nach dem UntStFG beibehalten werden. Zwar sah der ursprüngliche Regierungsentwurf vor, sowohl § 8b Abs. 1 KStG als auch § 8b Abs. 2 KStG vom Anwendungsbereich des § 3c Abs. 1 EStG auszuschließen[44]. Indessen sieht der Entwurf nach den Vorschlägen des Finanzausschusses nunmehr nur noch die volle Abzugsfähigkeit von Aufwendungen bei § 8b Abs. 1 KStG vor[45].

Während Veräußerungsgewinne nach § 8b Abs. 2 KStG bei Körperschaften nach dem StSenkG grundsätzlich steuerfrei sind, sind Teilwertabschreibungen oder Veräußerungsverluste nach § 8b Abs. 3 KStG nicht mehr abzugsfähig. Dies wird dadurch begründet, daß Veräußerungsgewinne das Äquivalent zu laufenden Dividendeneinnahmen darstellen. So macht es wirtschaftlich keinen Unterschied, ob eine Körperschaft Dividendenzahlungen von ihrer Tochtergesellschaft erhält oder ob diese Gewinne auf Ebene der Tochtergesellschaft thesauriert werden, den Unternehmenswert der Tochtergesellschaft steigern und vom Erwerber beim Verkauf der Anteile mit dem Kaufpreis vergütet werden[46].

Im Hinblick auf das objektive Nettoprinzip ergibt sich ebenfalls keine andere Betrachtungsweise: Fallen auf Ebene der Muttergesellschaft Aufwendungen bei der Veräußerung der Anteile an, führt dies – wirtschaftlich gesehen – ebenfalls zu einer Mehrfachbesteuerung der erzielten Gewinne. Denn bei Veräußerung der Anteile soll der Veräußerungsgewinn dem bereits auf Ebene der Tochtergesellschaft versteuerten und thesaurierten Gewinn entsprechen. Wenn aber veräußerungsbedingte Aufwendungen nicht steuermindernd geltend gemacht werden können, führt dies ebenso wie bei § 3c Abs. 1 EStG und § 8b Abs. 1 KStG zu einer überhöhten Gewinnbesteuerung, die der Gesetzgeber gerade vermeiden wollte. Anderes kann allenfalls für reine Veräußerungsverluste und Teilwertabschreibungen gelten, da der Verlust auf Ebene der Muttergesellschaft mitunter bereits zu steuerlich relevanten Wirkungen auf Ebene der Tochtergesellschaft – etwa in Form von Verlustvorträgen – geführt hat und somit bei einem Abzug doppelt berücksichtigt würde[47]. Indessen trifft dies für veräußerungsbedingte Ausgaben der Muttergesellschaft, wie etwa Gutachter- und Beratungshonorare

---

44 BR-Drucksache 638/01, S. 10.

45 BR-Drucksache 893/01, S. 6.

46 Vgl. *Rödder, T./Schumacher, A.*, Analyse, in: DStR 2000, S. 376.

47 Vgl. *Schön, W.*, Abzugsschranken, in: FR 2001, S. 386.

für Unternehmensbewertungen u.ä., nicht zu. Diese werden steuerlich auf keiner Ebene berücksichtigt.

Zumindest für veräußerungsbedingte Aufwendungen ergibt sich damit keine abweichende Beurteilung gegenüber § 3c Abs. 1 EStG und § 8b Abs. 1 KStG[48]. Die vom Gesetzgeber gewählte steuerliche Gleichbehandlung ausgeschütteter und thesaurierter Gewinne auf Körperschaftsebene führt dazu, daß § 8b Abs. 3 KStG insoweit nicht mit Art. 3 Abs. 1 GG zu vereinbaren ist. Sollte das Abzugsverbot des § 3c Abs. 1 EStG nach dem UntStFG nur noch für Veräußerungsgewinne zur Anwendung kommen, liegt zudem ein Verstoß gegen den Grundsatz der Folgerichtigkeit und Widerspruchsfreiheit vor. Denn dann würde die grundsätzliche Gleichbehandlung von laufenden Einnahmen aus Dividenden und einmaligen Einnahmen aus Anteilsveräußerungen nur auf der Einnahmen- nicht aber auf der Ausgabenseite umgesetzt.

dd) Ergebnis

Durch die Abzugsverbote der § 3c Abs. 1 EStG und § 8b Abs. 3 KStG wird das Nettoprinzip und damit das Prinzip der Besteuerung nach der Leistungsfähigkeit systemwidrig verletzt. Betriebsausgaben mindern die objektive Leistungsfähigkeit. Gerade im Konzern, bei dem Ökonomen ohnehin wirtschaftlich von einem einheitlichen Unternehmen sprechen, ist nicht ersichtlich, worin eine höhere Leistungsfähigkeit liegen soll, wenn die Muttergesellschaft Aufwendungen tätigt, die in Zusammenhang mit Tochterbeteiligungen stehen. Werden die Ausgaben in der identischen Konzernstruktur von der Tochter getätigt, mindern sie deren steuerlichen Gewinn. Damit werden kreditfinanzierte Beteiligungen sowohl gegenüber eigenfinanzierten Beteiligungen als auch gegenüber Gesellschafterdarlehen steuerlich benachteiligt. Sieht man von der Bildung einer Organschaft ab, die nicht immer möglich und oftmals nicht gewollt ist, ist diese Ungleichbehandlung nicht gerechtfertigt. Die Verfassungswidrigkeit ergibt sich hierbei sowohl aus der rechtswidrigen Durchbrechung eines Rechtssatzes mit Verfassungsrang als auch aus der Systemwidrigkeit der Abzugsverbote im Rahmen der Unternehmensbesteuerung.

---

[48] Ebenfalls von einer Systemwidrigkeit ausgehend *Crezelius, G.*, Grundstrukturen, in: DB 2001, S. 228.

b) Das Abzugsverbot des § 3c Abs. 2 EStG

Zunächst ergibt sich bei Betrachtung von § 3c Abs. 2 EStG keine andere Wertung als bei § 3c Abs. 1 EStG. Aufgrund der neuen Systematik bei der Besteuerung von Beteiligungseinnahmen stellt das Halbeinkünfteverfahren eine Milderung der wirtschaftlichen Doppelbesteuerung dar, die sich ergeben würde, wenn auf Ebene der Körperschaft und auf Ebene des Dividendenempfängers besteuert würde. Die Gesamtsteuerbelastung der Dividende wird also dadurch herbeigeführt, daß der Ertrag einerseits auf Ebene der Kapitalgesellschaft der Körperschaftsteuer i.H.v. 25% unterliegt und bei Ausschüttung auf Ebene des Anteilseigners der Besteuerung durch das Halbeinkünfteverfahren unterworfen wird. Beide Besteuerungsformen zusammen bewirken die gesamte Ertragsteuerbelastung und sind folglich nur in der Summe mit der Ertragsteuerbelastung anderer Einkunftsarten vergleichbar[49].

aa) Verletzung des objektiven Nettoprinzips

Betrachtet man die Ebene der ausschüttenden Kapitalgesellschaft und die des dividendenbeziehenden Anteilseigners als wirtschaftliche Besteuerungseinheit, führt das Abzugsverbot des § 3c Abs. 2 EStG zu einer übermäßigen Besteuerung, indem nicht disponibles Einkommen besteuert wird. Zwar könnte dieser Argumentation entgegengehalten werden, daß die klassische Trennung zwischen Körperschaft und Anteilseigner nicht nur zivilrechtlicher, sondern gerade auch steuerrechtlicher Tradition entspricht. Jedenfalls dürfte es dem Gesetzgeber nicht verwehrt sein, solch eine klassische Sichtweise wieder anzunehmen[50]. Dies hat er durch die Abschaffung des Anrechnungsverfahrens auch getan. Gleichwohl ist er dabei aber an seine selbst gewählte Betrachtungsweise gebunden. Wenn der Gesetzgeber eine Gesamtschau aus einkommen- und körperschaftsteuerlicher Belastung anstellt – und genau das hat er in der Gesetzesbegründung getan[51]–, bindet er sich damit zugleich, diese Konzeption auch folgerichtig und widerspruchsfrei umzusetzen. Insofern kann die hälftige Steuerfreiheit von Dividenden nach § 3 Nr. 40 EStG systematisch gerade nicht als Privilegierung und damit als echte Steuerfreiheit nach Sinn und Zweck des § 3c EStG angesehen werden. Vielmehr handelt es sich nur um ein steuerliches Instrument, um die einmalige Besteuerung der Einkünfte generalisiert und typisiert zu gewährleisten. Die Anwendung des § 3c Abs. 2 EStG ist damit schon systematisch

---

49 Vgl. *Pezzer, H.-J.*, Kritik, in: StuW 2000, S. 150.
50 Vgl. *Lang, J.*, Unternehmenssteuerreform, in: GmbHR 2000, S. 458.
51 Vgl. BT-Drucksache 14/2683, S. 120.

unzutreffend, da die Vorschrift steuerfreie Einnahmen voraussetzt. Handelt es sich aber um Dividenden von inländischen Körperschaften, so unterlagen die ausgeschütteten Gewinne bereits auf Körperschaftsebene dem inländischen Steuerzugriff.

Dem könnte entgegengehalten werden, daß die Gesamtsteuerbelastung auf Körperschafts- und Anteilseignerebene nur bei rein inländischen Sachverhalten gegeben ist. So kann der deutsche Fiskus tatsächlich nur in diesen Fällen auf die ausschüttende Körperschaft zugreifen. Nach der Rechtsprechung des *EuGH* darf die Besteuerung eines dividendenbeziehenden Gesellschafters nicht davon abhängen, ob die ausschüttende Gesellschaft ihrerseits im In- oder im Ausland besteuert wurde[52]. Denn eine steuerliche Regelung, die eine Begünstigung davon abhängig macht, daß der Steuerpflichtige an einer inländischen Gesellschaft beteiligt ist, verstößt sowohl gegen die Niederlassungs-[53] als auch gegen die Kapitalverkehrsfreiheit[54]. Aufgrund dieser Rechtsprechung verbietet sich eine Differenzierung nach in- und EU-ausländischen Dividendeneinkünften. Diesem europarechtlichen Gebot ist der Gesetzgeber auch gefolgt. Deshalb könnte argumentiert werden, daß das Abzugsverbot auf der Ausgabenseite als standortunabhängiger Ausgleich dafür gesehen werden kann, daß der Gesetzgeber auf der Einnahmenseite trotz fehlendem Steuerzugriff auf EU-ausländische Körperschaften dennoch nur auf die hälftigen Dividendeneinnahmen zugreift. Da aber auch auf der Ausgabenseite keine standortabhängige Differenzierung vorgenommen werden darf, müßte das Abzugsverbot auch für inländische Dividendeneinnahmen gelten.

Jedoch ergibt sich aus der Beachtung der europarechtlichen Grundfreiheiten nicht zugleich eine Rechtfertigung für eine Durchbrechung des objektiven Nettoprinzips und des Leistungsfähigkeitsprinzips. Denn die Grundrechte gewährleisten für Inländer auch gegenüber der Hoheitsgewalt der Gemeinschaft einen wirksamen Schutz[55]. Daraus muß zwingend geschlossen werden, daß der Gesetzgeber verpflichtet ist, sowohl verfassungs- als auch europarechtliche Vorga-

---

52 Vgl. *EuGH* vom 13.04.2000 – Rs. C-251/98 (Baars), Slg. 2000, S. I-2817 (Rn. 31); *EuGH* vom 06.06.2000 – Rs. C-35/98 (Verkooijen), Slg. 2000, S. I-4127 (Rn. 36); *EuGH* vom 08.03.2001 – Rs. C-397-98, C-410/98 (Metallgesellschaft), FR 2001, S. 498 (Tz. 55).

53 Vgl. *EuGH* vom 13.04.2000, Rs. C-251/98 (Baars), Slg. 2000, S. I-2817 (Rn. 30, 31); *EuGH* vom 08.03.2001 – Rs. C-397-98, C-410/98 (Metallgesellschaft), FR 2001, 499 (Tz. 70).

54 Vgl. *EuGH* vom 06.06.2000 – Rs. C-35/98 (Verkooijen), Slg. 2000, S. I-4134 (Rn. 62).

55 Vgl. *BVerfG* vom 22.10.1986 – 2 BvR 197/83, BVerfGE 73, S. 339 (386); *BVerfG* vom 12.10.1993 – 2 BvR 2134, 2159/92, BVerfGE 89, S. 155 (175).

ben zu beachten. Das Abzugsverbot für beteiligungsbezogene Aufwendungen ist aber keineswegs europarechtlich geboten. Nur ein Abzugsverbot speziell für EU-ausländische Beteiligungen wäre europarechtswidrig.

Gebietet jedoch das Verfassungsrecht nach dem objektiven Nettoprinzip die volle Abzugsfähigkeit von beteiligungsbezogenen Aufwendungen für Dividenden inländischer Körperschaften, fordert die Rechtsprechung des *EuGH* die gleiche Regelung für Dividenden ausländischer Gesellschaften. Können beteiligungsbezogene Aufwendungen für inländische Anteile auf der Basis grundgesetzlicher Vorgaben aber vollständig abgezogen werden, führt eine fortbestehende Abzugsbeschränkung für beteiligungsbezogene Aufwendungen bei EU-ausländischen Anteilen zu einer europarechtswidrigen Diskriminierung[56]. Allein durch die volle Abzugsfähigkeit für beteiligungsbezogene Aufwendungen für in- und ausländische Beteiligungen kann der Gesetzgeber sowohl verfassungs- als auch europarechtlichen Vorgaben gerecht werden.

bb) Fehlende Systemgerechtigkeit und unzulässige Typisierung

Bedenken gegen die Anwendbarkeit von § 3c Abs. 2 EStG im Rahmen des Halbeinkünfteverfahrens bestehen auch im Hinblick auf das Gebot der Systemgerechtigkeit. Folgt man der einheitlichen, wirtschaftlichen Betrachtungsweise, kann die Anwendung des Abzugsverbotes zu Gesamtsteuerbelastungen von über 100% führen. Durch die Einfügung des § 3c Abs. 2 EStG hat sich der Gesetzgeber somit gleichfalls in Widerspruch zu der von ihm gewählten wirtschaftlichen Betrachtungsweise gesetzt. Denn diese Betrachtungsweise kann folgerichtig nur bedeuten, daß die Beachtung des objektiven Nettoprinzips über beide Besteuerungsebenen hinweg verwirklicht werden muß[57]. Können auf Ebene des Anteilseigners Aufwendungen aber nicht vollständig abgezogen werden, führt dies zu einer Gesamtbelastung über das Normalniveau hinaus. Gerade dies wollte der Gesetzgeber vermeiden.

Erreicht er dieses angestrebte Normalniveau durch Typisierung und Generalisierung in der Mehrzahl der Fälle nicht, wird damit das Gebot der Folgerichtigkeit und das der Besteuerung nach der wirtschaftlichen Leistungsfähigkeit verletzt. Eine zutreffende Typisierung und Generalisierung könnte in § 3c Abs. 2 EStG wiederum nur dann gesehen werden, wenn in der Mehrzahl der Fälle auf Ebene des Anteilseigners keine beteiligungsbezogenen Aufwendungen vorliegen. Die-

---

56 Vgl. *Schön, W.*, Abzugsschranken, in: FR 2001, S. 390.
57 Vgl. *Hundsdoerfer, J.*, Halbeinkünfteverfahren, in: BB 2001, S. 2245.

se Annahme entspricht jedoch ebenfalls nicht der Realität: Wie auf Körperschaftsebene werden Beteiligungen auch auf Anteilseignerebene in gleichem Maße eigen-, fremd- und in beliebigem Verhältnis mischfinanziert.

Fallen aber auf Ebene des Anteilseigners in einer Vielzahl von Fällen beteiligungsbezogene Aufwendungen an, die zu einer Gesamtbelastung über dem Normalniveau führen, erfaßt die Vorschrift des § 3c Abs. 2 EStG nicht die Mehrzahl der betroffenen Gruppen. Die Einbeziehung einer möglichst großen Gruppe Betroffener und die Benachteiligung einer verhältnismäßig kleinen Anzahl von Personen ist jedoch eine Voraussetzung dafür, daß die vom Gesetzgeber vorgenommene Verallgemeinerung verfassungsrechtlich nicht zu beanstanden ist[58]. Diesem verfassungsrechtlichen Anspruch vermag § 3c Abs. 2 EStG daher nicht zu genügen.

cc) Ungleichbehandlung der Einkunftsarten

Wenn nun § 3c Abs. 2 EStG ein Abzugsverbot für die hälftigen Betriebsausgaben oder Werbungskosten einführt, werden Einnahmen aus Beteiligungen an Kapitalgesellschaften gegenüber anderen Einkunftsarten und sogar Einkünften der gleichen Einkunftsart (Zinseinnahmen) benachteiligt. So kann der Vermieter alle getätigten Aufwendungen ebenso abziehen wie der Sparer, der sein Geld in festverzinslichen Wertpapieren oder gar Spareinlagen anlegt.

Unter diesem Blickwinkel wird nicht nur das Nettoprinzip systemwidrig verletzt, sondern eine einzelne Einkunftsart bzw. eine Untergruppe einer Einkunftsart steuerlich benachteiligt und damit gleiche Leistungsfähigkeit ungleich besteuert[59]. Eine Rechtfertigung für die ungleiche Behandlung sogar von Einkünften der gleichen Einkunftsart ist indessen nicht ersichtlich. Vielmehr hat der Gesetzgeber dadurch teilweise eine Schedulensteuer eingeführt, die dem Gebot der Gleichmäßigkeit der Besteuerung gemäß Art. 3 Abs. 1 GG widerspricht.

58 Vgl. *BVerfG* vom 08.10.1991 – 1 BvL 50/86, BVerfGE 84, S. 348 (360); *BVerfG* vom 10.04.1997 – 2 BvL 77/92, BVerfGE 96, S. 1 (6); *BVerfG* vom 07.12.1999 – 2 BvR 301/98, BVerfGE 101, S. 297 (309).

59 Siehe dazu bereits die Ausführungen unter B. III. 3. b) bb) auf S. 104.

dd) Aspekte fehlender Rechtsformneutralität

Zudem führt die unterschiedliche Ausgestaltung von § 3c Abs. 1 und 2 EStG – der für Personengesellschaften und natürliche Personen geltende Abs. 2 ist in seiner Wirkungsweise noch deutlich schärfer als Abs. 1 – zu einer weiteren Benachteiligung von Personengesellschaften gegenüber Kapitalgesellschaften[60]. Während Kapitalgesellschaften die steuerliche Mehrbelastung des Abzugsverbots durch verschiedene Gestaltungen wie etwa das „ballooning" ausgleichen können, bleiben diese Möglichkeiten den Inhabern von Personengesellschaften verwehrt. Denn § 3c Abs. 2 EStG erfordert keinen zeitlichen Zusammenhang zwischen Dividendenausschüttungen und beteiligungsbezogenen Ausgaben. Für Personengesellschaften stellen solche Aufwendungen also stets nicht abzugsfähige Betriebsausgaben dar, unabhängig davon, wann sie anfallen und ob zukünftig überhaupt Einnahmen erzielt werden.

Besonders bedeutsam ist schließlich die Rechtsprechung des *BFH* zu § 3c EStG a.F., die für Abs. 1 weiterhin Gültigkeit besitzt: Da Aufwendungen nur vom Abzug ausgeschlossen sind, soweit sie mit steuerfreien Einnahmen in Zusammenhang stehen, beschränkt sich das Abzugsverbot für Kapitalgesellschaften auf die Höhe der zugeflossenen Dividende[61]. Die übersteigenden Aufwendungen können also wieder steuermindernd geltend gemacht werden. Diese Möglichkeit besteht für Personengesellschaften nicht. Der Gesetzgeber hat bei Schaffung von § 3c Abs. 2 EStG auf diese Obergrenze bewußt verzichtet. Dadurch wirkt sich die Mehrbelastung durch das systemwidrige Abzugsverbot für beteiligungsbezogene Aufwendungen für Personengesellschaften noch nachteiliger aus als für Kapitalgesellschaften.

Die unterschiedliche Ausgestaltung der Abzugsverbote führt also zu einer weiteren Ungleichbehandlung der Rechtsformen, für die eine sachgerechte Rechtfertigung nicht ersichtlich ist. Auch in diesem Bereich wird somit die Rechtsformneutralität nicht gewahrt und der Gleichheitssatz des Art. 3 Abs. 1 GG ungerechtfertigt verletzt.

ee) Ergebnis

Das objektive Nettoprinzip und der Grundsatz der Systemgerechtigkeit gebieten auch bei der Einkommensbesteuerung im Rahmen des Halbeinkünfteverfahrens

---

60 Vgl. *Ritter, W.*, Perspektiven, in: IStR 2001, S. 432.
61 Vgl. *BFH* vom 29.05.1996 – I R 167/94, BFHE 180, S. 415.

die volle Abzugsfähigkeit der beteiligungsbezogenen Aufwendungen. Die Vorschrift des § 3c Abs. 2 EStG widerspricht hinsichtlich inländischer Dividenden diesem Grundsatz sowie dem Gebot der Besteuerung nach der wirtschaftlichen Leistungsfähigkeit und ist damit verfassungswidrig.

Die europarechtlichen Vorgaben der Niederlassungs- und der Kapitalverkehrsfreiheit gebieten, in- und ausländische Dividenden unabhängig von ihrer Vorbelastung auf Gesellschaftsebene gleich zu behandeln. Eine Ungleichbehandlung in- und ausländischer Beteiligungen würde eine europarechtswidrige Diskriminierung darstellen. Die Verfassungswidrigkeit des § 3c Abs. 2 EStG für inländische Dividenden und die damit einhergehende volle Abzugsfähigkeit beteilungsbezogener Aufwendungen würde bei Beibehaltung von § 8b Abs. 5 KStG zu einer Benachteiligung EU-ausländischer Anteile führen. Die verfassungsrechtlich gebotene volle Abzugsfähigkeit für beteiligungsbezogene Aufwendungen bei inländischen Anteilen zieht damit gleichzeitig die Europarechtswidrigkeit der Vorschrift für ausländische Dividenden nach sich. Schon aus diesem Grund muß eine Änderung von § 3c EStG auch zu einer Angleichung von § 8b Abs. 5 KStG führen.

c) Die Aufwandspauschalierung nach § 8b Abs. 5 KStG

Durch die Vorschrift des § 8b Abs. 1 KStG werden die Erträge in- und ausländischer Beteiligungen steuerlich gleich behandelt. Dies gilt jedoch nicht für die damit zusammenhängenden Aufwendungen. Aufwendungen für inländische Beteiligungen werden nach § 3c Abs. 1 EStG generell vom Abzug ausgeschlossen. Aufwendungen für ausländische Beteiligungen können in voller Höhe abgezogen werden. Dafür sind gem. § 8 Abs. 5 KStG pauschal 5% der Dividendeneinnahmen zu versteuern. Diese Differenzierung führt zu einer Benachteiligung inländischer Dividendeneinnahmen, wenn die tatsächlichen Aufwendungen mehr als 5% der Einnahmen betragen. Bei Aufwendungen von weniger als 5% der Einnahmen werden ausländische Dividendeneinnahmen diskriminiert. Denn die Pauschalierung gilt auch dann, wenn nachweisbar keine Aufwendungen getätigt wurden.

aa) Diskriminierung von Auslandsdividenden

Im Falle beteiligungsbezogener Aufwendungen von weniger als 5% der Dividendeneinnahmen begegnet die Pauschalierung des § 8b Abs. 5 KStG erheblichen Bedenken im Hinblick auf die europarechtliche Niederlassungsfreiheit des Art. 43 (ex-Art. 52) EGV und die Freiheit des Kapitalverkehrs nach Art. 56 (ex-Art. 73b) EGV.

Nach der Rechtsprechung des *EuGH* darf ein Mitgliedstaat bei der Besteuerung von Dividendeneinnahmen nicht danach unterscheiden, ob sich der Sitz der Beteiligungsgesellschaft im In- oder Ausland befindet[62]. Wenn nun die Vorschrift des § 8b Abs. 5 KStG eine „Schachtelstrafe“ in Höhe von 5% ausschließlich für ausländische Beteilungserträge einführt, verstößt dies grundsätzlich gegen die Niederlassungsfreiheit. In dem Urteil „Verkooijen“ hat der *EuGH* dies weiter präzisiert und auf die Besteuerung des dividendenbeziehenden Kleinaktionärs ausgedehnt. Auch hier darf die Besteuerung des Anteilseigners nicht davon abhängen, ob die ausschüttende Gesellschaft ihrerseits im In- oder im Ausland besteuert wurde[63]. Damit verstößt § 8b Abs. 5 KStG auch gegen die Freiheit des Kapitalverkehrs.

Zwar könnte diese Diskriminierung durch Art. 4 Abs. 2 der Mutter-Tochter-Richtlinie[64] gerechtfertigt sein. Diese Richtlinie gebietet die grundsätzliche Steuerfreistellung von Dividendenzahlungen von Tochter- an Mutterkapitalgesellschaften innerhalb der EU, erlaubt den Mitgliedstaaten aber, die beteiligungsbezogenen Aufwendungen der Muttergesellschaft vom Abzug auszuschließen und diesen Betrag pauschal auf 5% festzusetzen. Diese Sichtweise stünde auch im Einklang mit der Rechtsprechung des *EuGH*, die dem Gemeinschaftsgesetzgeber Diskriminierungen erlaubt, die den Mitgliedstaaten verwehrt wären[65].

Dabei darf aber nicht verkannt werden, daß die Richtlinie den Mitgliedstaaten gerade die Wahl läßt, solch eine Pauschalregelung umzusetzen. Besteht ein solches Wahlrecht, muß es vom nationalen Gesetzgeber aber so ausgeübt werden, daß eine Diskriminierung vermieden wird[66]. Bezogen auf die Regelung des § 8b Abs. 5 KStG bedeutet dies, daß die Pauschalierung sowohl für in- als auch für ausländische Beteiligungen angewendet werden müßte. Indessen gilt die Vorschrift des § 8b Abs. 5 KStG nur für ausländische Beteiligungen. Damit hat der Gesetzgeber das Wahlrecht, das ihm die Mutter-Tochter-Richtlinie in Art. 4 Abs. 2 einräumt, nicht europarechtskonform ausgeübt. Vielmehr führt die Rege-

---

62 Vgl. *EuGH* vom 13.04.2000 – Rs. C-251/98 (Baars), Slg. 2000, S. I-2817 (Rn. 30, 31).

63 Vgl. *EuGH* vom 06.06.2000 – Rs. C-35/98 (Verkooijen), Slg. 2000, S. I-4134 (Rn. 62).

64 Richtlinie des Rates vom 23.07.1990 über das gemeinsame Steuersystem der Mutter- und Tochtergesellschaften verschiedener Mitgliedstaaten (90/435/EWG), ABl. EG Nr. L 225/6 vom 20.08.1990.

65 Vgl. *EuGH* vom 12.07.1977 – Rs. 89/76 (Kommission/Niederlande), Slg. 1977, S. 1364 (Rn. 8/14); *EuGH* vom 02.05.1990 – Rs. C-111/89 (Bakker Hillegom), Slg. 1990, S. I-1751 (Rn. 10).

66 Vgl. *EuGH* vom 13.07.1989 – Rs. 5/88 (Wachauf/BEF), Slg. 1989, 2640 (Rn. 22); *EuGH* vom 17.06.1999 – Rs. C-166/98 (Socridis), Slg. 1999, S. I-3814 (Rn. 19).

lung zu einer Diskriminierung ausländischer gegenüber inländischen Beteiligungen und verstößt gegen die Niederlassungsfreiheit und die Freiheit des Kapitalverkehrs.

bb) Benachteiligung von inländischen Dividenden

Betragen die beteiligungsbezogenen Aufwendungen dagegen mehr als 5% der Einnahmen, führt die Vorschrift des § 8b Abs. 5 KStG zu einer Privilegierung ausländischer Beteiligungen, da neben der „Schachtelstrafe" die Aufwendungen vollständig abgezogen werden können. Damit liegt ein typischer Fall der Inländerdiskriminierung vor, der nicht nach europarechtlichen Vorschriften, sondern allein am Grundgesetz zu messen ist.

Gemessen an Art. 3 Abs. 1 GG liegt in dieser Benachteiligung inländischer Beteiligungen eine Differenzierung, die der Rechtfertigung bedarf. Die Mutter-Tochter-Richtlinie vermag diese Rechtfertigung nicht zu liefern: Zwar gibt sie den Mitgliedstaaten die bereits angesprochene Möglichkeit der Pauschalierung. Jedoch muß auch im Hinblick auf Art. 3 Abs. 1 GG beachtet werden, daß es sich bei Art. 4 Abs. 2 der Richtlinie um ein Wahlrecht handelt. Wählt der Gesetzgeber für den Auslandssachverhalt die günstigere Regelung, muß er diese Begünstigung auch dem Inlandssachverhalt zugute kommen lassen.

Ein verfassungs- und europarechtskonformer Weg wäre daher die Schaffung einer Pauschalregelung für In- und Auslandsbeteiligungen mit der Möglichkeit des Nachweises geringerer Kosten[67]. Damit würde sowohl der Niederlassungs- und Kapitalverkehrsfreiheit als auch dem objektiven Nettoprinzip genügt. Die Pauschalierung des § 8b Abs. 5 KStG allein für Auslandsbeteiligungen ist dagegen mit Art. 3 Abs. 1 GG nicht zu vereinbaren.

cc) Überschreitung der Typisierungsbefugnis

Im Hinblick auf die Unwiderlegbarkeit der Pauschalierung stellt sich schließlich die Frage, ob der Gesetzgeber den ihm zustehenden Typisierungsspielraum beachtet hat. Diesen Anforderungen genügt die Vorschrift des § 8b Abs. 5 KStG

---

[67] Eine solche Regelung findet sich in der französischen Umsetzung der Mutter-Tochter-Richtlinie; vgl. *Richter, D.*, Gesetzesentwurf, in: IStR 1999, S. 749; *Sagasser, B./Schultze, P.*, Entwurf, in: IStR 1999, S. 748; *Spengel, C./Jaeger, C./Müller, K.*, Beurteilung, in: IStR 2000, S. 261.

nicht[68]: Wie bereits mehrfach ausgeführt kann für die Finanzierung von Beteiligungen kein Durchschnittsfall angenommen werden. Beteiligungen werden in gleichem Umfang sowohl eigen-, fremd- und in jedem beliebigen Verhältnis mischfinanziert. Dementsprechend unterschiedlich fallen beteiligungsbezogene Aufwendungen insbesondere in Form von Refinanzierungszinsen an. Hieraus ergibt sich aber, daß die Pauschalierung auf 5% der Einnahmen den durchschnittlichen Sachverhalt nicht realitätsgerecht wiedergeben kann. Damit wird der verfassungsrechtlichen Vorgabe, eine möglichst kleine Anzahl Steuerpflichtiger zu benachteiligen, nicht genügt[69]. Die Pauschalierung des § 8b Abs. 5 KStG ist auch unter diesem Gesichtspunkt verfassungswidrig.

dd) Ergebnis

Die Beibehaltung der Pauschalierung führt zu erheblichen Unterschieden bei der Besteuerung in- und ausländischer Dividenden und somit zu einer Ungleichbehandlung, für die eine Rechtfertigung nicht ersichtlich ist.

Die Diskriminierung ausländischer Dividenden bei beteiligungsbezogenen Aufwendungen unter 5% der Einnahmen ist mit der Niederlassungsfreiheit und der Freiheit des Kapitalverkehrs nicht vereinbar. Die Vorschrift ist unter diesem Gesichtspunkt europarechtswidrig.

Die Benachteiligung inländischer Dividenden bei beteiligungsbezogenen Aufwendungen von mehr als 5% der Einnahmen verstößt gegen das Gleichheitsgebot des Art. 3 Abs. 1 GG. Schließlich wird durch Pauschalierung des § 8b Abs. 5 KStG der Pauschalierungs- und Typisierungsspielraum des Gesetzgebers überschritten. Die Höhe von 5% der Einnahmen ist willkürlich. Die Norm ist auch unter diesem Blickwinkel verfassungswidrig.

4. Zusammenfassung

Die Abzugsverbote für Aufwendungen führen zu einer weiteren Entfernung vom Zustand der Finanzierungsneutralität. Die Widersprüchlichkeiten im neuen System der Unternehmensbesteuerung sind so groß, daß sie den verfassungsrechtli-

---

68 Ebenso *Thömmes, O.,/Scheipers, T.*, Fragen, in: DStR 1999, S. 613.

69 Siehe dazu die Ausführungen unter B. II. 4. a) auf S. 68; vgl. außerdem *Rose, G.*, Betriebsausgabenabzug, in: DB 1999, S. 1039 Fn.11.

chen Geboten der Besteuerung nach der Leistungsfähigkeit und der Systemgerechtigkeit nicht mehr genügen:

- Stützt sich das neue Körperschaftsteuersystem auf den Grundsatz, daß Gewinne auf Körperschaftsebene – und dies umfaßt auch Konzernverhältnisse – nur einmal mit dem günstigen Steuersatz von 25% besteuert werden sollen, bleibt kein Raum für das Abzugsverbot nach § 3c Abs. 1 EStG, das wirtschaftlich zu einer Mehrfachbesteuerung von Gewinnen im Unternehmensbereich führt.

- Die in § 8b Abs. 5 KStG beabsichtigte Änderung durch das UntStFG, die Anwendung von § 3c Abs.1 EStG auf Einnahmen nach § 8b Abs. 1 KStG auszuschließen, wäre folgerichtig gewesen. Sie wurde letztlich aber – wohl aus fiskalischen Erwägungen heraus – nicht umgesetzt. Somit verbleibt es auch nach Inkrafttreten des UntStFG bei der ursprünglichen Regelung, so daß das Leistungsfähigkeitsprinzip auch weiterhin verletzt wird.

- Zudem stellen die Abzugsverbote von § 3c Abs. 1 und 2 EStG eine Verletzung des objektiven Nettoprinzips dar, die weder durch die neue Systematik noch in sonstiger Weise zu rechtfertigen sind. Dies gilt ebenso für § 8b Abs. 3 KStG bei veräußerungsbedingten Ausgaben. Die Abzugsverbote sind mit einem endgültigen Verlustverrechnungsverbot vergleichbar, das mit dem Leistungsfähigkeitsprinzip nicht zu vereinbaren ist.

- Schließlich läßt sich die Pauschalierungsvorschrift des § 8b Abs. 5 KStG weder mit verfassungs- noch europarechtlichen Vorgaben in Einklang bringen. Fallen keine beteiligungsbezogenen Aufwendungen an, führt § 8b Abs. 5 KStG zu einer steuerlichen „Schachtelstrafe“ für ausländische Dividenden in Höhe von 5%. Damit werden EU-ausländische Gesellschaften gegenüber inländischen diskriminiert. Die Kehrseite des § 8b Abs. 5 KStG – die volle Abzugsfähigkeit der beteiligungsbezogenen Aufwendungen – begünstigt dagegen ausländische Dividendeneinnahmen gleichheitswidrig gegenüber inländischen.

V. Umsetzung von Standortneutralität

Durch das StSenkG hat der deutsche Steuergesetzgeber Änderungen eingeführt, die ausländische und inländische Einkünfte nicht einheitlich behandeln. Besonders deutlich wird dies an der sog. „Hinzurechnungsbesteuerung“ nach dem AStG sowie der Besteuerung von Einkünften aus Anteilen an in- und ausländischen Investmentfonds. Diese Ungereimtheiten wurden bereits im Laufe des Gesetzgebungsverfahrens sichtbar, konnten durch gegenläufige Anpassungen im Finanz- und Vermittlungsausschuß aber nicht bereinigt werden[1]. Folgerichtig enthielt der Bericht zur Fortentwicklung des Unternehmenssteuerrechts, den die Bundesregierung dem Finanzausschuß des Deutschen Bundestages im April 2001 vorgelegt hat, Vorschläge zur Bereinigung dieser Mißstände[2], die im Entwurf des UntStFG aufgegriffen wurden. So soll die Holdingbesteuerung nach dem AStG erneut geändert werden. Die im Bericht zur Fortentwicklung des Unternehmenssteuerrechts vorgeschlagenen Änderungen bei der Besteuerung ausländischer Investmentfonds wurden im UntStFG aber nicht aufgegriffen. Die folgende Darstellung untersucht nun die durch das StSenkG vorgenommenen Änderungen im AStG und bei der Besteuerung von Investmentfonds. Darüber hinaus schließt sich den Ausführungen zum AStG ein Ausblick auf die Korrekturen durch das UntStFG an.

1. Änderungen im AStG

Der Systemwechsel in der Körperschaftsteuer hat auch zu einem Systemwechsel im AStG geführt, der im Laufe des Gesetzgebungsverfahrens mehrfach modifiziert wurde[3].

a) Besteuerung in- und ausländischer Holdinggesellschaften

Seit Inkrafttreten des AStG im Jahre 1972 dient dieses Gesetz der Verhinderung einer unangemessenen Ausnutzung internationaler Steuergefälle[4]. So bewirkt die sog. „Hinzurechnungsbesteuerung“, daß Gewinne aus ausländischen Basis- oder Zwischengesellschaften, die in einem Niedrigsteuerland gegründet wurden und dort keine aktive Geschäftstätigkeit ausüben, der inländischen Besteuerung unterliegen können. Die Regelungen des AStG sollen hierbei insbesondere solchen

---

1 Vgl. *Rödder, T./Schumacher, A.*, Änderungen, in: DStR 2000, S. 1459.
2 Vgl. *BMF*, Bericht, 2001, in: FR 11/2001, S. 30 und S. 32.
3 Vgl. *Köhler, S.*, Auswirkungen, in: DStR 2000, S. 1853.
4 Vgl. *Wassermeyer, F.*, Scherbenhaufen, in: EuZW 17/2000, Editorial.

Sachverhaltsgestaltungen entgegenwirken, bei denen ausländische „Briefkastenfirmen“ als Zwischengesellschaften Gewinne aus passiven Tätigkeiten in einem Niedrigsteuerland thesaurieren[5] und somit die Abschirmwirkung ausnutzen, die ausländische Kapitalgesellschaften gegenüber dem inländischen Steuerzugriff entfalten[6].

Ansatzpunkte für diese Hinzurechnungsbesteuerung sind das Vorliegen sog. passiver Einkünfte und deren Besteuerung in einem Niedrigsteuerland: Das AStG enthält in § 8 Abs. 1 eine Aufzählung von Einkünften, die aus aktiver Tätigkeit stammen und damit der Hinzurechnungsbesteuerung entzogen sind[7]. Hierbei handelt es sich überwiegend um Einkünfte, die durch produktive Tätigkeit erzielt wurden. Liegen keine Einkünfte aus aktivem Erwerb vor, werden diese Einkünfte solchen aus passivem Erwerb zugeordnet und sind damit grundsätzlich der Hinzurechnungsbesteuerung unterworfen. Hierunter fallen auch speziell definierte Einkünfte mit Kapitalanlagecharakter.

Eine niedrige Besteuerung im Ausland lag nach § 8 Abs. 3 AStG a.F. vor, wenn das ausländische Steuerniveau zu einer Belastung von weniger als 30% führte. Von einer niedrigen Besteuerung war jedoch auch dann auszugehen, wenn die allgemeine Ertragsteuerbelastung im Ausland zwar 30% oder mehr betrug, die entsprechenden Einkünfte aber aufgrund eines Schachtelprivilegs ihrerseits steuerbefreit waren oder infolge einer indirekten Steueranrechnung ermäßigt besteuert wurden[8]. Faktisch unterlagen damit die meisten ausländischen Kapitalgesellschaften einer niedrigen Besteuerung hinsichtlich bezogener Dividendeneinkünfte nachgeschalteter Konzerngesellschaften[9]. Dies hatte nach altem Recht Auswirkungen auf mehrstufige Konzernstrukturen: Erzielte eine Enkelgesellschaft auf unterster Konzernebene Einkünfte aus operativer Geschäftstätigkeit, waren diese wegen ihres aktiven Charakters von einer Hinzurechnungsbesteuerung bei der Muttergesellschaft ausgeschlossen. Sobald diese Gewinne aber an eine Zwischengesellschaft ausgeschüttet und dort thesauriert wurden, wandelten sich diese Gewinne in passive Einkünfte. Wurden die Gewinnausschüttungen von der Zwischengesellschaft aufgrund eines DBA-Schachtel-

---

5 Vgl. *Jacobs, O. H.*, Internationale Unternehmensbesteuerung, 1999, S. 102.
6 Vgl. *Rättig, H./Protzen, P. D.*, Systemwechsel, in: IStR 2000, S. 395.
7 Vgl. *Jacobs, O. H.*, Internationale Unternehmensbesteuerung, 1999, S. 434 ff.
8 Vgl. BMF-Schreiben vom 02.12.1994 – IV C 7 – S 1340 – 20/94, BStBl I 1995, S. 35.
9 Vgl. *Wassermeyer, F.*, in: *Flick/Wassermeyer/Baumhoff*, Außensteuerrecht, 1999, § 8 Rn. 134.

privilegs steuerfrei vereinnahmt und dort thesauriert, löste dies bei der deutschen Muttergesellschaft die Hinzurechnungsbesteuerung nach dem AStG aus[10].

Eine Ausnahme von der Hinzurechnungsbesteuerung ergab sich bislang für Einkünfte mit Kapitalanlagecharakter, die eine ausländische Holdinggesellschaft als Zwischengesellschaft bezog. War die ausländische Holdinggesellschaft zu mindestens 10% an der nachgeschalteten Gesellschaft beteiligt, waren die Beteiligungserträge gemäß § 10 Abs. 6 Satz 2 Nr. 2 AStG a.F. von der deutschen Hinzurechnungsbesteuerung ausgenommen[11]. Eine entsprechende steuerliche Vorbelastung war dagegen nicht erforderlich. Zusammen mit den Befreiungstatbeständen der § 8 Abs. 2 und § 13 AStG wurden Einkünfte von der Hinzurechnungsbesteuerung freigestellt, unabhängig davon, wie viele Stufen der Konzernaufbau hatte, ob und auf welcher Stufe thesauriert wurde und ob am Anfang der Beteiligungskette passive oder niedrigbesteuerte Einkünfte standen[12].

b) Änderungen durch das StSenkG

Die Änderung der Holdingklausel des § 10 Abs. 6 Satz 2 Nr. 2 AStG durch das StSenkG bewirkt nun, daß Beteiligungserträge, die eine ausländische Zwischengesellschaft bezieht und thesauriert, nur dann der deutschen Hinzurechnungsbesteuerung nicht unterliegen, wenn der inländische Steuerpflichtige folgendes nachweist[13]:

1. Die Beteiligung der Zwischengesellschaft an der nachgelagerten Gesellschaft, die diese Erträge ausgeschüttet hat, beträgt mindestens 10% und

2. die Einkünfte dieser nachgelagerten Gesellschaft unterliegen einer Ertragsteuerbelastung von mindestens 25%.

Neben den Nachweis der Mindestbeteiligung ist durch das StSenkG nun also auch der Nachweis der Mindestertragsteuerbelastung in § 10 Abs. 6 Satz 2 Nr. 2 AStG n.F. getreten.

Von der Hinzurechnungsbesteuerung ausgenommen sind nach dem sog. Landesholdingprivileg des § 8 Abs. 2 AStG auch weiterhin Einkünfte, die die Zwi-

---

10 Vgl. *Rättig, H./Protzen, P. D.*, Holdingbesteuerung, in: IStR 2000, S. 549.

11 Vgl. *Köhler, S.*, Holdinggesellschaft, in: *Arthur Andersen*, Steuerreform, 2001, S. 261.

12 Vgl. *Rättig, H./Protzen, P. D.*, Holdingbesteuerung, in: IStR 2000, S. 550.

13 Vgl. *Schaumburg, H.*, in: *Schaumburg/Rödder*, Unternehmenssteuerreform, 2000, S. 802 f.

schengesellschaft von einer im gleichen ausländischen Staat ansässigen Gesellschaft bezieht, wenn diese nachgeschaltete Gesellschaft aktive Einkünfte erzielt. Bezieht die nachgelagerte Gesellschaft aber ihrerseits passive Einkünfte – dies ist insbesondere dann der Fall, wenn diese Gesellschaft gleichermaßen Holdingfunktionen erfüllt[14] –, kommt es nach § 10 Abs. 6 Satz 2 Nr. 2 AStG zur Hinzurechnungsbesteuerung, wenn diese Einkünfte nicht mit mindestens 25% Ertragsteuern belastet sind. Geht man davon aus, daß die Finanzverwaltung analog zu § 8 Abs. 3 AStG eine Niedrigbesteuerung auch bei Anwendung eines ausländischen Schachtelprivilegs auf Dividenden und Veräußerungsgewinne annehmen wird[15], wird diese Befreiungsvoraussetzung in der Regel nicht erfüllt sein. Zwar führt die Befreiungsvorschrift des § 13 Abs. 1 AStG dazu, daß Einkünfte einer Untergesellschaft auf der dritten Stufe weder bei Thesaurierung noch Ausschüttung auf die nächste Stufe eine Hinzurechnungsbesteuerung auslösen. Schon bei einem vier- oder mehrstufigen Konzernaufbau gilt diese Befreiung jedoch nicht mehr. Zwar wird durch die Ausschüttung der operativ tätigen Untergesellschaft auf der vierten Stufe an die vorgeschaltete Holding noch keine Zurechnung ausgelöst. Bereits die nächste Ausschüttung qualifiziert die Einkünfte in solche aus passivem Erwerb um und löst dadurch eine Hinzurechnungsbesteuerung aus[16]. Im mehr als dreistufigen Aufbau kann die Hinzurechnung nur dadurch vermieden werden, daß aktive Gesellschaften ihre Gewinne entweder thesaurieren oder Ausschüttungen nur von aktiven Gesellschaften vorgenommen werden, ohne daß es zu einer Weiterschüttung innerhalb der Konzernstruktur kommt[17].

Unterschiede ergeben sich schließlich auch bei der Behandlung von Dividendeneinkünften und Veräußerungserlösen. Veräußerungserlöse werden von der Hinzurechnungsbesteuerung nur dann ausgenommen, wenn es sich nach § 13 Abs. 3 AStG um Veräußerungsvorgänge innerhalb eines Konzerns handelt. Andernfalls kommt § 10 Abs. 6 Satz 2 Nr. 2 AStG zur Anwendung, der den Nachweis der Mindestbesteuerung in Höhe von 25% erfordert[18]. Dies führt dazu, daß eine deutsche Gesellschaft als Zwischengesellschaft das Privileg der Steuerfreiheit nach § 8b Abs. 1 und 2 KStG genießt, während die Ausschüttung der untersten Ebene an eine EU-ausländische Zwischengesellschaft oder die Veräußerung der Anteile an der nachgelagerten Gesellschaft durch diese EU-

---

14 Vgl. *Keßler, W./Teufel, T.*, Hinzurechnungsbesteuerung, in: IStR 2000, S. 675.

15 So *Rödder, T./Schumacher, A.*, Änderungen, in: DStR 2000, S. 1459.

16 Vgl. *Rättig, H./Protzen, P. D.*, Holdingbesteuerung, in: IStR 2000, S. 555.

17 Vgl. *Keßler, W./Teufel, T.*, Hinzurechnungsbesteuerung, in: IStR 2000, S. 675; *Rättig, H./Protzen, P. D.*, Holdingbesteuerung, in: IStR 2000, S. 555; *Eilers, S./Schmidt, R.*, Holdingstandort, in: FR 2001, S. 14.

18 Vgl. *Rödder, T./Schumacher, A.*, Änderungen, in: DStR 2000, S. 1459.

ausländische Gesellschaft eine Hinzurechnungsbesteuerung nach § 10 Abs. 2 Satz 2 AStG bei der deutschen Muttergesellschaft in Höhe von 38% auslöst.

Damit ergeben sich aus den Neuregelungen im AStG unterschiedliche Folgen bei der Besteuerung ausländischer und inländischer Holdinggesellschaften mit mehr als dreistufigen Gesellschaftsstrukturen. Dies wird an folgendem Beispiel[19] deutlich:

Alternative 1:

Eine deutsche Aktiengesellschaft (1. Stufe) ist Mehrheitsgesellschafterin einer belgischen Holdinggesellschaft (2. Stufe) in der Rechtsform einer Kapitalgesellschaft. Diese belgische Holdinggesellschaft wiederum hält eine Beteiligung an einer französischen Société Anonyme (3. Stufe). Die französische S.A. erzielt Einkünfte aus passivem Erwerb, d.h. bezieht ihrerseits Beteiligungserträge von operativ tätigen ausländischen Gesellschaften (4. Stufe). Die Gewinne der französischen S.A., die diese aufgrund dort geltender Schachtelprivilegien steuerbefreit bezogen hat, werden an die belgische Holdinggesellschaft ausgeschüttet und dort thesauriert. In Belgien unterliegen die von der französischen S.A. bezogenen Erträge aufgrund entsprechender Schachtelprivilegien keiner oder nur einer minimalen Besteuerung.

Damit sind die Voraussetzungen für eine Hinzurechnungsbesteuerung auf Ebene der deutschen Muttergesellschaft erfüllt. Denn die belgische Holdinggesellschaft bezieht Einkünfte mit Kapitalanlagecharakter und ist damit Zwischengesellschaft im Sinne des AStG. Zwar stammen diese Erträge aus einer Beteiligung von mehr als 10%. Durch die Anwendung der jeweiligen Schachtelprivilegien unterliegen die Einkünfte aber keiner Besteuerung von mindestens 25% auf Ebene der französischen S.A., die ihrerseits passive Einkünfte erzielt hat. Die deutsche Muttergesellschaft hat daher die Dividende, die die belgische Holdinggesellschaft von der französischen S.A. bezogen hat, mit 38% zu versteuern.

Alternative 2:

In Abweichung zu Alternative 1 befindet sich der Sitz der Holdinggesellschaft (2. Stufe) nicht in Belgien, sondern in Deutschland. Die Gewinne werden auf die 2. Stufe durchgeschüttet und dort thesauriert.

---

[19] In Anlehnung an *Wassermeyer, F.*, Scherbenhaufen, in: EuZW 17/2000, Editorial.

In Alternative 2 kommt es nicht zu einer Hinzurechnungsbesteuerung. Denn hier werden Gewinne an eine inländische Körperschaft ausgeschüttet. Eine Thesaurierung im Ausland auf einer untergeordneten Konzernstufe erfolgt nicht. Zugunsten der deutschen Holdinggesellschaft greift jedoch das körperschaftsteuerliche Schachtelprivileg des § 8b Abs. 1 KStG. Das bedeutet, daß es auch auf Ebene der deutschen Muttergesellschaft bei der Steuerfreiheit der bezogenen Beteiligungserträge bleibt.

Dieses Beispiel macht deutlich, daß das System der Hinzurechnungsbesteuerung nach dem StSenkG nicht standortneutral ist. In beiden Alternativen wird ein vierstufiger Konzernaufbau gewählt. Die Hinzurechnungsbesteuerung bei der deutschen Muttergesellschaft hängt jedoch vom Standort der unmittelbar nachgeschalteten Holdinggesellschaft ab.

c) Vergleich unter europarechtlichen Gesichtspunkten

Diese Verletzung der Standortneutralität ist auf ihre Vereinbarkeit mit der Niederlassungsfreiheit und der Freiheit des Kapitalverkehrs zu überprüfen[20]. Daneben bestehen auch verfassungsrechtliche Bedenken im Hinblick auf die Differenzierung nach der Anzahl der Konzernstufen. Da das gewählte Beispiel lediglich die Zusammenhänge zwischen dem Postulat der Standortneutralität und den Grundfreiheiten verdeutlichen soll, wird von der Prüfung nationaler Vorgaben abgesehen[21].

Eine unzulässige Behinderung des freien Kapitalverkehrs kann bereits vorliegen, wenn Kapitalanlagen im Ausland für inländische Investoren aufgrund steuerlicher Benachteiligungen weniger attraktiv sind und dadurch ein Hindernis für ausländische Gesellschaften darstellen, in dem jeweiligen Mitgliedstaat Kapital zu sammeln[22]. Daneben garantiert die Niederlassungsfreiheit ein umfassendes – auch steuerliches – Diskriminierungsverbot gegenüber Inländern und betrifft ebenso die mittelbare Erwerbstätigkeit, die beispielsweise über eine zwischengeschaltete Holdinggesellschaft ausgeübt wird. Voraussetzung ist allerdings, daß der Anteilseigner einen wesentlichen unternehmerischen Einfluß auf die Gesellschaft ausübt[23]. Dabei ist die neue Konzeption der Hinzurechnungsbesteuerung

---

[20] Siehe dazu die Ausführungen unter C. II. auf S. 131.

[21] Von der Verfassungswidrigkeit gehen aus: *Rättig, H./Protzen, P. D.*, Holdingbesteuerung, in: IStR 2000, S. 556; *Eilers, S./Schmidt, R.*, Holdingstandort, in: FR 2001, S. 15.

[22] Vgl. *Schön, W.*, Hinzurechnungsbesteuerung, in: DB 2001, S. 942.

[23] Vgl. *EuGH* vom 13.04.2000 – Rs. C-251/98 (Baars), Slg. 2000, S. I-2815 (Rn. 22).

sowohl im Hinblick auf den Hinzurechnungsbetrag als auch die standortabhängige Steuerbelastung bedenklich.

aa) Hinzurechnungsbesteuerung und Grundfreiheiten

Hervorgerufen durch die Konzeptionslosigkeit[24] der deutschen Hinzurechnungsbesteuerung treten im Schrifttum vermehrt Stimmen auf, die an der grundsätzlichen Vereinbarkeit dieser nationalen Regelung mit den europarechtlichen Vorgaben der Niederlassungs- und Kapitalverkehrsfreiheit zweifeln[25]. Indessen besteht kein Bedürfnis, sich an dieser Stelle mit grundsätzlichen Erwägungen für oder gegen dieses außensteuerrechtliche Instrument auseinanderzusetzen. Die Überarbeitung des AStG nimmt im Rahmen der Fortentwicklung des Unternehmenssteuerrechts einen großen Stellenwert ein. Gleichwohl bestehen erhebliche Bedenken gegen die konkrete Ausgestaltung der Hinzurechnungsbesteuerung nach dem StSenkG.

Fragwürdig ist bereits der Hinzurechnungsbetrag nach § 10 Abs. 2 Satz 2 AStG. Während die Grenze der Niedrigbesteuerung bei 25% gezogen wurde, führt die Hinzurechnungsbesteuerung zu einer Hochschleusung auf 38%. Damit soll die Vorbelastung inländischer Kapitalgesellschaften durch Körperschaftsteuer und Gewerbesteuer hergestellt werden[26]. In vielen EU-ausländischen Staaten wird jedoch keine Gewerbesteuer erhoben. Solange die Gewerbesteuer aber der Finanzierung der Gemeinde dient, in der die Gesellschaft ansässig ist, gibt es keine Rechtfertigung dafür, die Gewinne von im Ausland belegenen Gesellschaften einer fiktiven Gewerbesteuer zu unterwerfen. Die Entscheidung, solche Steuern zu erheben oder nicht, muß dem ausländischen Staat überlassen bleiben[27]. Hier greifen die neueren Grundsätze des *EuGH* zur steuerlichen Vorbelastung ausländischer Dividenden ein. Denn im Urteil „Verkooijen“ hat das Gericht ausgeführt, daß die Besteuerung des Anteilseigners nicht von der Ansässigkeit der Gesellschaft im In- oder Ausland und insbesondere ihrer jeweiligen Vorbelastung abhängen darf[28]. Folgerichtig konnte die Argumentation Deutschlands, daß im Ausland keine GewSt existiere, auch im Urteil „Eurowings“[29] nicht durch-

---

[24] So *Wassermeyer, F.*, Änderungen, in: IStR 2000, S. 196.

[25] So etwa *Hahn, H.*, ICI-Urteil, in: IStR 1999, S. 617; *Wassermeyer, F.*, Entwurf, in: IStR 2000, S. 118; *ders.*, Fortentwicklung, in: IStR 2001, S. 114.

[26] Vgl. *Köhler, S.*, Auswirkungen, in: DStR 2000, S. 1855.

[27] Vgl. *Schön, W.*, Hinzurechnungsbesteuerung, in: DB 2001, S. 947.

[28] Vgl. *EuGH* vom 06.06.2000 – Rs. C-35/98 (Verkooijen), Slg. 2000, S. I-4134 (Rn. 62).

[29] Vgl. *EuGH* vom 26.10.1999 – Rs. C-294/97 (Eurowings Luftverkehr), Slg. 1999, S. I-7476 (Rn. 44).

dringen. Wenn der Gesetzgeber die Grenze der Niedrigbesteuerung bei einer Ertragsteuerbelastung von 25% ansetzt, kann er bei Unterschreiten dieser Grenze nicht eine Hochschleusung auf 38% und damit eine zusätzliche Belastung mit Gewerbesteuer herbeiführen, die im EU-Ausland nicht existiert. Dies gilt um so mehr, als dadurch eine nachteilige Verknüpfung zwischen verschiedenen Steuersubjekten vorgenommen wird. Bereits aus diesem Grund scheidet die Kohärenz des deutschen Steuersystems als Rechtfertigung aus. Denn Kohärenz kann nur zwischen Normen bestehen, die sich auf das selbe Steuersubjekt beziehen[30]. Die Hinzurechnung der deutschen Gewerbesteuer ist deshalb mit der Kapitalverkehrsfreiheit nicht zu vereinbaren.

bb) Diskriminierung mehrstufiger Konzernstrukturen

Die Besteuerung in- und ausländischer Holdinggesellschaften im mehr als dreistufigen Konzern unterscheidet danach, ob sich der Sitz der Holdinggesellschaft auf der 2. Stufe in Deutschland bzw. im europäischen Ausland befindet. Während es bei der deutschen Holdinggesellschaft bei der Steuerfreiheit der bezogenen Dividenden bleibt – eine Besteuerung erfolgt erst bei Ausschüttung an natürliche Personen als Anteilseigner der Muttergesellschaft –, löst die Ausschüttung an eine EU-ausländische Holdinggesellschaft die Hinzurechnungsbesteuerung nach dem AStG aus[31]. Die Änderungen im AStG bevorzugen demnach deutsche Holdinggesellschaften gegenüber solchen mit Sitz in anderen EU-Mitgliedstaaten.

Damit liegt eine Diskriminierung ausländischer Holdinggesellschaften vor. Denn durch die unterschiedlichen Belastungsfolgen werden Inländer davon abgehalten, in EU-ausländische Kapitalgesellschaften zu investieren bzw. diese in ihre Konzernstruktur zu integrieren. Zwar werden ausländische Gesellschaften durch die Vorschriften des AStG nicht direkt benachteiligt, da die Hinzurechnungsbesteuerung nur beim inländischen Gesellschafter eingreift[32]. Jedoch schützen die Niederlassungsfreiheit und die Kapitalverkehrsfreiheit auch die grenzüberschreitende Tätigkeit von Inländern im EU-Ausland[33]. Damit stellt die unterschiedliche steuerliche Behandlung in- und ausländischer Holdinggesellschaften eine Beschränkung der Niederlassungs- und Kapitalverkehrsfreiheit dar.

---

30 Vgl. *Kämper, A.*, Eurowings, in: FR 2001, S. 672.

31 Vgl. *Rödder, T.*, Auslandsholdings, in: DStR 2001, S. 1107.

32 Vgl. *Jacobs, O. H.*, Internationale Unternehmensbesteuerung, 1999, S. 432.

33 Vgl. *de Weerth, J.*, EG-Recht, in: RIW 2001, S. 444.

Nach ständiger Rechtsprechung des *EuGH* können rein wirtschaftliche Ziele eine solche Beeinträchtigung nicht rechtfertigen[34]. Die Bevorzugung deutscher Gesellschaften kann daher nicht damit begründet werden, die Investition in inländische Kapitalgesellschaften sollte begünstigt werden. Weiterhin kann die Benachteiligung auch nicht mit Gründen der Mißbrauchsbekämpfung gerechtfertigt werden. Denn die verschärfte Hinzurechnung greift auch ein, wenn die Einkünfte auf Ebene der operativen Gesellschaft im Ausland mit mehr als 25% besteuert wurde[35]. Schließlich kann die Konstruktion des mehr als dreistufigen Konzerns mit doppelter Holding auch nicht als Ausnahme angesehen werden, sondern ist im internationalen Wirtschaftsverkehr sogar der Regelfall[36]. Die vom deutschen Steuergesetzgeber geschaffene Privilegierung des Holding-Standorts Deutschland ist deshalb nicht mit EU-Recht vereinbar.

d) Ergebnis

Die konkrete Ausgestaltung der Hinzurechnungsbesteuerung nach dem StSenkG verstößt gegen die Niederlassungs- und die Kapitalverkehrsfreiheit. Auch wenn die Hinzurechnungsbesteuerung prinzipiell mit den Grundfreiheiten des EGV vereinbar sein sollte, darf der deutsche Gesetzgeber nicht in die grundsätzliche Steuersouveränität der anderen Mitgliedstaaten eingreifen. Die Hochschleusung auf 38% nach dem AStG bewirkt aber genau dies. Damit werden Anteilseigner im Inland mit Gewerbesteuer für Gesellschaften im EU-Ausland belastet, die dort einer solchen Steuer nicht unterliegen. Ebensowenig ist die Diskriminierung mehr als dreistufiger Konzernstrukturen mit den Grundfreiheiten zu vereinbaren.

e) Korrekturen durch das UntStFG

Die Diskriminierung mehrstufiger Konzernstrukturen wurde bereits im Gesetzgebungsverfahren erkannt. Am Reformbedarf des AStG bestand daher kein Zweifel. Dementsprechend sah der Entwurf des UntStFG, der aus dem Bericht zur Fortentwicklung des Unternehmenssteuerrechts hervorging, eine Korrektur der Hinzurechnungsbesteuerung insbesondere durch die Neufassung von § 8 Abs. 1 AStG vor[37]. Durch das Inkrafttreten des UntStFG zum 01.01.2002 werden Gewinnausschüttungen nach § 8 Abs. 1 Nr. 8 AStG nunmehr stets als Ein-

---

[34] Vgl. *EuGH* vom 06.06.2000 – Rs. C-35/98 (Verkooijen), Slg. 2000, S. I-4130 (Rn. 48).

[35] Vgl. *Romani, B.*, in: *Erle, B./Sauter, T.*, Reform, 2000, S. 347.

[36] Vgl. *Vögele, A./Edelmann, G.*, Steuerplanung, in: IStR 2000, S. 465.

[37] Vgl. *Watrin, C.*, Fortentwicklung, in: DStZ 2001, S. 495.

künfte aus aktiver Tätigkeit behandelt[38]. Gleiches gilt nach § 8 Abs. 1 Nr. 9 AStG für Veräußerungsgewinne[39]. Durch das Inkrafttreten dieser Änderungsvorschläge wurde die Vorbelastung ausgeschütteter Gewinne sowie die Natur dieser Einkünfte irrelevant. Dividendeneinnahmen niedrig besteuerter ausländischer Zwischengesellschaften unterliegen damit nicht mehr der Hinzurechnungsbesteuerung[40]. In mehrstufigen Strukturen kommt es also nicht mehr zu einer Hinzurechnungsbesteuerung bei der inländischen Muttergesellschaft, wenn Ausschüttungen an eine zwischengeschaltete EU-ausländische Holding vorgenommen werden[41]. Die europarechtswidrige Diskriminierung von mehr als dreistufigen Konzernen wurde somit durch das UntStFG beseitigt[42].

Jedoch sind Veräußerungsgewinne nur insoweit steuerfrei, als sie auf Anteile entfallen, die nachweislich nicht für Tätigkeiten mit Kapitalanlagecharakter i.S.d. § 10 Abs. 6 Satz 2 AStG dienen. Dieser Nachweis dürfte bei Minderheitsbeteiligungen kaum zu führen sein[43]. Bezüglich solcher Veräußerungsgewinne könnte es also dennoch zur Hinzurechnungsbesteuerung kommen. Dies wiederum würde zu einer Benachteiligung ausländischer Kapitalgesellschaften führen. Denn inländische Kapitalgesellschaften genießen nach § 8b Abs. 2 KStG Steuerfreiheit auch für die Veräußerung von Minderheitsbeteiligungen, die ausschließlich der Kapitalanlage dienen[44]. Nach dem UntStFG könnte ein solches Veräußerungsgeschäft durch eine EU-ausländische Konzerngesellschaft aber eine Hinzurechnungsbesteuerung bei der deutschen Konzern-Muttergesellschaft auslösen. Möglicherweise wird die Europarechtskonformität einer Norm des AStG also nur auf Kosten der Europarechtswidrigkeit einer anderen gelöst.

---

[38] Vgl. *Kneip, C./Rieke, I.*, Hinzurechnungsbesteuerung, in: IStR 2001, S. 666.

[39] Vgl. *Rödder, T./Schumacher, A.*, Fortentwicklung II, in: DStR 2001, S. 1690.

[40] Vgl. *Blumenberg, J./Borschel, C.*, Außensteuergesetz, in: *Linklaters Oppenhoff & Rädler* (Hrsg.) Unternehmensbesteuerung, 2002, S. 59 f.

[41] Vgl. *Kneip, C./Rieke, I.*, Hinzurechnungsbesteuerung, in: IStR 2001, S. 670; *Rättig, H./Protzen, P. D.*, Entwurf, in: IStR 2001, S. 610; *Rödder, T./Schumacher, A.*, Änderungen, in: DStR 2002, S. 112.

[42] Vgl. *Blumenberg, J./Borschel, C.*, Außensteuergesetz, in: *Linklaters Oppenhoff & Rädler* (Hrsg.) Unternehmensbesteuerung, 2002, S. 59; *Rättig, H./Protzen, P. D.*, Unternehmenssteuerfortentwicklungsgesetz, in: DStR 2002, S. 244.

[43] Vgl. *Rödder, T./Schumacher, A.*, Fortentwicklung II, in: DStR 2001, S. 1691; ebenso *Blumenberg, J./Borschel, C.*, Außensteuergesetz, in: *Linklaters Oppenhoff & Rädler* (Hrsg.) Unternehmensbesteuerung, 2002, S. 60.

[44] Vgl. *Klein, M.*, Hinzurechnungsbesteuerung, in: IStR 2001, S. 620 f.

2. Besteuerung in- und ausländischer Investmentfonds

Neben der unmittelbaren Beteiligung an Kapitalgesellschaften besteht über Investmentfonds auch die Möglichkeit, mittelbar an Kapitalgesellschaften beteiligt zu sein. Der Systemwechsel bei der Körperschaftsteuer wirkt sich auch auf diese Form der Unternehmensbeteiligung aus.

a) Besteuerung von Investmentfonds nach KAGG und AuslInvestmG

Die Besteuerung in- und ausländischer Investmentfonds folgte vor Inkrafttreten des StSenkG dem sog. Transparenzprinzip. Das bedeutet, der Anteilsinhaber sollte durch die Investmentfondsanlage gegenüber der Direktanlage in Aktien, Schuldverschreibungen usw. steuerlich keinen Nachteil erleiden, jedoch auch keinen Vorteil erzielen[45]. Die Fondserträge, die ihrerseits auf Dividendeneinnahmen beruhten, wurden dem privaten Anteilscheininhaber gemäß § 39 Abs. 1 KAGG a.F. i.V.m. § 20 Abs. 1 Nr. 1 EStG als Einkünfte aus Kapitalvermögen zugerechnet. Gewinne, die ein in- oder ausländischer Investmentfonds durch die Veräußerung von Wertpapieren erzielte, waren nach § 40 Abs. 1 KAGG bzw. § 17 Abs. 2 Nr. 1 AuslInvestmG für den privaten Anleger entsprechend der steuerlichen Systematik bei der Behandlung privater Veräußerungsgewinne steuerbefreit. Allerdings galt diese Steuerbefreiung unter Durchbrechung des Transparenzprinzips auch innerhalb der Spekulationsfrist für private Veräußerungsgewinne. Hinsichtlich der einjährigen Spekulationsfrist waren private Kapitalanlagen in in- und ausländische Wertpapier-Sondervermögen somit gegenüber einer Direktanlage privilegiert[46]. Festzuhalten bleibt jedoch, daß beim Bundesaufsichtsamt für das Kreditwesen[47] registrierte ausländische Investmentfonds – sog. „weiße“ Fonds – steuerlich weitgehend gleich behandelt wurden wie inländische Investmentfonds[48].

b) Änderungen durch das StSenkG

Das steuerliche Transparenzgebot wurde entgegen dem ursprünglichen Entwurf des StSenkG für inländische Investmentfonds beibehalten und die Besteuerung

---

[45] Vgl. *Fock, T. H./ Stoschek, U.*, Investmentfonds, in: FR 2000, S. 592.

[46] Vgl. *Oho, W./Ottentahl, S.*, Fondsbeteiligungen, in: *Arthur Andersen*, Steuerreform, 2001, S. 173.

[47] Seit dem 01.05.2002 Bundesanstalt für Finanzdienstleistungsaufsicht.

[48] Vgl. *Heller, B./Hammer, M.*, Aktienfondsmarkt, in: DStZ 2001, S. 118.

inländischer WertpapierSondervermögen damit lediglich dem Systemwechsel im Körperschaftsteuerrecht angepaßt[49]. Einkünfte aus einem deutschen Investmentfonds (KAG) werden nach dem StSenkG demnach ebenso besteuert wie die Direktanlage in Aktien. Damit sind Ausschüttungen des Wertpapier-Sondervermögens an eine Körperschaft als Anteilsinhaber entsprechend der körperschaftsteuerlichen Systematik steuerbefreit. Die Steuerfreiheit von Ausschüttungen, die auf Dividendeneinnahmen des Fonds beruhen, folgt aus § 40 Abs. 2 KAGG n.F. i.V.m. § 8b Abs. 1 KStG. Sind Veräußerungsgewinne des Fonds enthalten, ergibt sich die Steuerfreiheit aus § 40 Abs. 1 Satz 1 Halbsatz 2 KAGG n.F. i.V.m. § 8b Abs. 2 KStG. Das bedeutet, die Einnahmen sind vollständig steuerfrei, wenn die Fondsanteile von einer Kapitalgesellschaft gehalten werden[50]. Die Steuerfreiheit für Kapitalgesellschaften nach § 8b Abs. 1 und 2 KStG wird verlängert auf die Anlage in inländische Investmentfonds.

Ausschüttungen an natürliche Personen werden gemäß § 40 Abs. 2 KAGG n.F. i.V.m. § 3 Nr. 40 EStG nach dem Halbeinkünfteverfahren besteuert. Damit unterliegen nur die hälftigen Einnahmen der Besteuerung, wenn die Fondsanteile von Privatpersonen, Einzelkaufleuten oder Personengesellschaften gehalten werden[51]. Beibehalten wurde zudem die vollständige Steuerbefreiung von Veräußerungsgewinnen des Wertpapier-Sondervermögens – unabhängig von der Beachtung der einjährigen „Spekulationsfrist" des § 23 Abs. 1 Satz 1 Nr. 2 EStG –, wenn die Fondsanteile im Privatvermögen gehalten werden[52].

Hiervon weicht die Besteuerung der Einkünfte aus Anteilen an ausländischen Investmentfonds ab[53]. Dabei muß zunächst unterschieden werden zwischen registrierten Fonds i.S.v. § 17 Abs. 3 AuslInvestmG – sog. „weiße" Fonds – und nicht registrierten Fonds – „graue" und „schwarze" Fonds nach § 18 AuslInvestmG[54]: Werden Anteile an registrierten ausländischen Investmentfonds von einer Körperschaft gehalten, sind die Einkünfte nicht steuerbefreit. Nach § 17 Abs. 1 Satz 1 Halbsatz 2 AuslInvestmG n.F. ist § 8b Abs. 1 KStG nicht anzuwenden. Zudem schließt § 17 Abs. 2 Nr. 1 AuslInvestmG n.F. die Anwendung von § 8b Abs. 2 KStG auch für solche Erträge aus, die auf Veräußerungsgewin-

---

49 Vgl. *Schumacher, A.*, in: *Schaumburg/Rödder*, Unternehmenssteuerreform, 2000, S. 758; ebenso *Altfelder, S.*, Investmentfonds, in: FR 2000, S. 312.

50 Vgl. *Wassermeyer, W.*, Investmentfonds, in: IStR 2001, S. 195.

51 Vgl. *Tibo, F.*, Wertpapier-Investmentfonds, in: DB 2000, S. 2292.

52 Vgl. *Oho, W./Ottentahl, S.*, Fondsbeteiligungen, in: *Arthur Andersen*, Steuerreform, 2001, S. 178; *Pöhlmann, W.*, Steuern, in: DSWR 2001, S. 13.

53 Vgl. *Roth, J.*, Auswirkungen, in: IStR 2001, S. 209 f.

54 Vgl. *Oho, W./Ottentahl, S.*, Fondsbeteiligungen, in: *Arthur Andersen*, Steuerreform, 2001, S. 175.

nen des ausländischen Investmentfonds beruhen. Bei natürlichen Personen erfolgt die Besteuerung nicht nach dem Halbeinkünfteverfahren. Dieses wird durch § 17 Abs. 1 Satz 1 Halbsatz 2 AuslInvestmG n.F. ausgeschlossen. Vielmehr sind die Einkünfte voll zu versteuern. Dies gilt selbst dann, wenn das ausländische Sondervermögen seinerseits Dividendeneinnahmen aus inländischen Anteilen erzielt, die somit bereits der inländischen Besteuerung unterlagen oder aufgrund von Doppelbesteuerungsabkommen dem ausländischen Fondsvermögen genauso steuerfrei zufließen können wie einem inländischen Investmentfonds. Denn je nach Sitz des Fonds sind die bezogenen Dividenden steuerlich nicht vorbelastet. So fließen ausländische Dividenden beispielsweise einem luxemburgischen SICAV genauso steuerbefreit zu wie einem deutschen Investmentfonds. Werden diese Einnahmen aber an die Inhaber der Fondsanteile weitergeschüttet, kommt es in Deutschland zu einer unterschiedlichen Besteuerung. Während die Ausschüttung der inländischen Fondsgesellschaft bei einer natürlichen Person der Besteuerung nach dem Halbeinkünfteverfahren unterliegt und damit zur Hälfte steuerbefreit ist, muß die Ausschüttung des luxemburgischen SICAV beim deutschen Anteilseigner voll versteuert werden.

Für „graue“ Fonds, die nach § 17 Abs. 2 AuslInvestmG n.F. die Besteuerungsgrundlagen nachweisen und im Inland einen Vertreter bestellen, wird in Abs. 1 die Nichtanwendung von § 3 Nr. 40 EStG sowie § 8b Abs. 1 KStG ausdrücklich angeordnet. „Schwarze“ Fonds, die auch diese formalen Voraussetzungen nicht erfüllen, unterliegen nach § 17 Abs. 3 AuslInvestmG n.F. einer pauschalierten Strafbesteuerung[55].

Die unterschiedlichen Änderungen im KAGG und im AuslInvestmG beseitigen die weitgehende steuerliche Gleichstellung von Erträgen eines Privatanlegers aus der Beteiligung an weißen Auslandsfonds mit Inlandsfonds[56]. Zwar steht der Nichtgewährung von Steuervorteilen die volle Abzugsfähigkeit von Verlusten gegenüber, die im Einzelfall auch zu einer Begünstigung ausländischer Investmentfonds führen kann[57]. Denn Verluste des ausländischen Fonds sind auch auf Ebene der Anteilseigner verrechenbar. Aufgrund der hälftigen oder vollständigen Steuerfreiheit inländischer Investmenterträge besteht diese Möglichkeit für Kapitalgesellschaften gar nicht, für Privatanleger und Personengesellschaften dagegen nur hälftig. Jedoch spielen gerade die Veräußerungsgewinne eine wichtige Rolle bei der Performance von Investmentfonds. Diese sind für ausländi-

---

55 Vgl. *Plewka, H./Watrin, C.*, Prüfstand, in: DB 2001, S. 2267.

56 Vgl. *Oho, W./Ottentahl, S.*, Fondsbeteiligungen, in: *Arthur Andersen*, Steuerreform, 2001, S. 179.

57 Vgl. *Hammer, M.*, Nachteil, in: DStZ 2001, S. 858.

sche Fonds aber steuerpflichtig[58]. Damit wird das Postulat der Standortneutralität für in- und ausländische Investmentfonds verletzt.

c) Vergleich unter europarechtlichen Gesichtspunkten

Das StSenkG führt bei der Besteuerung von Einkünften aus Anteilen an Investmentfonds zu einer Ungleichbehandlung in- und ausländischer Fondsvermögen. Die Freiheit des Kapitalverkehrs wird bereits dadurch beeinträchtigt, daß eine Anlage durch unterschiedliche Steuerbelastungen weniger attraktiv wird. Dies kann sowohl private als auch institutionelle Anleger wie Banken und Versicherungen in ihrer Anlagenentscheidung beeinträchtigen. Zwar könnte sich die unterschiedliche Besteuerung für ausländische Investmentfonds aufgrund der Verlustverrechnungsmöglichkeit im Einzelfall auch positiv auswirken. Die Versagung von Steuerbegünstigungen bei Anteilsveräußerungen ist jedoch ein Nachteil, der durch die Vorteile nicht unbedingt kompensiert wird. Daher werden ausländische Investmentfonds gegenüber inländischen diskriminiert[59].

Ein Rechtfertigungsgrund könnte in der Kohärenz des deutschen Steuersystems liegen. Jedoch übertragen die Regelungen des KAGG lediglich die Systematik der Besteuerung von Direktanlagen nach KStG und EStG auf die mittelbare Kapitalanlage in inländische Investmentfonds. Auf Ebene der Direktanlage werden Einnahmen und Veräußerungsgewinne aus ausländischen Anteilen aber ebenfalls hälftig oder vollständig steuerbefreit. Diese Befreiungen werden nur ausländischen Fondsvermögen nicht gewährt[60]. Damit erfolgt die Besteuerung ausländischer Investmentfonds systemwidrig[61]. Ein solcher Systembruch kann aber nicht mit der Systematik der deutschen Besteuerung unter dem europarechtlichen Gesichtspunkt der Kohärenz gerechtfertigt werden. Denn Kohärenz bedeutet letztlich nichts anderes als die Bewahrung des Systems.

Zwar fehlt es an einer offiziellen Begründung des Gesetzgebers für die Ungleichbehandlung in- und ausländischer Fondsvermögen[62]. Eine weitere Rechtfertigung könnte jedoch darin gesehen werden, daß dem deutschen Fiskus der

---

58 Vgl. *Heller, B./Hammer, M.*, Aktienfondsmarkt, in: DStZ 2001, S. 120.

59 Ebenso *Tibo, F.*, Wertpapier-Investmentfonds, in: DB 2000, S. 2293; *Schumacher, A.*, in: *Schaumburg/Rödder*, Unternehmenssteuerreform, 2000, S. 771 f.; *Oho, W./Ottentahl, S.*, Fondsbeteiligungen, in: *Arthur Andersen*, Steuerreform, 2001, S. 182; *Plewka, H./Watrin, C.*, Prüfstand, in: DB 2001, S. 2268.

60 Vgl. *Fock, T. H./ Stoschek, U.*, Investmentfonds, in: FR 2000, S. 600.

61 Vgl. *Schumacher, A.*, in: *Schaumburg/Rödder*, Unternehmenssteuerreform, 2000, S. 772.

62 Vgl. *Heller, B./Hammer, M.*, Aktienfondsmarkt, in: DStZ 2001, S. 121.

Steuerzugriff auf Kapitalgesellschaften verwehrt sei, deren Anteile sich im Portfolio des ausländischen Investmentfonds befinden. Zudem dürfte ein Anliegen in der Stärkung der eigenen Marktteilnehmer im Vordergrund gestanden haben. Indessen überzeugen beide Rechtfertigungsversuche nicht. Zunächst können rein wirtschaftliche Ziele eine Beeinträchtigung der Grundfreiheiten nicht rechtfertigen[63]. Im Hinblick auf das fehlende Besteuerungsrecht Deutschlands ist zu beachten, daß das Portfolio eines ausländischen Investmentfonds durchaus auch Anteile an deutschen Gesellschaften enthalten kann, die ihrerseits in Deutschland unbeschränkt steuerpflichtig sind. Darüber hinaus können gerade die fehlende nationale Vorbelastung und daraus resultierende Steuermindereinnahmen keine Rechtfertigung für eine Einschränkung der Grundfreiheiten liefern[64]. Mit dieser Begründung hat der *EuGH* im „Verkooijen"-Urteil die Steuerbegünstigung inländischer Dividenden in den Niederlanden verworfen[65]. Nichts anderes kann deshalb für die mittelbare Anlage über Investmentfonds gelten. Eine Rechtfertigung könnte sich aufgrund der unterschiedlichen Struktur allenfalls für in Deutschland nicht registrierte „graue" und „schwarze" Fonds ergeben[66]. Selbst diese Unterscheidung ist mittlerweile fragwürdig geworden, da diese Fonds nur aus formellen Gründen wie einer unterlassenen Registrierung höher besteuert werden[67]. Jedenfalls aber läßt sich die Diskriminierung registrierter Fonds nicht mit der Kapitalverkehrsfreiheit vereinbaren.

d) Ergebnis

Durch diese steuerliche Ungleichbehandlung werden ausländische Investmentfonds gegenüber inländischen diskriminiert. Denn eine Beschränkung der Kapitalverkehrsfreiheit liegt bereits bei einer nur mittelbaren Behinderung des Zu-, Ab- oder Durchflusses von Kapital vor. Damit besteht ein Hindernis für Fondsgesellschaften anderer Mitgliedstaaten, in Deutschland Kapital zu sammeln. Diese Ungleichbehandlung kann nicht mit der Kohärenz des deutschen Steuerrechts gerechtfertigt werden. Die Vorschriften zur Besteuerung ausländischer Investmentfonds sind nicht integraler Bestandteil des deutschen Steuersystems. Vielmehr stellen sie gerade eine Ausnahme von der durch das StSenkG eingeführten grundsätzlichen Besteuerung von Einnahmen aus Beteiligungen nach dem Halbeinkünfteverfahren dar.

---

63 Vgl. *EuGH* vom 06.06.2000 – Rs. C-35/98 (Verkooijen), Slg. 2000, S. I-4130 (Rn. 48).
64 Vgl. *de Weerth, J.*, EG-Recht, in: RIW 2001, S. 446.
65 Vgl. *EuGH* vom 06.06.2000 – Rs. C-35/98 (Verkooijen), Slg. 2000, S. I-4133 (Rn. 59-61).
66 Vgl. *BMF*, Bericht, 2001, in: FR 11/2001, S. 32.
67 Vgl. *Plewka, H./Watrin, C.*, Prüfstand, in: DB 2001, S. 2268.

3. Zusammenfassung

Das StSenkG wahrt den Grundsatz der Standortneutralität in zwei Punkten nicht. Dabei handelt es sich um die Hinzurechnungsbesteuerung bei mehrstufigen Gesellschaftsstrukturen und bei der Besteuerung ausländischer Investmentfonds. Diese Verletzungen des ökonomischen Neutralitätspostulates sind auch unter europarechtlichen Gesichtspunkten beachtlich:

- Die Verschärfung der Hinzurechnungsbesteuerung durch das StSenkG hat ausländische Holdinggesellschaften in mehrstufigen Konzernstrukturen diskriminiert. Dieser europarechtswidrige Zustand ist zwar durch das UntStFG beseitigt worden. Hier deuten sich jedoch bereits neue Verstöße gegen die Niederlassungs- und Kapitalverkehrsfreiheit an.

- Daneben führt die Hochschleusung der Vorbelastung auf 38% zu einer zusätzlichen Steuerbelastung ausländischer Gewinne, die im EU-Ausland regelmäßig so nicht existiert. Diese Gewinne unterliegen vielmehr einer deutschen „Strafbesteuerung“, die mit der Kapitalverkehrsfreiheit nicht zu vereinbaren ist. Diese grundsätzlichen Bedenken gegen die Europatauglichkeit der Hinzurechnungsbesteuerung bestehen auch nach Inkrafttreten des UntStFG fort.

- Schließlich hat das StSenkG auch eine Ungleichbehandlung bei der Besteuerung in- und ausländischer Investmentfonds eingeführt. Nunmehr werden Investitionen in die in Deutschland angebotenen ausländischen Wertpapierfonds benachteiligt. Zwar sollte auch dieser europarechtswidrige Zustand nach der Vorstellung des BMF in absehbarer Zeit beseitigt werden. Indessen waren Korrekturmaßnahmen hierzu im UntStFG nicht enthalten. Zudem stellt sich die Frage, ob die Unterscheidung des AuslInvestmG in registrierte und nicht registrierte ausländische Fonds europarechtlich haltbar ist. Jedenfalls verstößt die Besteuerung registrierter Fonds nach dem StSenkG gegen die Kapitalverkehrsfreiheit.

VI. Würdigung des StSenkG

Die Untersuchung des StSenkG unter ökonomischen sowie verfassungs- und europarechtlichen Gesichtspunkten hat einen weitgehenden Gleichlauf beider Disziplinen ergeben. Sobald eine Vorschrift eine der vier Neutralitäten verletzt, bestehen dadurch gleichzeitig Bedenken im Hinblick auf den allgemeinen Gleichheitssatz oder die europarechtlichen Grundfreiheiten. Dies verwundert insofern nicht, als bereits die Begriffe eine gewisse Parallelität aufweisen. Denn Neutralität im allgemeinen Sprachgebrauch bedeutet letztlich nichts anderes, als sich gegenüber verschiedenen Seiten gleich zu verhalten und keine Seite zu bevorzugen oder zu benachteiligen. Dies zeigt sich an den gefundenen Neutralitätsverletzungen:

- Die wirtschaftspolitische Entscheidung, thesaurierte Gewinne steuerlich zu begünstigen, ist betriebswirtschaftlich und rechtspolitisch bedenklich. Sie verstößt gegen das Postulat der Gewinnverwendungsneutralität. Diese Verletzung stellt auch eine Ungleichbehandlung dar. Dennoch ist sie verfassungsrechtlich nicht angreifbar. Vielmehr ist diese Ungleichbehandlung durch Lenkungszwecke gerechtfertigt. Dem Gesetzgeber kommt ein weitreichender Entscheidungsspielraum zu, der durch die Begründung, damit Investitionen im Unternehmensbereich zu fördern, nicht überschritten wird.

- Das StSenkG hat eine seiner ursprünglichen Zielsetzungen – die Rechtsformneutralität der Unternehmensbesteuerung herbeizuführen – bei weitem verfehlt. Durch die Abschaffung des Anrechnungsverfahrens hat sich die Rechtsformabhängigkeit der Besteuerung verstärkt. Im Gegensatz zur fehlenden Gewinnverwendungsneutralität ist diese Neutralitätsverletzung auch verfassungsrechtlich bedenklich. Die einseitige Begünstigung von Kapitalgesellschaften bei thesaurierten Gewinnen ist mit dem Leistungsfähigkeitsprinzip nicht zu vereinbaren. Es widerspricht Art. 3 Abs. 1 GG, wenn der gleiche wirtschaftliche Erfolg in Abhängigkeit von der Rechtsform unterschiedlich besteuert wird. Dabei stellt die Anrechnungsmöglichkeit des § 35 EStG für Einzelunternehmen und Personengesellschaften keinen ausreichenden Ausgleich für die Begünstigung von Kapitalgesellschaften dar. Es ist bereits zweifelhaft, ob solch eine Verbindung überhaupt geknüpft werden kann. Zudem ist die konkrete Ausgestaltung von § 35 EStG ihrerseits gleichheitswidrig. Auch die durch das UntStFG eingeführte Reinvestitionsrücklage vermag einen hinreichenden Ausgleich für Einzelunternehmen und Personengesellschaften nicht zu schaffen. Zwar ist damit der Schritt in die richtige Richtung getan. Dennoch weisen Kapitalgesellschaften auch weiterhin zahlreiche Vorteile auf, die von der Reinvestitionsrücklage nicht erfaßt werden.

- Die Abzugsverbote nach § 3c Abs. 1 und 2 EStG führen zu einer weiteren Entfernung vom Zustand der Finanzierungsneutralität, die unter Geltung des Anrechnungsverfahrens weitgehend gewährleistet war. Die Widersprüchlichkeiten im neuen System der Unternehmensbesteuerung sind so groß, daß sie den Geboten der Besteuerung nach der Leistungsfähigkeit und der Systemgerechtigkeit nicht mehr genügen. Eine Rechtfertigung für die Verletzung des objektiven Nettoprinzips durch § 3c Abs. 1 und 2 EStG besteht nicht. Dies gilt ebenso für § 8b Abs. 3 KStG bei veräußerungsbedingten Ausgaben. Schließlich läßt sich die Pauschalierungsvorschrift des § 8b Abs. 5 KStG weder mit verfassungs- noch europarechtlichen Vorgaben in Einklang bringen. Die ursprüngliche Entscheidung des Gesetzgebers, das Abzugsverbot des § 3c Abs. 1 EStG im Entwurf des UntStFG fallen zu lassen, war daher folgerichtig. Sie wurde aus der endgültigen Fassung des UntStFG jedoch wieder herausgenommen und somit nicht umgesetzt. Ebenso bedauerlich ist, dass die Abzugsverbote in § 3c Abs. 2 EStG und § 8b Abs. 5 KStG beibehalten wurden. Die verfassungs- und europarechtliche Betrachtungsweise unterscheidet sich dabei nicht von der bezüglich § 3c Abs. 1 EStG.

- Schließlich hat das StSenkG zu einer Diskriminierung ausländischer Holdinggesellschaften geführt. Zwar wurde dieser europarechtswidrige Zustand durch das UntStFG wieder beseitigt. Beibehalten wurde jedoch die Hochschleusung der Vorbelastung auf 38%, die zu einer übermäßigen Besteuerung ausländischer Gewinne führt. Diese Gewinne unterliegen einer deutschen „Strafbesteuerung“, die mit der Kapitalverkehrsfreiheit nicht zu vereinbaren ist. Bei der Besteuerung ausländischer Investmentfonds hat es der Gesetzgeber unterlassen, den Systemwechsel hin zum Halbeinkünfteverfahren umzusetzen. Die Korrektur ist zwar beabsichtigt, im UntStFG aber nicht enthalten gewesen. Dadurch werden Investitionen in die in Deutschland angebotenen ausländischen Wertpapierfonds nach wie vor deutlich benachteiligt. Diese Diskriminierungen widersprechen dem Gebot der Standortneutralität und verstoßen gegen die europarechtlich garantierte Niederlassungsfreiheit und die Freiheit des Kapitalverkehrs.

E. Ansatzpunkte für eine neutrale Unternehmensbesteuerung

Die Analyse des StSenkG aus ökonomischer und juristischer Sicht zeigt, daß das deutsche Unternehmenssteuerrecht nicht entscheidungsneutral ist und damit zu steuerlichen Ungleichbehandlungen führt. Zwar gibt es für diese Differenzierungen teilweise Rechtfertigungsgründe, so daß die Beseitigung dieser Ungleichbehandlungen nicht zwingend durch das Verfassungs- und das Europarecht vorgeben wird. Dennoch muß diese Feststellung letztlich als unbefriedigend empfunden werden. Im folgenden sollen deshalb Möglichkeiten aufgezeigt werden, die Unternehmensbesteuerung de lege ferenda entscheidungsneutraler zu gestalten und damit Ungleichbehandlungen zu vermeiden.

I. Umfang der Untersuchung de lege ferenda

Entsprechend dem bisher verfolgten Aufbau würde ein entscheidungsneutrales Unternehmenssteuerrecht die Verwirklichung von Wettbewerbs-, Rechtsform-, Finanzierungs-, Gewinnverwendungs- und Standortneutralität erfordern. Dafür liegen bereits zahlreiche Vorschläge mit ökonomischem Hintergrund vor[1]. Gleichzeitig bestehen zahlreiche verfassungs- und europarechtlich zulässige Möglichkeiten, ein Steuersystem zu schaffen, das nicht entscheidungsneutral ist und rechtlich dennoch nicht beanstandet werden kann. Im Rahmen des StSenkG sei nur auf die Begünstigung der Gewinnthesaurierung hingewiesen, die sich mit lenkungspolitischen Gründen rechtfertigen läßt. Daher ist Entscheidungsneutralität zu einem erheblichen Teil eine rechtspolitische Frage. Insofern muß es den ökonomischen Steuerwissenschaften überlassen bleiben, die Vor- und Nachteile solcher Neutralitätsverletzungen aufzuzeigen und damit den Gesetzgebungsprozeß zu beeinflussen. So dürfte Standortneutralität auf europäischer Ebene letztlich nur bei vollständiger Harmonisierung der Steuersysteme zu verwirklichen sein. Gleiches dürfte für einen einheitlichen Kapitalmarkt gelten[2]. Dies herbeizuführen ist die politische Aufgabe der Mitgliedstaaten.

Die folgende Darstellung beschränkt sich deshalb auf einen der Hauptkritikpunkte gegenüber dem StSenkG: Die fehlende Rechtsformneutralität. Wie sich aus den bisherigen Untersuchungen ergeben hat, kann das verfassungsrechtliche Gebot der Rechtsformneutralität aus Art. 3 Abs. 1 GG hergeleitet werden. Zugleich entsprach es der ursprünglichen Zielsetzung des StSenkG, die Unter-

---

1 So z. B. *Elschen, R.*, Besteuerung, 1994.

2 Vgl. *Hey. J.*, Harmonisierung, 1997, S. 109.

nehmensbesteuerung rechtsformunabhängig auszugestalten[3]. Da dieses Ziel nicht erreicht wurde, stellt sich die Frage nach Alternativen. Indessen ist die Forderung nach einer rechtsformneutralen Unternehmensbesteuerung nicht neu. Deshalb existieren bereits mehrere Modelle zur Verwirklichung von Rechtsformneutralität. Schließlich sah auch das StSenkG durch die Option zur Körperschaftsteuer eine Möglichkeit für Einzelunternehmer und Personengesellschaften vor, sich nach den für Kapitalgesellschaften geltenden Vorschriften besteuern zu lassen. Im folgenden sollen diese Möglichkeiten, einschließlich ihrer Umsetzung im internationalen Kontext, dargestellt werden, um im Anschluß daran einen eigenen Vorschlag zu erarbeiten.

II. Alternative Reformvorschläge in Deutschland

Die Hauptursache für die unterschiedliche Steuerbelastung der Rechtsformen bildet das duale System aus Einkommen- und Körperschaftsteuer, also das Nebeneinander von natürlichen und juristischen Personen als Steuerrechtssubjekte[4]. Diese Problematik hat sich bei der Untersuchung der Unternehmensbesteuerung de lege lata gezeigt.

Anders formuliert, läßt sich das Problem unterschiedlicher Steuerbelastungen darauf zurückführen, daß es ein einheitliches Unternehmenssteuerrecht in Deutschland de lege lata nicht gibt[5]. Es liegt daher nahe, eines der beiden Konzepte auf das gesamte System der Unternehmensbesteuerung zu übertragen[6]: Legt man den Schwerpunkt auf die hinter der Unternehmung stehende natürliche Person, wird nur diese, nicht aber das Unternehmen selbst besteuert. Man spricht dann von der Teilhabersteuer. Wird dagegen das Unternehmen losgelöst von der natürlichen Person betrachtet, führt dies zur Betriebs- oder Unternehmenssteuer[7].

1. Teilhabersteuer

Die Idee der Teilhabersteuer wird de lege lata vom Mitunternehmerkonzept des EStG verwirklicht. Denn es erfaßt den Erfolg des Unternehmens unmittelbar beim Unternehmer und unterscheidet nicht zwischen einbehaltenen und ausge-

---

3 BT-Drucksache 14/2683, S. 93 f.

4 Vgl. *Jacobs, O. H.*, Unternehmensbesteuerung, 1998, S. 98.

5 Vgl. *Montag, H.*, in: *Tipke, K./Lang, J.*, Steuerrecht, 1998, § 17 Rn. 1, S. 716.

6 Vgl. *Jacobs, O. H.*, Unternehmensbesteuerung, 1998, S. 98.

7 Vgl. *Hey, J.*, Rechtsformneutralität, in: *Ebling, I.*, Einkommen, 2001, S. 218.

schütteten Gewinnen[8]. Das Unternehmen selbst besitzt dagegen keine Steuersubjekteigenschaft. Zwar würde diese Steuer auf Unternehmensebene erhoben. Dadurch soll jedoch nur die Gefahr der Steuerhinterziehung reduziert werden, da die Teilhabersteuer lediglich eine Art Steuergutschrift auf die persönliche Steuerschuld darstellt[9]. Die Zurechnung der Unternehmensgewinne zur natürlichen Person verwirklicht also die Besteuerung von Unternehmensgewinnen mit dem persönlichen Steuersatz. Die Besteuerung von Kapitalgesellschaften müßte sich demnach an die Besteuerung von Einzelunternehmern und Personengesellschaften annähern[10].

Das Modell der Teilhabersteuer wird somit von der Vorstellung geprägt, daß zwischen Unternehmen und Unternehmer eine enge persönliche und wirtschaftliche Verknüpfung besteht. Damit wird die Zurechnung thesaurierter Gewinne begründet. Daraus erwachsen gleichzeitig auch die Bedenken gegen dieses System. Denn sobald ein Unternehmen durch reine Kapitalbeteiligungen und ein weitgehend unabhängiges Management geprägt wird, ist die hinter diesem Steuerkonzept stehende Idee nicht mehr verwirklicht[11].

2. Betriebssteuer

Den Gegenentwurf zur Teilhabersteuer bildet die Betriebssteuer, die auch als allgemeine Unternehmenssteuer bezeichnet wird. Dieses Konzept will alle Unternehmensformen nach dem Muster der Körperschaftsteuer besteuern und damit das Trennungsprinzip auf Einzelunternehmer und Personengesellschaften übertragen. Konkret bedeutet das, daß der Gewinn unabhängig von seiner Verwendung mit einem einheitlichen Steuersatz besteuert wird[12]. Gleichzeitig wirken sich die persönlichen Verhältnisse des Gesellschafters nicht auf die Steuerzahlung des Unternehmens aus[13]. Mittlerweile existiert das Modell der Betriebssteuer in modifizierter Form und umfaßt neben gewerblichen Einkünften auch solche aus selbständiger und vermögensverwaltender Tätigkeit[14].

Gegen dieses Besteuerungssystem bestehen Bedenken im Hinblick auf die Ungleichbehandlung unternehmerischer Einkünfte im weiteren Sinne und Einkünf-

8 Vgl. *Homburg, S.*, Steuerlehre, 2000, S. 356.
9 Vgl. *Engels, W./Stützel, W.*, Teilhabersteuer, 1968, S. 13 Rn. 18.
10 Vgl. *Hey, J.*, Rechtsformneutralität, in: *Ebling, I.*, Einkommen, 2001, S. 217.
11 Vgl. *Jacobs, O. H.*, Unternehmensbesteuerung, 1998, S. 101.
12 Vgl. *Homburg, S.*, Steuerlehre, 2000, S. 356.
13 Vgl. *Jacobs, O. H.*, Unternehmensbesteuerung, 1998, S. 101.
14 Vgl. *Hey, J.*, Rechtsformneutralität, in: *Ebling, I.*, Einkommen, 2001, S. 219.

ten aus nicht-selbständiger Tätigkeit. Denn das Unternehmen eines Kleingewerbetreibenden wird mit dem gleichen Steuersatz besteuert wie der Großkonzern. Die Freibeträge für das persönliche Existenzminimum und das seiner Familie kann dieser Kleinunternehmer nicht in Anspruch nehmen[15]. Die Gleichbehandlung auf Unternehmensebene würde daher nur dadurch beseitigt, daß Ungleichbehandlungen an anderer Stelle hervorgerufen werden[16].

Während das Mitunternehmerkonzept für Personengesellschaften nach wie vor dem Teilhabersystem folgt, hat der Systemwechsel bei der Körperschaftsteuer vom Anrechnungsverfahren zum Halbeinkünfteverfahren zugleich einen Wechsel vom Teilhaber- zum Betriebssteuerkonzept vollzogen. Denn das Anrechnungsverfahren fand seine Grundlage in der Besteuerung unternehmerischer Gewinne mit dem persönlichen Steuersatz des Anteilseigners. Das klassische Konzept mit seinem einheitlichen niedrigen Körperschaftsteuersatz schichtet dagegen die Unternehmensebene von der der Anteilseigner ab.

III. Neutralität im internationalen Vergleich

Im internationalen Vergleich stellt sich die Problematik der Rechtsformabhängigkeit in geringerem Maße als in Deutschland. Dies liegt einerseits daran, daß die große Anzahl an Einzelunternehmen und Personengesellschaften in Deutschland einzigartig ist[17]. Unternehmen, die grenzüberschreitend tätig sind, organisieren sich aber in der Regel in der Rechtsform der Kapitalgesellschaft[18]. Andererseits hat die gesellschaftsrechtliche Dualität der Personengesellschaft zahlreiche Industriestaaten dazu veranlaßt, Personengesellschaften und Einzelunternehmern die Möglichkeit einzuräumen, sich als Kapitalgesellschaften besteuern zu lassen[19]. In manchen Staaten besteht auch die umgekehrte Wahlmöglichkeit, so daß sich Kapitalgesellschaften für die Besteuerung nach dem Transparenzprinzip entscheiden können[20]. Besonderer Beliebtheit erfreut sich beispielsweise in den USA das sog. „check-the-box"-Verfahren. Dabei wählt die Gesellschaft durch Ankreuzen auf einem Vordruck aus, ob sie steuerlich als Personen- oder Kapitalgesellschaft behandelt werden will. Dabei gilt dieses Wahlrecht nicht nur

---

15 Vgl. *Homburg, S.*, Steuerlehre, 2000, S. 356.

16 Vgl. *Hey, J.*, Rechtsformneutralität, in: *Ebling, I.*, Einkommen, 2001, S. 220.

17 *J. Lang* bezeichnet die Dominanz der Personengesellschaften in Deutschland beispielsweise als „heiliges Kulturgut"; vgl. *Lang, J.*, Diskussionsbeitrag, in: JbFSt 1999/2000, S. 412.

18 Vgl. *Kluge, V.*, Steuerrecht, 2000, S. 781.

19 Vgl. *Zitzelsberger, H.*, Unternehmenssteuer, in: WPg 2000, S. 54.

20 Vgl. *Kluge, V.*, Steuerrecht, 2000, S. 802.

für ausländische Gesellschaften, deren Einordnung in das nationale Gesellschaftsrecht mit erheblichen Problemen verbunden ist. Vielmehr kommen auch US-amerikanische Gesellschaften gleichermaßen in den Genuß dieser Entscheidungsfreiheit, die für fünf Jahre bindet. Nach allgemeiner Einschätzung führt dieses seit 1997 gültige System zu beträchtlichen Verwaltungsvereinfachungen[21].

Ein solches Optionsmodell war im Entwurf des StSenkG für Personengesellschaften und Einzelunternehmen in § 4a KStG vorgesehen. Dieses Recht hätte nicht nur für Gewerbetreibende bestanden, sondern sollte für alle Gewinneinkunftsarten gelten[22]. Dabei sollte die Ausübung der Option zu einem fiktiven Formwechsel führen[23], der grundsätzlich steuerneutral erfolgt wäre[24]. Stille Reserven im Sonderbetriebsvermögen hätten jedoch versteuert werden müssen[25]. Andererseits hätten Einzelunternehmer und Personengesellschaften dadurch nicht nur an dem Systemwechsel der Körperschaftsteuer partizipieren können, sondern gleichzeitig wären Leistungsbeziehungen zwischen Gesellschaft und Gesellschafter auch steuerlich anerkannt worden[26]. Für Einzelunternehmer hätten diese zivilrechtlich nicht möglichen Verträge[27] für steuerliche Zwecke fingiert werden müssen. Nach dem Willen des Gesetzgebers hätte die Option nicht nur für die Einkommen- bzw. Körperschaftsteuer Wirkungen entfaltet, sondern zugleich für die Erbschaft- und Schenkungsteuer. Damit wären die Anteile an einer Personengesellschaft oder der Betrieb eines Einzelunternehmers nach dem „Stuttgarter Verfahren" und unter Verlust von Freibeträgen und Abschlägen bewertet worden[28].

Die Ausübung der Option hätte nur einheitlich erfolgen können und war an die gesellschaftsrechtliche Regelung gebunden, also nach § 119 Abs. 1 HGB an den Grundsatz der Einstimmigkeit. Die Wirkung einer abweichenden gesellschaftsvertraglichen Regelung, Vertragsänderungen mit qualifizierter oder einfacher

---

21 Vgl. *Jacobs, O. H.*, Internationale Unternehmensbesteuerung, 1999, S. 423 f.
22 Vgl. *Mentel, T./Schulz, A.*, Option, in: DStR 2000, S. 489.
23 Vgl. *Bippus, B. E.*, Optionsmodell, in: DStZ 2000, S. 541.
24 Vgl. *Scheipers, T./Bergemann, A.*, Option, in: DStR 2000, S. 710.
25 Vgl. *Lang, J.*, Unternehmenssteuerreform, in: GmbHR 2000, S. 460.
26 Vgl. *Haase, K. D./Diller, M.*, Optionsrecht, in: BB 2000, S. 1071.
27 Entgegen einer verbreiteten Ansicht ergibt sich diese Nichtanerkennung nicht aus § 181 BGB, sondern daraus, daß ein Vertrag ein Rechtsgeschäft ist, an dem mindestens zwei Personen beteiligt sein müssen; vgl. *Priester, H.-J.*, Unternehmenssteuerreform, in: WPg 2000, S. 76.
28 Vgl. *Scheipers, T./Bergemann, A.*, Option, in: DStR 2000, S. 715 f.

Mehrheit zuzulassen, war bereits im Entwurfsstadium des StSenkG umstritten[29]. Deutlich war, daß die Belastungsdifferenzen zwischen progressiver Einkommen- und proportionaler Körperschaftsteuer sowie die Unterschiede bei Erbschaft- und Schenkungsteuer zu Interessenkonflikten im Gesellschafterkreis geführt hätten[30]. Im Schrifttum verbreitete sich deshalb zunehmend die Ansicht, daß die Optionslösung nur für eine kleine Zahl von Unternehmen genutzt werden würde. Teilweise wurde sogar von einem „Placebo-Modell" gesprochen, „das keinem schadet, aber auch keinem nützt"[31].

Aufgrund dieser Schwierigkeiten, mit denen die Optionslösung bereits im Entwurfsstadium zu kämpfen hatte, darf es nicht verwundern, daß sie das Vermittlungsverfahren nicht überstanden hat[32]. Jedenfalls hätte die Option einen Schritt in Richtung Rechtsformneutralität bedeutet[33]. Denn bei stringenter Ausgestaltung der Optionslösung hätte das Steuersystem die Rechtsformentscheidung nicht mehr beeinflußt. Denn neben die Wahl des zivilrechtlichen Unternehmenskleides wäre für natürliche Personen nun die Wahl der steuerlichen Rechtsform getreten. Es darf deshalb nicht verwundern, daß die Abkehr vom Optionsmodell im „wahlgeübten" Ausland teilweise auf Enttäuschung gestoßen ist[34].

IV. Stellungnahme

Betrachtet man die gegensätzlichen Ausprägungen des Teilhaber- und Betriebssteuerkonzeptes und vernachlässigt Modifizierungen und Mischformen, läßt sich folgendes feststellen:

1. Teilhabersteuer

Das Teilhabermodell ist schwerlich mit einer Begünstigung einbehaltener Gewinne zu vereinbaren. Denn diese werden den Teilhabern ohne Rücksicht darauf zugerechnet, ob eine Verfügungsmöglichkeit tatsächlich besteht. Diese Verfügungsmöglichkeit ist nicht allein rechtsformabhängig, sondern wird maßgeblich durch den Gesellschaftsvertrag oder die Satzung der Gesellschaft bestimmt.

---

29 Vgl. *Mentel, T./Schulz, A.*, Option, in: DStR 2000, S. 491 f. m.w.N.

30 Vgl. *Schiffers, J.*, Option, in: GmbHR 2000, S. 259; *Pezzer, H.-J.*, Kritik, in: StuW 2000, S. 149.

31 Vgl. *Sigloch, J.*, Unternehmenssteuerreform, in: StuW 2000, S. 168.

32 Vgl. *Zitzelsberger, H.*, Steuerreform, in: IStR 2001, S. 529.

33 Vgl. *Bippus, B. E.*, Optionsmodell, in: DStZ 2000, S. 551.

34 Vgl. *Krawitz, N./Büttgen, D.*, Auswirkungen, in: IStR 2001, S. 662.

Zweifelsfrei könnte man hiervon allenfalls beim Einzelunternehmer ausgehen, der jederzeit Einlagen in das Betriebsvermögen und Entnahmen hieraus vornehmen kann. Daneben sieht das Teilhabermodell die Besteuerung der Unternehmergewinne mit dem persönlichen Steuersatz der Einkommensteuer vor. Dieser differenziert nicht nach der Gewinnverwendung. Wenn nach der hier vertretenen Auffassung die steuerliche Begünstigung der Gewinnthesaurierung zulässig ist, darf es dem Gesetzgeber rechtlich nicht verwehrt sein, eine solche Lenkungsmaßnahme umzusetzen. Dem würde jedenfalls das Grundmodell der Teilhabersteuer widersprechen; vielmehr bestünde hier kein Anreiz, Gewinne in der Gesellschaft zu belassen.

2. Duales System mit Optionslösung

Als Zwischenlösung wäre die Beibehaltung des dualen Systems mit Optionslösung, eventuell auch für personalistische Kapitalgesellschaften, denkbar. Aus dem Mißerfolg der Umsetzung im Rahmen des StSenkG sollte nicht geschlossen werden, daß diese Möglichkeit nicht doch fruchtbar gemacht werden könnte. Jedoch dürfte diese Optionsmöglichkeit nicht an zu viele weitere Folgen geknüpft werden. Gerade die Steuerpflicht bei der Aufdeckung stiller Reserven im Rahmen einer fiktiven Entnahme erscheint unberechtigt und wenig hilfreich zur Verwirklichung von Rechtsformneutralität[35]. Dagegen kann gegen die Optionslösung nicht eingewandt werden, sie verursache gesamtwirtschaftlich unproduktive Informations- und Transaktionskosten[36]. Denn die Perspektive des Entscheidungsträgers bleibt mit und ohne Option die gleiche. Ein Steuerbelastungsvergleich muß sowohl für die reale als auch für die virtuelle Rechtsform vorgenommen werden. Gleichzeitig müssen die außersteuerlichen Vor- und Nachteile gegeneinander abgewogen werden. Auch dieser Schritt muß ohne Option vorgenommen werden. Die Option eröffnet lediglich zwei neue Felder auf der Entscheidungsmatrix[37]. Informations- und Transaktionskosten könnten allenfalls bei der Gegenüberstellung der steuerlichen und außersteuerlichen Merkmale in diesen beiden Entscheidungsfeldern entstehen. Dabei handelt es sich jedoch nicht um Kosten, die für die Informationsbeschaffung entstehen könnten, sondern allenfalls um Kosten, die bei der Verknüpfung dieser Informationen entstehen. Schließlich darf auch nicht unterschätzt werden, daß Transaktionskosten in er-

---

[35] Vgl. *Hey, J.*, Rechtsformneutralität, in: *Ebling, I.*, Einkommen, 2001, S. 215.

[36] So *Hey, J.*, Rechtsformneutralität, in: *Ebling, I.*, Einkommen, 2001, S. 216; in diese Richtung auch *Schmidt, K.*, Diskussionsbeitrag, in: JbFSt 1999/2000, S. 415.

[37] Würde man eine Option sowohl für Körperschaften als auch für Personengesellschaften einführen, bestünden vier Möglichkeiten: (1) SteuerR: PersG/GesR: PersG; (2) SteuerR: PersG/GesR: KapG; (3) SteuerR: KapG/GesR: PersG; (4) SteuerR: KapG/GesR: KapG.

heblichem Umfang deshalb anfallen, weil die Wahl einer passenden Gesellschaftsform unpassende Steuerfolgen nach sich ziehen könnte. Als problematischer erweist sich dagegen die Wahl der Option für Personengesellschaften, wenn die Ausübung einheitlich erfolgen muß. Die unvermeidbaren Interessengegensätze schon aus unterschiedlichen persönlichen Situationen heraus dürften hier gegen eine sog. „win/win"-Situation sprechen. Die konkrete Entscheidung dürfte daher stets mit Nachteilen für einen Teil der Gesellschafter verbunden sein und damit nur in Ausnahmefällen für alle vorteilhaft sein.

Zu bedenken wäre daher eine Optionsmöglichkeit für jeden Gesellschafter. Dies kann zwar nicht mit dem Hinweis auf Uneinheitlichkeit einer solchen Unterscheidung abgelehnt werden. Denn durch das Zusammenspiel von Sonder- und Ergänzungsbilanzen für jeden einzelnen Gesellschafter ist eine solche personenbezogene Zersplitterung der Besteuerung von Personengesellschaften schon heute nicht unbekannt[38]. Jedoch knüpft die Besteuerung von Unternehmen nach dem Maßgeblichkeitsgrundsatz an die Handelsbilanz an. Durch eine personenbezogene Rechtsformwahl im Steuerrecht können sich deshalb zahlreiche Systembrüche ergeben. Denn die handelsrechtlichen Bilanzierungs- und Bewertungsvorschriften unterscheiden streng zwischen solchen Normen, die für alle Unternehmen gelten und solchen, die ausschließlich für Kapitalgesellschaften zur Anwendung kommen[39]. Handelsrechtliche Bilanzierungs- und Bewertungswahlrechte müssen jedoch von allen Gesellschaftern einheitlich ausgeübt werden[40]. Eine personenbezogene Option könnte also zu einer fiktiven Aufstellung von Handelsbilanzen für jeden Gesellschafter führen. Damit dürfte das Optionsmodell einen dermaßen hohen Komplexitätsgrad erreichen, daß die Umsetzung tatsächlich mit unverhältnismäßigen Transaktionskosten verbunden wäre. Eine solche Lösung ist daher abzulehnen.

3. Betriebssteuermodell

Somit verbleibt von den Grundmodellen nur das Betriebssteuermodell, das zur Übertragung des Trennungsprinzips auf Personengesellschaften führt[41]. Eine solche würde auch der gesellschaftsrechtlichen Realität entsprechen. Denn die Abschichtung von Gesellschafts- und Gesellschafterebene wird durch § 124 Abs. 1 HGB zivilrechtlich ohnehin erreicht[42]. Diese Trennung beider Ebenen,

---

38 Vgl. *Zimmermann, u.a.*, Personengesellschaft, 2000, S. 216 (Rn. B 224).

39 Vgl. *Großfeld, B.*, Bilanzrecht, 1997, S. 42 (Rn. 99 f.).

40 Vgl. *Zimmermann, u.a.*, Personengesellschaft, 2000, S. 220 (Rn. B. 227).

41 Vgl. *Jacobs, O. H.*, Unternehmensbesteuerung, 1998, S. 102.

42 So auch *Hey, J.*, Rechtsformneutralität, in: *Ebling, I.*, Einkommen, 2001, S. 212.

die Personengesellschaften im Steuerrecht versagt wird, ist gesellschaftsrechtliche Realität. So können zivilrechtlich sehr wohl Miet-, Pacht-, Darlehens- und Beratungsverträge mit der Gesellschaft geschlossen werden. Die relative Rechtsfähigkeit der Personengesellschaft ermöglicht dies auch im Verhältnis zum Gesellschafter[43]. Dies galt für BGB-Gesellschaften trotz Fehlens einer dem § 124 HGB entsprechenden Vorschrift im BGB bereits vor der Entscheidung des *BGH* zur Rechts- und Parteifähigkeit der GbR[44]. Spätestens seit dem Urteil[45] vom 29.01.2001, in dem der *BGH* sich ausdrücklich zur Rechtsfähigkeit der (Außen-) Gesellschaft bürgerlichen Rechts bekannt hat[46], läßt sich die rechtliche Verselbständigung der GbR nicht mehr leugnen[47]. Knüpft das Steuerrecht de lege lata aber im Rahmen des Mitunternehmerkonzeptes an die Gesellschafterstellung an – erkennt es der Gesellschaft also trotz Abkehr von der Bilanzbündeltheorie nicht die Steuerrechtssubjektivität zu[48]–, wird die eigene Rechtspersönlichkeit der Personengesellschaft nicht in das Steuerrecht fortgeführt. Dies mag so hinnehmbar sein, läßt sich aber keinesfalls – wie gelegentlich vorgetragen – mit der Einheit der Rechtsordnung begründen. Knüpft das Steuerrecht jedoch an die Rechtsformen des Gesellschaftsrechts an[49], sollte diese Akzessorietät auch konsequent umgesetzt werden. Dann sprechen die gesellschaftsrechtlichen Strukturen der Personengesellschaft aber eher für eine Anlehnung an die Kapitalgesellschaft, als an den Einzelunternehmer.

Schon dem Begriff der Personengesellschaft ist immanent, daß eine Verbindung aus mindestens zwei Personen notwendig ist[50]. Sieht man von der Ein-Mann-GmbH[51] ab, liegt hier eine Verwandtschaft zur Kapitalgesellschaft vor. Der Gesellschafter einer Personengesellschaft muß sich mit seinen Mitgesellschaftern ebenso auseinandersetzen wie der Anteilseigner einer Kapitalgesellschaft. § 119 Abs. 1 HGB setzt sogar die Einstimmigkeit der Beschlüsse voraus, was allerdings häufig durch die Vereinbarung von Mehrheitsbeschlüssen abbedungen wird[52]. Sowohl in beiden Gesellschaften ist also entweder die beherrschende

---

43 Vgl. *Hopt, K. J.*, in: *Baumbach/Hopt*, HGB-Kommentar, 2000, § 124 Rn. 52.

44 Vgl. *Schön, W.*, Entwurf, in: StuW 2000, S. 158 m.w.N.

45 *BGH* vom 29.01.2001 – II ZR 331/00, DStR 2001, S. 310 ff.

46 Vgl. *Dauner-Lieb, B.*, Fundament, in: DStR 2001, S. 357.

47 Vgl. *Kazele, N.*, Parteifähigkeit, in: INF 2001, S. 338.

48 Vgl. *Zimmermann, u.a.*, Personengesellschaft, 2000, S. 112 (Rn. B. 73).

49 Vgl. *Jacobs, O. H.*, Unternehmensbesteuerung, 1998, S. 90.

50 Vgl. *Schmidt, K.*, Gesellschaftsrecht, 1997, S. 1237.

51 Vor Kodifizierung der Zulässigkeit in § 1 GmbHR konnte die Ein-Mann-GmbH nur durch sog. Strohmanngründungen entstehen; vgl. *Schmidt, K.*, Gesellschaftsrecht, 1997, S. 1239 ff.

52 Vgl. *Hopt, K. J.*, in: *Baumbach/Hopt*, HGB-Kommentar, 2000, § 119 Rn. 34.

Mehrheit oder die Konformität der Gesellschafter erforderlich. Diese Feststellung ist relevant für die Behandlung thesaurierter Gewinne. Denn soweit ein Gesellschafter sein Entnahmerecht nach § 122 Abs. 1 HGB in Höhe von 4% p.a. überschritten hat, sind nach § 122 Abs. 2 HGB weitere Entnahmen nur mit Zustimmung der anderen Gesellschafter zulässig. Von der freien Verfügbarkeit thesaurierter Gewinne kann also auch nach der gesetzlichen Regelung keine Rede sein.

Auf der anderen Seite ähnelt die Ein-Mann-GmbH wirtschaftlich eher dem Einzelkaufmann. Im Rahmen der Kapitalerhaltungsvorschriften kann der alleinige Gesellschafter durch Beschluß Gewinnrücklagen auflösen[53] und Vorabausschüttungen während des Geschäftsjahres vornehmen[54]. Wirtschaftlich entspricht dies einer Entnahme des Einzelunternehmers.

Wollte man die Steuerbegünstigung thesaurierter Gewinne also von deren Verfügbarkeit abhängig machen, sprechen bereits die typisierten Regelungen des Gesellschaftsrechts für Einzelunternehmer, Personen- und Kapitalgesellschaften dafür, Ähnlichkeiten zwischen Personen- und Kapitalgesellschaften einerseits sowie der Sonderform der Ein-Mann-GmbH und dem Einzelunternehmer andererseits anzunehmen. Versteht man den Begriff der Rechtsformneutralität in seiner modifizierten Form als Rechtsformgerechtigkeit[55], erfordert dies die Gleichbehandlung von Personen- und Kapitalgesellschaften einerseits sowie der Ein-Mann-GmbH und dem Einzelunternehmer andererseits bei der Besteuerung thesaurierter Gewinne.

Die konkrete Belastung kann für Personen- und Kapitalgesellschaften durchaus an dem Konzept des StSenkG orientiert werden, sofern es für beide Rechtsformen zur Anwendung kommt. Da beim Einzelunternehmer die subjektiven Komponenten stets auch auf das Unternehmen durchschlagen, bietet sich hier eine Besteuerung nach dem Einheitsprinzip an. Aus Gründen der Wettbewerbsneutralität könnte aber an eine Option für Einzelunternehmer zur „Gesellschaftssteuer" von Personen- und Kapitalgesellschaften gedacht werden. Somit verbleibt die Behandlung der Ein-Mann-GmbH, die gewisse Bezüge zu beiden Gruppen aufweist. Denn durch die Haftungsbeschränkung unterliegt diese Rechtsform durch die verschärften Kapitalerhaltungsvorschriften äußeren Zwängen beim Zugriff des Gesellschafters auf das Vermögen der Gesellschaft. Andererseits bestehen durch die alleinige Gesellschafterstellung keine Interessenkonflikte im

---

53 Vgl. *Lutter, M./Hommelhoff, P.*, GmbH-Gesetz, 2000, § 29 Rn. 30.

54 Vgl. *Schmidt, K.*, Gesellschaftsrecht, 1997, S. 1182.

55 Vgl. *Hey, J.*, Rechtsformneutralität, in: *Ebling, I.*, Einkommen, 2001, S. 181.

Innenverhältnis. In Anknüpfung an die Rechtsform könnte die Ein-Mann-GmbH ebenfalls entsprechend einer „Gesellschaftssteuer" besteuert werden. Aufgrund der starken persönlichen Bindung zur Wahrung von Wettbewerbsneutralität sollte diese Steuerpflicht jedoch durch eine Option in umgekehrter Richtung, also zur Einkommensteuer, flankiert werden. Diese Option dürfte aber nur greifen, wenn der Ein-Mann-Gesellschafter eine natürliche Person, nicht aber selbst eine Körperschaft ist[56].

Ein solches System würde sowohl die Rechtsformen als auch die dahinterstehenden ökonomischen Sachverhalte zutreffender abbilden, als durch die gegenwärtige Unternehmensbesteuerung, und damit zur Verwirklichung von Rechtsformgerechtigkeit beitragen.

---

56 Eine solche Unterscheidung nach der Person des Gesellschafters hat beispielsweise auch das KapCoRiLiG vom 24.02.2000 für die Bilanzierung von GmbH & Co. KG in den §§ 264a - 264c HGB eingeführt.

F. Ergebnis und Ausblick

Das Ziel der Untersuchung war es, Verbindungslinien zwischen den verschiedenen Begriffswelten der steuerwissenschaftlichen Teildisziplinen aufzudecken. Als Untersuchungsgegenstand bot sich die Reform der Unternehmensbesteuerung durch das StSenkG an, die in der Kritik der Finanzwissenschaft, der betrieblichen Steuerlehre und der Steuerrechtswissenschaft stand und steht. Die in der Sache gleichgerichtete Kritik legte eine Verbindungslinie zwischen den ökonomischen Neutralitätspostulaten und dem allgemeinen Gleichheitssatz in seinen steuerspezifischen Ausprägungen nahe.

I. Verfassungsrechtliche Leitlinien und Neutralität

Der Untersuchungsgegenstand der Unternehmensbesteuerung erforderte aus juristischer Sicht zunächst eine Präzisierung des verfassungsrechtlichen Prüfungsmaßstabes. Dabei lassen sich folgende Einzelergebnisse formulieren:

- Auch Kapitalgesellschaften besitzen eigene Leistungsfähigkeit. Entweder führt die Gesellschaft ein wirtschaftliches Eigenleben oder die Beteiligungen führen bei den Anteilseignern zu einem Zuwachs an objektiver Leistungsfähigkeit. Dies gilt auch im Falle der Gewinnthesaurierung. Denn nicht entnommene Gewinne führen zu einer Wertsteigerung der Gesellschaftsanteile.

- Die Körperschaftsteuer entspricht einer Steuer auf das objektive Einkommen der juristischen Person. Subjektive Komponenten werden nur beim Anteilseigner berücksichtigt.

- Durch den Tatbestand der Bemessungsgrundlage für die Einkommen- und Körperschaftsteuer hat sich der Gesetzgeber dafür entschieden, das Markteinkommen als Indikator für wirtschaftliche Leistungsfähigkeit heranzuziehen. Eine Anknüpfung an andere Indikatoren stellt einen Verstoß gegen das Gebot der Folgerichtigkeit dar.

- Eine am Leistungsfähigkeitsprinzip ausgerichtete Ermittlung des Markteinkommens gebietet die Beachtung des objektiven Nettoprinzips. Dieses prägt das Wesen der Einkommen- und Körperschaftsteuer. Seine Verwirklichung steht daher unter verfassungsrechtlichem Schutz. Jedoch kann dieses Prinzip einschränkt werden.

Durch die Gegenüberstellung der Neutralitätspostulate und des Leistungsfähigkeitsprinzips lassen sich sowohl Gemeinsamkeiten als auch Unterschiede feststellen:

- Das Gebot der Wettbewerbsneutralität entstammt nicht dem Leistungsfähigkeitsprinzip, aber dem allgemeinen Gleichheitssatz und ist damit wesensverwandt. Es entfaltet seinen primären Schutzbereich bei den indirekten Steuern, wirkt jedoch mittelbar auch auf die direkten Steuern ein.

- Das Gebot der Rechtsformneutralität ist die verfassungsrechtlich zwingende Konsequenz aus der Besteuerung des Markteinkommens. Die Rechtsform trifft weder eine Aussage über das erzielte noch über das erzielbare Einkommen und kann daher nicht das Maß für gleiche oder unterschiedliche Leistungsfähigkeit sein.

- Finanzierungsneutralität spiegelt sich in der verfassungsrechtlichen Gleichrangigkeit der Einkunftsarten wider. Dabei muß juristisch jedoch zwischen Gewinnerzielung und Gewinnverwendung unterschieden werden. Auf Unternehmensebene bleibt es daher bei der Abzugsfähigkeit von Zinsen und der Nichtabzugsfähigkeit von Gewinnausschüttungen. Auf Ebene des Zahlungsempfängers wird Finanzierungsneutralität durch das objektive Nettoprinzip gewährleistet, das die Abzugsfähigkeit der Aufwendungen unabhängig von der konkreten Finanzierungsform gebietet.

- Gewinnverwendungsneutralität wird verfassungsrechtlich durch den Grundsatz der Folgerichtigkeit und Systemgerechtigkeit gewährleistet. Die Systementscheidung für die Besteuerung des Einkommenserwerbs widerspricht der Besteuerung in Abhängigkeit von der Einkommensverwendung.

- Intertemporale Neutralität und Leistungsfähigkeit verbindet die Forderung nach einem periodenübergreifenden Verlustabzug. Ähnlichkeiten bestehen zwar über die Grundsätze der Rechtssicherheit und des Vertrauensschutzes. Leitet man diese aus dem Rechtsstaatsprinzip ab, bestehen jedoch keine Verknüpfungen mit Art. 3 Abs. 1 GG.

- Sowohl ökonomisch als auch juristisch wird die Verwirklichung von Neutralität und Leistungsfähigkeit nicht in einem absoluten Sinne gefordert. Beide Grundsätze dürfen beim Vorliegen von Rechtfertigungsgründen durchbrochen werden.

II. Europarechtliche Leitlinien und Neutralität

Die europäische Integration ergänzt diese ökonomischen und juristischen Vorgaben durch die Grundfreiheiten, die ein Grobgerüst für die nationalen Steuersysteme bilden.

- So verbietet die Niederlassungsfreiheit eine Diskriminierung beschränkt Steuerpflichtiger gegenüber unbeschränkt Steuerpflichtigen in vergleichbarer Lage.

- Die Grundfreiheiten verbieten eine Benachteilung ausländischer Einkünfte gegenüber inländischen. Dies schließt eine Differenzierung hinsichtlich des Kapitalanlageorts aus.

- Zwar können die Grundfreiheiten durch Steuervorschriften eingeschränkt werden. Als Rechtfertigung kommen jedoch nur zwingende Allgemeinwohlinteressen in Betracht.

Die Grundfreiheiten korrespondieren mit dem Postulat der internationalen Neutralität. Dies führt zu folgenden Verbindungslinien:

- Die Grundfreiheiten gestatten die Privilegierung ausländischer Einkünfte und sind daher sowohl mit der Anrechnungs- als auch mit der Freistellungsmethode vereinbar.

- Dagegen verbieten die Grundfreiheiten eine Diskriminierung ausländischer Direktinvestitionen gegenüber inländischen. Sie gewährleisten dadurch marktbezogene Wettbewerbsgleichheit als Voraussetzung für Kapitalimportneutralität.

- Kapitalexport- und Kapitalimportneutralität können gleichzeitig nur erreicht werden, wenn das in- und ausländische Steuerniveau identisch sind. Dies wäre bei einer vollständigen Harmonisierung der europäischen Steuersysteme der Fall. Ein solcher Anspruch auf europaweite Nivellierung kann aus den Grundfreiheiten aber nicht hergeleitet werden.

Eine Harmonisierung der direkten Steuern auf politischem Wege würde jedoch zahlreiche Probleme lösen, die das Funktionieren eines einheitlichen Binnenmarktes und eines europäischen Kapitalmarktes beeinträchtigen. Durch solch eine Harmonisierung würde jedenfalls auch den Grundfreiheiten in idealer Weise Rechnung getragen.

III. Umsetzung de lege lata

Die Übertragung dieser Leitsätze auf die Unternehmensbesteuerung nach dem StSenkG führt zu der Feststellung, daß sowohl die Neutralitäten als auch verfassungs- und europarechtliche Vorgaben verletzt werden:

- Zunächst verletzt die Steuerbegünstigung thesaurierter Gewinne zwar die Gewinnverwendungsneutralität und führt daher auch zu einer Ungleichbehandlung. Diese ist jedoch durch den Lenkungszweck der Wirtschafts- und Arbeitsmarktförderung gerechtfertigt.

- Nicht gerechtfertigt ist jedoch die einseitige Begünstigung von Kapitalgesellschaften, die das Gebot der Rechtsformneutralität verletzt. Die unterschiedliche Besteuerung des gleichen wirtschaftlichen Erfolges in Abhängigkeit von der Rechtsform verstößt gegen das Leistungsfähigkeitsprinzip. Die Anrechnung der Gewerbesteuer bietet dafür keine ausreichende Kompensation für Einzelunternehmen und Personengesellschaften. Zudem ist diese Norm ihrerseits gleichheitswidrig. Auch die vorgesehene Reinvestitionsrücklage schafft keinen hinreichenden Ausgleich, sondern verringert die Lücke nur.

- Die Abzugsverbote nach § 3c Abs. 1 und 2 EStG verletzen die Finanzierungsneutralität und das objektive Nettoprinzip. Die Unterschiede der einzelnen Abzugsmechanismen sind zudem so groß, daß auch dem Gebot der Systemgerechtigkeit nicht mehr genügt wird. Die Pauschalierungsvorschrift des § 8b Abs. 5 KStG läßt sich auch mit europarechtlichen Vorgaben nicht in Einklang bringen. Der Verzicht auf § 3c Abs. 1 EStG im Entwurf des UntStFG war folgerichtig, wurde letztlich jedoch nicht umgesetzt. Auch die Mißstände bei den übrigen Normen wurden nicht beseitigt.

- Schließlich hat das StSenkG zu einer Diskriminierung ausländischer Holdinggesellschaften geführt, die durch das UntStFG beseitigt zu sein scheint. Es verbleibt jedoch die deutsche „Strafbesteuerung" mit fiktiver Gewerbesteuer, die im EU-Ausland in der Regel nicht besteht. Dies ist mit der Kapitalverkehrsfreiheit nicht zu vereinbaren. Zudem unterscheidet das StSenkG zwischen in- und ausländischen Investmentfonds, da der Systemwechsel bei der Körperschaftsteuer nur für inländische Wertpapier-Sondervermögen umgesetzt wurde. Hier ist eine Korrektur erforderlich und auch beabsichtigt, da diese Diskriminierung dem Gebot der Standortneutralität widerspricht und gegen die Niederlassungsfreiheit und die Kapitalverkehrsfreiheit verstößt. Im UntStFG wurde dieser Bereich allerdings ausgespart.

Diese Analyse zeigt, daß die zahlreichen Reparaturgesetze im Nachgang des StSenkG nicht ausgereicht haben, um den ökonomischen, verfassungs- und europarechtlichen Anforderungen gerecht zu werden. Der Bericht zur Fortentwicklung des Unternehmenssteuerrechts beschreitet zwar den richtigen Weg, das darauf aufbauende UntStFG erweist sich jedoch ebenfalls nur als Stückwerk. Die Hoffnung auf ein systematisches Steuerrecht scheint damit erneut enttäuscht zu werden.

IV. Ausblick de lege ferenda

Soll ein zukünftiges Unternehmenssteuerrecht die Intention des StSenkG weiterverfolgen und die Thesaurierung von Gewinnen begünstigen, muß dieses Anliegen in rechtsformgerechter Weise umgesetzt werden. Dafür bietet sich das Betriebssteuerkonzept an. Damit würde die Besteuerung von Personengesellschaften nach dem Einheitsprinzip aufgegeben und am Trennungsprinzip ausgerichtet werden. Dies würde auch der gesellschaftsrechtlichen Struktur dieser Gesellschaftsform eher entsprechen und damit Rechtsformneutralität in Gestalt von Rechtsformgerechtigkeit verwirklichen.

Da eine solche Konzeption nicht mit subjektiven Komponenten wie dem Grundfreibetrag und einem progressiven Steuersatz zu vereinbaren ist, würde dieses System für Kleingewerbetreibende zu ungerechtfertigten Härten führen. Deshalb bietet sich für Einzelunternehmer die Beibehaltung des bisherigen Besteuerungskonzepts nach dem EStG an. Um diesen Marktteilnehmern im Einzelfall aber ebenfalls den Zugang zur steuerbegünstigten Gewinnthesaurierung zu ermöglichen, bietet sich eine Option zur „Gesellschaftssteuer“ mit allen Vor- und Nachteilen an. Speziell für die Gestaltung der Ein-Mann-GmbH sollte der umgekehrte Weg gewählt werden, also eine Gesellschaftsbesteuerung mit Option zur Einkommensteuer. Dies läßt sich durch die mit Einzelunternehmern vergleichbare Struktur begründen und würde somit auch der Verwirklichung von Rechtsformgerechtigkeit dienen. Ein solches System müßte aber auch die Gleichbehandlung mit anderen Einkunftsarten gewährleisten. Dies könnte allerdings einen grundlegenden Wandel des Steuersystems hin zu einer Konsumorientierung erfordern.

Literaturverzeichnis

Altfelder, Stefan [Investmentfonds, in: FR 2000]: Investmentfonds – endlich verständlich? – Plädoyer für ein prinzipiengeleitetes Steuerrecht, in: FR 2000, S. 299-314

Andel, Norbert [Finanzwissenschaft, 1998]: Finanzwissenschaft, 4. Aufl., Tübingen 1998

Anschütz, Gerhard [Verfassung, 1933]: Die Verfassung des Deutschen Reichs vom 11. August 1919, 14. Aufl., Berlin 1933 (Nachdruck Bad Homburg von der Höhe 1960)

Arndt, Hans-Wolfgang [Bindungen, in: Grundrechte, 1999]: Gleichheits- und freiheitsrechtliche Bindungen des Steuergesetzgebers – Zu den „Kinderbeschlüssen" des Bundesverfassungsgerichts vom 10.11.1998, in: Wolter, J./Riedel, E./Taupitz, J. (Hrsg.), Grundrechte, 1999, S. 187-196

Arndt, Hans-Wolfgang [Europarecht, 2001]: Europarecht, 5. Aufl., Heidelberg 2001

Arndt, Hans-Wolfgang [Existenzminimum, in: StVj 1993]: Existenzminimum und Einkommensteuerrecht – Zum Beschluß des Bundesverfassungsgerichts vom 25. September 1992, in: StVj 1993, S. 1-11

Arndt, Hans-Wolfgang [in: Kirchhof/Söhn, Einkommensteuergesetz, 2001]: Kommentierung zu § 12 EStG, in: Kirchhof, P./Söhn, H., Einkommensteuergesetz, 2001, Anm. A 1-E 12 (Stand: Juni 1998)

Arndt, Hans-Wolfgang [Leistungsfähigkeitsprinzip, in: FS Mühl, 1981]: Steuerliche Leistungsfähigkeit und Verfassungsrecht, in: Damrau, J./Kraft, A./Fürst, W. (Hrsg.), FS Mühl, Stuttgart u.a. 1981

Arndt, Hans-Wolfgang [Praktikabilität, 1983]: Praktikabilität und Effizienz – Zur Problematik gesetzesvereinfachenden Verwaltungsvollzuges und der „Effektuierung" subjektiver Rechte, Köln 1983

Arndt, Hans-Wolfgang [Steuerrecht, 2001]: Steuerrecht, 2. Aufl., Heidelberg 2001

Arndt, Hans-Wolfgang [Stromsteuergesetz, 1999]: Stromsteuergesetz – Kommentar, Heidelberg 1999

Arndt, Hans-Wolfgang/Jenzen, Holger [Verlustverrechnung, in: DStR 1998]: Verlustverrechnung und Verfassungsrecht – Zu dem Beschluß des

BVerfG vom 30.09.1998 und der geplanten Steuerreform 1999/2000, in: DStR 1998, S. 1818-1822

Arndt, Hans-Wolfgang/Piltz, Detlev Jürgen [Besonderes Steuerrecht, 1996]: Grundzüge des Besonderen Steuerrechts, Band 1: Ertragsteuer- und Unternehmenssteuerrecht, München 1996

Arndt, Hans-Wolfgang/Rudolf, Walter [Öffentliches Recht, 2000]: Öffentliches Recht – Grundriß für das Studium der Rechts- und Wirtschaftswissenschaften, 13. Aufl., München 2000

Arndt, Hans-Wolfgang/Schumacher, Andreas [Unterhaltslast, in: NJW 1994]: Unterhaltslast und Einkommensteuerrecht – Widersprüchliche Rechtsprechung der Senate des BVerfG?, in: NJW 1994, S. 961-965

Arndt, Hans-Wolfgang/Schumacher, Andreas [Einkommensbesteuerung, in: AöR 1993]: Einkommensbesteuerung und Grundrechte – Zum Einfluß grundrechtlicher Entscheidungen des Bundesverfassungsgerichts auf die Entwicklung der Einkommensbesteuerung in der Bundesrepublik Deutschland, in: AöR 1993, S. 513-590

Arndt, Hans-Wolfgang/Schumacher, Andreas [Fingerzeig, in: NJW 1995]: Die verfassungsrechtliche Höhe der Steuerlast – Fingerzeig des BVerfG an den Gesetzgeber?, in: NJW 1995, S. 2603-2605

Arndt, Hans-Wolfgang/Schumacher, Andreas [Kinder, in: NJW 1999]: Kinder, Kinder...oder: Die unterschiedliche Leistungsfähigkeit der Senate des Bundesverfassungsgerichts, in: NJW 1999, S. 745-750

Arndt, Hans-Wolfgang/Schumacher, Andreas [Verfassungswidrigkeit, in: NJW 1999]: Die Verfassungswidrigkeit des „Kindergrundfreibetrags", in: NJW 1999, S. 1689-1671

Arthur Andersen (Hrsg.) [Steuerreform, 2001]: Steuerrreform 2001, Band 1: Die Erläuterungen. Hinweise für die Praxis, Frankfurt am Main 2001

Arthur Andersen (Hrsg.) [Unternehmensform, 1999]: Zweckmäßige Wahl der Unternehmensform: Eine synoptische Darstellung des Handels-, Gesellschafts- und Steuerrechts für die GbR, EWIV, OHG, KG, Unterbeteiligung, Partnerschaftsgesellschaft, Stille Gesellschaft, GmbH, KGaA, GmbH & Co. KG und die Betriebsaufspaltung; Konzernrecht, Umwandlungs- und Umwandlungssteuerrecht, 6. Aufl., Bonn 1999

Bach, Stefan [Perspektiven, in: StuW 1991]: Die Perspektiven des Leistungsfähigkeitsprinzips im gegenwärtigen Steuerrecht, in: StuW 1991, S. 116-135

Bachem, Wilfried [in: Bordewin/Brandt, EStG-Kommentar, 2001]: Kommentierung zu § 2 EStG, in: Bordewin, A./Brandt, J. (Hrsg.), EStG-Kommentar, 2001, Rn. 1-236 (Stand: Juli 1998)

Bader, Axel [Kontokorrentkredit, in: FR 1998]: Der Kontokorrentkredit – Steuerliche Anerkennung von Umschuldungsmodellen nach der Entscheidung des Großen BFH-Senats vom 8.12.1997, in: FR 1998, S. 449-461

Bader, Hermann Georg [Hoheitsbetrieb, 1997]: Hoheitsbetrieb und Betrieb gewerblicher Art im Umsatz- und Körperschaftsteuerrecht: Gleichheitsmaßstab und Systemgedanke im Steuerrecht, Frankfurt am Main, 1997

Balmes, Frank/Kotyrba, Marc-Holger [Wertzuwachsbesteuerung, in: FR 1999]: Rückwirkende Wertzuwachsbesteuerung – Zur Neufassung des § 17 Abs. 1 Satz 1 EStG durch das Steuerentlastungsgesetz 1999/2000/2002, in: FR 1999, S. 1044-1047

Bareis, Peter [Halbeinkünfteverfahren, in: StuW 2000]: Das Halbeinkünfteverfahren im Systemvergleich, in: StuW 2000, S. 133-143

Becker, Enno [Einkommensteuer, 1940]: Die Grundlagen der Einkommensteuer, München u.a. 1940 (Reprintausgabe Berlin 1982)

Bender, D. u.a. [Wirtschaftspolitik, 1999]: Vahlens Kompendium der Wirtschaftstheorie und Wirtschaftspolitik, 7. Aufl., München 1999

Benz, Sebastian [Reinvestitionsrücklage, in: Linklaters Oppenhoff & Rädler (Hrsg.), Unternehmensbesteuerung, 2002]: Reinvestitionsrücklage (§ 6b EStG), in: Linklaters Oppenhoff & Rädler (Hrsg.), Unternehmensbesteuerung, 2002, S. 20-21

Berg, Hartmut/Cassel, Dieter/Hartwig, Karl-Hans [in: Bender, D. u.a., Wirtschaftspolitik, 1999]: Theorie der Wirtschaftspolitik, in: Bender, D. u.a., Wirtschaftspolitik, 1999, S. 171-288

Betriebsteuer-Ausschuß [Betriebsteuer, in: StuW 1949]: Bericht und Gesetzesentwürfe zur Betriebsteuer – vorgelegt vom Betriebsteuerausschuß der Verwaltung für Finanzen, in: StuW 1949, Spalte 929-1068

Bieg, Thorsten [Gemeinschaft, 1997]: Der Gerichtshof der Europäischen Gemeinschaften und sein Einfluß auf das deutsche Steuerrecht – Dogmatische Grundlagen, verallgemeinerungsfähige Prinzipien und Auswirkungen der Rechtsprechung des EuGH zu den direkten Steuern, Frankfurt am Main u.a. 1997

Biermann, F. u.a. [Unternehmenssteuerreform, 2000]: Unternehmenssteuerreform 2001 – Analyse aller wesentlichen Änderungen mit Praxishinweisen, Gestaltungsempfehlungen und Checklisten, herausgegeben von PwC Deutsche Revision/PriceWaterhouseCoopers, Freiburg u.a. 2000

Bilsdorfer, Peter [Verfassungsmäßigkeit, in: SteuerStud 2000]: Verfassungsmäßigkeit der beschränkten steuerlichen Absetzbarkeit von Aufwendungen für ein häusliches Arbeitszimmer (BVerfG-Urteil vom 7.12.1999, 2 BvR 301/98, BStBl II 2000, S. 162), in: SteuerStud 2000, S. 323-325

Bippus, Birgit Elsa [Optionsmodell, in: DStZ 2000]: Raus aus der Einkommensteuer, rein in die Körperschaftsteuer – Chancen und Risiken des körperschaftsteuerrechtlichen Optionsmodells für Einzel- und Mitunternehmer, in: DStZ 2000, S. 541-551

Birk, Dieter (Hrsg.) [Handbuch, 1995]: Handbuch des Europäischen Steuer- und Abgabenrechts, Herne u.a. 1995

Birk, Dieter [Besteuerungsgleichheit, in: Lehner, M., Binnenmarkt, 1996]: Besteuerungsgleichheit in der Europäischen Union, in: Lehner, M. (Hrsg.), Binnenmarkt, 1996, S. 63-80

Birk, Dieter [Leistungsfähigkeitsprinzip, 1983]: Das Leistungsfähigkeitsprinzip als Maßstab der Steuernormen, Köln 1983

Birk, Dieter [Steuerbegriff, in: SteuerStud 1986]: Steuerzweck und Steuerbegriff, in: SteuerStud 1986, S. 162-167

Birk, Dieter [Steuerrecht, 2000]: Steuerrecht, 3. Aufl., Heidelberg 2000

Birk, Dieter [Unternehmenssteuerreform, in: StuW 2000]: Das Leistungsfähigkeitsprinzip in der Unternehmenssteuerreform, in: StuW 2000, S. 328-336

Birk, Dieter/Wernsmann, Rainer [Altersversorgung, in: DB 1999]: Die Besteuerung der betrieblichen Altersversorgung – Reformbedarf und Gestaltungsmöglichkeiten des Gesetzgebers, in: DB 1999, S. 166-172

Bischof, Stefan/Börner, Jörg [Auswirkungen (A), in: StuB 2000]: Die Auswirkungen der Unternehmenssteuerreform auf die Beziehungen zwischen Kapitalgesellschaft und ihren Gesellschaftern (Teil A), in: StuB 2000, S. 1125-1131

Bischof, Stefan/Börner, Jörg [Auswirkungen (B), in: StuB 2000]: Die Auswirkungen der Unternehmenssteuerreform auf die Beziehungen zwischen Kapitalgesellschaft und ihren Gesellschaftern (Teil B), in: StuB 2000, S. 1177-1184

Blankart, Charles B. [Finanzen, 1998]: Öffentliche Finanzen in der Demokratie, 3. Aufl., München 1998

Blaum, Ulf/Kessler, Harald [Beteiligungserträge, in: StuB 2000]: Das Ende der phasengleichen Vereinnahmung von Beteiligungserträgen in der Steuerbilanz? – Zum Beschluß des Großen Senats vom 7.8.2000 und zu den Konsequenzen für die Bilanzierungspraxis, in: StuB 2000, S. 1233-1246

Blumenberg, Jens/Lechner, Florian [Betriebsveräußerungen, in: DSWR 2000]: Besteuerung von Betriebsveräußerungen nach der Unternehmenssteuerreform, in: DSWR 2000, S. 337-340

Blumenberg, Jens/Borschel, Christian [Außensteuergesetz, in: Linklaters Oppenhoff & Rädler (Hrsg.), Unternehmensbesteuerung, 2002]: Änderungen des Außensteuergesetzes, in: Linklaters Oppenhoff & Rädler (Hrsg.) Unternehmensbesteuerung, 2002, S. 59-68

BMF [Bericht, 2001, in: FR 11/2001]: Bericht der Bundesregierung zur Fortentwicklung des Unternehmenssteuerrechts, abgedruckt in: FR 2001, Beilage zu FR 11/2001, S. 1-38

BMWF (Hrsg.) [Steuerreformkommission, 1971]: Gutachten der Steuerreformkommission 1971, Schriftenreihe des Bundesministeriums der Finanzen, Heft 17, Bonn 1971

Böckmann, Gerd [Neutralität, 1969]: Die Neutralität des Steuersystems, Göttingen 1969

Bolik, Andreas [Halbeinkünfteverfahren, in: BB 2001]: Der „Halbabzug" im Halbeinkünfteverfahren, in: BB 2001, S. 811-813

Bordewin, Arno/Brandt, Jürgen (Hrsg.) [EStG-Kommentar, 2001]: Kommentar zum Einkommensteuergesetz – EStG, Band 1 - §§ 1-3c, Heidelberg 2001 (Stand: Oktober 2001)

Brandis, Peter [Einkommen, in: StuW 1987]: Einkommen als Rechtsbegriff, in: StuW 1987, S. 289-301

Breithecker, Volker/Klapdor, Ralf/Zisowski, Ute [Unternehmenssteuerreform, 2001]: Unternehmenssteuerreform – Auswirkungen und Gestaltungshinweise – mit dem Gesetz zur Ergänzung des Steuersenkungsgesetzes, Bielefeld 2001

Breuer, Rüdiger [in: Isensee/Kirchhof, Staatsrecht VI, 1989]: § 148 - Die staatliche Berufsregelung und Wirtschaftslenkungen, in: Isensee, J./Kirchhof, P. (Hrsg.), Staatsrecht VI, 1989

Brinkmann, Jan [Einfluß, 1996]: Der Einfluß des europäischen Rechts auf die Unternehmensbesteuerung, Baden-Baden 1996

Brümmerhoff, Dieter [Finanzwissenschaft, 2001]: Finanzwissenschaft, 8. Aufl., München 2001

Bruns, Georg/Häuser, Karl (Hrsg.) [Reformprozeß, 1992]: Kapitalmärkte im europäischen Reformprozeß, Schriftenreihe des Instituts für Kapitalmarktforschung an der J. W. Goethe-Universität Frankfurt am Main, Kolloquien-Beiträge Nr. 32, Frankfurt am Main 1992

Bühler, Ottmar [in: Nipperdey, Grundrechte, 1930]: Kommentierung zu Art. 134, in: Nipperdey, Hans Carl (Hrsg.), Grundrechte, 1930, Art. 134, S. 315-318

Bühler, Ottmar [Steuerrecht, 1927]: Lehrbuch des Steuerrechts in zwei selbständigen Bänden, Band I: Allgemeines Steuerrecht, Berlin 1927

Bühler, Ottmar/Strickrodt, Georg [Steuerrecht, 1960]: Steuerrecht – Grundriß in zwei Bänden, Band I: Allgemeines Steuerrecht, 3. Aufl., Wiesbaden 1960

Cattelaens, Heiner u.a. [Körperschaftsteuer, 1997]: Körperschaftsteuer, 12. Aufl., Stuttgart 1997

Crezelius, Georg [Grundstrukturen, in: DB 2001]: Dogmatische Grundstrukturen der Unternehmenssteuerreform, in: DB 2001, S. 221-229

DAI (Hrsg.) [JbFSt 1999/2000]: Jahrbuch der Fachanwälte für Steuerrecht 1999/2000: aktuelle Beiträge, Referate und Diskussionen der 50. Steuerrechtlichen Jahresarbeitstagung, Wiesbaden, vom 10. bis 12. Mai 1999, Stand: Oktober 1999, Herne u.a. 2000

Damrau, Jürgen/Kraft, Alfons/Fürst, Walther (Hrsg.) [FS Mühl, 1981]: Festschrift für Otto Mühl zum 70. Geburtstag – 10. Oktober 1981, Stuttgart u.a. 1981

Dauner-Lieb, Barbara [Fundament, in: DStR 2001]: Ein neues Fundament für die BGB-Gesellschaft, in: DStR 2001, S. 356-361

Dautzenberg, Norbert [Beschränkung, in: StuB 1999]: Beschränkung der beschränkten Körperschaftsteuerpflicht? – Anmerkungen zum EuGH-Urteil vom 29.04.1999, StuB 1999, S. 784, in: StuB 1999, S. 766-768

Dautzenberg, Norbert [Freiheit, in: StuB 2001]: Zur Freiheit des Kapitalverkehrs in der EU – Anmerkungen zum EuGH-Urteil vom 26.09.2000, in: StuB 2001, S. 31-32

Dautzenberg, Norbert [Kapitalverkehrsfreiheit, in: StuB 2000]: Die Kapitalverkehrsfreiheit des EG-Vertrags und die direkten Steuern – Auswirkungen aus dem Grundsatzurteil des EuGH vom 6.6.2000 in der Rechtssache Verkooijen, in: StuB 2000, S. 720-726

Dautzenberg, Norbert [Kommentar, in: FR 2000]: Kommentar zum Urteil des EuGH vom 06.06.2000 – Rs. C-35/98 (Verkooijen), in: FR 2000, S. 725-728

Dautzenberg, Norbert [Kommentar, in: FR 2001]: Kommentar zum Urteil des EuGH vom 08.03.2001 – Rs. C-397/98 (Metallgesellschaft), in: FR 2001, S. 502-504

Dautzenberg, Norbert [Metallgesellschaft, in: StuB 2001]: Entscheidung des EuGH in der Sache „Metallgesellschaft“ – Anmerkung zum EuGH-Urteil vom 8.3.2001, in: StuB 2001, S. 599-601

Dautzenberg, Norbert [Rechtswidrigkeit, in: StuB 2001]: Zur Rechtswidrigkeit des § 8a KStG – Anmerkungen zum Vorlagebeschluß des FG Münster vom 21.08.2000, in: StuB 2001, S. 185-186

Dautzenberg, Norbert [Vorbehalt, in: RIW 1998]: Die Kapitalverkehrsfreiheit des EG-Vertrages, der Steuervorbehalt des Art. 73d EGV und die Folgen für die Besteuerung, in: RIW 1998, S. 537-544

de Weerth, Jan [EG-Recht, in: RIW 2001]: EG-Recht und direkte Steuern – Jahresüberblick 2000, in: RIW 2001, S. 443-448

Diener, Roger/Schulte, Wilfried [in: Erle/Sauter, Reform, 2000]: Kommentierung von § 35 EStG, in: Erle, B./Sauter, T. (Hrsg.), Reform, 2000, S. 116-132

Dolzer, Rudolf/Vogel, Klaus (Hrsg.) [Bonner Kommentar, 1999]: Bonner Kommentar zum Grundgesetz, Heidelberg, Stand: Dezember 1999

Dorozala, Ingo [Anrechnung, in: Arthur Andersen, Steuerreform, 2001]: Einkünfte aus Gewerbebetrieb: Pauschalierte Anrechnung der Gewerbesteuer, in: Arthur Andersen (Hrsg.), Steuerreform, 2001, S. 128-141

Dötsch, Ewald u.a. (Hrsg.) [KStG, 2001]: Kommentar zum Körperschaftsteuergesetz, Umwandlungssteuergesetz und zu den einkommensteuerrechtlichen Vorschriften der Anteilseignerbesteuerung, herausgegeben von Dötsch, Ewald/Eversberg, Horst/Jost, Werner F./Witt, Georg, Stand: 42. Ergänzungslieferung September 2001, Stuttgart 2001

Dötsch, Ewald/Pung, Alexandra [Körperschaftsteuer, in: DB-Beilage 10/2000]: Steuersenkungsgesetz: Die Änderungen bei der Körperschaftsteuer und bei der Anteilseignerbesteuerung, in: DB 2000, Beilage 10/2000 zu Heft Nr. 34, S. 1-27

Drenseck, Walter [in: Schmidt, L., EStG, 2001]: Kommentierung zu § 2 EStG, in: Schmidt, L. (Hrsg.), EStG, 2001, § 9 Rn. 1-190

Durchlaub, Thomas [Privatvermögen, 1993]: Zur Steuerpflicht der Gewinne aus der Veräußerung von Privatvermögen, Berlin 1993

Ebling, Iris (Hrsg.) [Einkommen, 2001]: Besteuerung von Einkommen, herausgegeben im Auftrag der Deutschen Steuerjuristischen Gesellschaft e.V., DStJG Band 24, Köln 2001

Eckhardt, Walter [Einheit, in: StbJb 1961/62]: Das Steuerrecht und die Einheit der Rechtsordnung, in: StbJb 1961/62, S. 77-141

Eckhoff, Rolf [in: Birk, D., Handbuch, 1995]: § 19 Niederlassungsfreiheit, in: Birk, D. (Hrsg.), Handbuch, 1995, Rn. 1-78

Eilers, Stephan/Schmidt, Richard [Holdingstandort, in: FR 2001]: Der Holdingstandort Deutschland nach der Steuerreform, in: FR 2001, S. 8-25

Elschen, Rainer [Besteuerung, 1994]: Institutionale oder personale Besteuerung von Unternehmungsgewinnen?, 2. Aufl., Hamburg 1994

Elschen, Rainer [Entscheidungsneutralität, in: StuW 1991]: Entscheidungsneutralität, Allokationseffizienz und Besteuerung nach der Leistungsfähigkeit – Gibt es ein gemeinsames Fundament der Steuerwissenschaften?, in: StuW 1991, S. 99-115

Elschen, Rainer [Gerechtigkeit, in: StuW 1988]: Steuerliche Gerechtigkeit – Unzulässiger oder unzulänglicher Forschungsgegenstand der Steuerwissenschaft?, in: StuW 1988, S. 1-16

Elschen, Rainer/Hüchtebrock, Michael [Steuerneutralität, in: FA 41 (1983)]: Steuerneutralität in Finanzwissenschaft und Betriebswirtschaftslehre – Diskrepanzen und Konsequenzen, in: FA 41 (1983), S. 253-280

Elser, Thomas [Spardose, in: BB 2001]: Warum die GmbH nur selten als Spardose taugt, in: BB 2001, S. 805-810

Engels, Wolfram/Hamm, Walter/Issing, Otmar u.a. [Unternehmensbesteuerung, 1989]: Reform der Unternehmensbesteuerung, Bad Homburg von der Höhe 1989

Engels, Wolfram/Stützel, Wolfgang [Teilhabersteuer, 1968]: Teilhabersteuer – Ein Beitrag zur Vermögenspolitik, zur Verbesserung der Kapitalstruktur und zur Vereinfachung des Steuerrechts, 2. Aufl., Frankfurt am Main 1968

Erle, Bernd/Sauter, Thomas (Hrsg.) [Reform, 2000]: Reform der Unternehmensbesteuerung – Kommentar zum Steuersenkungsgesetz mit Checklisten und Materialien, Köln 2000

Ernst & Young/BDI (Hrsg.) [Unternehmenssteuerreform, 2000]: Die Unternehmenssteuerreform – Informationen, Analysen und Gestaltungsempfehlungen zum Steuersenkungsgesetz (StSenkG), 2. Aufl., Bonn u.a. 2000

Eschenbach, Jürgen [Grundfragen, in: SteuerStud 2001]: Grundfragen verfassungsrechtlicher Probleme steuerrechtlicher Regelungen, in: SteuerStud 2001, S. 486-497

Feldhoff, Patricia [Kapitalallokation, 1995]: Kapitalallokation, Besteuerung und Unsicherheit, Hamburg 1995

Flämig, Christian [Besteuerung, in: ZRP 1980]: Rechtsformneutrale Besteuerung der Unternehmen?, in: ZRP 1980, S. 237-245

Fleischmann, Michael [Betriebsveräußerungen, in: StuB 2000]: Gewinne aus Betriebsveräußerungen und Betriebsaufgaben unter Berücksichtigung des Steuersenkungsergänzungsgesetzes, in: StuB 2000, S. 1204-1207

Flick, Hans/Wassermeyer, Franz/Baumhoff, Hubertus [Außensteuerrecht, 1999]: Außensteuerrecht – Kommentar, herausgegeben von Franz Wassermeyer, Detlev J. Piltz; bearbeitet von Hubertus Baumhoff u.a., 6. Auflage, Köln 1999

Flume, Werner [Besteuerung, in: StbJb 1973/1974]: Besteuerung und Wirtschaftsordnung, in: StbJb 1973/1974, S. 53-78

Fock, Till Henning/Stoscheck, Uwe [Investmentfonds, in: FR 2000]: Die Auswirkungen des geplanten Steuersenkungsgesetzes auf die Besteuerung von Investmentfonds und ihre Anteilsinhaber, in: FR 2000, S. 591-600

Förster, Guido [Rechtsformwahl, in: WPg 2001]: Rechtsformwahl, Umwandlung und Unternehmenskauf nach der Unternehmenssteuerreform, in: WPg 2001, S. 1234-1249

Freshfields Bruckhaus Deringer [Unternehmenssteuerreform, in: NJW-Beilage 51/2000]: Unternehmenssteuerreform – Die Neuregelungen des Steuersenkungsgesetzes für Kapitalgesellschaften und ihre Anteilseigner, in: NJW-Beilage zu Heft 51/2000, S. 1-53

Friauf, Karl Heinrich (Hrsg.) [Verfassungsrecht, 1989]: Steuerrecht und Verfassungsrecht, herausgegeben im Auftrag der Deutschen Steuerjuristischen Gesellschaft e.V., DStJG Band 12, Köln 1989

Friauf, Karl Heinrich [Anforderungen, in: Friauf, K. H., Verfassungsrecht, 1989]: Verfassungsrechtliche Anforderungen an die Gesetzgebung, in: Friauf, K. H. (Hrsg.), Verfassungsrecht, 1989, S. 3-32

Friauf, Karl Heinrich [Körperschaftsteuerrecht, in: StuW 1973]: Zur Frage der Nichtabzugsfähigkeit von Aufsichtsratsvergütungen im Körperschaftsteuerrecht, in: StuW 1973, S. 97-118

Friauf, Karl Heinrich [Wirtschaftslenkung, 1966]: Verfassungsrechtliche Grenzen der Wirtschaftslenkung und Sozialgestaltung durch Steuergesetze, Tübingen 1966

Frotscher, Gerrit [Gewinnausschüttung, in: Wiedmann, S., Besteuerung, 1997]: Verdeckte Gewinnausschüttung, in: Wiedmann, S. (Hrsg.), Besteuerung, 1997, S. 205-256

Fuisting, Bernhard [Steuerlehre, 1902]: Die Grundzüge der Steuerlehre, Berlin 1902

Fürst, Walther/Herzog, Roman/Umbach, Dieter C. (Hrsg.) [FS Zeidler, 1987]: Festschrift für Wolfgang Zeidler, Band 1, Berlin u.a. 1987

Gandenberger, Otto [Einfluß, in: Vogel, K., Grundfragen, 1985]: Der Einfluß der Einkommen- und Körperschaftsteuer auf die internationalen Wirtschaftströme, in: Vogel, K. (Hrsg.), Grundfragen, 1985, S. 33-48

Genser, Bernd [Konsumorientierung, in: Smekal/Sendlhofer/Winner, Einkommen, 1999]: Konsumorientierung – Realisierungschancen in Österreich, in: Smekal, C./Sendlhofer, R./Winner, H. (Hrsg.), Einkommen, 1999, S. 197-215

Geurts, Matthias [Konkurrenzverhältnis, in: IStR 2000]: Das Konkurrenzverhältnis der EU-Grundfreiheiten – Zugleich eine Anmerkung zu EuGH Baars Rs. C 251/98, in: IStR 2000, S. 572-574

Görres-Gesellschaft (Hrsg.) [Staatslexikon V, 1989]: Staatslexikon in 5 Bänden, Fünfter Band, 7. Aufl., Freiburg im Breisgau 1989

Götzinger, Manfred K./Michael, Horst [Kostenrechnung, 1993]: Kosten- und Leistungsrechnung, 6. Aufl., Heidelberg 1993

Graß, Arno [Besteuerung, 1992]: Unternehmensformneutrale Besteuerung, Berlin 1992

Grefe, Cord [Ermittlung, in: SteuerStud 2001]: Ermittlung der Zuschlagsteuern zur Einkommensteuer, in: SteuerStud 2001, S. 243-246

Grefe, Cord [Zuschlagsteuern, in: StB 2001]: Neuregelungen der Zuschlagsteuern zur Einkommensteuer ab Veranlagungszeitraum 2001, in: StB 2001, S. 220-224

Großfeld, Bernhard [Bilanzrecht, 1997]: Bilanzrecht – Jahresabschluß, Konzernabschluß, Internationale Standards, 3. Aufl., Heidelberg 1997

Grützner, D. [Änderungen, in: BBK 2002, Fach 15]: Die Änderungen zur Ertragsbesteuerung der Unternehmen durch das StÄndG 2001 und das UntStFG (Teil B), in: BBK 2002, Fach 15, S. 1297-1316

Gubelt, Manfred [in: von Münch/Kunig, GG-Kommentar]: Kommentierung zu Art. 3 GG, in: von Münch, I./Kunig, P., GG-Kommentar, 2000, Rn. 1-108

Haarmann, Wilhelm [Einkommensteuerrecht, in: Stbg 2001]: Die Einschränkung der Berücksichtigung von Verlusten im Einkommensteuerrecht, in: Stbg 2001, S. 145-153

Haas, Franz Josef [Anmerkungen, in: JbFSt 1999/2000]: Einige grundsätzliche Anmerkungen zur Konzeption der Steuerreform, in: DAI (Hrsg.), JbFSt 1999/2000, S. 63-69

Haase, Klaus D. [Neutralitätspostulat, in: FS Rose, 1991]: Zur Steuerreform im Lichte betriebswirtschaftlicher Neutralitätspostulate, in: Herzig, N. (Hrsg.), FS Rose, 1991, S. 239-253

Haase, Klaus Dittmar/Diller, Markus [Optionsrecht, in: BB 2000]: Optionsrecht von Personenunternehmen für die Körperschaftsbesteuerung: Vorteilhaftigkeit und Risiken, in: BB 2000, S. 1068-1074

Hahn, Hartmut [Anmerkung, in: IStR 2000]: Anmerkung zum Urteil des EuGH vom 06.06.2000 – Rs. C-35/98 (Verkooijen), in: IStR 2000, S. 436-438

Hahn, Hartmut [ICI-Urteil, in: IStR 1999]: Das ICI-Urteil des EuGH und die Hinzurechnungsbesteuerung gemäß §§ 7 ff. AStG, in: IStR 1999, S. 609-617

Haller, Heinz [Steuern, 1981]: Die Steuern – Grundlinien eines rationalen Systems öffentlicher Abgaben, 3. Aufl., Tübingen 1981

Hammer, Markus [Nachteil, in: DStZ 2001]: Auslandsfonds statt Inlandsfonds – nicht immer ein steuerlicher Nachteil, in: DStZ 2001, S. 857-858

Handzik, Peter/Hellwig, Peter [in: Littmann/Bitz/Pust, Kommentar, 2001]: Kommentierung zu § 2 EStG, in: Littmann, E./Bitz, H./Pust, H. (Hrsg.), Kommentar, 2001, Rn. 1-98, Stand: Oktober 1999

Hartmann, Bernd/Meyer, Bernd [Unternehmenssteuerfortentwicklungsgesetz, in: INF 2002]: Die Bildung von § 6b-Rücklagen nach dem Unternehmenssteuerfortentwicklungsgesetz vom 20.12.2001, in: INF 2002, 141-146

Hartwig, Karl-Hans [in: Bender, D. u.a., Wirtschaftspolitik, 1999]: Umweltökonomie, in: Bender, D. u.a., Wirtschaftspolitik, 1999, S. 127-170

Heigl, Anton [Reformkonzept, in: StuW 1972]: Systemfehler im Reformkonzept zur Körperschaftsbesteuerung, in: StuW 1972, S. 315-326

Heigl, Anton [Unternehmungsbesteuerung, 1994]: Unternehmungsbesteuerung, München 1994

Heigl, Anton/Uecker, Peter (Hrsg.) [Betriebswirtschaftslehre, 1979]: Betriebswirtschaftslehre und Recht – Bericht von der wissenschaftlichen Tagung des Verbandes der Hochschullehrer für Betriebswirtschaft e.V. vom 17. bis 19. Mai 1978 in Nürnberg, Wiesbaden 1979

Heinicke, Wolfgang [in: Schmidt, L., EStG, 2001]: Kommentierung zu § 4 EStG, in: Schmidt, L. (Hrsg.), EStG 2001, Rn. 1-754

Heller, Birgit/Hammer, Markus [Aktienfondsmarkt, in: DStZ 2001]: Auswirkungen des Steuersenkungsgesetzes auf den Aktienfondsmarkt, in: DStZ 2001, S. 118-122

Hensel, Albert [Leistungsfähigkeit, in: VjSchStFR 1930]: Verfassungsrechtliche Bindungen des Steuergesetzgebers. Besteuerung nach der Leistungsfähigkeit – Gleichheit vor dem Gesetz, in: VjSchStFR 1930, S. 441-493

Hensel, Albert [Steuerrecht, 1927]: Steuerrecht, 2. Aufl., Berlin 1927

Hensel, Albert [Steuerrecht, 1933]: Steuerrecht, 3. Aufl., Berlin 1933 (Reprintausgabe Berlin 1986)

Herrmann, Carl/Heuer, Gerhard/Raupach, Arndt (Hrsg.) [Kommentar, 1996]: Einkommensteuer- und Körperschaftsteuergesetz – Kommentar, 21. Aufl., Köln 1996

Herzig, Norbert (Hrsg.) [FS Rose, 1991]: Betriebswirtschaftliche Steuerlehre und Steuerberatung – Gerd Rose zum 65. Geburtstag, Wiesbaden 1991

Herzig, Norbert (Hrsg.) [Harmonisierung, 1994]: Harmonisierung der Körperschaftsteuersysteme in den EU-Staaten, Köln 1994

Herzig, Norbert/Günkel, Manfred/Niemann, Ursula (Hrsg.) [StbJb 2000/2001]: Steuerberater-Jahrbuch 2000/2001 – zugleich Bericht über den 52. Fachkongreß der Steuerberater, Köln, 17. und 18. Oktober 2000, herausgegeben im Auftrag des Fachinstituts der Steuerberater, Köln 2001

Herzig, Norbert/Lochmann, Uwe [Grundmodell, in: DB 2000]: Das Grundmodell der Besteuerung von Personenunternehmen nach der Unternehmenssteuerreform – Die Steuerermäßigung für gewerbliche Einkünfte bei der Einkommensteuer, in: DB 2000, S. 540-545

Herzog, Roman [Rechtssicherheit, in: Stbg 1989]: Mehr Rechtssicherheit im Steuerrecht – Weniger Einzelfallgerechtigkeit für mehr Rechtssicherheit, in: Stbg 1989, S. 3-7

Herzog, Roman [Verfassungsrecht, in: FS RFH/BFH, 1993]: Steuerrecht und Verfassungsrecht, in: Präsident des BFH (Hrsg.), FS RFH/BFH, S. 105-113

Hey, Johanna [Harmonisierung, 1997]: Harmonisierung der Unternehmensbesteuerung in Europa – Ein Vorschlag unter Auswertung des Ruding-Berichts und der US-amerikanischen 'integration debate', Köln 1997

Hey, Johanna [in: Herrmann/Heuer/Raupach, Kommentar, 1996]: Einführung zum KStG, in: Herrmann, C./Heuer, G./Raupach, A. (Hrsg.), Kommentar, 1996, Band 16, Rn. 1-448, Stand: September 1999

Hey, Johanna [Rechtsformneutralität, in: Ebling, I., Einkommen, 2001]: Besteuerung von Unternehmensgewinnen und Rechtsformneutralität, in: Ebling, I. (Hrsg.), Einkommen, 2001, S. 155-223

Hey, Johanna [Verlegenheitslösung, in: FR 2001]: Von der Verlegenheitslösung des § 35 EStG zur Reform der Gewerbesteuer? – Wie die Mängel der pauschalen Gewerbesteueranrechnung den Gesetzgeber zum Handeln zwingen, in: FR 2001, S. 870-880

Hidien, Jürgen W. [Anrechnungsmodell, in: BB 2000]: Steuerreform 2000 – Anmerkungen zum gewerbesteuerlichen Anrechnungsmodell, in: BB 2000, S. 485-487

Hoitsch, Hans-Jörg [Kostenrechnung, 1995]: Kosten- und Erlösrechnung – Eine controllingorientierte Einführung, Berlin u.a. 1995

Homburg, Stefan [Steuerlehre, 2000]: Allgemeine Steuerlehre, 2. Aufl., München 2000

Honrath, A. [Umfang, 1998]: Umfang und Grenzen der Freiheit des Kapitalverkehrs – Die Möglichkeiten zur Einführung einer Devisenzwangsbewirtschaftung in der Europäischen Union, Baden-Baden 1998

Hopt, Klaus J. [in: Baumbach/Hopt, HGB-Kommentar, 2000]: Handelsgesetzbuch mit GmbH & Co., Handelsklauseln, Bank- und Börsenrecht, Transportrecht (ohne Seerecht), bearbeitet von Klaus J. Hopt. Begründet von Alfons Baumbach. Fortgeführt bis zur 24. Aufl. von Konrad Duden, 30. Aufl., München 2000

Horn, Wilhelm [GmbH, in: GmbHR 2000]: Die kapitalvermögensverwaltende GmbH, in: GmbHR 2000, S. 1194-1197

Hötzel, Oliver [in: Schaumburg/Rödder, Unternehmenssteuerreform, 2000]: Erläuterung zur Änderung von § 3c EStG (S. 249-255), § 34 EStG (S. 331-336), in: Schaumburg, H./Rödder, T. (Hrsg.), Unternehmenssteuerreform, 2000

Hüffer, Uwe [Aktiengesetz, 1999]: Aktiengesetz, 4. Aufl., München 1999

Hummel, Detlev/Breuer, Rolf-E. (Hrsg.) [Kapitalmarkt, 2001]: Handbuch Europäischer Kapitalmarkt, Wiesbaden 2001

Hundsdoerfer, Jochen [Halbeinkünfteverfahren, in: BB 2001]: Beteiligungsaufwendungen im Halbeinkünfteverfahren, in: BB 2001, S. 2242-2250

Hüttemann, Rainer [Grenzen, in: Pelka, J., Unternehmensbesteuerung, 2000]: Verfassungsrechtliche Grenzen der steuerlichen Begünstigung von Unternehmen, in: Pelka, J. (Hrsg.), Unternehmensbesteuerung, 2000, S. 127-153

IMN [Kommentar, in: FR 2000]: Kommentar zum Urteil des EuGH vom 26.9.2000 – Rs. C-478/98 (Kommission/Belgien), in: FR 2000, S. 1363-1364

Institut „Finanzen und Steuern" [Realsteuerhebesätze, 2001]: Entwicklung der Realsteuerhebesätze der Gemeinden mit 50.000 und mehr Einwohnern in 2001 gegenüber 2000 – IFSt-Schrift Nr. 393, Bonn 2001

Isensee, Josef/Kirchhof, Paul (Hrsg.) [Staatsrecht IV, 1999]: Handbuch des Staatsrechts der Bundesrepublik Deutschland, Band IV: Finanzverfassung – Bundesstaatliche Ordnung, Heidelberg 1999

Isensee, Josef/Kirchhof, Paul (Hrsg.) [Staatsrecht VI, 1989]: Handbuch des Staatsrechts der Bundesrepublik Deutschland, Band VI: Freiheitsrechte, Heidelberg 1989

Jachmann, Monika [Gewerbesteuer, in: BB 2000]: Ansätze zu einer gleichheitsgerechten Ersetzung der Gewerbesteuer, in: BB 2000, S. 1432-1442

Jachmann, Monika [Gleichheitsproblem, in: Pelka, J., Unternehmensbesteuerung, 2000]: Besteuerung von Unternehmen als Gleichheitsproblem – Unterschiedliche Behandlung von Rechtsformen, Einkunftsarten, Werten und Steuersubjekten im Ertrag- und Erbschaftsteuerrecht, in: Pelka, J. (Hrsg.), Unternehmensbesteuerung, 2000, S. 9-65

Jachmann, Monika [Steuergesetzgebung, 2000]: Steuergesetzgebung zwischen Gleichheit und wirtschaftlicher Freiheit – Verfassungsrechtliche Grundlagen und Perspektiven der Unternehmensbesteuerung, Stuttgart u.a. 2000

Jachmann, Monika [Umverteilung, in: StuW 1998]: Leistungsfähigkeitsprinzip und Umverteilung, in: StuW 1998, S. 293-297

Jacobs, Otto H. [Besteuerung, in: ZGR 1980]: Empfiehlt sich eine rechtsformabhängige Besteuerung der Unternehmung? – Betriebswirtschaftliche Überlegungen zum diesbezüglichen Thema des 53. Deutschen Juristentages, in: ZGR 1980, S. 289-319

Jacobs, Otto H. [in: Heigl, A./Uecker, P. (Hrsg.), Betriebswirtschaftslehre, 1979]: Unternehmensrechtsform und Besteuerung nach der KSt-Reform 1977, in: Heigl, A./Uecker, P. (Hrsg.), Betriebswirtschaftslehre, 1979, S. 379-405

Jacobs, Otto H. [Internationale Unternehmensbesteuerung, 1999]: Internationale Unternehmensbesteuerung: Deutsche Investitionen im Ausland; ausländische Investitionen im Inland, 4. Aufl., München 1999

Jacobs, Otto H. [Rechtsform, in: WPg 1980]: Steueroptimale Rechtsform mittelständischer Unternehmen, in: WPg 1980, S. 705-713

Jacobs, Otto H. [Unternehmensbesteuerung, 1998]: Unternehmensbesteuerung und Rechtsform – Handbuch zur Besteuerung deutscher Unternehmen, 2. Aufl., München 1998

Jacobs, Otto H. [Wettbewerbswirkungen, in: Kleineidam, H.-J., Besteuerung, 1999]: Körperschaftsteuersysteme in der EU – Eine Analyse der Wettbewerbswirkungen und Reformvorschläge, in: Kleineidam, H.-J. (Hrsg.), Besteuerung, 1999, S. 85-116

Jacobs, Otto H./Spengel Christoph (Hrsg.) [Aspekte, 1996]: Aspekte der Unternehmensbesteuerung in Europa, Baden-Baden 1996

Jacobs, Otto H./Spengel, Christoph/Vituschek, Michael [Rechtsformwahl, in: RIW 2000]: Steuerreform 2001: Internationale Wettbewerbsfähigkeit deutscher Unternehmen und Rechtsformwahl, in: RIW 2000, S. 653-664

Jacobs, Otto. H./Scheffler, Wolfram [Rechtsform, 1995]: Steueroptimale Rechtsform – Eine Belastungsanalyse für mittelständische Unternehmen, 2. Aufl., München 1995

Jaeger, Claudia [Körperschaftsteuersysteme, 2001]: Die Körperschaftsteuersysteme in Europa – Eine europarechtliche und betriebswirtschaftliche Analyse, Lohmar u.a. 2001

Jakob, Wolfgang [Einkommensteuer, 1996]: Einkommensteuer, 2. Aufl., München 1996

Jarass, H. D. [in: Jarass/Pierorth, Grundgesetz-Kommentar, 1997]: Kommentierung zu Art. 3 und Art. 20, in: Jarass, H. D./Pieroth, B., Grundgesetz-Kommentar, 1997, Art. 3 Rn. 1-84, Art. 9 Rn. 1-40, Art. 12 Rn. 1-61, Art. 20 Rn. 1-86

Jarass, H. D./Pieroth, B. [Grundgesetz-Kommentar, 1997]: Grundgesetz für die Bundesrepublik Deutschland, 4. Aufl., München 1997

Jenzen, Holger [Energiesteuern, 1998]: Energiesteuern im nationalen und internationalen Recht – eine verfassungs-, europa- und welthandelsrechtliche Untersuchung, Frankfurt am Main 1998

Junker, Carolin [Anwendung, in: DStR 1993]: Die Anwendung von Kapitalgesellschaftsrecht auf die KG bei der GmbH & Co. KG, in: DStR 1993, S. 1786-1790

Kaiser, Monika [Reform, 1992]: Konsumorientierte Reform der Unternehmensbesteuerung, Heidelberg 1992

Kämper, Andrea [Eurowings, in: FR 2001]: „Eurowings": EU-Rechtsverstöße bei der gewstl. Hinzurechnungsbesteuerung, dem AStG und der Gesellschafterfremdfinanzierung!, in: FR 2001, S. 665-674

Kannengießer, Christoph [in: Schmidt-Bleibtreu/Klein, GG-Kommentar, 1999]: Kommentierung zu Art. 9 GG, in: Schmidt-Bleibtreu, B./Klein, F., GG-Kommentar, 1999, Rn. 1-20

Kanzler, Hans-Joachim [in: Herrmann/Heuer/Raupach, Kommentar, 1996]: Kommentierung zu § 3a EStG, in: Herrmann, C./Heuer, G./Raupach, A. (Hrsg.), Kommentar, Band 2, Anm. 1-7, Stand: Juli 1992

Kanzler, Hans-Joachim [Veräußerungsgewinne, in: FR 2000]: Problematik der steuerlichen Behandlung von Veräußerungsgewinnen, FR 2000, S. 1245-1255

Kazele, Norbert [Parteifähigkeit, in: INF 2001]: Die Rechts- und Parteifähigkeit der Gesellschaft bürgerlichen Rechts, in: INF 2001, S. 335-341

Keßler, Wolfgang/Teufel, Tobias [Hinzurechnungsbesteuerung, in: IStR 2000]: Hinzurechnungsbesteuerung bei mehrstufigen Beteiligungsstrukturen – derzeitige Rechtslage, künftige Rechtslage, Gestaltungsansätze, in: IStR 2000, S. 673-678

Kiesewetter, Dirk [Leitbilder, in: StuW 1997]: Theoretische Leitbilder einer Reform der Unternehmensbesteuerung – eine vergleichende Analyse der Reformmodelle Kroatiens, Österreichs und Skandinaviens, in: StuW 1997, S. 24-34

Kirchhof, Paul (Hrsg.) [EStG, 2001]: EStG Kompakt-Kommentar – Einkommensteuergesetz, Heidelberg 2001

Kirchhof, Paul [Auftrag, in: Stbg 1998]: Der Auftrag des Grundgesetzes zur Erneuerung des Steuerrechts, in: Stbg 1998, S. 385-393

Kirchhof, Paul [Besteuerungsgewalt, 1973]: Besteuerungsgewalt und Grundgesetz, Frankfurt am Main 1973

Kirchhof, Paul [in: FAZ vom 24.07.2000]: Eichels Zusage darf nicht vollzogen werden, in: FAZ vom 24.07.2000, S. 17

Kirchhof, Paul [in: Isensee/Kirchhof, Staatsrecht IV, 1999]: § 88 - Staatliche Einnahmen, in: Isensee, J./Kirchhof, P. (Hrsg.), Staatsrecht IV, 1999

Kirchhof, Paul [in: Kirchhof/Söhn, Einkommensteuergesetz, 2001]: Kommentierung zu § 2 EStG, in: Kirchhof, P./Söhn, H., Einkommensteuergesetz, 2001, Anm. A 1-H 100 (Stand: September 1992)

Kirchhof, Paul [Leistungsfähigkeit, in: StuW 1985]: Der verfassungsrechtliche Auftrag zur Besteuerung nach der finanziellen Leistungsfähigkeit, in: StuW 1985, S. 319-329

Kirchhof, Paul [Maßstäbe, in: Stbg 2000]: Verfassungsrechtliche Maßstäbe der Unternehmenssteuerreform, in: Stbg 2000, S. 552-558

Kirchhof, Paul [Rechtfertigung, in: Steuern, 1996]: Die verfassungsrechtliche Rechtfertigung der Steuern, in: Kirchhof, P./Birk, D./Lehner, M., Steuern, 1996, S. 27-53

Kirchhof, Paul [Rückwirkung, in: StuW 2000]: Rückwirkung von Steuergesetzen, in: StuW 2000, S. 221-231

Kirchhof, Paul [Steuergesetzgebung, in: JbFSt 1999/2000]: Verfassungsrechtliche Maßstäbe für eine Steuergesetzgebung, in: DAI (Hrsg.), JbFSt 1999/2000, S. 45-61

Kirchhof, Paul [Ungleichbehandlungen, in: Verhandlungen, 1988]: Empfiehlt es sich, das Einkommensteuerrecht zur Beseitigung von Ungleichbehandlungen und zur Vereinfachung neu zu ordnen?, in: Verhandlungen des 57. Deutschen Juristentages – Mainz 1988, herausgegeben von der Ständigen Deputation des Deutschen Juristentages, Band I (Gutachten), München 1988, Teil F.

Kirchhof, Paul [Unternehmenssteuerreform, in: DStR 03/2001]: Die Unternehmenssteuerreform im Lichte des Verfassungsrechts, in: DStR 2001, Heft 3, S. III-VI

Kirchhof, Paul [Verfassungsstaat, 2000]: Besteuerung im Verfassungsstaat, Tübingen 2000

Kirchhof, Paul/Althoefer, Klaus/Arndt, Hans-Wolfgang u.a. [Entwurf, 2001]: Karlsruher Entwurf zur Reform des Einkommensteuergesetzes, Heidelberg 2001

Kirchhof, Paul/Birk, Dieter/Lehner, Moris [Steuern, 1996]: Steuern im Verfassungsstaat – Symposium zu Ehren von Klaus Vogel aus Anlaß seines 65. Geburtstags, München 1996

Kirchhof, Paul/Söhn, Hartmut (Hrsg.) [Einkommensteuergesetz, 2001]: Einkommensteuergesetz – Kommentar, Band 1 - §§ 1-2, Band 9 - §§ 10d-14, Heidelberg 2001 (Stand: September 2001)

Klein, Eckhardt [Einfluß, in: Lehner, M., Binnenmarkt, 1996]: Der Einfluß des Europarechts auf das deutsche Steuerrecht, in: Lehner, M. (Hrsg.), Binnenmarkt, 1996, S. 7-29

Klein, Franz [Gleichheitssatz, 1966]: Gleichheitssatz und Steuerrecht – Eine Studie über Gleichheit und Gerechtigkeit der Besteuerung im System des Grundgesetzes, Köln 1966

Klein, Franz [Nettoprinzip, in: DStZ 1995]: Zur Frage der verfassungsrechtlichen Zulässigkeit von Einschränkungen des objektiven Nettoprinzips, dargestellt an § 4 Abs. 5 Satz 1 Nr. 1 EStG, in: DStZ 1995, S. 630-632

Klein, Manfred [Hinzurechnungsbesteuerung, in: IStR 2001]: Hinzurechnungsbesteuerung bei Auslandsholdings – Situation nach Steuersenkungsgesetz und Unternehmenssteuerfortentwicklungsgesetz, in: IStR 2001, S. 616-621

Kleineidam, Hans-Jochen (Hrsg.) [Besteuerung, 1999]: Unternehmenspolitik und Internationale Besteuerung – Festschrift für Lutz Fischer zum 60. Geburtstag, Berlin 1999

Kluge, Volker [Steuerrecht, 2000]: Das internationale Steuerrecht: Gemeinschaftsrecht, Außensteuerrecht, Abkommensrecht, 4. Aufl., München 2000

Kneip, Christoph/Rieke, Ingo [Hinzurechnungsbesteuerung, in: IStR 2001]: Hinzurechnungsbesteuerung bei ausländischen Holdinggesellschaften nach dem Entwurf eines Unternehmenssteuerfortentwicklungsgesetzes (UntStFG), in: IStR 2001, S. 665-671

Knobbe-Keuk, Brigitte [Gesellschaftsrecht, 1986]: Das Steuerrecht – eine unerwünschte Rechtsquelle des Gesellschaftsrechts?, Köln 1986

Knobbe-Keuk, Brigitte [Unternehmenssteuerrecht, 1993]: Bilanz- und Unternehmenssteuerrecht, 9. Aufl., Köln 1993

Knobbe-Keuk, Brigitte [Unternehmenssteuerreform, in: DB 1989]: Möglichkeiten und Grenzen einer Unternehmenssteuerreform, in: DB 1989, S. 1303-1309

Köhler, Stefan [Änderungen, in: Arthur Andersen, Steuerreform, 2001]: Änderungen bei der Besteuerung von Veräußerungsgewinnen, in: Arthur Andersen (Hrsg.), Steuerreform, 2001, S. 90-108

Köhler, Stefan [Auslandsinvestitionen, in: DStR 2000]: Diskussionsforum Unternehmenssteuerreform: Auswirkungen der steuerlichen Änderungen auf deutsche Auslandsinvestitionen, in: DStR 2000, S. 613-620

Köhler, Stefan [Auswirkungen, in: DStR 2000]: Unternehmenssteuerreform 2001: Auswirkungen des Steuersenkungsgesetzes auf deutsche Auslandsinvestitionen, in: DStR 2000, S. 1849-1857

Köhler, Stefan [Holdinggesellschaft, in: Arthur Andersen, Steuerreform, 2001]: Die deutsche Holdinggesellschaft nach der Unternehmenssteuerreform, in: Arthur Andersen (Hrsg.), Steuerreform, 2001, S. 228-271

Köhler, Stefan [Unternehmenssteuerreform, in: DStR 20-21/2001]: Der Kommentar: Vollendung der Unternehmenssteuerreform im Schneckentempo? – Erste Anmerkungen zum „Bericht zur Fortentwicklung des Unternehmenssteuerrechts", in: DStR 2001, Heft 20-21, S. III

Kollruss, Thomas [Gewerbesteuer, in: Stbg 2000]: Anrechnung der Gewerbesteuer auf die Einkommensteuer bei Personenunternehmen gem. § 35 EStG 2001, in: Stbg 2000, S. 559-570

Koniarski, Lothar [Einkommen, 1984]: Einkommen als Maßstab steuerlicher Leistungsfähigkeit – Ein betriebswirtschaftlicher Beitrag zum Problem einer leistungsfähigkeitsäquivalenten Einkommensermittlung, München 1984

König, Rolf/Sureth, Caren [Unternehmenssteuerreform, in: StuB 2001]: Der Einfluß der Unternehmenssteuerreform auf die rechtsformspezifische Steuerbelastung, in: StuB 2001, S. 117-121

Köplin, Manfred/Niggemeier, Oliver [Steuerermäßigung, in: NWB 2001, Fach 3]: Steuerermäßigung bei Einkünften aus Gewerbebetrieb nach § 35 EStG, in: NWB 2001, Fach 3, S. 11479-11484

Korezkij, Leonid [Anrechnung I, in: BB 2001]: Anrechnung der Gewerbesteuer nach § 35 EStG, in: BB 2001, S. 333-344

Korezkij, Leonid [Anrechnung II, in: BB 2001]: Anrechnung der Gewerbesteuer nach § 35 EStG (2. Teil), in: BB 2001, S. 389-394

Korezkij, Leonid [Wesentlichkeit, in: StB 2001]: Zur Wesentlichkeit von „unwesentlichen" Änderungen, in: StB 2001, S. 85-88

Köster, Beate-Katrin [Beteiligungserträge, in: FR 2000]: StSenkG: Befreiung innerkonzernlicher Beteiligungserträge – Dividenden und Veräußerungsgewinne, Abzugsbegrenzung, in: FR 2000, S. 1263-1269

Krabbe, Helmut [Optionsmodell, in: FR 2000]: Unternehmenssteuerreform: Das Optionsmodell für Personenunternehmen im internationalen Steuerrecht, in: FR 2000, S. 545-550

Krause-Junk, Gerold [Körperschaftsteuersystem, in: KonjPol 1988]: Überlegungen zu einem künftigen europäischen Körperschaftsteuersystem, in: KonjPol, 1988, S. 268-290

Krawitz, Norbert [Halbeinkünfteverfahren, in: DB 2000]: Betriebswirtschaftliche Anmerkungen zum Halbeinkünfteverfahren, in: DB 2000, S. 1721-1727

Krawitz, Norbert/Büttgen, Dagmar [Auswirkungen, in: IStR 2001]: Auswirkungen der Unternehmenssteuerreform auf den Holdingstandort Deutschland aus der Sicht eines ausländischen Investors am Beispiel Großbritanniens (Teil II), in: IStR 2001, S. 658-662

Kröner, Ilse [Unternehmenssteuerreform, in: Arthur Andersen, Steuerreform, 2001]: Die Unternehmenssteuerreform 2001, in: Arthur Andersen (Hrsg.), Steuerreform, 2001, S. 7-12

Kröner, Michael [Privatvermögen, in: Arthur Andersen, Steuerreform, 2001]: Veräußerung von im Privatvermögen gehaltenen Beteiligungen an Kapitalgesellschaften i.S.d. § 17 EStG, in: Arthur Andersen (Hrsg.), Steuerreform, 2001, S. 186-198

Kröner, Michael/Köhler, Stefan [Standortsicherung, in: IStR 1999]: Änderungen in § 8b EStG: Standortsicherung im Rückwärtsgang, in: IStR 1999, S. 268-273

Krüger, Dirk [Rechtsformwahl, in: Arthur Andersen, Unternehmenssteuerreform, 2001]: Rechtsformwahl nach der Unternehmenssteuerreform, in: Arthur Andersen (Hrsg.), Unternehmenssteuerreform, 2001, S. 274-293

Krüger, Dirk [Wahl, in: Arthur Andersen, Unternehmensform, 1999]: Wahl der Unternehmensform, in: Arthur Andersen (Hrsg.), Unternehmensform, 1999, S. 34-332

Kruse, Heinrich Wilhelm (Hrsg.) [FS Paulick, 1973]: Festschrift für Heinz Paulick zum 65. Geburtstag – 9. Mai 1973, Köln 1973

Kruse, Heinrich Wilhelm [Abschied, in: BB 1996]: Abschied von den Einheitswerten, in: BB 1996, S. 717-721

Kübler, Friedrich [Gesellschaftsrecht, 1999]: Gesellschaftsrecht, 5. Aufl., Heidelberg 1999

Kußmaul, Heinz/Beckmann, Stefan [Dividendenbesteuerung, in: DB 2001]: Die Dividendenbesteuerung im nationalen und internationalen Kontext – Ist der Grundsatz der Freiheit des Kapitalverkehrs gewahrt?, in: DB 2001, S. 608-614

Lang, Joachim (Hrsg.) [FS Tipke, 1995]: Die Steuerrechtsordnung in der Diskussion: Festschrift für Klaus Tipke zum 70. Geburtstag, Köln 1995

Lang, Joachim [Bemessungsgrundlage, 1988]: Die Bemessungsgrundlage der Einkommensteuer – Rechtssystematische Grundlagen steuerlicher Leistungsfähigkeit im deutschen Einkommensteuerrecht, Köln 1988

Lang, Joachim [Diskussionsbeitrag, in: JbFSt 1999/2000]: Diskussionsbeitrag zum 6. Generalthema: Workshop zum Unternehmenssteuerrecht und zur Unternehmenssteuerreform, in: DAI (Hrsg.), JbFSt 1999/2000, S. 410-423

Lang, Joachim [Entwurf, 1993]: Entwurf eines Steuergesetzbuches, Schriftenreihe des Bundesministeriums der Finanzen, Heft 49, Bonn 1993

Lang, Joachim [in: Tipke, K./Lang, J., Steuerrecht, 1998]: §§ 1-5: Grundlagen der Steuerrechtsordnung, § 9: Einkommen- und Bilanzsteuerrecht, in: Tipke, K./Lang, J., Steuerrecht, 1998, S. 1-173 und S. 222-464

Lang, Joachim [Prinzipien, in: Ebling, I., Einkommen, 2001]: Prinzipien und Systeme der Besteuerung von Einkommen, in: Ebling, I. (Hrsg.), Einkommen, 2001, S. 49-153

Lang, Joachim [Reform, in: StuW 1989]: Reform der Unternehmensbesteuerung, in: StuW 1989, S. 3-17

Lang, Joachim [Unternehmensbesteuerung, in: StuW 1990]: Reform der Unternehmensbesteuerung auf dem Weg zum europäischen Binnenmarkt und zur deutschen Einheit, in: StuW 1990, S. 107-129

Lang, Joachim [Unternehmenssteuerreform, in: GmbHR 2000]: Die Unternehmenssteuerreform – eine Reform pro GmbH, in: GmbHR 2000, S. 453-462

Lechner, Florian [Steuersparmodell, in: Stbg 2001]: Die Kapitalgesellschaft als Steuersparmodell – Anteilsveräußerungen durch Kapitalgesellschaften nach der Unternehmenssteuerreform, in: Stbg 2001, S. 201-214

Lehner, Moris (Hrsg.) [Binnenmarkt, 1996]: Steuerrecht im Europäischen Binnenmarkt – Einfluß des EG-Rechts auf die nationalen Steuerrechtsordnungen, herausgegeben im Auftrag der Deutschen Steuerjuristischen Gesellschaft e.V., DStJG Band 19, Köln 1996

Leuner, Rolf Maximilian/Rattler, Thomas [Aktienoptionen, in: StuB 2001): Verlieren Aktienoptionen an Bedeutung?, in: StuB 2001, S. 228-229

Linklaters Oppenhoff & Rädler (Hrsg.) [Unternehmensbesteuerung, 2002]: Steueränderungen zum 1.1.2002 im Unternehmensbereich, in: DB 2002, Beilage 1 zu Heft 7 vom 15.02.2002

Littmann, Eberhard/Bitz, Horst/Pust, Hartmut (Hrsg.) [Kommentar, 2001]: Das Einkommensteuerrecht – Kommentar zum Einkommensteuerrecht, Band 1 - §§ 1-5a, 15. Aufl., Stuttgart 2001

Locke, John [Treatises, 1988]: Two Treatises of Government, edited with an introduction and notes by Peter Lalett, Student edition, New York 1988

Lutter, Marcus/Hommelhoff, Peter [GmbH-Gesetz, 2000]: GmbH-Gesetz – Kommentar, 15. Aufl., Köln 2000

Maiterth, Ralf/Semmler, Birk [Halbeinkünfteverfahren, in: BB 2000]: Kritische Anmerkungen zur geplanten Substitution des körperschaftsteuerlichen Anrechnungssystems durch das sogenannte „Halbeinkünfteverfahren" im Zuge des Steuersenkungsgesetzes, in: BB 2000, S. 1377-1387

Mann, Fritz Karl [Ideale, 1937]: Steuerpolitische Ideale – Vergleichende Studien zur Geschichte der ökonomischen und politischen Ideen und ihres Wirkens in der öffentlichen Meinung 1600-1935, Jena 1937 (Nachdruck Stuttgart u.a. 1978)

Markull, Wilhelm [Reichsrecht, in: VjSchStFR 1931]: Das Reichsrecht der Landes- und Gemeindesteuern, in: VjSchStFR 1931, S. 482-528

McNulty, John K. [Besteuerung, in: StuW 1989]: Struktur der Einkommensteuer und Reformtendenzen der Besteuerung in den Vereinigten Staaten, in: StuW 1989, S. 120-137

Meincke, Jens Peter [Vereinfachung, in: DB 1988]: Empfiehlt es sich, das Einkommensteuerrecht zur Beseitigung von Ungleichbehandlungen und zur Vereinfachung neu zu ordnen?, in: DB 1988, S. 1869-1871

Mentel, Thomas/Schulz, Andreas [Option, in: DStR 2000]: Diskussionsforum Unternehmenssteuerreform: Option von Personengesellschaften und Einzelunternehmen zur Körperschaftsteuer – steuerliche Auswirkungen und handelsrechtliche Aspekte, in: DStR 2000, S. 489-498

Merkenich, Kurt [Einkünfteermittlung, 1982]: Die unterschiedlichen Arten der Einkünfteermittlung im deutschen Einkommensteuerrecht, Berlin 1982

Meßmer, Kurt [Steuergerechtigkeit, in: BB 1981]: „Steuergerechtigkeit" durch Normenflut, offene und verdeckte Subventionen und Entlastung der Finanzgerichtsbarkeit, in: BB 1981, Beilage 1/1981 zu Heft 4/1981, S. 1-19

Milatz, Jürgen E. [Steuerfreiheit, in: BB 2001]: Steuerfreiheit von Anteilsveräußerungen durch vermögensverwaltende Beteiligungsgesellschaften, in: BB 2001, S. 1066-1073

Mill, John Stuart [Grundsätze, 1921]: Grundsätze der politischen Ökonomie: mit einigen ihrer Anwendungen auf die Sozialphilosophie, übersetzt aus dem Englischen nach der Ausgabe letzter Hand (7. Aufl. 1871) „Principles of political economy: with some of their applications to social philosophy" von Wilhelm Gehrig und eingeleitet von Heinrich Waentig, Jena 1921

Mirbach, Horst [Anfang, in: NVwZ 2001]: Anfang vom Ende des Meisterzwangs?, in: NVwZ 2001, S. 161-163

Montag, Heinrich [in: Tipke, K./Lang, J., Steuerrecht, 1998]: §§ 17-19: Besteuerung der Unternehmen, in: Tipke, K./Lang, J., Steuerrecht, 1998, S. 716-764

Mössner, Jörg M./Kellersmann, Dietrich [Freiheit, in: DStZ 1999]: Freiheit des Kapitalverkehrs in der EU und das deutsche Körperschaftsteueranrechnungsverfahren, in: DStZ 1999, S. 505-516

Müller, Johannes C. W. [Kapitalverkehrsfreiheit, 2000]: Kapitalverkehrsfreiheit in der Europäischen Union – Bedeutung, Inhalt und Umfang, Weiterentwicklung, Auswirkung auf Völkerrecht und nationales Recht, Berlin 2000

Müller, Katja [Entscheidungsneutralität, 2001]: Verwirklichung von Gerechtigkeit und Entscheidungsneutralität in den Einkommen- und Körperschaftsteuersystemen der EU-Mitgliedstaaten – Eine Analyse unter Berücksichtigung des Einkommens und des Konsums als alternative Anknüpfungspunkte der Besteuerung, Lohmar u.a. 2001

Müller-Gattermann, Gert [Unternehmenssteuerreform, in: GmbHR 2000]: Grundentscheidungen der Unternehmenssteuerreform, Entlastungswirkungen und Gegenfinanzierungsmaßnahmen, in: GmbHR 2000, S. 650-657

Münch, Christof [Rückwirkungsproblematik, in: DStR 1997]: Die Rückwirkungsproblematik im „Gesetz zur Fortsetzung der Unternehmenssteuerreform" in: DStR 1997, S. 1674-1677

Musgrave, Richard A./Musgrave, Peggy B./Kullmer, Lore [Finanzen, Band 2, 1993]: Die öffentlichen Finanzen in Theorie und Praxis – 2. Band, 5. Aufl., Tübingen 1993

Musil, Andreas [Beschränkungsverbot, in: IStR 2001]: Kein europarechtliches Beschränkungsverbot für die direkten Steuern? – Eine Analyse der Rechtsprechung des EuGH zur tatbestandlichen Reichweite der Personenverkehrsfreiheiten im Zusammenhang mit dem Recht der direkten Steuern, in: IStR 2001, S. 482-488

Neumark, Fritz [Klassifikation, in: Neumark, F./Sauermann, H., Finanztheorie, 1951]: Zum Problem der Klassifikation der Steuerformen, in: Neumark, F./Sauermann, H. (Hrsg.), Finanztheorie, 1951

Neumark, Fritz [Steuerpolitik, 1970]: Grundsätze gerechter und ökonomisch rationaler Steuerpolitik, Tübingen 1970

Neumark, Fritz/Sauermann, Heinz (Hrsg.) [Finanztheorie, 1951]: Beiträge zur Geld- und Finanztheorie – Wilhelm Gerloff zum siebzigsten Geburtstag, Tübingen 1951

Nipperdey, Hans Carl (Hrsg.) [Grundrechte, 1930]: Die Grundrechte und Grundpflichten der Reichsverfassung – Kommentar zum zweiten Teil der Reichsverfassung – Zweiter Band: Artikel 118-142, Berlin 1930 (Nachdruck Kronberg im Taunus 1975)

Oechsle, Klaus [Verfassungsgeschichte, 1993]: Die steuerlichen Grundrechte in der jüngeren deutschen Verfassungsgeschichte – Zugleich eine historische Untersuchung über das historische Verhältnis von Steuerverfassungsrecht und Finanzwissenschaft, Berlin 1993

Offerhaus, Klaus [Steuerreform, in: WPg 1998]: Kritische Auseinandersetzung mit den Vorschlägen zur Steuerreform, in: WPg 1998, S. 1035-1043

Oho, Wolfgang/Ottentahl, Stefan [Fondsbeteiligungen, in: Arthur Andersen, Steuerreform, 2001]: Die Konsequenzen der Reform für Fondsbeteiligungen privater Kapitalanleger, in: Arthur Andersen (Hrsg.), Steuerreform, 2001, S. 171-183

Ottersbach, Jörg H. [Gewerbesteueranrechnung, in: StB 2001]: Unternehmenssteuerreform 2001: Gewerbesteueranrechnung nach § 35 EStG, in: StB 2001, S. 242-245

Ottmann, Henning [Vertragstheorien, in: Görres-Gesellschaft, Staatslexikon V, 1989]: Vertragstheorien, in: Görres-Gesellschaft, Staatslexikon V, Sp. 728-732

Pasch, Helmut [Einführung, in: Ernst & Young/BDI, Unternehmenssteuerreform, 2000]: Einführung – Die Unternehmenssteuerreform, in: Ernst & Young/BDI (Hrsg.), Unternehmenssteuerreform, 2000, S. 29-36

Pasch, Helmut [Wissenschaft, in: Ernst & Young/BDI, Unternehmenssteuerreform, 2000]: Die Unternehmenssteuerreform aus Sicht der Wissenschaft, in: Ernst & Young/BDI (Hrsg.), Unternehmenssteuerreform, 2000, S. 81-103

Paus, Bernhard [Verfassungsmäßigkeit, in: NWB 2001, Fach 5]: Zur Verfassungsmäßigkeit der Gewerbesteuer, in: NWB 2001, Fach 5, S. 1467-1476

Pelka, Jürgen (Hrsg.) [Unternehmensbesteuerung, 2000]: Europa- und verfassungsrechtliche Grenzen der Unternehmensbesteuerung, herausgegeben im Auftrag der Deutschen Steuerjuristischen Gesellschaft e.V., DStJG Band 23, Köln 2000

Pelka, Jürgen [Rechtsformneutralität, in: StuW 2000]: Rechtsformneutralität im Steuerrecht – Verfassungsmäßigkeit der Steuersatzsenkung für Kapitalgesellschaften, in: StuW 2000, S. 389-398

Pezzer, Heinz-Jürgen [Kritik, in: StuW 2000]: Kritik des Halbeinkünfteverfahrens, in: StuW 2000, S. 144-150

Pezzer, Heinz-Jürgen [Rechtfertigung, in: FS Tipke, 1995]: Rechtfertigung der Körperschaftsteuer und ihre Entwicklung zu einer allgemeinen Unternehmenssteuer, in: Lang, J., FS Tipke, 1995, S. 419-432

Pinne, Jürgen [Mittelstand, in: Stbg 2000]: Mittelstand – Stiefkind der Nation?, in: Stbg 2000 S. 585-590

Plewka, Harald/Watrin, Christoph [Prüfstand, in: DB 2001]: Besteuerung von Auslandsinvestmentfonds auf dem Prüfstand von Verfassungs- und Europarecht, in: DB 2001, S. 2264-2268

Pöhlmann, Werner [Steuern, in: DSWR 2001]: Steuern sparen mit Investmentfonds – Kapitalanlageberatung durch Steuerberater – ein neues Geschäftsfeld?, in: DSWR 2001, S. 13-14

Pohmer, Dieter (Hrsg.) [Besteuerung, 1983]: Zur optimalen Besteuerung, Berlin 1983

Pohmer, Dieter [Steuersystem, in: FA 15 (1954/55)]: Zur Abstimmung des Steuersystems auf die Wirtschaftsordnung, in: FA 15 (1954/55), S. 373-396

Pohmer, Dieter/Jurke, Gisela [Leistungsfähigkeit, in: FA 42 (1984)]: Zu Geschichte und Bedeutung des Leistungsfähigkeitsprinzips unter besonderer Berücksichtigung der Beiträge im Finanzarchiv und der Entwicklung der deutschen Einkommensbesteuerung, in: FA 42 (1984), S. 445-489

Pollack, Helga [Sondervotum, in: BB 1999]: Sondervotum zu den Brühler Empfehlungen zur Reform der Unternehmensbesteuerung, in: BB 1999, S. 1191-1192

Präsident des BFH (Hrsg.) [FS RFH/BFH, 1993]: 75 Jahre Reichsfinanzhof – Bundesfinanzhof, Festschrift, Bonn 1993

Priester, Hans-Joachim [Unternehmenssteuerreform, in: WPg 2000]: Unternehmenssteuerreform und Gesellschaftsrecht, in: WPg 2000, S. 70-77

Prinz, Ulrich [Gesellschafter-Fremdfinanzierung, in: FR 2000]: Neues zur Gesellschafter-Fremdfinanzierung (§ 8a KStG) nach der Unternehmenssteuerreform 2001 – Bestandsaufnahme und Gestaltungsmöglichkeiten, in: FR 2000, S. 1061-1069

Pyszka, Tillmann/Brauer, Michael [Begünstigung, in: Arthur Andersen, Steuerreform, 2001]: Begünstigung von Veräußerungsgewinnen, in: Arthur Andersen (Hrsg.), Steuerreform, 2001, S. 142-149

Raber, Hans Georg [Aspekte, in: DB 1999]: Zur Umsetzung der Körperschaftsteuerreform – Europarechtliche und verfassungsrechtliche Aspekte in: DB 1999, 2596-2600

Rädler, Albert J. [Vorstellung, in: Herzig, N., Harmonisierung, 1994]: Vorstellung des EG-Sachverständigenausschusses zur Unternehmensbesteuerung (Ruding-Ausschuß), in: Herzig, N. (Hrsg.), Harmonisierung, 1994, S. 1-20

Raiser, Thomas [Kapitalgesellschaften, 1992]: Recht der Kapitalgesellschaften, 2. Aufl., München 1992

Rasenack, Christian A. L. [Körperschaftsteuer, 1974]: Die Theorie der Körperschaftsteuer, Berlin 1974

Rättig, Horst/Protzen, Peer Daniel [Entwurf, in: IStR 2001]: Die im Entwurf eines Gesetzes zur Fortentwicklung des Unternehmenssteuerrechts vorgesehenen Änderungen der Hinzurechnungsbesteuerung der §§ 7-14 AStG, in: IStR 2001, S. 601-610

Rättig, Horst/Protzen, Peer Daniel [Holdingbesteuerung, in: IStR 2000]: Holdingbesteuerung nach derzeit geltendem und kommendem Außensteuergesetz, in: IStR 2000, S. 548-557

Rättig, Horst/Protzen, Peer Daniel [Systemwechsel, in: IStR 2000]: Unbeabsichtigter Systemwechsel bei der Hinzurechnungsbesteuerung von Kapitalgesellschaften als Folge des Steuersenkungsgesetzes, in: IStR 2000, S. 394-400

Rättig, Horst/Protzen Peer Daniel [Unternehmenssteuerfortentwicklungsgesetz, in: DStR 2002]: Überblick über die Hinzurechnungsbesteuerung des AstG in der Fassung des Unternehmenssteuerfortentwicklungsgesetzes, in: DStR 2002, S. 241-246

Raupach, Arndt [Anrechnungsverfahren, in: Widmann, S., Besteuerung, 1997]: Das körperschaftsteuerliche Anrechnungsverfahren – Bestandsaufnahme und Kritik, in: Widmann, S. (Hrsg.), Besteuerung, 1997, S. 21-56

Raupach, Arndt/Schencking, Margret [in: Herrmann/Heuer/Raupach, Kommentar, 1996]: Kommentierung zu § 2 Abs. 2 EStG, in: Herrmann, C./Heuer, G./Raupach, A. (Hrsg.), Kommentar, 1996, Anm. 500-530

Reformkommission [Brühler Empfehlungen, 1999]: Brühler Empfehlungen zur Reform der Unternehmensbesteuerung: Bericht der Kommission zur Reform der Unternehmensbesteuerung; eingesetzt vom Bundesministerium der Finanzen, Schriftenreihe des Bundesministeriums der Finanzen, Heft 66, Berlin 1999

Reimer, Monika [Veräußerungsgewinne, 2001]: Die steuerliche Erfassung privater Veräußerungsgewinne, Frankfurt am Main u.a., 2001

Reiß, Wolfram [Anmerkungen, in: DStR 1999]: Diskussionsbeitrag: Kritische Anmerkungen zu den Brühler Empfehlungen zur Reform der Unternehmensbesteuerung, in: DStR 1999, S. 2011-2019

Reiß, Wolfram [Rechtsformabhängigkeit, in: Wassermeyer, F., Unternehmensbesteuerung, 1994]: Rechtsformabhängigkeit der Unternehmensbesteuerung, in: Wassermeyer, F. (Hrsg.), Unternehmensbesteuerung, 1994, S. 3-39

Richter, Dirk [Gesetzesentwurf, in: IStR 1999]: Französischer Gesetzesentwurf für den Jahreshaushalt 2000 - weiterer Inhalt, in: IStR 1999, S. 749-750

Riotte, Michael [in: Erle, B./Sauter, T., Reform, 2000]: Einführung (S. 2-7); Kommentierung von § 3c EStG (S. 65-68), in: Erle, B./Sauter, T. (Hrsg.), Reform, 2000

Ritter, Wolfgang [Perspektiven, in: IStR 2001]: Perspektiven für die Fortentwicklung des deutschen internationalen Steuerrechts, in: IStR 2001, S. 430-437

Roche, Matthias [Abschaffung, in: Arthur Andersen, Steuerreform, 2001]: Die Ebene der Kapitalgesellschaft – Abschaffung des Anrechnungsverfahrens, in: Arthur Andersen (Hrsg.), Steuerreform, 2001, S. 14-69

Rödder, Thomas [Auslandsholdings, in: DStR 2001]: Die Besteuerung von Auslandsholdings, in: DStR 2001, S. 1106-1109

Rödder, Thomas [Neukonzeption, in: WPg 2000]: Die Neukonzeption der Unternehmensbesteuerung aus der Sicht der Beraterpraxis, in: WPg 2000, S. 57-70

Rödder, Thomas/Schumacher, Andreas [Analyse, in: DStR 2000]: Unternehmenssteuerreform 2001 – Eine erste Analyse des Regierungsentwurfs aus Beratersicht, in: DStR 2000, S. 353-368

Rödder, Thomas/Schumacher, Andreas [Änderungen, in: DStR 2000]: Unternehmenssteuerreform 2001: Wesentliche Änderungen des Steuersenkungsgesetzes gegenüber dem Regierungsentwurf und Regeln zur erstmaligen Anwendung, in: DStR 2000, S. 1453-1460

Rödder, Thomas/Schumacher, Andreas [Änderungen, in: DStR 2002]: Unternehmenssteuerfortentwicklungsgesetz: Wesentliche Änderungen des verkündeten Gesetzes gegenüber dem Regierungsentwurf, in: DStR 2002, S. 105-113

Rödder, Thomas/Schumacher, Andreas [Fortentwicklung I, in: DStR 2001]: Der Regierungsentwurf eines Gesetzes zur Fortentwicklung des Unternehmenssteuerrechts (Teil I), in: DStR 2001, S. 1634-1639

Rödder, Thomas/Schumacher, Andreas [Fortentwicklung II, in: DStR 2001]: Der Regierungsentwurf eines Gesetzes zur Fortentwicklung des Unternehmenssteuerrechts (Teil II), in: DStR 2001, S. 1685-1693

Rogall, Matthias [Systematik, in: DB 2001]: Zur Systematik des Abzugs von Refinanzierungsentgelten im Zusammenhang mit Dividenden unter Berücksichtigung der Steuerreform, in: DB 2001, S. 1903-1907

Romani, Brigitte [in: Erle, B./Sauter, T., Reform, 2000]: Kommentierung von § 10 AStG, in: Erle, B./Sauter, T. (Hrsg.), Reform, 2000, S. 342-348

Rose, Gerd [Betriebsausgabenabzug, in: DB 1999]: Steuerentlastungsgesetz 1999/2000/2002: Betriebsausgabenabzug im Zusammenhang mit Schachtelerträgen, in: DB 1999, S. 1038-1040

Rose, Gerd [Steuergerechtigkeit, in: StuW 1985]: Überlegungen zur Steuergerechtigkeit aus betriebswirtschaftlicher Sicht, in: StuW 1985, S, 330-344

Rose, Gerd [Steuerpraxis, in: StbJb 1975/1976]: Verunsicherte Steuerpraxis, in: StbJb 1975/1976, S. 41-85

Rose, Manfred/Wiegard, Wolfgang [in: Pohmer, D., Besteuerung, 1983]: Zur optimalen Struktur öffentlicher Einnahmen unter Effizienz- und Distributionsaspekten, in: Pohmer, D., Besteuerung, 1983, S. 9-162

Roth, Jörg [Auswirkungen, in: IStR 2001]: Steuersenkungsgesetz – Auswirkungen auf die Besteuerung von Erträgen aus Investmentanteilen, in: IStR 2001, S. 208-211

Rüfner, W. [in: Bonner Kommentar, 1999]: Kommentierung zu Art. 3 Abs. 1 GG, in: Dolzer, R./Vogel, K. (Hrsg.), Bonner Kommentar, 1999, Art. 3 Abs. 1 Rn. 1-535, Stand: Oktober 1992

Rupp, Thomas [Steuersenkungsgesetz, 2000]: Steuersenkungsgesetz – Reform der Unternehmensbesteuerung, Neuwied u.a. 2000

Sagasser, Bernd/Schultze, Pascal [Entwurf, in: IStR 1999]: Entwurf des französischen Jahressteuergesetzes für 2000, in: IStR 1999, S. 746-748

Sapusek, Annemarie [Analyse, 1997]: Ökonomische und juristische Analyse der Steuerharmonisierung in der Europäischen Union: Umsatzsteuer, spezielle Verbrauchsteuern, direkte Unternehmensteuern, Teil 1-3, Frankfurt am Main u.a. 1997

Saß, Gert [Einflüsse, in: Lehner, M., Binnenmarkt, 1996]: Einflüsse des Binnenmarktes auf die nationalen Steuerordnungen, in: Lehner, M. (Hrsg.), Binnenmarkt, 1996, S. 31-44

Schaumburg, Harald [in: Schaumburg/Rödder, Unternehmenssteuerreform, 2000]: Erläuterungen zu Änderungen im AStG, in: Schaumburg, H./Rödder, T. (Hrsg.), Unternehmenssteuerreform, 2000, S. 792-820

Schaumburg, Harald/Rödder, Thomas (Hrsg.) [Unternehmenssteuerreform, 2000]: Unternehmenssteuerreform 2001: Gesetze – Materialien – Erläuterungen, München 2000

Scheffler, Wolfram [Finanzierung, in: BB 2000]: Der Einfluß der Steuerreform auf die Finanzierung von deutschen Kapitalgesellschaften, in: BB 2000, S. 2441-2450

Scheipers, Thomas/Bergemann, Achim [Option, in: DStR 2000]: Diskussionsforum Unternehmenssteuerreform: Überlegungen zur Vorteilhaftigkeit der Option i.S. des § 4a KStG-E, in: DStR 2000, S. 709-718

Scheipers, Thomas/Schulz, Andreas [Unternehmenssteuerreform, 2000]: Das bringt die Unternehmenssteuerreform 2001 für mittelständische Unternehmen – Inhalt, Auswirkungen, Gestaltungsempfehlungen, München 2000

Schiffers, Joachim [Kapitalgesellschaften, in: GmbHR 2000]: Die Besteuerung der Kapitalgesellschaften und deren Anteilseigner nach dem Regierungsentwurf eines „StSenkG", in: GmbHR 2000, S. 205-214

Schiffers, Joachim [Option, in: GmbHR 2000]: Entlastung der Personengesellschaften, Rechtsformvergleich und Option zur Körperschaftsteuer nach dem Gesetzentwurf eines „StSenkG", in: GmbHR 2000, S. 253-259

Schindhelm, Malte/Nöcker, Gregor [Bestandsaufnahme, in: StuB 2000]: Steuerreform 2001 – Bestandsaufnahme und Gestaltungshinweise, in: StuB 2001, S. 1069-1078

Schipporeit, Erhard [Möglichkeiten, in: StuW 1980]: Ziele und Möglichkeiten einer Unternehmungsteuer, in: StuW 1980, S. 190-199

Schipporeit, Erhard [Unternehmungsteuer, 1979]: Grundsätze und Möglichkeiten einer Unternehmungsteuer, München 1979

Schirmer, Hans-Jürgen [Steuerreform, in: FR 2001]: Irrt die Steuerreform? Eine ketzerische Anmerkung zum Einfluß von Steuerrechtsänderungen auf Investitionsentscheidungen, in: FR 2001, S. 27-29

Schmidt, Frank [Allowance, 1998]: Allowance for Corporate Equity – Zinskorrigierte Besteuerung zur Harmonisierung der Steuersysteme in Europa, Berlin 1998

Schmidt, Karsten [Diskussionsbeitrag, in: JbFSt 1999/2000]: Diskussionsbeitrag zum 6. Generalthema: Workshop zum Unternehmenssteuerrecht und zur Unternehmenssteuerreform, in: DAI (Hrsg.), JbFSt 1999/2000, S. 410-423

Schmidt, Karsten [Gesellschaftsrecht, 1997]: Gesellschaftsrecht, 3. Aufl., Köln u.a. 1997

Schmidt, Ludwig (Hrsg.) [EStG, 2001]: Einkommensteuergesetz – Kommentar, 20. Aufl., München 2001

Schmidt-Bleibtreu, Bruno [in: Schmidt-Bleibtreu/Klein, GG-Kommentar, 1999]: Kommentierung zu Art. 14 GG, in: Schmidt-Bleibtreu, B./Klein, F., GG-Kommentar, 1999, Rn. 1-27

Schmidt-Bleibtreu, Bruno/Klein, Franz [GG-Kommentar, 1999]: Kommentar zum Grundgesetz, 9. Aufl., Neuwied u.a. 1999

Schmölders, Günter [Diskriminierung, in: StuW 1949]: Die steuerliche Diskriminierung der Körperschaftsgewinne in Großbritannien und den Vereinigten Staaten, in: StuW 1949, Spalte 767-784

Schneeloch, Dieter/Rahier, Gabriele/Trockels-Brand, Tanja [Überlegungen, in: DStR 2000]: Steuerplanerische Überlegungen zur Unternehmenssteuerreform in: DStR 2000, S. 1619-1628

Schneeloch, Dieter/Trockels-Brand, Tanja [Reformpläne, in: DStR 2000]: Körperschaftsteuerliches Anrechnungsverfahren versus Reformpläne, in: DStR 2000, S. 907-915

Schneider, Dieter [Investition, 1992]: Investition, Finanzierung und Besteuerung, 7. Aufl., 1992, Wiesbaden 1992

Schneider, Dieter [Körperschaftsteuerreform, in: StuW 1975]: Körperschaftsteuerreform und Gleichmäßigkeit der Besteuerung, in: StuW 1975, S. 97-112

Schneider, Dieter [Leistungsfähigkeitsprinzip, in: FA 37 (1979)]: Bezugsgrößen steuerlicher Leistungsfähigkeit und Vermögensbesteuerung, in: FA 37 (1979), S. 26-49

Schneider, Dieter [Reform, in: StuW 1989]: Reform der Unternehmensbesteuerung aus betriebswirtschaftlicher Sicht, in: StuW 1989, S. 328-339

Schneider, Dieter [Steuerbilanzen, 1978]: Steuerbilanzen – Rechnungslegung als Messung steuerlicher Leistungsfähigkeit, Wiesbaden 1978

Schneider, Dieter [Unternehmensbesteuerung, 1994]: Grundzüge der Unternehmensbesteuerung, 6. Aufl., Wiesbaden 1994

Schneider, Stefan [Vermögensverwaltung, 1995]: Der Tatbestand der privaten Vermögensverwaltung im Einkommensteuerrecht, Heidelberg 1995

Schneider, Uwe H. [Corporate Governance-Grundsätze, in: DB 2000]: Kapitalmarktorientierte Corporate Governance-Grundsätze, in: DB 2000, S. 2413-2417

Schön, Wolfgang (Hrsg.) [Gedächtnisschrift, 1997]: Gedächtnisschrift für Brigitte Knobbe-Keuk, Köln 1997

Schön, Wolfgang [Abzugsschranken, in: FR 2001]: Die Abzugsschranken des § 3c EStG zwischen Verfassungs- und Europarecht, in: FR 2001, S. 381-392

Schön, Wolfgang [Entwurf, in: StuW 2000]: Zum Entwurf eines Steuersenkungsgesetzes, in: StuW 2000, S. 151-159

Schön, Wolfgang [Hinzurechnungsbesteuerung, in: DB 2001]: Hinzurechnungsbesteuerung und Europäisches Gemeinschaftsrecht, in: DB 2001, S. 940-947

Schön, Wolfgang [Kapitalverkehrsfreiheit, in: Schön, W., Gedächtnisschrift, 1997]: Europäische Kapitalverkehrsfreiheit und nationales Steuerrecht, in: Schön, W. (Hrsg.), Gedächtnisschrift, 1997, S. 743-777

Schön, Wolfgang [Unternehmenssteuerreform, in: Stbg 2000]: Zur Unternehmenssteuerreform, in: Stbg 2000, S. 1-17

Schön, Wolfgang [Zweigniederlassung, in: EWS 2000]: Freie Wahl zwischen Zweigniederlassung und Tochtergesellschaft – ein Grundsatz des Europäischen Unternehmensrechts, in: EWS 2000, S. 281-291

Schredelseker, Klaus [Körperschaftsteuerreform, in: FA 31 (1972/1973)]: Kritik der Körperschaftsteuerreform, in: FA 31 (1972/1973), S. 27-47

Schreiber, Ulrich [in: Jacobs, O. H./Spengel, C., Aspekte, 1996]: Notwendigkeit und Alternativen einer Reform der Besteuerung von Kapitaleinkommen, in: Jacobs, O. H./Spengel, C. (Hrsg.), Aspekte, 1996, Baden-Baden 1996

Schulze-Osterloh, Joachim [Grenzen, in: Pelka, J., Unternehmensbesteuerung, 2000]: Verfassungsrechtliche Grenzen der bilanzsteuerrechtlichen Gesetzgebung, in: Pelka, J., Unternehmensbesteuerung, 2000, S. 67-85

Schumacher, Andreas [in: Schaumburg/Rödder, Unternehmenssteuerreform, 2000]: Erläuterung zu Änderungen des KAGG (S. 758-764) und des AuslInvestmG (S. 770-772), in: Schaumburg, H./Rödder, T. (Hrsg.), Unternehmenssteuerreform, 2000

Schumacher, Andreas [Kapitalforderungen, 1996]: Erträge aus privaten Kapitalforderungen im Einkommensteuerrecht, Frankfurt am Main u.a. 1996

Schuppert, Gunnar Folke [Prüfungsmaßstäbe, in: FS Zeidler, 1987]: Verfassungsrechtliche Prüfungsmaßstäbe bei der verfassungsgerichtlichen Überprüfung von Steuergesetzen – Ein Beitrag zu den verfassungsrechtlichen Bindungen des Steuerrechts, in: Fürst, W./Herzog, R./Umbach, D. C., FS Zeidler, S. 691-715

Schwarzkopf, Oliver [Körperschaftsteuersysteme, 1993]: Die Problematik unterschiedlicher Körperschaftsteuersysteme innerhalb der EG, Frankfurt am Main u.a. 1993

Sedemund, Jan [Kohärenz, in: IStR 2001]: Die Bedeutung des Prinzips der steuerlichen Kohärenz als Rechtfertigungsaspekt für Eingriffe in die Grundfreiheiten des EG-Vertrages, in: IStR 2001, S. 190-192

Seeger, Siegbert F. [in: Schmidt, L., EStG, 2001]: Kommentierung zu § 2 EStG, in: Schmidt, L. (Hrsg.), EStG, 2001, § 2 Rn. 1-94

Seer, Roman [Alterseinkünfte, in: StuW 1996]: Die Besteuerung von Alterseinkünften und das Gleichbehandlungsgebot (Art. 3 Abs. 1 GG), in: StuW 1996, S. 323-336

Seer, Roman [Aspekte, in: Herzig, N./Günkel, M./Niemann, U., StbJb 2000/2001]: Unternehmenssteuerreform – Verfassungsrechtliche Aspekte, in: Herzig, N./Günkel, M./Niemann, U. (Hrsg.), StbJb 2000/2001, S. 15-30

Seer, Roman [Unternehmensbesteuerung, in: StuW 1993]: Rechtsformabhängige Unternehmensbesteuerung – Kritische Bestandsaufnahme der derzeitigen Rechtslage, in: StuW 1993, S. 114-140

Seidl, Christian [Neutralität, in: StuW 1989]: Betriebssteuer und Neutralität, in: StuW 1989, S. 350-357

Seifert, Michael [Fortentwicklung, in: StuB 2001]: Zum Gesetz zur Fortentwicklung des Unternehmenssteuerrechts, in: StuB 2001, S. 1120-1125

Seip, Hans-Jürgen/Krause, Martin [Verbesserung, in: BB 1999]: Unerwartete Verbesserung bei refinanziertem Erwerb von Auslandsgesellschaften durch § 8b Abs. 7 EStG i.d.F. des Steuerentlastungsgesetzes 1999/2000/2002, in: BB 1999, S. 713-718

Selmer, Peter/Schulze-Osterloh, Lerke [Wettbewerbsneutralität, in: DÖV 1978]: Besteuerung öffentlicher Unternehmen und Wettbewerbsneutralität – Steuer- und verfassungsrechtliche Überlegungen zur subjektiven Steuerpflicht juristischer Personen des öffentlichen Rechts, in: DÖV 1978, S. 381-391

Siegel, Theodor u.a. [Kooperation, in: StuW 2000]: Juristen und Ökonomen: Kooperation oder Mauerbau?, in: StuW 2000, S. 257-260

Siegel, Theodor/Bareis, Peter/Herzig, Norbert/Schneider, Dieter/ Wagner, Franz W./Wenger, Ekkehard mit Zustimmung von 72 Fachkollegen [Anrechnungsverfahren, in: BB 2000]: Verteidigt das Anrechnungsverfahren gegen unbedachte Reformen!, in: BB 2000, S. 1269-1270

Sigloch, Jochen [in: Westermann, H. P., Personengesellschaften, 1994]: II. Teil – Betriebswirtschaft, in: Westermann, H. P. (Hrsg.), Personengesellschaften, 1994, Rn. 1-953 (Stand: August 1994)

Sigloch, Jochen [Steuerreform, in: StuW 1990]: Verzerrende Wirkungen von Bemessungsgrundlagen und Tarif auf Unternehmensentscheidungen nach der Steuerreform 1990, in: StuW 1990, S. 229-239

Sigloch, Jochen [Unternehmenssteuerreform, in: StuW 2000]: Unternehmenssteuerreform 2001 – Darstellung und ökonomische Analyse, in: StuW 2000, S. 160-176

Sinn, Hans-Werner [Kapitaleinkommensbesteuerung, 1985]: Kapitaleinkommensbesteuerung – Eine Analyse der intertemporalen, internationalen und intersektoralen Allokationswirkungen, Tübingen 1985

Smekal, Christian/Sendlhofer, Rupert/Winner, Hannes (Hrsg.) [Einkommen, 1999]: Einkommen versus Konsum – Ansatzpunkte zur Steuerreformdiskussion, Heidelberg 1999

Smith, Adam [Untersuchung, 1999]: Untersuchung über Wesen und Ursachen des Reichtums der Völker, Band II – aus dem Englischen übersetzt von Monika Streissler nach „The Glasgow Edition of the Works and Correspondence of Adam Smith“, Bde. I und II (Oxford 1976), Düsseldorf 1999

Smith, Adam [Volkswohlstand, 1861]: Über die Quellen des Volkswohlstandes – neu bearbeitet von Carl Wilhelm Asher, Stuttgart 1861

Smith, Adam [Wohlstand, 1974]: Der Wohlstand der Nationen – Eine Untersuchung seiner Natur und seiner Ursachen, aus dem Englischen übertagen nach der fünften Auflage: „An Inquiry into the Nature and Causes of the Wealth of Nations“ (London 1789) und mit einer Würdigung von Horst Claus Recktenwald, München 1974

Spengel, Christoph [Wettbewerbswirkungen, in: DBW 1998]: Wettbewerbswirkungen der Körperschaftsteuer in Europa – Analyse und Reformvorschläge, in: DBW 1998, S. 348-368

Spengel, Christoph/Jaeger, Claudia/Müller, Katja [Beurteilung, in: IStR 2000]: Europarechtliche Beurteilung des Gesetzesentwurfs zur Senkung der Steuersätze und zur Reform der Unternehmensbesteuerung, in: IStR 2000, S. 257-262

Spindler, Wolfgang [Rückwirkung, in: DStR 1998]: Verfassungsrechtliche Grenzen einer Rückwirkung von Steuergesetzen, in: DStR 1998, S. 953-958

Stang, Harald [in: Wacker, W. H., Besteuerung, 1994]: Kopfsteuer, in: Wacker, W. H. (Hrsg.), Besteuerung, 1994, S. 428

Strahl, Martin [Übertragung, in: FR 2001]: Die Übertragung stiller Reserven gem. § 6b EStG in der Entwurfsfassung des Unternehmenssteuerfortentwicklungsgesetzes – Rechtsänderungen und Gestaltungsmöglichkeiten, in: FR 2001, S. 1154-1162

Strunk, Günther [Abziehbarkeit, in: Arthur Andersen, Steuerreform, 2001]: Steuerliche Abziehbarkeit von Betriebsausgaben, Werbungskosten, Teilwertabschreibungen, Veräußerungsverlusten und sonstigen Vermögensminderungen, in: Arthur Andersen (Hrsg.), Steuerreform, 2001, S. 109-126

Sydow, Sabine [Verfassungsmäßigkeit, in: DB 1999]: Besteuerung gewerblicher Einkünfte – Zur Verfassungsmäßigkeit des § 32c EStG, in: DB 1999, S. 2435-2441

Thömmes, Otmar [Diskriminierung, in: Lehner, M., Binnenmarkt, 1996]: Verbote der Diskriminierung von Steuerausländern und Steuerinländern, in: Lehner, M. (Hrsg.), Binnenmarkt, 1996, S. 81-106

Thömmes, Otmar [Diskriminierungen, in: Schön, W., Gedächtnisschrift, 1997]: Tatbestandsmäßigkeit und Rechtfertigung steuerlicher Diskriminierungen nach EG-Recht, in: Schön, W. (Hrsg.), Gedächtnisschrift, 1997, S. 795-834

Thömmes, Otmar/Scheipers, Thomas [Fragen, in: DStR 1999]: Ausgewählte Fragen zum Steuerentlastungsgesetz 1999/2000/2002: Internationales Steuerrecht, in: DStR 1999, S. 609-615

Tibo, Frank [Wertpapier-Investmentfonds, in: DB 2000]: Steuersenkungsgesetz – Besteuerung von Erträgen aus Wertpapier-Investmentfonds, in: DB 2000, S. 2291-2294

Tietmeyer, Hans [Kapitalmarkt, in: Bruns, G./Häuser, K., Reformprozeß, 1992]: Europäische Währung und europäischer Kapitalmarkt, in: Bruns, G./Häuser, K. (Hrsg.), Reformprozeß, 1992, S. 101-126

Tipke, Klaus (Hrsg.) [Grenzen, 1982]: Grenzen der Rechtsfortbildung durch Rechtsprechung und Verwaltungsvorschriften im Steuerrecht, herausgegeben im Auftrag der Deutschen Steuerjuristischen Gesellschaft e.V., DStJG Band 5, Köln 1982

Tipke, Klaus [Einkünfteermittlung, in: FS Paulick, 1973]: Die dualistische Einkünfteermittlung nach dem Einkommensteuergesetz, in: Kruse, H. W. (Hrsg.), FS Paulick, 1973, S. 391-401

Tipke, Klaus [Nettoprinzip, in: StuW 1974]: Das Bundesverfassungsgericht zum Nettoprinzip – Zum BVerfG-Beschluß vom 07.11.1972, in: StuW 1974, S. 84-86

Tipke, Klaus [Problematik, in: NJW 1980]: Zur Problematik einer rechtsformunabhängigen Besteuerung der Unternehmen, in: NJW 1980, S. 1079-1084

Tipke, Klaus [Rechtfertigung, in: Tipke, K., Grenzen 1982]: Rechtfertigung des Themas; Ziel der Tagung, in: Tipke, K. (Hrsg.), Grenzen 1982, S. 1-21

Tipke, Klaus [Steuergerechtigkeit, 1981]: Steuergerechtigkeit in Theorie und Praxis – Vom politischen Schlagwort zum Rechtsbegriff und zur praktischen Anwendung, Köln 1981

Tipke, Klaus [Steuergerechtigkeit, in: StuW 1980]: Über Steuergerechtigkeit in Steuergesetzgebung, Steuerverwaltung und Steuergerichtsbarkeit, in: StuW 1980, S. 281-297

Tipke, Klaus [Steuerrechtsordnung I, 1993]: Die Steuerrechtsordnung, Band I – Wissenschaftsorganisatorische, systematische und grundrechtlich-rechtsstaatliche Grundlagen, 1. Aufl., Köln 1993

Tipke, Klaus [Steuerrechtsordnung I, 2000]: Die Steuerrechtsordnung, Band I – Wissenschaftsorganisatorische, systematische und grundrechtlich-rechtsstaatliche Grundlagen, 2. Aufl., Köln 2000

Tipke, Klaus [Steuerrechtsordnung II, 1993]: Die Steuerrechtsordnung, Band II – Steuerrechtfertigungstheorie, Anwendung auf alle Steuerarten, sachgerechtes Steuersystem, Köln 1993

Tipke, Klaus [Steuerreform, in: FS Zeidler, 1987]: Steuerreform und Steuergerechtigkeit, in: Fürst, W./Herzog, R./Umbach, D. C., FS Zeidler, S. 717-734

Tipke, Klaus/Lang, Joachim [Steuerrecht, 1998]: Steuerrecht, 16. Aufl., Köln 1998

Tsourouflis, Andreas [Harmonisierung, 1997]: Die Harmonisierung der Körperschaftsteuer in der Europäischen Union, Frankfurt am Main u.a. 1997

Uhländer, Christoph [Privatvermögen, 1996]: Vermögensverluste im Privatvermögen – Der Einkünftedualismus als Januskopf der Einkommensteuer, Berlin 1996

Utescher, Tanja/Blaufus, Kai [Betriebsausgabenabzug, in: DStR 2000]: Unternehmenssteuerreform 2001: Begrenzung des Betriebsausgabenabzugs bei Beteiligungserträgen, in: DStR 2000, S. 1581-1586

van Lishaut, Ingo [Unternehmensbesteuerung, in: StuW 2000]: Die Reform der Unternehmensbesteuerung aus Gesellschaftersicht, in: StuW 2000, S. 182-196

Vogel, Klaus (Hrsg.) [Grundfragen, 1985]: Grundfragen des Internationalen Steuerrechts, herausgegeben im Auftrag der Deutschen Steuerjuristischen Gesellschaft e.V., Band 8, Köln 1985

Vogel, Klaus [Harmonisierung, in: StuW 1993]: Harmonisierung des internationalen Steuerrechts in Europa als Alternative zur Harmonisierung des (materiellen) Körperschaftsteuerrechts, in: StuW 1993, S. 380-388

Vogel, Klaus [Verfassungsrechtsprechung, 1999]: Verfassungsrechtsprechung zum Steuerrecht: Vortrag gehalten vor der Juristischen Gesellschaft zu Berlin am 16. September 1998, Berlin u.a. 1999

Vögele, Alexander/Edelmann, Georg [Steuerplanung, in: IStR 2000]: Internationale Steuerplanung nach der Unternehmenssteuerreform 2001, in: IStR 2000, S. 463-465

von Beckerath, Hans-Jochem [in: Kirchhof, P., EStG, 2001]: Kommentierung zu § 9 EStG, in: Kirchhof, P. (Hrsg.), EStG, 2001, Rn. 1-361

von Münch, Ingo/Kunig, Philip (Hrsg.) [GG-Kommentar, 2000]: Grundgesetz-Kommentar, Band 1, Präambel bis Art. 19, 5. Aufl., München 2000

von Rosen, Rüdiger [Aktienkultur, in: Kapitalmärkte, 2001]: Aktienmärkte und Aktienkultur in Europa, in: Hummel, D./Breuer, R.-E. (Hrsg.), Kapitalmarkt, 2001, S. 487-499

Wacker, Wilhelm H. (Hrsg.) [Besteuerung, 1994]: Lexikon der deutschen und internationalen Besteuerung, 3. Aufl., München 1994

Wagner, Franz W. [Corporate Governance, in: StuW 2000]: Unternehmenssteuerreform und Corporate Governance, in: StuW 2000, S. 109-120

Wagner, Franz W. [Neutralität, in: StuW 1992]: Neutralität und Gleichmäßigkeit als ökonomische und rechtliche Kriterien steuerlicher Normkritik, in: StuW 1992, S. 2-13

Wagner, Franz W./Dirrigl, Hans [Steuerplanung, 1980]: Die Steuerplanung der Unternehmung, Stuttgart, New York 1980

Wagner, Franz W./Wenger, Ekkehard [Mißbrauchstatbestand, in: BB 2001]: Dividenden-Stripping im Halbeinkünfteverfahren: Vom Mißbrauchstatbestand zum Systembestandteil, in: BB 2001, S. 386-389

Walz, Wolfgang Rainer [Besteuerung, 1980]: Empfiehlt sich eine rechtsformunabhängige Besteuerung der Unternehmen? – Gutachten F für den 53. Deutschen Juristentag, München 1980

Walz, Wolfgang Rainer [Steuergerechtigkeit, 1980]: Steuergerechtigkeit und Rechtsanwendung: Grundlinien einer relativ autonomen Steuerrechtsdogmatik, Heidelberg u.a. 1980

Wamsler, Christa [Anrechnung, 1997]: Körperschaftsteuerliche Integration statt Anrechnung?, Lohmar, Köln 1997

Ward, Martin/Zebedee, John [Community Charge, 1990]: Guide to the Community Charge, 1990

Wassermeyer, Franz (Hrsg.) [Unternehmensbesteuerung, 1994]: Grundfragen der Unternehmensbesteuerung, herausgegeben im Auftrag der Deutschen Steuerjuristischen Gesellschaft e.V., Band 17, Köln 1994

Wassermeyer, Franz [Änderungen, in: IStR 2000]: Die im Entwurf eines Steuersenkungsgesetzes vorgesehenen Änderungen der Hinzurechnungsbesteuerung, in: IStR 2000, S. 193-196

Wassermeyer, Franz [Entwurf, in: IStR 2000]: Die Hinzurechnungsbesteuerung aus der Sicht des Entwurfs des Unternehmenssteuerreform- und Steuersenkungsgesetzes, in: IStR 2000, S. 114-118

Wassermeyer, Franz [Fortentwicklung, in: IStR 2001]: Die Fortentwicklung der Besteuerung von Auslandsbeziehungen, in: IStR 2001, S. 113-117

Wassermeyer, Franz [in: Flick/Wassermeyer/Baumhoff, Außensteuerrecht, 1999]: Kommentierung zu § 8 AStG, in: Flick, Hans/Wassermeyer, Franz/Baumhoff, Hubertus, Außensteuerrecht, 1999, Stand: Februar 1994, Rn. 1-135

Wassermeyer, Franz [Scherbenhaufen, in: EuZW 17/2000]: Der Scherbenhaufen „Hinzurechnungsbesteuerung", in: EuZW 2000, Heft 17, Editorial

Wassermeyer, Wolf [Investmentfonds, in: IStR 2001]: Ausländische Investmentfonds im Internationalen Steuerrecht, in: IStR 2001, S. 193-203

Watrin, Christoph [Fortentwicklung, in: DStZ 2001]: Fortentwicklung des Unternehmenssteuerrechts in 2002, in: DStZ 2001, S. 493-497

Weber, Harald [Grundfragen, in: JZ 1980]: Zu einigen rechtspolitischen Grundfragen der Besteuerung selbständiger Unternehmen – zugleich eine Stellungnahme zum Gutachten von Prof. Dr. Rainer Walz zum 53. Deutschen Juristentag 1980, in: JZ 1980, S. 545-553

Weisflog, Walter E. [Kommunalbesteuerung, in: StuW 1995]: Kommunalbesteuerung in Großbritannien, in: StuW 1995, S. 173-183

Wellisch, Dietmar [Finanzwissenschaft II, 2000]: Finanzwissenschaft – Band 2: Theorie der Besteuerung, München 2000

Wendt, Michael [Gewerbesteueranrechnung, in: FR 2000]: StSenkG: Pauschale Gewerbesteueranrechnung bei Einzelunternehmen, Mitunternehmerschaft und Organschaft, in: FR 2000, S. 1173-1182

Wendt, Rudolf [Spreizung, in: FS Friauf, 1996]: Spreizung von Körperschaftssteuersatz und Einkommensteuerspitzensatz als Verfassungsproblem, in: Wendt, R. u.a. (Hrsg.), FS Friauf, 1996, S. 859-888

Wendt, Rudolf [Ungleichbehandlungen, in: DÖV 1988]: Empfiehlt es sich, das Einkommenssteuerrecht zur Beseitigung von Ungleichbehandlungen neu zu ordnen?, in: DÖV 1988, S. 710-723

Wendt, Rudolf/Höfling, Wolfram/Karpen, Ulrich/ Oldiges, Martin (Hrsg.) [FS Friauf, 1996]: Staat, Steuern, Wirtschaft – Festschrift für Karl Heinrich Friauf zum 65. Geburtstag, Heidelberg 1996

Wesselbaum-Neugebauer, Claudia [Gewerbesteueranrechnung, in: DStR 2001]: Unternehmenssteuerreform 2001: Auswirkungen der pauschalierten Gewerbesteueranrechnung auf Einzel- und Mitunternehmer in Abhängigkeit von Einkunftsarten und anzuwendendem Gewerbesteuer-Hebesatz, in: DStR 2001, S. 180-188

Westermann, Harm Peter (Hrsg.) [Personengesellschaften, 1994]: Handbuch der Personengesellschaften, 4. Aufl., Köln 1994

Widmann, Siegfried (Hrsg.) [Besteuerung, 1997]: Besteuerung der GmbH und ihrer Geschäftsführer, herausgegeben im Auftrag der Deutschen Steuerjuristischen Gesellschaft e.V., DStJG Band 20, Köln 1997

Wiedemann, Herbert [Gesellschaftsrecht, 1980]: Gesellschaftsrecht – Ein Lehrbuch des Unternehmens- und Verbandsrechts, Band I – Grundlagen, München 1980

Wiesbrock, Michael R. [Verlustrückstellung, 1999]: Die Verlustrückstellung im Steuer- und Verfassungsrecht, Frankfurt am Main u.a. 1999

Wochinger, Peter [in: Dötsch/Eversberg/Jost/Witt, KStG, 2001]: Kommentierung zu § 8 KStG, in: Dötsch, E. u.a. (Hrsg.), KStG, 2001, Rn. 1-751 (Stand: Juli 2001)

Wöhe, Günter [Steuerlehre, 1988]: Betriebswirtschaftliche Steuerlehre, Band 1, Halbband 1 – Die Steuern des Unternehmens; Das Besteuerungsverfahren, 6. Aufl., München 1988

Wöhe, Günter [Unternehmensform, in: ZfbF 1980]: Der Einfluß der Besteuerung auf die Wahl der Unternehmensform, in: ZfbF 1980, S. 519-549

Wöhe, Günter [Wirtschaftspolitik, in: StKongreßRep. 1975]: Steuern als Mittel der Wirtschaftspolitik, in: StKongreßRep., München 1975, S. 169-195

Wolter, Jürgen/Riedel, Eibe/Taupitz, Jochen (Hrsg.) [Grundrechte, 1999]: Einwirkungen der Grundrechte auf das Zivilrecht, Öffentliche Recht und Strafrecht: Mannheimer Fakultätstagung über 50 Jahre Grundgesetz, Heidelberg 1999

Wrede, Friedrich [in: Herrmann/Heuer/Raupach, Kommentar, 1996]: Kommentierung zu § 8 KStG, in: Herrmann, C./Heuer, G./Raupach, A. (Hrsg.), Kommentar, Band 16, Rn. 1-84, Stand: Oktober 1995

Zimmermann, Reimar u.a. [Personengesellschaft, 2000]: Die Personengesellschaft im Steuerrecht, 7. Aufl., Achim 2000

Zitzelsberger, Heribert [Steuerreform, in: IStR 2001]: Zum Generalthema II: Die Deutsche Steuerreform im internationalen Kontext, in: IStR 2001, S. 527-533

Zitzelsberger, Heribert [Unternehmenssteuer, in: WPg 2000]: Die Reform der Unternehmenssteuer, in: WPg 2000, S. 51-57

Rechtsprechungsverzeichnis

I. EuGH

Entscheidung	Datum	Aktenzeichen	Fundstelle
Urteil	11.07.1974	Rs. 8/74 (Dassonville)	Slg. 1974, S. 837-866
Urteil	12.07.1977	Rs. 89/76 (Kommission/Niederlande)	Slg. 1977, S. 1355-1373
Urteil	28.01.1986	Rs. 270/83 (Avoir fiscal)	Slg. 1986, S. 273-308
Urteil	13.07.1989	Rs. 5/88 (Wachauf/BEF)	Slg. 1989, S. 2609-2642
Urteil	02.05.1990	Rs. C-111/89 (Bakker Hillegom)	Slg. 1990 S. I-1735-1754
Urteil	28.01.1992	Rs. C-204/90 (Bachmann)	Slg. 1992, S. I-249-286
Urteil	13.07.1993	Rs. C-330/91 (Commerzbank)	Slg. 1993, S. I-4017-4045
Urteil	14.02.1995	Rs. C-279/93 (Schumacker)	Slg. 1995, S. I-225-268
Urteil	27.06.1996	Rs. C-107/94 (Asscher)	Slg. 1996, S. I-3089-3132
Urteil	16.07.1998	Rs. C-264/96 (ICI)	Slg. 1998, S. I-4711-4727
Urteil	29.04.1999	Rs. C-311/97 (Royal Bank of Scotland)	Slg. 1999, S. I-2651-2677
Urteil	17.06.1999	Rs. C-166/98 (Socridis)	Slg. 1999 S. I-3791-3818
Urteil	26.10.1999	Rs. C-294/97 (Eurowings Luftverkehr)	Slg. 1999, S. I-7447-7478
Urteil	13.04.2000	Rs. C-251/98 (Baars)	Slg. 2000, S. I-2787-2822
Urteil	06.06.2000	Rs. C-35/98 (Verkooijen)	Slg. 2000, S. I-4071-4137
Urteil	26.09.2000	Rs. C-478/98 (Kommission/ Belgien)	Slg. 2000, S. I-7587-7628
Urteil	08.03.2001	Rs. C-397-98, C-410/98 (Metallgesellschaft)	FR 2001, S. 493-502

II. BVerfG

Entscheidung	Datum	Aktenzeichen	Fundstelle
Beschluß	17.01.1957	1 BvL 4/54	BVerfGE 6, S. 55-84
Urteil	11.06.1958	1 BvR 596/56	BVerfGE 7, S. 377-444
Beschluß	28.06.1960	2 BvL 19/59	BVerfGE 11, S. 245-255
Beschluß	30.10.1961	1 BvR 833/59	BVerfGE 13, S. 181-204
Urteil	24.01.1962	1 BvR 845/58	BVerfGE 13, S. 331-355
Urteil	22.05.1963	1 BvR 78/56	BVerfGE 16, S. 147-188
Beschluß	08.10.1963	2 BvR 108/62	BVerfGE 17, S. 122-135
Urteil	06.05.1964	1 BvR 320/57, 1 BvR 70/63	BVerfGE 18, S. 1-18

Beschluß	24.03.1965	1 BvR 228/65	BVerfGE 19, S. 119-129
Urteil	13.07.1965	1 BvR 771/59, 234, 246, 367/61 und 17/62	BVerfGE 19, S. 101-118
Beschluß	24.09.1965	1 BvR 228/65	BVerfGE 19, S. 119-129
Urteil	20.12.1966	1 BvR 320/57, 70/63	BVerfGE 21, S. 12-46
Beschluß	21.12.1966	1 BvR 33/64	BVerfGE 21, S. 54-72
Beschluß	13.05.1969	1 BvR 25/65	BVerfGE 26, S. 1-37
Beschluß	09.07.1969	2 BvL 20/65	BVerfGE 26, S. 302-314
Beschluß	07.10.1969	2 BvL 3/66 und 2 BvR 701/64	BVerfGE 27, S. 111-132
Beschluß	09.03.1971	2 BvR 326, 327, 341, 342, 343, 344, 345/69	BVerfGE 30, S. 250-272
Beschluß	09.02.1972	1 BvL 16/69	BVerfGE 32, S. 333-344
Beschluß	07.11.1972	1 BvR 338/68	BVerfGE 34, S. 103-118
Beschluß	02.10.1973	1 BvR 345/73	BVerfGE 36, S. 66-72
Urteil	05.03.1974	1 BvR 712/68	BVerfGE 36, S. 321-342
Beschluß	26.10.1976	1 BvR 191/74	BVerfGE 43, S. 58-75
Beschluß	23.11.1976	1 BvR 150/75	BVerfGE 43, S. 108-125
Beschluß	25.10.1977	1 BvR 15/75	BVerfGE 46, S. 224-246
Beschluß	19.12.1978	1 BvR 335, 427, 811/76	BVerfGE 50, S. 57-108
Urteil	01.03.1979	1 BvR 532, 533/77, 419/78, 1 BvL 21/78	BVerfGE 50, S. 290-381
Beschluß	26.03.1980	1 BvR 121, 122/76	BVerfGE 54, S. 11-39
Urteil	03.11.1982	1 BvR 620/78, 1335/78, 1104/79, 363/80	BVerfGE 61, S. 319-357
Beschluß	22.02.1984	1 BvL 10/80	BVerfGE 66, S. 214-226
Urteil	06.11.1984	2 BvL 19, 20/83, 2 BvR 363, 491/83	BVerfGE 67, S. 256-290
Beschluß	14.05.1986	2 BvL 2/83	BVerfGE 72, S. 200-276
Urteil	24.06.1986	2 BvF 1, 5, 6/83, 1/84 und 1, 2/85	BVerfGE 72, S. 330-436
Beschluß	22.10.1986	2 BvR 197/83	BVerfGE 73, S. 339-388
Urteil	10.02.1987	1 BvL 18/81, 20/82	BVerfGE 74, S. 182-202
Beschluß	08.06.1988	2 BvL 9/85 und 3/86	BVerfGE 78, S. 249-289
Beschluß	06.12.1988	1 BvL 5, 6/85	BVerfGE 79, S. 212-223
Beschluß	29.11.1989	1 BvR 1402, 1528/87	BVerfGE 81, S. 108-122
Beschluß	23.01.1990	1 BvR 306/86	BVerfGE 81, S. 208-228
Beschluß	29.05.1990	1 BvL 20,26, 184 und 4/86	BVerfGE 82, S. 60-105
Beschluß	12.06.1990	1 BvR 355/86	BVerfGE 82, S. 209-236
Urteil	24.04.1991	1 BvR 1341/90	BVerfGE 84, S. 133-160
Urteil	27.06.1991	2 BvR 1493/89	BVerfGE 84, S. 239-285
Beschluß	22.07.1991	1 BvR 313/88	DStR 1991, S. 1278-1279

Beschluß	08.10.1991	1 BvL 50/86	BVerfGE 84, S. 348-365
Beschluß	11.02.1992	1 BvL 29/87	BVerfGE 85, S. 238-247
Beschluß	25.09.1992	2 BvL 5, 8, 14/91	BVerfGE 87, S. 153-181
Urteil	12.10.1993	2 BvR 2134, 2159/92	BVerfGE 89, S. 155-213
Beschluß	14.12.1994	1 BvR 720/90	BVerfGE 91, S. 346-366
Beschluß	22.06.1995	2 BvL 37/91	BVerfGE 93, S. 121-165
Beschluß	22.06.1995	2 BvR 552/91	BVerfGE 93, S. 165-179
Urteil	08.04.1997	1 BvR 48/94	BVerfGE 95, S. 267-322
Beschluß	10.04.1997	2 BvL 77/92	BVerfGE 96, S. 1-10
Beschluß	12.11.1997	1 BvR 479/92, 307/94	BVerfGE 96, S. 375-407
Beschluß	30.09.1998	2 BvR 1818/91	BVerfGE 99, S. 88-100
Beschluß	10.11.1998	2 BvR 1057, 1226, 980/91	BVerfGE 99, S. 216-246
Beschluß	10.11.1998	2 BvL 42/93	BVerfGE 99, S. 246-268
Beschluß	11.11.1998	2 BvL 10/95	BVerfGE 99, S. 280-300
Beschluß	17.11.1998	1 BvL 10/98	BStBl II 1999, S. 509-512
Beschluß	10.11.1999	2 BvR 2861/93	BVerfGE 101, S. 151-158
Urteil	07.12.1999	2 BvR 301/98	BVerfGE 101, S. 297-312
Beschluß	31.03.2000	1 BvR 608/99	NVwZ 2001, S. 187-188
Beschluß	14.02.2001	2 BvR 460/93	DStRE 2001, S. 472-473
Beschluß	14.02.2001	2 BvR 1488/93	DStRE 2001, S. 473

III. RFH

Entscheidung	Datum	Aktenzeichen	Fundstelle
Bescheid	15.01.1931	VI A 2253/30	RFHE 27, S. 321-324
Urteil	15.07.1931	IV A 101/31	RFHE 29, S. 110-113

IV. BFH

Entscheidung	Datum	Aktenzeichen	Fundstelle
Urteil	04.05.1965	I 373/62 U	BFHE 82, S. 489-492
Urteil	05.07.1973	IV R 215/71	BFHE 110, S. 50-53
Urteil	20.10.1977	I R 139-140/74	BStBl II 1977, S. 96-97
Beschluß	21.11.1983	GrS 2/82	BFHE 140, S. 50-61
Urteil	17.04.1985	I R 101/81	BStBl II 1985, S. 510-513
Urteil	05.06.1985	I R 289/81	BStBl II 1985, S. 619-622
Beschluß	23.07.1986	I B 25/86	BStBl II 1987, S. 328-330
Beschluß	21.10.1986	VIII R 1/85	FR 1987, S. 168-172

Urteil	05.02.1992	I R 127/90	BStBl II 1992, S. 532-537
Beschluß	30.01.1995	GrS 4/92	BFHE 176, S. 267-275
Urteil	29.05.1996	I R 167/94	BFHE 180, S. 415-422
Urteil	27.09.1996	VI R 47/96	BStBl II 1997, S. 68-70
Beschluß	08.12.1997	GrS 1-2/95	BStBl II 1998, S. 193-200
Beschluß	24.02.1999	X R 171/96	BStBl II 1999, S. 460
Beschluß	23.08.1999	GrS 5/97	BFHE 189, S. 174-179
Beschluß	23.08.1999	GrS 2/97	BFHE 189, S. 160-171
Urteil	15.12.1999	I R 29/97	BStBl II 2000, 527-533
Beschluß	07.08.2000	GrS 2/99	BStBl II 2000, S. 632-638
Beschluß	09.05.2001	XI B 151/00	DStR 2001, S. 1109-1112

V. BGH

Entscheidung	Datum	Aktenzeichen	Fundstelle
Urteil	29.01.2001	II ZR 331/00	DStR 2001, S. 310-315
Urteil	12.01.1998	II ZR 82/93	BGHZ 137, S. 378-387

VI. BVerwG

Entscheidung	Datum	Aktenzeichen	Fundstelle
Urteil	08.09.1972	VII C 28/71	NJW 1972, S. 2325-2326
Urteil	18.04.1985	III C 34/84	BVerwGE 71, S. 183-199

VII. Finanzgerichte

Finanzgericht	Entschei dung	Datum	Aktenzeichen	Fundstelle
Niedersächsisches FG	Urteil	27.11.1996	II 166/96	EFG 1997, S. 684-688
FG Baden-Württemberg	Urteil	20.12.1994	3 K 270/91	EFG 1995, S. 494

Verzeichnis der Verwaltungsanweisungen

BMF-Schreiben vom 02.12.1994 – IV C 7 – S 1340 – 20/94, BStBl I 1995, Sondernummer 01/1995, S. 1-79

Mannheimer Beiträge zum Öffentlichen Recht und Steuerrecht

Herausgegeben von Hans-Wolfgang Arndt

Band 1 Hans-Wolfgang Arndt/Klaus Fischer/Klaus Richrath/Hanns-Stephan Wüst: Umwelterhaltung und Umweltgestaltung im kommunalen Bereich. Das Umweltstatut Alsenz-Obermoschel. 1994.

Band 2 Helmuth Beck: Die Differenzierung von Rechtspflichten in den Beziehungen zwischen Industrie- und Entwicklungsländern. Eine völkerrechtliche Untersuchung für die Bereiche des internationalen Wirtschafts-, Arbeits- und Umweltrechts. 1994.

Band 3 Michael Riotte: Die ertragsteuerliche Behandlung der Spaltung von Unternehmen. Eine steuersystematische Analyse der zugrundeliegenden Gewinnrealisierungstatbestände. 1994.

Band 4 Andreas Birk: Die Besteuerung der Grundstücksnutzung in Deutschland. Eine steuersystematische Analyse unter besonderer Berücksichtigung der Verhältnisse in Frankreich. 1994.

Band 5 Bettina Kempka: Gewinnrealisierung bei der Überführung von Wirtschaftsgütern zwischen Stammhaus und Betriebsstätte. Eine Analyse der systemkonformen steuerlichen Behandlung stiller Reserven. 1995.

Band 6 Hans-Wolfgang Arndt: Rechtsfragen einer deutschen CO_2-/Energiesteuer entwickelt am Beispiel des DIW-Vorschlages. 1995.

Band 7 Roland Mörsdorf: Das belgische Bundesstaatsmodell im Vergleich zum deutschen Bundesstaat des Grundgesetzes. 1996.

Band 8 Christian Göbes: Die Unternehmensbesteuerung in Deutschland und Großbritannien vor dem Hintergrund des europäischen Integrationsprozesses. Eine qualitative und quantitative Analyse unter besonderer Berücksichtigung der steuerlichen Gewinnermittlung. 1996.

Band 9 Andreas Schumacher: Erträge aus privaten Kapitalforderungen im Einkommensteuerrecht. 1996.

Band 10 Gerhard Schmidt: Die Rechnungslegung nach der Equity-Methode im konsolidierten Abschluß. Ein Beitrag zur Entstehung, Anwendung und Ausgestaltung des Verfahrens vor dem Hintergrund der Bestimmungen in der Europäischen Union und der Verlautbarungen internationaler Organisationen. 1996.

Band 11 Jürgen Haun: Hybride Finanzierungsinstrumente im deutschen und US-amerikanischen Steuerrecht. Eine Analyse ihres grenzüberschreitenden Einsatzes aus steuersystematischer und ökonomischer Sicht. 1996.

Band 12 Horst Schaefer: Der verfassungsrechtliche Steuerbegriff. 1997.

Band 13 Arno Probst: Die Behandlung der Anteile von Minderheitsgesellschaftern innerhalb der Besteuerung der Konzernunternehmung. Eine steuersystematische Analyse konzerninduzierter betriebswirtschaftlicher Interessenvielfalt. 1997.

Band 14 Marion Winkelmann: Steuerumgehung durch die Einschaltung ausländischer Kapitalgesellschaften. Eine Untersuchung des Normenkonkurrenzverhältnisses zwischen § 42 AO und den §§ 7 ff. AStG sowie § 50 d Abs. 1 a EStG. 1997.

Band 15 Karin Brodhag: Vergleich der Besteuerung deutscher und französischer Kapitalgesellschaften unter besonderer Berücksichtigung der ertragsunabhängigen Besteuerung. 1997.

Band 16 Stefan Jeß: Die Übertragung privaten Grundbesitzes im Wege vorweggenommener Erbfolge. Eine Analyse der steuerlichen Folgen verschiedener Gestaltungsformen vor und nach der Reform des Erbschaftsteuer- und Schenkungsteuergesetzes 1996. 1997.

Band 17 Kirsten Kaltenhäuser: Möglichkeiten und Perspektiven einer Reform der Organisation der Wirtschaftsverwaltung – eine rechtshistorische, rechtsvergleichende und rechtspolitische Betrachtung des Industrie- und Handelskammerwesens. 1998.

Band 18 Hans-Christian Bärtels: Die erbschaft- und schenkungsteuerliche Behandlung der deutsch-französischen Unternehmensnachfolge. 1998.

Band 19 Michaela Boll: Die Gebührenpflicht des Nichtstörers für polizeiliche Maßnahmen. Zur Zulässigkeit der Erhebung staatlicher Schutzgebühren. 1998.

Band 20 Holger Jenzen: Energiesteuern im nationalen und internationalen Recht. Eine verfassungs-, europa- und welthandelsrechtliche Untersuchung. 1998.

Band 21 Michael R. Wiesbrock: Die Verlustrückstellung im Steuer- und Verfassungsrecht. 1999.

Band 22 Matthias Leist: Verfassungsrechtliche Schranken des steuerlichen Auskunfts- und Informationsverkehrs. 2000.

Band 23 Timo Kieser: Sonderabgaben als Steuern. 2000.

Band 24 Thomas Fetzer: Die Besteuerung des Electronic Commerce im Internet. 2000.

Band 25 Johannes Beil: Der Belastungsgrund des steuerstaatlichen Synallagmas. Zur Zulässigkeit des Welteinkommensprinzips im deutschen internationalen Einkommensteuerrecht. 2001.

Band 26 Monika Reimer: Die steuerliche Erfassung privater Veräußerungsgewinne. Reformüberlegungen für die deutsche Besteuerung unter Berücksichtigung der Rechtslage in Österreich, Großbritannien und den USA. 2001.

Band 27 Andreas Schirra: Die Indienstnahme Privater im Lichte des Steuerstaatsprinzips. 2002.

Band 28 Jürgen Vogt: Neutralität und Leistungsfähigkeit. Eine verfassungs- und europarechtliche Untersuchung der Unternehmensbesteuerung nach dem StSenkG. 2003.

FSC
www.fsc.org
MIX
Papier | Fördert gute Waldnutzung
FSC® C083411

Kolibri 360 GmbH
Ferdinand-Jühlke-Straße 7
99095 Erfurt, Deutschland
produktsicherheit@kolibri360.de

Druck:
CPI Druckdienstleistungen GmbH
im Auftrag der
Kolibri 360 GmbH
Ferdinand-Jühlke-Str. 7
99095 Erfurt